Pepitas brasileiras

Do Rio de Janeiro ao Maranhão, uma viagem de 5.000 quilômetros em busca dos heróis negros do país

JEAN-YVES LOUDE

Pepitas brasileiras

Do Rio de Janeiro ao Maranhão, uma viagem de 5.000 quilômetros em busca dos heróis negros do país

Narrativa com a colaboração de Viviane Lièvre
TRADUÇÃO DE Fernando Scheibe
ILUSTRAÇÕES DE Dirat

autêntica

Copyright © Actes Sud, 2013
Copyright 2016 © Autêntica Editora

Título original: *Pépites brésiliennes*

Todos os direitos reservados pela Autêntica Editora. Nenhuma parte desta publicação poderá ser reproduzida, seja por meios mecânicos, eletrônicos, seja via cópia xerográfica, sem a autorização prévia da Editora.

Cet ouvrage, publié dans le cadre du Programme d'Aide à lá Publication 2015 Carlos Drummond de Andrade, a bénéficié du soutien de l'Ambassade de France au Brésil.

Este livro, publicado no âmbito do Programa de Apoio à Publicação 2015 Carlos Drummond de Andrade, contou com o apoio da Embaixada da França no Brasil.

EDITORA RESPONSÁVEL
Rejane Dias

EDITORA ASSISTENTE
Cecília Martins

REVISÃO
Livia Lima
Aline Sobreira

CAPA
Diogo Droschi
(sobre ilustração de Murilo, Le Couronnement du roi de l'arraial do Unha, 1986. Gentilmente sedida por Dimitri Ganzelevitch. Foto de Viviane Lièvre.)

DIAGRAMAÇÃO
Larissa Carvalho Mazzoni

Dados Internacionais de Catalogação na Publicação (CIP)
Câmara Brasileira do Livro, SP, Brasil

Loude, Jean-Yves
  Pepitas brasileiras : Do Rio de Janeiro ao Maranhão, uma viagem de 5.000 quilômetros em busca dos heróis negros do país / Jean-Yves Loude ; narrativas com a colaboração de Viviane Lièvre ; ilustrações de Dirat ; tradução de Fernando Scheibe. -- 1. ed. -- Belo Horizonte : Autêntica Editora, 2016.

  Título original: Pépites brésiliennes.
  ISBN 978-85-513-0077-0

  1. Autores franceses 2. Brasil - História - Narrativas pessoais 3. Relatos de viagens I. Lièvre, Viviane. II. Dirat. III. Título.

16-07900   CDD-910.4

Índices para catálogo sistemático:
  1. Brasil : História : Relatos de viagens 910.4

Belo Horizonte
Rua Carlos Turner, 420
Silveira . 31140-520
Belo Horizonte . MG
Tel.: (55 31) 3465 4500

Rio de Janeiro
Rua Debret, 23, sala 401
Centro . 20030-080
Rio de Janeiro . RJ
Tel.: (55 21) 3179 1975

São Paulo
Av. Paulista, 2.073,
Conjunto Nacional, Horsa
I 23º andar . Conj. 2301 .
Cerqueira César . 01311-940
São Paulo . SP
Tel.: (55 11) 3034 4468

www.grupoautentica.com.br

I. O DESAFIO	11
II. RIO DE JANEIRO	25
Cara a cara com o crânio de Luzia	25
A Virgem do Rosário, o tigre abolicionista e a santa da máscara de Flandres	30
Arthur Bispo do Rosário no ponto final da loucura	38
O Almirante Negro e o *Potemkin* brasileiro	45
Tia Lúcia e o Cemitério dos Pretos Novos	50
O palácio dos afro-brasileiros	57
Uma enciclopédia popular no topo da favela	61
III. MINAS GERAIS	69
Cristo reencarnado em tira-dentes	69
Bené da Flauta: *in cachaça veritas*	79
Aleijadinho, Michelangelo e Quasímodo	85
O Rei Chico e a santa fujona	92
O Mozart mineiro	98
Rosa Egipcíaca, santa prostituta	106
IV. BELO HORIZONTE	117
No jardim da vitória, o orgulho conquistado de ser negro	117
Os combates de Iris	119
Novas peripécias do "Caso Luzia"	124
Um trem chamado desejo	127
Chica da Silva, uma mulher chamada fantasia	130
E Deus criou Zezé Motta	132

O monumento de Vitória	136
O primeiro tratado pela dignidade	139
V. SALVADOR	**143**
O reino estético de um príncipe eclético	143
O pretinho que satisfaz	147
O forjador dos deuses	151
A câmara sagrada de Carybé	154
Dança, Salvador, dança	157
A confraria dos desvalidos	163
Sem piedade com os alfaiates conspiradores	168
A pulga na camisa dos poderosos	174
Caetano Dias: a arte da denúncia através do açúcar	181
A encarnação do desejo numa feira da África	184
VI. DE ARACAJU A RECIFE	**191**
Crianças de uma invasão no Centro da cidade	191
Carolina Maria de Jesus, a voz do quarto de despejo	195
O sociólogo, a Gioconda negra e os canibais	199
Zumbi, o irredutível	209
Breve mergulho na cidade dos homens-caranguejo	217
VII. JUAZEIRO DO NORTE	**223**
Inferno na terra e paraíso do imaginário	223
Milagre em Juazeiro do Norte	228
No que dá ser mulher, negra, pobre e analfabeta	230
Atrás das máscaras	235
O espinho do sertão no coração da Igreja	238
A fazedora de anjos negros	241
O caldeirão da vergonha	243
VIII. QUILOMBO CONCEIÇÃO DAS CRIOULAS	**253**
Turismo pedagógico no quilombo	253
O refúgio das mulheres foragidas	257
A fome insaciável dos ogros da terra	261

IX. DE PETROLINA A PEDRA FURADA — 269

O amargor do Rio São Francisco — 269
Os humores do gênio negro das águas — 274
Uma história de amor e argila — 276
Vertigem na Pedra Furada — 281
A joia do patrimônio brasileiro — 285
A rota atlântica do povoamento da América — 287
Escrita em ocre vermelho — 291

X. SÃO LUÍS DO MARANHÃO — 297

Uma audaciosa esperança em Teresina — 297
O turismólogo da França Equinocial — 300
Mulato e dragão no cemitério do Gavião — 303
O imperador da liberdade na Balaiada — 307
Viva Maria Firmina, primeira romancista do Brasil! — 315
Os esquecidos da ilha misteriosa — 324

XI. ZAYDA — 333

Suma das pepitas — 343

Referências — 345

Agradecimentos — 349

a Alexandre Kum'a Ndumbe III,
a Sylvie Debs,
a Patrick Bogner,
a Pierre Molimard,
iluminadores de nossos caminhos

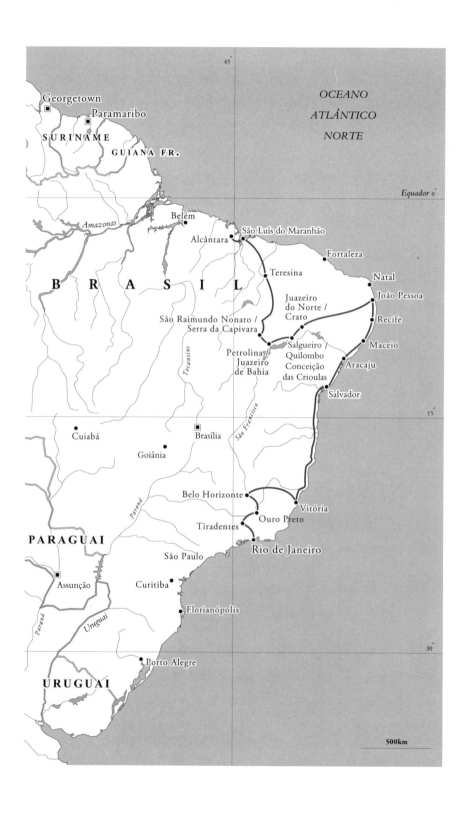

I
O DESAFIO

Em que Leuk e Leão – viajantes conhecidos na África por suas investigações sobre as expressões ameaçadas dos povos maltratados pela História – recebem ao amanhecer nevoso do primeiro dia do ano o retrato perturbador de uma mulher negra, acompanhado de uma mensagem que interpretam como um desafio.

Uma neve fustigante atormentava as primeiras horas de janeiro. O vento vagabundeava através das vinhas, acuando as luminosidades de um amanhecer não desejado. Os festeiros jaziam no abismo do sono e solicitavam uma prorrogação. O Senhor Leão contemplava a noite pela janela. Sentia que ela não estava disposta a descerrar suas garras. Ele a via como uma águia obstinada, asfixiando o mundo gasto entre suas tenazes: pobre mundo que se arrasta no estado comatoso de um lobo de espinha quebrada. Leão, bem abrigado, observava a rixa selvagem do tempo que passa. Gostava de preceder o dia e esperá-lo. Aquele amanhecer bem merecia a vigilância de um olheiro; era a inauguração de uma nova década. De repente, Leão abandonou a tela preta da janela e ligou o computador, por puro reflexo, curioso para saber se a teia de aranha mundial não tinha sido rasgada pelos fogos de artifício da noite de São Silvestre, se a grande caranguejeira chamada internet sobrevivera ao abandono momentâneo de seus devotos, mergulhados em excessivas ágapes. Quem seria o primeiro amigo a lhes enviar seus votos? De que latitude? Sob que forma?

Uma mensagem chamou sua atenção entre as ofertas de relógios de luxo e as publicidades libidinosas que nunca dão trégua.

Assunto: *uma figura afro-brasileira para vocês. Boas entradas no Ano-Novo!*

Clicou na mensagem e viu surgir o rosto de uma mulher estranha, de pele escura. Franziu a testa, coçou a juba, batucou nervosamente sobre a escrivaninha, esquentou água para um chá tibetano, contemplou de novo a aparição, longamente, e decidiu acordar Leuk. A operação era arriscada àquela hora precoce, mas as circunstâncias a justificavam.

A mulher os fixava com um olhar que eles julgaram altivo, orgulhoso e desconcertante. Sentiram-se desafiados. Seu crânio absolutamente liso luzia, decerto iluminado por um projetor de estúdio. Seus lábios espessos estavam selados. Não conheciam dela mais que seu prenome, Luzia, e a data aproximada de sua morte, com uma margem de erro de dois ou três séculos. Ela devia ter falecido cerca de onze mil anos antes de nossa era. Estava escrito sob a foto. Naquele exato momento, pressentiram que aquela mulher de queixo proeminente, maçãs do rosto altas e narinas achatadas ia alterar o curso de suas existências. Não sabiam ainda se deviam se alegrar com isso. O futuro o diria. O rosto negroide de Luzia, reconstituído na Universidade de Manchester, emergia de um fundo negro como do grande poço do tempo. A legenda sugeria que Luzia figurava entre os mais antigos ancestrais brasileiros identificados.

– No estado atual dos conhecimentos!...

Leuk balbuciou essa fórmula protetora como poderia ter feito o sinal da cruz ou suspirar *Meu Deus!* diante de tamanha revelação.

O Senhor Leão não conseguia tirar os olhos da visitante, cuja intrusão digital coincidia com o primeiro dia do ano.

Nevava.

Leão se pegou pensando no poder de apagamento da neve.

Cobertura branca.

Os cepos das vinhas que, normalmente, traçavam linhas regulares de escrita em volta da casinha em Beaujolais desapareciam sob uma camada espessa. O ano começava com uma página branca.

Leuk ironizou.

– Decididamente, a história é um estranho edifício. Passamos o tempo todo refazendo suas fundações sob o risco de derrubar todos os andares de certezas acumulados sobre elas. É uma verdadeira empresa de trabalhos públicos especializada na restauração permanente de ideias antigas. Vamos lá! Uma boa mão de cal sobre as velhas camadas de preconceitos. Apagar e reescrever.

Leão rugiu:

– E ainda bem que é assim. Nada mais tranquilizador que um manual de História rasurado como os rascunhos de um escritor.

Cobertura branca.

O retrato recomposto de Luzia, extraído de um livro recente, apresentava-se como uma rasura fulgurante, senão um rasgão. O autor, Eduardo Bueno, não tinha hesitado em lhe consagrar uma página inteira, para advertir a grande família dos leitores brasileiros de que devia a partir de então agregar essa ancestral negra a suas raízes mais profundas. O crânio de Luzia, antes da reconstituição, aparecia no pé da página como uma assinatura. Leão sorriu com sarcasmo:

– Imagino a polêmica que a intrusão dessa nova participante vai suscitar no debate bem orquestrado sobre a origem dos brasileiros.

Leuk retificou:

– Ainda vai levar algum tempo até que a polêmica penetre o cotidiano. Não creio que este já tenha se tornado o assunto principal dos bebedores de caipirinha e das Vênus das praias.

– Ou dos torcedores do Fluminense. Você tem razão. Mas, para aqueles que se dão ao trabalho de se espantar, essa notícia é uma verdadeira bomba.

– Bomba de efeito retardado. Olha só o que está escrito no anexo. A descoberta do crânio de Luzia remonta a 1974, no sítio arqueológico de Lapa Vermelha, município de Pedro Leopoldo, estado de Minas Gerais. Foi a equipe da arqueóloga Annette Laming-Emperaire que o encontrou. Isso é que é cavar no lugar certo! A surpresa não se deve tanto à antiguidade do crânio, e sim a suas características negroides. Como explicar essa presença incongruente na América do Sul numa época em que os únicos habitantes aceitos pelos partidários da história oficial são aqueles que supostamente migraram da Sibéria ou da Mongólia através do Estreito de Bering por volta de dez mil anos antes de nossa era? Você se dá conta? A hipótese de Clóvis leva assim uma ponta de sílex bem na testa!

Leuk percorria o artigo na tela com uma excitação crescente.

– Para a comunidade científica, em sua grande maioria, a cultura chamada Clóvis, como o nome de um vilarejo do Novo México onde foram encontrados indícios seus, indica o pioneirismo do fluxo migratório síbero-mongol nas terras desse continente que não para de ser chamado de Novo Mundo porque tem gente que ainda acredita que os europeus o descobriram. Parece que nem todos os pioneiros usaram a mesma passagem. Alguns, em vez de calcar o caminho nórdico das geleiras, teriam atravessado vagas mais meridionais. Isso não faz você se lembrar de uma outra história que nos concerne de perto?...

– Com certeza!

Leão tinha mergulhado ao mesmo tempo em seus pensamentos e na tigela fumegante de chá tibetano com leite de búfala que aumentava a concentração. Estava se perguntando sobre a origem daquele e-mail enviado por um certo, ou uma certa, *catmina*. O nome, *a priori*, não lhe dizia nada. Uma coisa era certa, o retrato de Luzia e os artigos que o identificavam emanavam de um correspondente brasileiro. O endereço terminava com ".br". A mensagem continha também votos de um ano audacioso. O adjetivo estava sublinhado. Uma provocação? Não, antes uma incitação. Mas ao quê?

Leão tinha realizado, três meses antes, uma turnê de conferências no Brasil, palestrando em universidades e em algumas alianças francesas. Tinha sido convidado a falar da série de investigações sobre as memórias assassinadas da África que ele e Leuk conduziam havia duas décadas no Mali e em países de língua portuguesa como Cabo Verde e São Tomé. Em suas falas, evocara com paixão aquele longo caminho africano que os faria, Leuk e ele, bater um dia à porta do Brasil. Inexoravelmente. A cidade de João Pessoa, a mais oriental do Brasil, e a ponta ocidental da ilha de Santo Antão, em Cabo Verde, estavam separadas por apenas três mil quilômetros: distância encurtada ainda mais pela proximidade linguística e pela impressionante lista de aportes recíprocos entre os dois continentes que, vale lembrar, encaixavam-se antes da famosa deriva. Leão percebeu a intensidade do interesse de seus ouvintes brasileiros quando lhes contava a extraordinária aventura marítima do imperador do Mali, Abu Bakari II, que partiu em 1311 à descoberta dos limites do oceano, chamado naqueles tempos de "Mar das trevas". Os olhos se arregalavam: O quê?! Um rei africano no comando de uma frota de dois mil barcos cheios de ouro, de água e de víveres teria ousado realizar a travessia do Atlântico mais de um século e meio antes de Colombo e Cabral? E ninguém nos avisou, ninguém nos disse nada na escola! É verdade que Abu Bakari II nunca pôde contar sua experiência que, aureolada por um retorno à África, poderia ter mudado a face da Terra. Ele desapareceu. No "Mar das trevas"? Ou sepultado com seus companheiros na prodigiosa floresta da futura América? Ou absorvido por populações indígenas? Os sabichões de uma Europa ainda colonialista na alma se aproveitaram de sua ausência prolongada para fazer naufragar a recordação desse soberano negro e inclassificável; afogaram nas águas profundas de seu desprezo o trecho da enciclopédia árabe do século XIV que mencionava sua viagem. Para os detentores do saber, a missa estava dita: os africanos da Idade Média não tinham a menor competência para enfrentar o alto mar e se arriscar numa expedição planejada.

Quantas vezes Leão tinha recebido o amável conselho de tirar da cabeça aquelas quimeras da oralidade africana?

Mas nunca o seguiu. Muito pelo contrário.

Leuk e ele tiveram inúmeras oportunidades de expor aquela história a públicos variados. Nunca o tinham feito para defender com unhas e dentes a veracidade daquele episódio camuflado da aventura humana. Não tinham como se multiplicar sobre os dois continentes a fim de conduzir investigações pluridisciplinares, coletar elementos inéditos, alimentar o debate, encontrar provas irrefutáveis. Em compensação, faziam questão de denunciar a atitude pouco científica de acadêmicos de carteirinha que excluíam *a priori* a ideia de verificar a plausibilidade de uma informação embaraçosa. Foi em nome do direito à dúvida que Leuk e Leão se tornaram detetives na África e começaram a vasculhar o que havia por trás das fachadas da História. A investigação sobre o rei do Mali e sua ligação perigosa com a imensidão do mar os levou de Dakar a Conakry, via Bamako, passando por todas as aldeias de griots presididas por homens exercitados na arte de reter o passado. Os dois detetives culturais tinham acumulado assim indícios suficientes para pensar que aquela expedição do imperador mandingo não era um simples conto da carochinha. Mas, naquela manhã nevosa de um ano ainda virgem, diante do rosto de Luzia que surgia do nada, Leão pressentiu que eles tinham se enganado sobre um ponto importante. Sentiu-se tomado pela vertigem.

— E se a travessia de Abu Bakari II não tiver sido a primeira tentativa africana como pensávamos, e sim, pelo contrário, uma das últimas antes da tragédia do tráfico negreiro?

Leuk partilhava aquela impressão.

— Vai ser preciso explicar de uma maneira ou de outra como Luzia e os seus puderam passar de um lado ao outro do oceano mais de dez mil anos atrás!

— Sabemos já que muitas vezes pescadores cabo-verdianos que ficaram sem combustível foram encontrados perto das costas do Brasil, levados pelas correntes oceânicas. Alguns, por terem água, víveres e uma mente forte, ainda estavam vivos quando do resgate e foram repatriados. Derivar das costas da Guiné até Pernambuco não parece impossível. Voltar, em compensação, exige um outro par de remos...

— E agora, a quem devemos essa primeira intriga do ano?

Leão deu de ombros e esboçou um gesto de ignorância.

A expedidora – a concordância de um adjetivo revelava se tratar de uma mulher – permitia-se apenas este comentário pessoal: É claro que estou contentíssima por ficar sabendo da existência de Luzia. Isso muda tudo para mim. Mas, no Brasil, aposto que poucas pessoas ficarão felizes em reivindicar uma ancestral negra.

Assinado: *Tambor de Crioula.*

Tambor de Crioula.

Leão repetiu o nome caçando a recordação a que estava ligado.

O termo designava uma manifestação popular, difundida na cidade de São Luís do Maranhão, no Nordeste do Brasil, na foz do Rio Mearim. A tradição, ligada a São Benedito, um santo negro, tinha nascido nos tempos da escravidão.

Disso ele se lembrava.

E do que mais?

Repassava mentalmente o filme de sua breve estadia em São Luís. A mensagem teria vindo de lá?

Ficou naquela ilha-cidade o tempo de duas conferências e de uma visita ao museu consagrado a Nhozinho, um artista aleijado dotado de uma inacreditável habilidade manual, que, pregado a vida inteira numa cadeira de rodas, realizou uma obra imensa composta de minúsculos brinquedos de madeira.

O que tinha acontecido naquele museu?

Nada, afora um momento mágico de comunhão com a obra de Nhozinho. De verdade. Semelhante àqueles que tinha vivido no museu de arte bruta de Lausanne, na Suíça, ou na Fabuloserie perto de Auxerre, dois altos lugares das expressões do inconsciente, da Arte Popular com letra maiúscula, da fulgurância mediúnica. Deambulando sozinho em meio a uma multidão de personagenzinhos dançantes, sentiu-se como Gulliver entre os liliputianos em festa. Ele mesmo poderia ter saltitado e girado. Sentia vontade. Não havia ninguém na sala para impedi-lo. Os vidros não bloqueavam as ondas de alegria que emanavam daqueles bonequinhos ricamente vestidos com uma minúcia maníaca por um escultor dos bons.

Ele estava lá, o escultor, entre suas criaturas. Impossível não vê-lo. Nhozinho tinha se representado em tamanho natural, em madeira pintada, suas mãozonas apoiadas na bancada, articulando uma marionete. Não foi condescendente consigo mesmo, Nhozinho, bem consciente de seu rosto desfigurado, de seu olho furado perpetuamente coberto por um tapa-olho, de suas pernas deformadas pela doença que o atacou desde os doze anos de idade. Uma besta imunda, essa doença que nunca dirá seu nome. Roeu seu corpo e entortou sua silhueta. Por sorte, ele tivera tempo de desenvolver, desde bem pequeno, um talento único para a confecção de brinquedos, de caixas, de bonecos. Foi esse dom que o salvou do inferno total. Durante toda sua vida, produzirá objetos maravilhosos que terão o poder de transformar a repulsa em atração, o medo que seu corpo retorcido inspirava em magia. Todo mundo o adorava em São Luís. O sofrimento poupou sua capacidade de sonhar como um menino.

E o sonho desse menino morto aos setenta anos em 1974 estava ali diante dos olhos do Senhor Leão: a reconstituição minuciosa do bumba meu boi, um folguedo muito apreciado no Maranhão. Os pequenos figurantes o encaravam com uma atenção aguda. Aqueles personagens extravagantes, vestidos como gente do povo, desapareciam sob camadas de franjas coloridas. Nas cabeças, tricórnios ou coroas guarnecidas de pérolas e de plumas. Todos, os vaqueiros negros e os músicos, os curandeiros índios, pai Francisco e mãe Catarina, principais protagonistas do drama, todos estavam pendurados numa roda por um fio, semelhantes às peças audaciosas de um móbile de arte contemporânea. Leão pensou em Calder. E os personagens continuavam a dançar no ar confinado da peça, ao vento da respiração do único espectador. Havia também o boi, o nó da fábula, símbolo de poder para os ricos e de cobiça para os pobres. O boi roubado e morto, depois ressuscitado pelo curandeiro índio para livrar o culpado da ira do dono da fazenda. O animal esplêndido, com guirlandas nos chifres e a carcaça ataviada, coberta com uma saia florida, sobrecarregada com um coração gigante. Os pés de um dançarino aparecendo debaixo da saia.

Um cartazinho dizia ao Senhor Leão que, por muito tempo, aquela diversão de pretos, de gente simples e pobre, tinha sido proibida ou rechaçada para fora dos limites da cidade, porque ofendia a moral e os bons costumes. Felizmente, os tempos tinham mudado. Graças a Nhozinho, o bumba meu boi dispunha de um andar no museu da cidade. Os bonequinhos viravam para Leão seus rostos negros e sérios, saboreando decerto o reconhecimento oficial de seu valor popular.

A ideia, simples e clara, tinha se imposto a ele na casa de Nhozinho: se voltasse ao Brasil, se as correntes atlânticas e o destino o trouxessem de volta ao litoral nordestino, mergulharia de cabeça naquele Brasil das manifestações populares depreciadas e reprimidas. Naqueles folguedos de pretos, de gente simples e pobre. Disse a Leuk assim que voltou: era aquele Brasil que tinha vontade de conhecer de perto e, se possível, de contar.

Diante da carantonha de Nhozinho, escreveu a palavra *figuras* em sua caderneta de viagem e a seguir rabiscou:

Há uma coisa de que o Brasil sofre ainda hoje: a persistência de preconceitos ligados à evocação do país, clichês fabricados em grande parte pelo cinema, pela televisão e pela indústria turística e que sobrevivem graças à preguiça intelectual. Uma visão tacanha que irrita aqueles que se recusam a ver o gênio plural do Brasil, mestiço, efervescente, em perpétua criação, reduzido à simples evocação de Copacabana, do futebol, das novelas, da violência, do tráfico, do Carnaval e da coisificação do corpo feminino. No entanto, mesmo dissimulados por esse espesso véu de maia, sobrevivem há muito tempo no Brasil infinitos talentos populares, contidos na palavra *figuras*, sinônimo de personalidades peculiares, muitas vezes encantadoras. Vivos ou mortos, esses poetas dos recônditos, músicos, dançarinos, artesãos, filósofos analfabetos, tradutores dos deuses, deixaram e deixam rastros preciosos, ainda que suas criações permaneçam muitas vezes pouco visíveis, não gozem de reconhecimento. É preciso sair em busca dessas marcas, rastros, passagens, recônditos, resistências. Em busca dos construtores anônimos da realidade brasileira...

"...*a magnífica diversidade da cultura brasileira deixa, aos poucos, de ser apenas objeto de estudo acadêmico para sair dos gabinetes e ganhar os becos das favelas, os cantões sertanejos, campos, matas, roçados, trilhas ribeirinhas, quilombos e regiões periféricas, lugares onde a cultura resiste pela arte da sobrevivência... Não é comum um povo manter um grau de resistência por tanto tempo... O Brasil aprendeu a ser diverso na adversidade.*"

Leão tinha copiado essa declaração do cantor Gilberto Gil, então ministro da Cultura. Guardada entre as páginas de sua caderneta, ali ela poderia fermentar à vontade e prodigar influências ativas. Leuk se deixaria contaminar por aquele novo desejo de investigação?

Uma figura afro-brasileira para vocês

Vocês. A expedidora tinha usado o plural: o retrato de Luzia e os votos de um ano audacioso se dirigiam de fato a eles dois.

Leuk e Leão adoravam quando a vida vinha assim bater à porta deles. Verdadeiros lances de sorte que se abatiam sobre eles em momentos inesperados, como naquele amanhecer de neve inquieta, picando miudinho a paisagem das vinhas e das florestas da montanha. Em princípio, nada devia acontecer num dia como aquele, feriado e riscado do calendário pelas intempéries. Era uma manhã propícia a ficar ao pé do fogo, relendo os romances de Conan Doyle que muitas vezes começam pela descrição de um tempo horrível, em que jamais se imaginaria a presença de um estripador ou de uma herdeira vulnerável nas ruas de Londres. Leuk e Leão às vezes se consideravam Sherlock Holmes e Miss Marple, "honoráveis detetives em Ciências Humanas". Chegavam até a brincar a respeito de sua deriva progressiva da posição de etnólogos àquele estatuto de "investigadores particulares", metidos em perseguições aventurosas que os levavam a frequentar os bairros sórdidos da História.

Daquela vez, o caso começava com a descoberta de um crânio de mulher negra. Cadáver exumado, prova avassaladora. A quem interessaria sacudir em seus narizes o dossiê sensível do povoamento primitivo do Brasil, recoberto havia décadas pela poeira das certezas?

Leão acionou os mecanismos de sua memória.

Quando saiu da casa de Nhozinho, seguiu a Rua Portugal, artéria emblemática do centro tombado de São Luís do Maranhão onde o tráfego da nostalgia era mais intenso que o dos carros. As casas de fachadas pintadas ou cobertas de azulejos, as janelas em forma de ogiva, as sacadas de ferro forjado, os paralelepípedos na rua, as calçadas de lajotas reluzentes cantavam em coro o refrão elegante e triste das defuntas colônias portuguesas. Na esquina de uma ruela, entreviu uma antiga loja, de pé-direito alto, repleta de tambores pendurados. O lugar não parecia uma loja de artigos musicais. Voltou sobre seus passos e, sem pensar duas vezes, entrou.

Tambor de crioula.

Estava na cara. Como não tinha pensado naquilo imediatamente? Uma mulher mestiça na faixa dos trinta conversou com ele sem se surpreender com sua intrusão. Era a diretora da companhia de cultura popular Tambor de Crioula Catarina Mina e responsável por um dos grupos de dança em atividade na cidade. Exercia autoridade sobre seus membros e investia uma energia louca para animar o grupo. E se colocava todas as suas forças nessa batalha era para provar que, para além de uma simples diversão popular sazonal, o Tambor de Crioula participava de maneira duradoura da resistência cultural do povo negro.

Leão ficou estupefato com o teor daqueles enunciados tão próximos de suas próprias preocupações. Aquele encontro parecia um milagre.

A jovem mulher se chamava Zayda.

Ela falava com brilho nos olhos e centelhas de riso na garganta: "Essa demonstração do orgulho de ser negro no estado do Maranhão não deve ceder à pressão da indústria do turismo e cair na sarjeta da futilidade. O perigo é real, entenda. O Tambor de Crioula, que reúne percussões, ritmos, passos, canções e trajes específicos, conseguiu conquistar o título de Patrimônio Imaterial da cultura brasileira. A burguesia maranhense, que acredita ainda que uma elite se mede pela brancura de sua pele, acha isso um absurdo: 'Que escândalo! Por que dar importância a uma agitação de negros que sempre denunciamos nos jornais? Como essa barulheira feita por empregadinhos, domésticas e estivadores poderia obter um verdadeiro reconhecimento? Um selo de qualidade? Nem pensar! Cadê a polícia que não intervém para amordaçar essas arruaças na via pública? Já que a polícia não consegue, vamos enterrar oficialmente o Tambor de Crioula sob a etiqueta do folclore. E já aproveitamos para meter na mesma vala o frenesi do bumba meu boi. Nada como transformá-los em atrações turísticas para fazê-los perder consistência e significado. Junte um monte de gringos, de *voyeurs* com suas bermudas vistosas, e verá como rapidinho suas câmeras fotográficas dão um jeito de roubar a alma e a autenticidade dessas manifestações. Enquanto esses fenômenos desabam por si mesmos, que ao menos aumentem o lucro da AMBEV! Mas, pelo amor de Deus, não vão pensar que a cidade de São Luís, com sua população 60% negra ou mulata, possa mostrar à sociedade brasileira inteira a importância do elemento negro na construção do país!'"

Zayda retomou seu fôlego: "Pois bem, nós ousaremos mostrar isso, sim senhor!".

Na opinião do Senhor Leão, Zayda Costa é uma bela mulher que a cólera torna fascinante. As palavras jorravam de seus lábios, de seus olhos, de suas mãos, de seu torso. Ele a escutou embasbacado, encharcado sob o dilúvio das convicções dela. Ela rugia e sorria ao mesmo tempo. Uma maravilha pura.

Conversaram por uma hora sem nunca terem se visto antes, sentados num banco de madeira, sob um céu de tambores. Pendurados sobre eles estavam *rufador*, o tambor grande, *socador*, o médio, e *crivador*, o pequeno. Ela o acolheu como se estivesse esperando por ele. Leão tinha a sensação de que aquela etapa em São Luís tinha sido inscrita em seu programa com a finalidade expressa de encontrá-la. Ela não se espantou ao vê-lo anotar suas palavras numa caderneta. Para concentrar ali o fulgor delas, confessou ele. Ela o encorajou. Depois continuou no mesmo tom inflamado: "Costumam chamar São Luís de bela adormecida ao som dos tambores, mas a verdade é que hoje em dia a maioria da população ignora tudo desse ritual de raízes antiquíssimas".

Ela apontou a caderneta de Leão para que ele anotasse o que ia dizer: "Eu quero devolver o Maranhão aos maranhenses a partir do Tambor. Sim. E, para isso, sirvo-me de uma lei, a Lei 10.639/03, que me autoriza a levar o Tambor de Crioula para as escolas. Quero transmitir às crianças o orgulho por suas origens e derrubar uma carrada de barreiras sociais e raciais. Com o Tambor, é a história e a cultura afro-brasileiras que pretendo introduzir nas aulas. Luto com passinhos de dança. É nossa autoestima que está em jogo. E isso não é pouca coisa".

Ela ria como que para se desculpar de seu arrebatamento.

Sua vida inteira estava naquela luta.

Ela repetiu: "Como fortalecer nosso amor-próprio senão afirmando de uma vez por todas a importância do negro na construção de nosso Brasil, país ainda tão cheio de preconceitos?".

O Senhor Leão bebia aquelas palavras como leite quentinho, ou antes, traduzido em valores locais, como uma boa cachaça ou uma cerveja bem gelada.

Zayda pertencia à classe dita "média baixa". Sua família, como milhões de outras, resultava do sutil coquetel de genes de que o Brasil estabeleceu uma receita inigualada. O *barman* celeste, que preside ao balcão do destino humano, agitava o misturador e fazia nascer das mesmas mães irmãos e irmãs de fisionomias completamente diferentes. O loiro ao lado do quase índio, a cor-de-rosa irmã do moreno, e o crespo irmão do de cabelo liso. Zayda tinha apanhado os atributos do negro claro como se pega um vírus. Todos a faziam sentir isso. Ela era *a morena*. Criada por avós brancos, tinha sido protegida da contaminação do *povinho* e colocada em escolas onde a cor de sua pele seria diluída na água sanitária de uma maioria branca. Tornou-se *a moreninha*, como se o diminutivo auxiliasse na diluição. Mas, em casa, não a poupavam dos comentários venenosos sobre o pecado de ser negro: "*Preto, quando não suja na entrada, suja na saída...*". "Menina, não se vista de vermelho, quem gosta de vermelho é preto..." Os avós de Zayda recorriam a um discurso discriminatório para camuflar sua própria confusão. Resultado: todos os esforços para desviá-la de sua parte cultural "vergonhosa" a precipitaram, assim que ela pôde, para as exuberâncias desaconselhadas. O pequeno passo de aproximação logo se transformou em passo de dança. O círculo foi se abrindo. Da curiosidade à iniciação e da iniciação até a direção de um grupo. Ela tinha se transformado em *Dona* de um tambor através da força do seu desejo. Vivera um verdadeiro itinerário terapêutico para se tratar de um nascimento criticado. Agora se sentia melhor.

Leão disse que ela parecia a heroína de um romance. Ela riu, mas não ficou surpresa. Traduziu para ela as anotações que tinha feito na casa de Nhozinho, falou de seu interesse pelas resistências dos "perdedores" da História, pelas expressões das minorias censuradas pelo desprezo. Aliás, por que não pensar num relato de viagem em busca delas nas margens do Brasil? Sim, por que não? Se fosse para fazê-lo, ele escolheria um procedimento de coletores de pepitas, as pepitas de um pensamento ou de uma sabedoria espontânea. Era essa sua imagem de uma corrida do ouro seguindo um itinerário ditado pela presença histórica de comunidades negras, do Rio ao Maranhão, passando pelos estados de Minas Gerais, Bahia, Pernambuco, Sergipe, Piauí... Por exemplo...

Leão expôs suas intenções ao léu, na lata.

Ela o provocou gentilmente, com um sorriso capaz de penetrar até na rígida carapaça de um Sherlock Holmes: "Vai mesmo fazer esse livro?".

Por um segundo, ele reviu na memória a sequência de um documentário em que um sindicalista punha Juscelino Kubitschek na parede durante sua campanha para a Presidência da República em 1955: "Então, candidato Kubitschek, se for eleito, vai mesmo construir Brasília? Sim ou não?".

Leão só era candidato à presidência de seus próprios sonhos.

Respondeu evasivamente: "*Se Deus quiser!*". Mas prometeu que voltaria.

Quem mais senão Zayda poderia ter enviado uma mensagem tão provocativa? A bela *Dona* do Tambor de Crioula devia estar desconfiando de que a declaração de intenções de Leão não passava de um daqueles acessos de febre entusiasta que logo caem no esquecimento. Então, aproveitou o Ano-Novo para lembrar Leão de sua resolução, reavivar a curiosidade do casal de investigadores. Para impeli-los à ação. Uma bela chacoalhada! Caramba, ela pegou pesado, pensou Leão. Sobretudo porque, antes de poder inserir o crânio de Luzia entre as figuras afro-brasileiras, teriam que percorrer alguns milhares de quilômetros. A verossimilhança da hipótese ainda precisava ser confirmada.

– Notei Zayda no auditório quando contei nossas aventuras africanas na Faculdade de Letras de São Luís. Uma presença sorridente e intensa.

Leuk escutou Leão com uma atenção carinhosa. Depois declarou com firmeza:

– Ainda tem um pouco de espumante rosé de Gamay, *Sweet bubbles*, da casa Lagneau. Eis a melhor ocasião de terminarmos a garrafa. O ano promete: vamos para o Brasil.

E o dia nasceu.

II
RIO DE JANEIRO

Em que Leuk e Leão prestam homenagem à mais velha ancestral da América, vasculham um museu negro no sótão de uma igreja, procuram um enviado de Deus num manicômio, ficam em posição de sentido diante de um almirante rebelde, encontram uma vivíssima pepita no velho cemitério dos pretos novos e são abençoados no alto de uma favela.

Cara a cara com o crânio de Luzia

O ônibus 311 nos leva a toda ao Palácio de São Cristóvão. É sábado e fugimos do Rio das bonitonas de biquíni. Odeio praias, a areia loira e os banhos de mar. O ônibus roda como se estivesse amaldiçoado pelo diabo. A gente se agarra firme para sobreviver. A cobradora diz:

– É preciso aproveitar a vida.

Aprovamos com um sorriso forçado. Ela é negra.

– O que vocês estão fazendo no Brasil?

Um casal de franceses sacudindo num ônibus em direção aos confins da cidade deve mesmo ser algo curioso. Não escondo nossas intenções:

– Viemos explorar a memória negra deste país.

A resposta a deixa encantada. Ela se lança num monólogo febril, pontuado pelos roncos do motor. Os outros passageiros não existem mais. O ônibus inteiro tira proveito de suas reflexões.

— Ah, sim, eu sou negra. Uma parte dos meus irmãos não é. É assim a cozinha genética do Brasil. Nunca sonhei subir na vida. Estudar, nem pensar. Acham que tem programas sobre a história dos negros na TV? Vão sonhando. Eu já tive trinta e seis profissões. Há quatro meses trabalho como cobradora. É bacana isso que estão fazendo. Que Deus acompanhe vocês.

Podíamos adiar nossa visita ao Palácio Imperial? Pouco tempo depois da destituição de Dom Pedro II, em 16 de novembro de 1889, o palácio São Cristóvão foi transformado em Museu de História Natural, decerto para sufocar sob as camadas da pré-história qualquer tentação de restaurar a monarquia. Queríamos ver Luzia sem demora e é lá que ela recebe visitas. Você há de compreender facilmente nossa pressa, querida Zayda. Consideramos vocês duas responsáveis por nossa partida. Há oito meses, em sua mensagem provocativa, a foto dela se estampava em nossa tela e o crânio reconstituído de Luzia figura no inventário do museu. Exposto. Sonho em estar cara a cara com ele.

Ainda mais alguns passos, do portão até o palácio.

Esperava atravessar mais tranquilamente os séculos que nos separam dela. No sábado, o parque da Quinta da Boa Vista regurgita famílias submetidas à tirania das caixas de som. Disputam-se lugares para colocar as crianças nas camas elásticas, nos tobogãs ou nos castelos infláveis. Percorremos uma fileira de barraquinhas de cheiro pesado. Mulheres de cabelos crespos, metidos em redinhas higiênicas, gabam-se da superioridade das salsichas de suas respectivas carrocinhas de cachorro-quente. Se Dom Pedro II visse isso! As senhoras de bermuda, a gritaria dos bebês, os vendedores de balões de gás e de algodão-doce, todos pisoteando seus gramados. Como reagiria a tamanha arruaça aquele monarca taciturno, privado de infância, velho desde a adolescência, que preferia o silêncio dos livros às agitações do poder? Ouvi dizer que ele às vezes partilhava a hora do chá com um certo Dom Obá, negro de alta estatura que ele considerava seu amigo. Obá, cujo nome em língua iorubá quer dizer "rei". Taí o tipo de informação que adoramos. A gente se joga em cima. Cavamos a areia ao redor, peneiramos e brandimos a pepita encontrada. É para achados como esses que estamos dispostos a percorrer a distância entre o Rio e o Maranhão. Leuk possui um dom particular, composto de faro e tenacidade, para extrair a pedra preciosa da rocha argilosa dos arquivos. A história de Dom Obá merece uma paradinha (e uma cerveja gelada) em nossa corrida para Luzia.

– Quanto à identidade, escolham entre Dom Obá II d'África ou Cândido da Fonseca Galvão. É um crioulo, nascido na Bahia, mas corre em suas veias o sangue resistente dos soberanos de Oyo. Esse descendente dos guerreiros iorubás conquista glória ao longo da Guerra do Paraguai, um conflito absurdo de cinco anos (1865-1870) que deixará estropiado não apenas o vencido Paraguai como também os vencedores: Brasil, Argentina e Uruguai. Mas Obá se dá bem nessa história, já que sai da guerra com o título de oficial honorário do Exército brasileiro. É, portanto, com o peito inchado de prestígio que ele se instala no Rio, onde adquire o hábito de passear pelas ruas, vestido com elegantes roupas pretas, fraque e cartola, luvas brancas, bengala, guarda-chuva e *pince-nez* dourado. Isso quando não se exibe em uniforme de alferes, seus galões, espada na cinta e chapéu emplumado. Dá até para ver essa admirável silhueta percorrendo o Rio antigo, suscitando insultos e admiração. Sua linguagem, tão florida quanto suas roupas, é um buquê de português crioulizado, enriquecido com expressões africanas e latinas! A elite branca faz caretas ao escutar um discurso que finge não entender. Os negros, escravos e libertos, não apenas entendem sem dificuldade o que ele diz como juntam dinheiro para imprimir seus escritos e se reúnem para lê-los e comentá-los. As ideias de Obá são fáceis de captar; aliás, ele gostava até de rimá-las: "Por Deus mandar que quando o varão tiver valor não se olharia a cor". Eis o que ele dizia. Por certo, Obá, do alto de seus dois metros, cultiva uma alta opinião de si mesmo, mas usa seu prestígio para demonstrar o absurdo da discriminação e difundir a ideia da igualdade fundamental entre os humanos. O guerreiro troca a arma branca pelo verbo negro; desafia a arrogância dos senhores e desmonta as manipulações dos evolucionistas que queriam ver na mestiçagem a chance de um "embranquecimento da raça". Com um século de avanço em relação ao slogan *Black is beautiful*, o príncipe iorubá proclama seu orgulho de ser negro e chega, sem rodeios, numa carta de 1887, a opor ao desejo de clarear o Brasil o projeto de escurecê-lo. Negrificação rima em sua cabeça com "sorte para a nação". O príncipe tem também seu lado poeta;

a versificação a serviço da abolição. Por exemplo: "Não é defeito preto ser a cor/ É triste pela inveja roubar-se o valor". Nada mal como ideia: preto é uma cor cobiçada. E a inveja tendo por fiéis suportes a tolice, a ignorância, a arrogância e a falta de refinamento social, eis aí, senhoras e senhores, por que a sociedade está doente; ela sofre de anemia cultural, o que a torna vulnerável ao vírus do racismo. Gostei do oficial iorubá, mesmo que, ao que parece, ele fosse arraigadamente monarquista. A gente não se refaz: príncipe africano e protegido do soberano brasileiro!...

– Bom, o chá do imperador já deve estar frio a essas alturas. Por outro lado, Luzia não pode esperar mais.

– Só mais uma coisinha! Um detalhe saboroso: na época em que Dom Pedro passeava sua melancólica barba neste mesmo jardim, chamavam os liberais de *Luzias*. Os luminosos contra os tenebrosos. Uma aproximação divertida quando se sabe que nossa cara Luzia, decana de pelo menos dez mil anos, está hoje no centro de controvérsias agitadas entre arqueólogos: alguns partidários da retenção de informações, outros favoráveis a que se lance toda a luz possível sobre a questão.

Na entrada do museu, a moça da bilheteria brinca com nossos nervos. Ela ignora completamente a cabeça dessa ancestral cuja presença naquele lugar nos fez atravessar o Atlântico.

– Luzia? Que Luzia? Não tem nenhuma Luzia aqui. Estão falando das múmias?

Olha atônita para aquela dupla de estrangeiros prestes a rodar a baiana. Mas, felizmente, os outros funcionários sabem do que estamos falando: segundo andar. Subimos aos pulos a escadaria imperial. Passamos correndo pelas diversas salas. Que os tupis-guaranis nos perdoem, assim como os marajoaras e suas lindas cerâmicas. Voamos, deslizando pelos assoalhos até a alcova da primeira-dama do Brasil. Está vendo só, querida Zayda, a que estado paroxístico pode levar uma investigação? E isso é apenas o começo. Luzia está lá, dentro de um cubo de acrílico. Duas garotas negras a contemplam. Leuk fotografa. É permitido. Os visitantes passam, aparentemente sem se comoverem. A sinalização é bastante discreta. Eu queria ver setas em neon sublinhando a importância da descoberta e do questionamento a que esta dá ensejo. O crânio de Luzia, extraído da terra de Minas

Gerais em 1974, esperou vinte anos até ser modelado por iniciativa do arqueólogo Walter Neves. Temia-se o que ele podia revelar? A imagem deu a volta ao mundo, abalando o planeta científico em razão das características negroides do mais velho esqueleto humano da América, recolocando em questão as teorias estabelecidas sobre o povoamento do futuro Novo Mundo. Não contem com as plaquinhas do museu para responder à questão da origem de Luzia. Elas dizem sobriamente: "A forma dos crânios e das faces dos primeiros habitantes da América era diferente daquela observada nas populações indígenas mais recentes". A palavra "África" não figura ali. A hipótese nem sequer é aventada. Os responsáveis pela curadoria da sala preferem propor a possibilidade de uma migração da Austrália ou da Melanésia através da Ásia.

– Por que simplificar quando se pode complicar?!

Eu resmungo. Não é aqui que obteremos a menor luz sobre Luzia. Por sorte, temos um encontro dentro de alguns capítulos com dois importantes arqueólogos, André Prous, que estava presente quando da descoberta de Luzia, e Nièpe Guidon, a responsável pelo mais importante sítio de pinturas rupestres do mundo em termos de expressões inventariadas. Paciência.

É então que um jovem mestiço de rosto redondo dá um tapinha em meu ombro.

– O senhor é professor? Tem informações para nos dar?

Leuk se controla para não soltar uma gargalhada. Sou o único visitante de paletó no museu. O que deve me fazer parecer muito sabido.

– Quem acha que ela é?

Marcelo B., psicólogo de profissão, permanece mudo. Declino para ele a identidade da bela coletora e caçadora, suas medidas, sua idade aproximada – vinte e cinco anos no momento de sua morte – e as dúvidas sobre sua proveniência.

– Ah, sim, ouvi falar dela! De qualquer jeito, tudo vem da África mesmo.

Então, dá livre curso a seu bom humor:

– Quer dizer então que essa Luzia sugere a alguns que se pode ser negro no Brasil sem estar ligado à escravidão, que pode ter havido contatos entre os dois continentes antes da chegada dos europeus? Sua descoberta abala as ideologias conservadoras e poderia devolver seu orgulho a uma parte da população. Agora compreendo melhor por que alguns preferem não falar dela. Foi um grande prazer conhecê-los. Tinha sentido em vocês o cheiro do pesquisador. Tenho faro para isso.

Dessa vez, Leuk ri abertamente. Despedimo-nos com abraços calorosos.

A Virgem do Rosário, o tigre abolicionista e a santa da máscara de Flandres

Pegue a Buenos Aires, atravesse o Saara, passe pela Alfândega, aí você vai dar na Uruguaiana, é ali. Simples assim. A viagem ao coração do Rio é uma brincadeira de criança através de um quadriculado de ruas apertadas que lembram um mercado árabe. As especiarias têm ali um lugar preponderante, diria mesmo *prepodorante*. Daí o justificado nome de Saara. O que não encontrar no Saara, não encontrará em mais nenhum lugar. O mercado defende a reputação de seus negociantes do impossível. Não fazemos mais que atravessar a passos rápidos esse encrave oriental. Para nós o dia não é de barganhas, e sim de contatos elevados. Vamos cumprir o ritual que nos comprometemos a repetir a cada etapa de nosso périplo: uma visita à Nossa Senhora do Rosário, em sua igreja, a fim de prestar uma fiel homenagem aos santos negros que estão ligados a ela. Pegamos essa mania do Didier Lahon, o especialista francês nesse assunto. Foi ele que nos apresentou o quarteto principal da santidade africana, que nos iniciou no culto que partiu da Sicília e da Núbia para chegar ao Brasil graças a uma ativa propagação portuguesa. O encontro com São Benedito de Palermo, Santo Antônio de Categeró, Santo Elesbão e Santa Ifigênia ocorreu em Lisboa, na Igreja da Graça, na discreta Capela de Nossa Senhora do Rosário. Era a primeira vez que nos deparávamos com os eleitos negros da devoção popular. Não se surpreenda, Zayda: afora Baltazar, o rei mago, os intermediários africanos com o divino são um tanto raros em nossas igrejas francesas. Por muito tempo, ignorei sua existência e função. Mas, desde nossa investigação na Lisboa negra, começamos a correr atrás deles em Portugal, em São Tomé, em qualquer capelinha ligada às confrarias de escravos. Não vejo nenhum motivo para abandonar essa inofensiva obsessão. Ainda mais que conheço sua ternura por São Benedito, protetor do Tambor de Crioula, tradição que você defende com paixão.

A Rua Uruguaiana fervilha ao ritmo dos negócios. A Igreja de Nossa Senhora do Rosário vê passar uma corrente ininterrupta de veículos apressados. Um incêndio a devastou em 1967. Seus ouros e os arquivos da confraria dos Homens Negros viraram cinzas. Perdas inestimáveis. Lucio Costa, o urbanista de Brasília, a reconstruiu sem maiores floreios. Num beco lateral, acuado por carros estacionados, mães de santo tiram as cartas para os clientes e consultam os búzios em pequenas mesas entre dois capôs. Cartazinhos prometem amarrações. Sob um guarda-sol, uma estátua de São Lázaro, já roído pela morte, garante a intervenção do miraculado a quem vier pedir por uma cura. No adro, quatro velhinhas vendem círios e tocos de vela. Dizem que, no Brasil, o desenvolvimento da rede elétrica não impediu o aumento da venda de velas. Nós esperamos Larissa Gabarra, doutora em História da África, numa antecâmara da devoção onde fiéis se espremem para redigir pedidos à Virgem e enfiá-los numa urna de acrílico. Há um distribuidor de água benta de apertar, como se fosse sabonete líquido. Os crentes a utilizam para umedecer a testa. Aos pés da estátua de Nossa Senhora da Cabeça, várias cabeças de resina, em sinal de gratidão à "Maria do Cérebro" por sua ajuda determinante na cura de tumores, de enxaquecas, ou em êxitos intelectuais, como o de passar num concurso. Reina em toda parte a efervescência de quinta-feira, dia da "missa da cura".

Larissa Gabarra chega, arrastada pelo fluxo dos fiéis. Promete nos guiar numa ascensão: o acesso ao topo da igreja que abriga sob a camada cinzenta do esquecimento um Museu do Homem Negro, ou o que restou dele depois da passagem das chamas. Nos olhos claros de Larissa, jovem professora universitária adepta da capoeira, lê-se seu firme engajamento. Ela conta que encontrou o desejo pela África na Bélgica durante uma viagem de fim de adolescência. Em Bruxelas, ficavam lhe dizendo que o Brasil era uma criação de Portugal. A cultura dos seus interlocutores terminava ali. África, nenhuma história. Índios, nem sequer existência. E ela se sentia sem argumentos para gritar seu desacordo. A raiva a fez voltar ao país. Quando se procura, muitas vezes a vida bate à nossa porta. Foi o que aconteceu. Um dia, sua casa em Uberlândia, Minas Gerais, começou a vibrar ao som de tambores. Foi como um terremoto, diz ela, sabe, quando a cabeça se rende à vontade dos pés que descem correndo as escadas e se lançam na correnteza do destino... Alguns percussionistas se preparavam para uma congada, o coroamento do rei e da rainha do Congo, soberanos de um reino reinventado deste lado aqui do Atlântico por uma população privada da dignidade de ser um povo. Os músicos organizavam leilões de comida, de guarda-chuvas, de objetos do dia a dia para bancar as despesas das cerimônias. As belas festas custam caro. Larissa recorda que, durante três meses, correu de um grupo ao outro. Essa corrida a levou até sua tese de doutorado, cujo título, *O reinado do Congo no império do Brasil*, mostra a invasão sutil do país por africanos, escravos conquistadores do espaço simbólico. Percebam: restabelecer uma realeza negra no coração de uma sociedade escravagista, com todos os atores fantasiados de uma solidariedade subterrânea, prova a audácia estratégica dos membros do Rosário. Graças à confraria, eles conseguiram unir suas diversidades debaixo das barbas de senhores que buscavam trazer para o Brasil os antigos conflitos interétnicos. Dividir para melhor dominar. Falhou. Mesmo a pressão moral tem seus limites. A prova disso? A devoção católica no Brasil só pode ser compreendida através do filtro do sagrado africano. A maneira de rezar dos irmãos do Rosário não consiste em recitar o "Pai Nosso" ou a "Ave Maria", mas em tocar tambor e cantar a fim de incorporar os espíritos. Quando se tornaram católicos, os "congoleses" não renunciaram aos transes que os ligam a seus mortos. Os súditos dos reis negros no Brasil, embora devotos de Nossa Senhora do Rosário, continuaram a "fazer suas macumbas", como dizem os detratores das religiões sincréticas.

Tudo isso conversado em voz baixa ao pé da estátua de São Benedito, franciscano negro que segura o menino Jesus em seus braços. Um músico afina sua guitarra. As primeira batidas de tambor assinalam o início da missa de quinta-feira. São dez horas da manhã. A igreja está lotada. Larissa nos leva para os bastidores, em busca da escada que conduz à altura da abóbada. É preciso negociar. A jovem professora invoca as pesquisas que fez ali sobre a confraria do Rosário. Apesar dos sorrisos, noto reticências. O Museu do Homem Negro, lá em cima, está fechado há muito tempo, à espera de reformas. Teremos que voltar quando elas estiverem feitas. Daqui a alguns anos. Não, agora mesmo. Os pesquisadores franceses estão aqui. Larissa insiste. A chave aparece. Subimos através da música e da fumaça dos incensos. Tenho a impressão de penetrar um sótão proibido em razão dos segredos pesados demais que contém, pesados como as janelas que o encerram. Abrem para nós os imensos batentes. A luz se esparrama sobre essa coxia suspensa entre os eflúvios da missa e os rumores da rua. Desperta bustos e fotos amareladas, jazentes de gesso e estátuas protegidas por vidros. Ler estas paredes é consultar o sumário da história dos negros deste país. Os capítulos estão cobertos de poeira e, visivelmente, atraem poucos leitores. Fico dividido entre tristeza e exaltação. Uma boa parte do que viemos procurar no Brasil se encontra aqui reunida numa bagunça só. Inicio um inventário: um grande atabaque de cerimônia; o busto de Zumbi, chefe dos negros foragidos, enforcado pelos portugueses em 1695; um caldeirão de bronze para o preparo do melado e do açúcar, atividade que esteve na origem da deportação dos africanos; quadros sobre as leis do século XIX que foram mudando pouco a pouco a sorte dos escravos. Que flor de humanitarismo aquela de 28 de setembro de 1855, a lei dos sexagenários! "Todos os escravos que tiverem chegado aos 60 anos devem ser liberados." Parabéns! A aposentadoria concedida aos sobreviventes dos trabalhos forçados, tão gastos que vale mais a pena jogá-los na rua que sustentá-los. Continuo. Os funerais de José do Patrocínio: um quadro mostra a multidão em luto nacional nas ruas do Rio. Como não abrir um parêntese para o "Tigre" do abolicionismo? Você ficaria brava comigo, Zayda, se eu não o fizesse. Trata-se de uma pepita de alto quilate.

    Filho de um padre e de uma escrava vendedora de frutas, José do Patrocínio foi antes de tudo filho desse Brasil que embaralhou sem vergonha os fios da genética sem conseguir até hoje desfazer os nós de suas contradições. Herdeiro da cor de sua mãe, torna-se aprendiz de pedreiro, pagando com seu salário a própria construção. Estudante de farmácia, torna-se jornalista, panfletário, e funda o Clube Nacional dos Abolicionistas. Seu nome ficou para sempre ligado a essa revolução. Dez anos de intensa luta que acabam trazendo seus frutos: a princesa Isabel, filha de Dom Pedro II, assina a Lei Áurea em 1888: uma única página com dois artigos, decretando a abolição da escravatura. Naquele dia 13 de maio, choveram rosas, mas a alegria, como a vida das flores, é de curta duração. A liberdade sem viático foi um presente envenenado. Os donos não estavam prontos para a mudança; não sabiam pensar o desenvolvimento fora do sistema de exploração. Os escravos foram substituídos por imigrantes europeus, brancos pobres que apresentavam para o poder a vantagem de "clarear a raça". Em compensação, os alforriados que preferiam a independência a uma nova forma de submissão não tinham nada nas mãos para construir seu destino: nem terra nem instrução. A abolição traçou a nova rota da exclusão. Reunidos no grande rebanho da miséria, os negros libertados fundaram, nas margens das cidades, bairros africanos que, com o tempo, o triunfo da pobreza transformou em favelas ou em "invasões". José do Patrocínio não soube lidar com o amanhã de sua revolução. Cegado por sua gratidão a Isabel, o mais combativo dos abolicionistas se perdeu num monarquismo sem futuro, às vésperas do advento da República. Sua vida terminou sem glória. Republicano tardio, jornalista censurado, exilado, fecha-se num barraco da periferia do Rio e se entrega à ideia descabida de construir um balão dirigível de quarenta e cinco metros de envergadura. O projeto nunca decolará, e o Tigre morrerá afundado em dívidas.

Zayda, deseja mais uma história triste?

A de um belo jovem negro de bigodes em asas de pássaro, engravatado e vestido com esmero. É o retrato de João da Cruz e Sousa. Acrescento ao inventário do museu uma reprodução do quadro oficial. Figura interessante a desse poeta nascido de pais alforriados. Graças à ajuda do proprietário de seus genitores, estuda num colégio e dá mostras de uma capacidade intelectual fora do comum. A tal ponto que um estudioso alemão usa sua inteligência como exemplo num artigo que endereça a seus colegas europeus para combater a ideia de uma suposta inferioridade da "raça negra". Considere, Zayda, a singularidade dessa posição na época em que se constrói o mito da "raça dos senhores", brancos, loiros e em tudo superiores. Poeta simbolista, Cruz e Sousa se autodefine como um alquimista da dor. Jornalista, junta-se ao clã dos abolicionistas e toma posição entre os lançadores de facas. Eis, por exemplo, o que ele endereça aos proprietários de bestas humanas após compará-los a crocodilos: "Eu quero em rude verso altivo adamastórico,/ vermelho, colossal, d'estrépido, gongórico,/ castrar-vos como um touro – ouvindo-vos urrar!". Palavras de alguém que sabia do que estava falando, a quem a sociedade racista não poupara nenhuma vexação. É de surpreender que esse fino letrado, profundo conhecedor da literatura inglesa e francesa, tenha morrido jovem, pobre e rejeitado? Vencido pela tuberculose, seu cadáver foi levado de trem de Minas Gerais ao Rio num vagão para cavalos. Assim desapareceu, em 1898, o poeta da solidão.

Mas, é hora de dizer, a razão íntima de nossa insistência em forçar as portas deste museu que cheira a guardado se chama Anastácia. Minha esperança não é frustrada. Ela está mesmo ali, em gravura, em pintura e em bronze, numa vitrine, sempre apresentada do mesmo jeito triste. Uma jovem negra nos fixa severamente. Não tem mais que seus olhos para comunicar. Seus lábios estão cobertos por uma espécie de focinheira de lata com minúsculos furos. As correias que a seguram cindem seu rosto, escondem sua face. Uma coleira de ferro cinge seu pescoço. O que terá feito essa escrava de pior que os outros para merecer semelhante castigo? Sua história, Zayda, os cacos dela que recolho para você, talvez não seja verídica, mas não importa, é isso o que a devoção popular guarda e propaga. Um conto cruel. Era uma vez uma princesa bantu chamada Delminda, parente do Rei Galanga que voltaremos a encontrar mais tarde em Minas Gerais, sob o título de Chico Rei. Por enquanto, ambos, o rei e a princesa, são desembarcados no Rio junto com cento e doze outros cativos, expostos e vendidos. A cena ocorre em 1740. Sabe-se até o nome do navio: *Madalena*. Delminda não está mais só, está grávida. Durante a travessia, um contramestre a estuprou. A menina que nasce, Anastácia, terá os olhos azuis do estuprador. Pele negra, olhos cor de céu, a menininha cresce, ameaçada por sua beleza desde cedo cobiçada. Sua virgindade é posta à venda. Por mais que resista, Anastácia sabe que não poderá escapar da violência dos homens brancos. Mas, no dia fatídico, ela consegue ferir seu carrasco. A máscara e a coleira seriam os instrumentos da vingança deste. Outra versão atribui a punição ao ciúme de uma esposa irritada pela paixão de seu marido pela escrava bonita demais. Outra ainda reza que a máscara serviu para corrigir a princesa insolente, sempre disposta a defender as vítimas de um sistema iníquo. Morta de gangrena e de maus tratos, com o rosto deformado, Anastácia logo adquire a estatura de uma santa cujo culto será "oficializado" em 1968, nesta mesma Igreja do Rosário onde seu corpo estaria enterrado.

Diante da gaiola de vidro que protege uma efígie da mártir, flores frescas foram depostas, sinal de uma devoção que se perpetua mesmo na escuridão. Recolho no chão uma fotocópia de sua imagem.

Uma súplica comovente é dirigida a ela no verso: "Obrigada, escrava Anastácia, por todas as atenções e graças que recebi...". Calo o pedido, pessoal demais. Podem-se ler outros bilhetes: "Tenho desde 1981 uma estatueta da escrava Anastácia. Cada vez que passo por uma situação difícil, recorro a ela. Saibam que isso ocorre quase todos os dias. Assim, consigo ainda ter forças". Foi em 1968, durante a comemoração organizada nesta mesma Igreja do Rosário, por ocasião dos oitenta anos da abolição da escravatura, que se expôs pela primeira vez o desenho de Étienne Victor Fonte representando o rosto de uma escrava submetida ao castigo da máscara de Flandres: focinheira e coleira de ferro. Dizem que a imagem provocou transes espontâneos. Milagres já tinham sido atribuídos à escrava de olhos azuis. A devoção se propagou ainda mais dali em diante, e contam-se hoje milhões de fiéis por todo o país. "Anastácia, nós te agradecemos pela graça obtida. Princesa que se tornou deusa. Deusa de que fizeram uma escrava. Escrava que era princesa. Concede-nos a beleza de teu corpo e a serenidade de tua alma. Anastácia de quem obstruíram a boca sem no entanto calar teu grito de revolta, transmite-nos tua força rebelde. Dá-nos teu amor e tua coragem. Que nunca mais sejamos escravos, seremos rebeldes como tu!"

 A missa atinge seu auge. Som de tambores e vozes infladas pela fé. Fazemos a conta dos achados da manhã no imenso refeitório do sótão da igreja. Leuk declara Anastácia pepita de honra. Quinta-feira, depois da missa da cura, a confraria serve um almoço reparador a preço módico e com guaraná à vontade. Por enquanto, somos os únicos no meio de um oceano de mesas de madeira. À uma da tarde, depois das três horas de ofício, vai ser um deus nos acuda. Resta uma questão que todo comedor de arroz-feijão-e-carne nesse rigor monástico tem o direito de formular: por que os negros sempre manifestaram tanta afeição por Nossa Senhora do Rosário? Por que ela, e não uma outra? Em Lisboa ou no Brasil? Assunto sério de conversa entre Larissa, Leuk e Leão. Sabemos através de Didier Lahon, nosso amigo especialista em confrarias, que a devoção do Rosário, insuflada pelos dominicanos, sempre teve um objetivo missionário. A repetição das orações permitia inculcar os mistérios da fé nos analfabetos. O método, aplicado às classes camponesas da Espanha e de Portugal, foi recauchutado desde a chegada dos primeiros escravos a Portugal no século XV. O país das Grandes Descobertas não ostentava a resolução de guiar os africanos no caminho da verdadeira religião ao mesmo tempo que os forçava ao trabalho? O sistema escravagista atribuía-se a dupla tarefa de batizar e catequizar. Em tese, um proprietário de escravos podia até ser punido se faltasse a esse dever. Em Portugal, a confraria do Rosário, acessível aos mais pobres, originalmente brancos e negros misturados, foi, portanto, a única aberta aos escravos ansiosos por se tornarem bons cristãos e terem acesso, ao mesmo tempo, a uma rede de entreajuda, de solidariedade, e a um mínimo de proteção contra os abusos de seus senhores. Essa devoção se deslocará para o Brasil, trazida pelos jesuítas e franciscanos. Mas, por efeito da segregação, se tornará exclusiva dos negros.

– Pode ser – interrompe Larissa. – Só que Nossa Senhora do Rosário também apareceu para um negro deste lado do Atlântico. Visto que essa Virgem lhes foi imposta, os escravos tiveram que se arranjar para transferi-la ao seu espaço mítico. Nesse jogo, eles são imbatíveis. Deixe-me lhes contar, à moda brasileira, como isso aconteceu. Quem me narrou essa lenda foi um dos meus informantes de Minas Gerais, membro da congada.

É a história de um menino negro, miserável, sem camisa, com calças de algodão cru amarradas com um pedaço de cipó. Tendo ido buscar lenha, ele entrou numa grota para beber água. E foi ali que Nossa Senhora lhe apareceu e abriu seus braços para ele. Ele ficou olhando para ela por horas, como que encantado, sem poder falar. Vocês saberiam o que dizer num momento desses? Nosso herói se esqueceu completamente de levar lenha e foi correndo contar o que tinha visto: Tem uma mulher lá na grota, se mexendo, rindo, toda alegre. Pirou, foi, moleque? Não, juro, venham junto que eu vou mostrar pra vocês! Está bem, mas ai de ti se estiver mentindo! Vai apanhar com rabo de tatu. Esse é um instrumento que não faz muito bem à espinha dos brincalhões. Penetraram todos na grota, e Nossa Senhora estava mesmo lá. Os velhos logo perceberam que aquilo era coisa sagrada. Sagrada pra valer. E declararam: É a Nossa Senhora do Rosário, vamos cantar para ela. E orar. Primeiro o "Pai Nosso". As boas palavras a tornavam cada vez mais bela. Era mesmo a mãe de Jesus. Ela própria...

– E foi assim que os Congos se apropriaram de Nossa Senhora do Rosário, uma conquista simbólica partilhada entre todos os deportados, apesar de suas diferenças.

Então Larissa sai para dar sua aula sobre a África na universidade. E os santos negros?

Não se preocupe, Zayda, ainda temos cinco mil quilômetros pela frente para apresentá-los. Os escravos os recuperaram de maneira semelhante. Lá onde Nossa Senhora do Rosário sorri cheia de graça, São Benedito não está longe, assim como os outros. Em todas as regiões marcadas pela presença de comunidades negras, iremos visitá-los. Palavra.

Arthur Bispo do Rosário no ponto final da loucura

Copacabana, 9 horas da manhã, ao pé do Palace Hotel. À espera do anjo. Chamo assim as enviadas e os enviados do destino. Acredito que Exu, orixá dos cruzamentos, divindade das cumplicidades, nos é favorável. Colocou em nosso caminho Rejane, doutoranda em História da Arte, que encontramos em Grenoble alguns dias antes de nossa partida. O número de pesquisadores brasileiros em ação é impressionante. Forças vivas escavam por toda parte o inconsciente do país. Rejane me contou que estava explorando o universo de um dos artistas mais prolíficos do século XX no Brasil, Arthur Bispo do Rosário. Aquilo vinha bem a calhar, o nome daquela figura negra estava sublinhado em vermelho na nossa agenda: visita obrigatória a seu museu perdido no sudoeste do Rio. "Com certeza, vou adorar levar vocês lá", respondeu simplesmente Rejane. Obrigado, Exu!

Copacabana, só lamento, não vou me demorar rasgando seda para você. *Nosso* Rio está em outros lugares. Pegamos um ônibus executivo, de preço tão condicionado quanto o ar; ele nos levará até os confins da cidade. Duração do trajeto difícil de estimar. Ora o trânsito para, ora o ônibus aproveita espaços de liberdade para correr como um cavalo selvagem. Ipanema, Leblon... As sereias repousam a essa hora matinal. Sereias de corpo cor de canela que adormecem a confiança de suas presas estrangeiras com suaves carícias, afagos, promessas, mais algumas gotinhas mágicas na bebida, depois as abandonam ao amanhecer, de bolsos vazios. *Boa noite, Cinderela* é o apelido dado ao famoso golpe. Deixamos a fachada frívola do Rio e lançamo-nos em direção ao ponto final da loucura. Sim, iremos até esse ponto, Zayda, para responder ao seu desafio.

Conversa com Rejane dentro do ônibus.

É a história de um homem negro, pobre, tratado de louco pelo comum dos mortais. Ele se considerava escolhido por Deus, encarregado de uma dura missão de salvamento. Arthur Bispo do Rosário foi o nome que recebeu ao nascer, em 1909, em Sergipe, de "pais provisórios". O definitivo se instalou em sua vida durante um conciliábulo com sete anjos na antevéspera do Natal de 1938. Naquela noite, o humilde descendente de escravos, marinheiro, biscateiro, boxeador, operário, empregado doméstico, entrou ao serviço do patrão celeste, sob a proteção de Maria, de quem se considerava filho. A cortina preta do céu se rasgou e as mensagens aladas lhe transmitiram a mensagem de sua eleição. Tinha sido "reconhecido". A visão o fez deixar o quarto onde dormia, na casa de seu patrão, o advogado Humberto Leone. Fortificado pela cumplicidade do paraíso, peregrinou através das ruas silenciosas, portador de uma cruz cuja marca luminosa sentia em suas costas. Sua errância tinha uma meta: o monastério de São Bento, onde entrou para declarar à congregação em tom categórico: "Vim julgar os vivos e os mortos". Bispo interpretou o silêncio dos monges como um sinal de respeito e "reconhecimento". Naquela mesma noite, entretanto, a Igreja, sem rodeios, derrubou o eleito das nuvens e o enviou para os purgatórios especializados onde as entrevistas com o sobrenatural se dissolvem em vidros de calmantes.

Nosso destino, que foi antes o de Bispo, onde ele passou cinquenta anos de sua vida, se chama Colônia Juliano Moreira. Ponto final da linha de ônibus. A cidade consente em se limitar. O ônibus nos deixa numa alameda de onde emergem prédios baixos, herdeiros do espírito de Le Corbusier. O lugar cheira a estrume. A colônia flerta com o campo. Os pássaros debicam em nossos ouvidos o zum-zum-zum do trajeto. Nossa migração durou duas horas e meia através de zonas de miséria e de esgotos a céu aberto, justapostas a luxuosas áreas urbanas. Barra da Tijuca. O Rio é composto pelo pugilato estético e social de seus contrários. No fim, ficamos pasmos, embasbacados de encontrar uma natureza que julgávamos perdida. O domínio psiquiátrico está cercado por uma floresta que vai dar em excrescências graníticas, parecidas com as corcovas de um camelo. Dizem que, ocultas, correm ali cascatas. Mas o lado idílico do lugar é contradito pelo rumor: aqui começa o fim de carreira dos cérebros.

É meio-dia, e o museu Bispo do Rosário não abrirá. Infiltrações de água ameaçavam a sala. As obras foram retiradas. Não veremos nada. Wilson Lazaro, responsável pelo museu, não nos dá nenhuma esperança. As reservas são inacessíveis sem longos procedimentos burocráticos. Em compensação, como é impensável abandonar peregrinos vindos de tão longe na porta de um santuário fechado por avarias, o especialista em Bispo reúne paixão, talento e total disponibilidade, e começa a falar da criação do artista. Sairemos da mesa quatro horas depois, sem comer, mas alimentados pela mais generosa exposição sobre aquele que os classificadores situam no firmamento da arte bruta, do pós-modernismo ou do movimento conceitual... Noções para as quais Bispo estava pouco se lixando, já que ignorava sua definição e existência e que sua arte estava exclusivamente a serviço de sua missão de salvação.

Menos mal que encontrou ali atenção e condições para liberar seu gênio, o que podia muito bem não ter ocorrido. Na época das primeiras perturbações de Bispo, o Brasil não sabia o que fazer com seus indigentes, sobretudo aqueles que juntavam numa só pessoa miséria e perturbação. Imagine só: um pobre coitado que murmura orações carregando uma cruz invisível na rua tinha todas as chances de se ver trancado, "acalmado". Ainda por cima negro. Foi assim que Bispo foi parar nessa periferia dos irrecuperáveis, no ponto mais distante das referências centrais da normalidade. Uma espécie de quarentena perpétua. Poderia ter sido pior. A colônia leva o nome de seu fundador, Juliano Moreira, e, você sabia Zayda, que ele era negro? Sim, um nativo de Salvador, saído da modéstia, entrou na Faculdade de Medicina em 1886, ou seja, dois anos antes da abolição, e se tornou um pioneiro respeitado da psiquiatria brasileira. Juliano Moreira fundou essa colônia entre as árvores para tentar a experiência então inovadora da terapia ocupacional, e contradizer as teses racistas que apontavam a mestiçagem como uma causa maior dos desregramentos mentais. Para ele, fazia mais sentido denunciar a precariedade, o desespero, a ausência de educação e de higiene. Clientes nunca faltaram para a instituição. Fundado em 1924, esse encrave sanitário, de território tão vasto quanto Copacabana, chegou a ter até onze mil pensionistas. Negros, na esmagadora maioria. A abolição advinda sem precaução nem acompanhamento ceifou as ilusões dos alforriados, entregues ao abandono, e semeou os germes de uma loucura que se espalhou como uma epidemia.

Foi ali, no silêncio do sótão que lhe foi concedido, que Bispo do Rosário criou sua obra única composta de oitocentas peças heteróclitas, ligadas entre si pelo fio de uma coerência íntima gravada no registro mental do autor. Wilson Lazaro, não podendo abrir o tabernáculo do acervo, nos confiará um precioso DVD, hóstia metálica repleta de imagens digitais. Inicia a projeção de slides: o carrossel mágico de Bispo do Rosário roda para você, Zayda. Desfilam barcos de madeira, jangadas de rodas, um carro porta-veleiros, caminhões de brinquedo, cavalos de circo, uma linha de bois, um pórtico de ginástica, uma sala de aula, guarda-sóis de praia, uma escada rolante, um reboque de lajotas, todos objetos lúdicos talhados na madeira das recordações de infância. Enquanto Marcel Duchamp transformava uma roda de bicicleta em obra de arte, Bispo fazia o mesmo, longe da agitação dadaísta, em simples homenagem às quermesses de antanho. Continuação do programa: Bispo, montador de acessórios novos ou usados, nobres ou abandonados. Bispo, reciclador precoce. Bispo, empilhador precursor, que prega, forra, classifica, liga. Isso resulta numa gaiola de balões, um cabide de gravatas, um quadro de cacos de vidro, um tabuleiro de casas plásticas, um carrinho de mão de garrafas, um suporte de vassouras, um porta-bandeiras, tábuas com ferramentas fixadas como insetos, um expositor de chinelos de dedo, uma bancada de pantufas, um suspensório de meias, um confronto trompete × garfos, um arquivo de garrafas, um quadro para conexões de borracha, um caminhão basculante de moedas de um centavo, placas de sinalização... Enquanto Arman expunha em galerias acumulações de objetos em vidros de todas as formas, Bispo amontoava utensílios, sem ligar para as modas, fiando-se apenas em seu próprio rigor. Continuemos. Bispo bordava. Eis um ponto capital. Em estandartes, telas, séries de retalhos de tecidos, bordava mensagens, homenagens, listas, prescrições. Fazia projetos de cidades, traçava os contornos da baía da Guanabara. Desenhava batalhas navais repletas de barcos de fios azuis. Consagrava bandeiras à glória das misses dos concursos de beleza do mundo inteiro. Confeccionou peças que deixaram pasmos Lacroix, Galliano, Paul Poiret e a galáxia da alta-costura. Executou o manto dito "da apresentação", peça principal do conjunto, e não por acaso: sonhava estar vestido com ele no esperado dia de sua passagem para o céu. Essa veste prodigiosa, bordada por dentro e por fora, parece um manto xamânico, carregado de fórmulas e de acessórios indispensáveis ao médium para atravessar as fronteiras entre mundos de natureza diferente.

Bispo é uma pepita *hors concours*.

Resta agora compreender, um pouco, o caso Rosário, aproximar-se centímetro por centímetro desse criador (ou reator) irradiante. Wilson Lazaro consagra sua vida a isso. Rejane Granato disseca seus escritos. Investigação num cérebro. Eis-me escritor legista, Zayda, fazendo a autópsia de um imaginário.

Tenra infância do interessado. Bispo evitava falar dela. Declarou: "Um dia simplesmente eu apareci". Entenda-se: o que contava para ele não era seu nascimento, e sim seu renascimento. Não os seus pais terrestres, e sim sua santa família. Entendido. Porém, seu solo de crescimento fecundou profundamente seu onirismo. Ele cresceu marcado pelas festas populares, a chegada dos reis magos, tambores e bandeiras, o coroamento do rei e da rainha do Reisado, tradição ibérica reinterpretada pelos negros, desfiles e pesados mantos, vestes bordadas por geniais costureiras anônimas. Atenção, Sergipe era uma região onde os homens bordavam. Aí já temos as palavras-chave: rei, manto, bordado. Aquele que, numa bela noite de inverno, se viu chamado "rei dos reis" por um bando de anjos, bebeu muito cedo sua dose de água benta. Viveu uma adolescência exposta aos delírios coloridos dos trajes religiosos de grande espetáculo, enquanto andava à sombra ascética dos inúmeros beatos que assombravam os campos. Outro traço do Bispo: consciência do pecado, senso da penitência e gosto pelo jejum.

Segunda etapa: Bispo marinheiro. Nada de anormal nisso. No início do século XX, a Marinha abocanhava os descendentes de escravos, pobres, analfabetos, sem futuro. Prometia-lhes formação, educação e uma possibilidade de integração. A relação dos negros com o mar permanecia complexa. Todos sabiam que o oceano tinha ajudado os navios negreiros, os tristemente famosos *tumbeiros*, a transportar seus ancestrais. Apesar dessa funesta cumplicidade, o mar guardava uma esperança de retorno à África nas profundezas do imaginário. Digamos logo, quando Bispo se alistou, a Marinha era uma espécie de prolongamento direto das senzalas. Ela era negra.

No alto-mar, portanto, o marujo Bispo aprendeu a ler e escrever. O sentinela Bispo se enrabichou pelas figuras geométricas e pelas bandeiras. O fervilhante Bispo se tornou boxeador, campeão coroado na categoria peso leve. Pequeno, mas forte. Depois, o independente Bispo conheceu a masmorra e a expulsão por insubordinação. De volta à terra, com a cabeça cheia. O futuro inspirado Bispo foi inoculado com a paixão das palavras, o respeito pela educação, a obsessão com a ordem e com a disciplina. Eis aí, Zayda, outras quatro chaves essenciais. Compreendemos por que o artista Bispo criou tantos navios, veleiros, *destroyers*, de madeira, bordados, disseminados em sua obra. Por que escolheu bandeiras, estandartes e galhardetes como suportes de sua criação. E, acima de tudo, por que passou cinquenta anos de sua vida dando um sentido, o seu, ao heterogêneo. Aí estamos. Eis Bispo, o grande ordenador.

Quando o céu fez o primeiro contato, o homem estava pronto. Deus insinuou em seu espírito de negro, pobre, rejeitado, mas escolhido, que o mundo tomara um caminho errado. Cabia a ele, Bispo, reorientá-lo. Obedeceu. Começou reorganizando seu próprio ambiente, o da colônia, com a ideia de fundar um reino de que ele seria o rei e no qual, segundo dizia, não haveria nem abismos nem tristeza. Bispo não conheceu entraves à sua obra. Pelo contrário, recebeu apoios e favores dos diversos psiquiatras da instituição. Não era ele a prova viva da validade da arteterapia como alternativa sensível e possível à redução química das expressões agressivas da demência? Toda uma rede se organizou para aprovisioná-lo de acessórios reciclados ou novos. Agentes de saúde e colegas internos foram os cúmplices ativos de seu empreendimento de recuperação e construção. Em troca, Bispo oferecia aos primeiros sua força de intervenção para controlar os pacientes superexcitados; aos segundos, garantia sua proteção diante dos abusos institucionais. Bispo, o ex-boxeador, impôs sua autoridade. Chamavam-no xerife e lhe davam uma paz régia, o que convinha muito bem ao desenvolvimento de suas fantasias. Ele controlava sua própria violência exibindo as agitações de seu foro interior. A administração o considerava um "auxiliar" útil e, sobretudo, um sujeito aplicado em sua própria cura. Fortalecido por esse estatuto, Bispo tinha acesso às chaves do almoxarifado. E as utilizava. Deixavam-no extrair seus materiais têxteis das pilhas de roupa. Ele se pôs a descosturar pijamas, fio a fio, para bordar a seguir uma espantosa logorreia. Textos escritos com linha azul. Recenseamentos. Sermões. Uma suma literária. Ousava se expressar.

Não estava nem aí para os erros de ortografia e gramática. Pelo contrário. Suas inversões de palavras, suas audácias de vocabulário eram verdadeiras vitórias sobre o mutismo dos analfabetos comuns, dos excluídos da cultura que, em geral, baixavam a cabeça e se calavam. Assim, Bispo confeccionou setenta e cinco bandeirolas em homenagem às rainhas da beleza. Da Miss Brasil à Miss Bélgica. Das misses de países poderosos àquelas de regiões julgadas sofredoras por ele. Colecionava revistas e recortava fotos, mas não interprete mal, Zayda, sua relação com as mulheres. Bispo, ao que parece, viveu na abstinência de um anacoreta, dedicando um culto exclusivo à mãe de Jesus. Via na perfeição proporcionada dos corpos femininos uma referência à pureza de Maria e a prova da expansão universal de seu modelo de virtude. Nenhum indício de sensualidade. Apropriava-se de uma figura feminina para falar de geografia e para trabalhar ainda em prol da ordem do mundo. Bispo lia. A biblioteca tinha poucos livros, mas muitos atlas que foram parar nas estantes graças a doações. O embaixador da Holanda, em visita à colônia, surpreendeu-se ao ver mencionado, na bandeirola de Miss Países Baixos, o nome de seu obscuro vilarejo natal. Como aquele diabo de homem podia conhecê-lo?

Isso para dizer que a colônia recebia visitantes prestigiosos. Os primeiros filmes consagrados à instituição douraram a pílula do eremita criador. Bispo começou a ser conhecido. Mas não era qualquer um que conseguia se aproximar dele. Ele exigia uma senha. A resposta correta a esta pergunta: "Está vendo a cor da minha aura?". Infeliz daquele que errava a resposta. Era privado do acesso ao antro de sua alma. O fotógrafo Walter Firmo conseguiu imortalizá-lo em seu manto com ombreiras e cordões de cortinas, brandindo estandartes ou deitado em seu navio-cama. Há também uma foto em que Bispo contempla de longe a fila dos residentes se espremendo na entrada do refeitório. Todos de cabeça raspada e pijama. Ele os olha de dentro de sua veste de alta costura, com seus cabelos crespos arrepiados. Consciente de ser diferente. Sim, Bispo se acreditava um leão, um imperador, alguém acima do comum. Sim, era vaidoso. Na certa, pensava: "Olhem para mim, não uso o uniforme de doente, não quero ser como vocês! Aliás, não sou louco, sou filho de Deus e até os médicos me reconhecem!".

Quando Walter Lazaro pronuncia sua última frase, já faz muito tempo que os pratos da cantina estão todos guardados. Atravessamos os hectares da colônia em busca de outro lugar para conversar. Respiramos a floresta. Pacotes informes de oferendas aos orixás são visíveis nas valas. No tempo em que a natureza reinava em estado selvagem, os escravos fugitivos se escondiam ao abrigo das falésias, formavam uma comunidade clandestina, um quilombo, tão longe do Rio que aquele refúgio era chamado de "Onde Judas perdeu as botas". Um fazendeiro deu um jeito de invadir as terras rebeldes. A casa-grande, a senzala, o refeitório, a capela estão hoje abandonados. A colônia se apossou da propriedade agrícola: grãos de loucura em vez de grãos de café. Essas ruínas deveriam se tornar um grande museu Bispo do Rosário.

Atenção, nada de fotos a partir daqui. Os internos têm direito ao respeito de sua intimidade. Erram livremente. Alguns trabalham nas casas dos funcionários, como forma de terapia ocupacional.

Os últimos passos nos levam ao ateliê de Bispo, um prédio desativado dentro da área dos perturbados perigosos e dos detidos políticos. Viagem ao fundo da loucura. Eis por que a obra de Bispo, oriunda desse impasse não reabilitado, ainda não tem todo seu lugar no coração dos afro-brasileiros. Estes tratam suas obras como os disparates de um alucinado e não se sentem valorizados pela aura dourada que os críticos internacionais tecem à memória do Boxeador de Deus. Bispo foi vanguardista na época errada, suspira Lazaro acompanhando-nos até o ônibus saído da floresta que nos levará rugindo de volta à cidade grande.

O Almirante Negro e o *Potemkin* brasileiro

Alguns dias depois, Praça XV, um sábado...
O dia é importante porque é na manhã de sábado que acontece a Feira de Antiguidades debaixo do viaduto que dá acesso aos arredores da Praça. A cidade está calma. Contrariamos os alertas dos amigos sobre a falta de segurança do centro do Rio no fim de semana. Nossa temeridade é ridícula comparada à coragem de João Cândido Felisberto, Almirante Negro por alcunha, herói cuja imagem estatuificada queremos trazer conosco a qualquer preço. Marinheiro de

primeira classe, ele ousou se opor aos abusos da República chefiando uma estrondosa revolta dos marujos da Marinha de Guerra em novembro de 1910. Em troca, recebeu a prisão, a tortura, a expulsão, a miséria, o esquecimento e, para completar, o título de inimigo do Estado. Ou seja, o tipo de homem diante do qual, querida Zayda, temos vontade de tirar o chapéu. Hoje em dia isso é possível, mas foi preciso esperar cem anos até que ele fosse reabilitado e depois homenageado, em 2008, com uma efígie de bronze em plena Praça XV, uma das mais frequentadas do Rio, a do porto onde atracam os *ferry boats* vindos de Niterói, do outro lado da baía.

Abrimos caminho entre os transeuntes e vendedores da imensa feira. O lugar cheira a fritura. Leuk se opõe virulentamente a minhas pulsões de compra de estátuas de santos negros. Cinco mil quilômetros de viagem em bagageiros de ônibus têm tudo para ser fatais para as frágeis imagens de gesso pintado. Ok, me dou por vencido. Sobre nossas cabeças, os carros circulam na Perimetral. Sente-se a pressão dessa abóbada de concreto cor de mijo. Chegaram a pensar em demolir[1] esse eixo bárbaro que risca a fachada portuária do Rio. Mas o vendedor de água de coco explica que nem todo mundo está de acordo. É por isso que um grafiteiro realizou os afrescos que vemos por trás de sua carrocinha abarrotada de cocos. Uma multidão de homens negros, imensos, sem camisa, de braços erguidos, sustenta esse viaduto útil e feio. Um trabalho de Hércules. A menos que se trate de capoeiristas fazendo o V da vitória do pedestre, imperador das calçadas, espécie recalcitrante que sobreviverá ao desaparecimento dos automóveis. A obra em papéis pintados se repete de pilar em pilar, do chão ao topo, enorme, descamada, rasgada. Durará o tempo de uma polêmica, mas confirma a urgência da arte no seio do debate urbano.

No sábado, a Praça XV não vibra aos passos apressados dos trabalhadores em trânsito. Está vazia a não ser pelos policiais encostados em sua viatura. No espaço livre, vê-se apenas o par disparatado de duas estátuas: a do rei de Portugal e a de um grande marinheiro negro. Dom João VI e João Cândido Felisberto. A associação é realmente engraçada. Os dois não têm nada a fazer juntos. Tudo os separa: o físico, o estatuto, o destino. Os espectadores zombeteiros

---

[1] E de fato foi demolido, entre 2013 e 2014. (N.R.)

notarão que o rei, um bocadinho esnobe, não dá a mínima bola ao revoltoso que avança na direção dele, agitando os braços para atrair sua atenção. Zayda, deixe-me descrever a cena para você. Primeiro, o gordo Dom João VI a cavalo, a barriga para a frente, a mão direita sobre a garupa do animal para não cair. O rei olha adiante para o vasto oceano. Do outro lado do mar, no Porto, uma cópia fiel da estátua olha para ele. O artista português Salvador Barata Feyo desejava assim representar a ida e a volta do soberano, primeiro monarca europeu a ter exercido suas funções fora dos limites do velho continente. Para relembrar: Dom João VI, fugindo dos exércitos napoleônicos e da vergonha da submissão, abandonou Lisboa em 1808 e desembarcou em Salvador. Até 1821 ele reinará do Rio sobre o império português, ano em que voltará à metrópole deixando seu filho, Dom Pedro I, declarar a independência do Brasil pouco tempo depois. O que já não se disse desse rei notável por sua feiura e gulodice, assustado pela tempestade e pela água do banho, prudente a ponto de nunca tomar uma decisão! Glutão inveterado com as mãos e as roupas sujas de gordura, Dom João VI mesmo assim deixou algumas marcas importantes de sua passagem. Permitiu a abertura dos portos e o progresso do Rio. Encorajou um início de industrialização, reformou o Exército e a Marinha, criando as academias. Devem-se a ele a fundação da primeira gráfica do país (não era sem tempo!), o Jardim Botânico do Rio, um teatro, uma biblioteca pública, um observatório astronômico, a vinda de uma missão artística francesa e uma fábrica de pólvora. Todos esses notórios progressos graças aos lucros tirados do tráfico de escravos – que seja dito.

Enquanto Dom João VI, de costas para a cidade, arvora a máscara sinistra dos adeuses, o filho de escravos João Cândido Felisberto faz o contrário, saúda o Rio. É ele o rei do porto. O escultor gravou em seu rosto um sorriso radiante. O Presidente Lula o reabilitou. Foi mesmo a única boa notícia que chegou a ele desde seu curto momento de glória em 1910. O Almirante Negro sai finalmente das masmorras da amnésia, entra nos livros de História e se torna um orgulho nacional. Audaciosa "pepita" que pagará por toda sua vida as consequências de um duelo desigual com o poder.

O ato principal se passa em novembro de 1910.

Um marujo foi condenado a centenas de chibatadas por uma infração completamente desproporcional à crueldade da sentença. Ele é negro, como a maior parte de seus colegas. Mas os tempos mudaram: aquilo é demais. O Brasil, que acaba de adquirir navios sofisticados, entra no mar dos grandes. No entanto, os oficiais conservaram os costumes da marinha à vela. São brancos, altivos, seguros de sua superioridade e persuadidos de que o chicote permanece o melhor instrumento de manutenção das hierarquias. Como sói acontecer, a elite orgulhosa ficou para trás na marcha do tempo. Um marinheiro, por exemplo, João Cândido Felisberto, foi para a Inglaterra acompanhar a construção do encouraçado *Minas Gerais*. Nos cais de Newcastle, viu seus colegas britânicos exigirem melhores tratamentos sanitários e sociais. Também aprendeu muito sobre o funcionamento do futuro barco. Quando volta ao país embarcado no xodó da Marinha brasileira, é obrigado a constatar que as condições a bordo permanecem as mesmas do tempo da escravidão. Os comandantes exigem cada vez mais da tripulação, apesar das condições de trabalho tornadas mais complexas pelas novas técnicas. E ainda pensam que o espetáculo do sofrimento infligido a um marinheiro infrator dissuadirá seus companheiros de reincidirem. Ledo engano. O Almirante Negro dirá: "Não se podia mais admitir que um homem tirasse sua camisa para ser chicoteado por outro". Então, aos gritos de "Viva a liberdade!" e "Chibata nunca mais!", os marinheiros assumem o controle, entre outros, de dois encouraçados novinhos em folha, o *São Paulo* e o *Minas Gerais*. Expulsam os oficiais e os marinheiros hostis à revolta. Lamentam os que caíram mortos no calor da insurreição, já que o planejado era que tudo se passasse pacificamente. Então, sob a direção de João Cândido Felisberto, chefe experiente e respeitado, os amotinados apontam os poderosos canhões dos navios para a cidade do Rio e ameaçam atirar se suas reivindicações não forem atendidas: melhoria das condições de trabalho, do salário e da alimentação e, sobretudo, cessação definitiva dos castigos corporais a bordo. Alguns anos depois da Rússia, o Brasil tem seu *Potemkin*. A revolta contra a chibata quer ser exemplar. Os observadores estrangeiros são os que ficam mais surpresos com a habilidade dos negros para manobrar aqueles monstros de técnica moderna, "apesar da ausência de oficiais brancos". O Almirante Negro, como a imprensa logo o apelida, dá mostras de uma autoridade digna. Proíbe as bebidas alcoólicas e os jogos de azar a bordo dos navios. Exige uma conduta irrepreensível dos rebeldes para não dar ensejo a críticas. Mas o Estado demora a responder. João Cândido dá ordens de atirar na cidade. Lamenta-se a morte de duas crianças. Os cariocas fogem de trem, para longe da capital. O Marechal Hermes da Fonseca, que recentemente assumira a Presidência da República, é pego desprevenido e se vê obrigado a negociar. A coisa esquenta no Congresso. Os revoltosos exigem anistia ao final das negociações. O governo deve prometê-la ou não? A imprensa internacional reverbera a desonra dos oficiais desembarcados e as delongas do poder. A revolta dos marinheiros brasileiros é manchete nos principais jornais do mundo. Alguns hostis, outros favoráveis à sua causa. Então, convencidos de que essa atenção internacional os protegerá, os amotinados entregam as armas diante da promessa de que serão anistiados. Promessa que o governo quebrará logo em seguida, somando traição e mentiras à desonra da crise. Aproveitando-se de uma nova sublevação em dezembro, sem nenhuma relação com a rebelião dos encouraçados, as autoridades da Marinha mandam prender os líderes de novembro numa cela tão apertada que, pela manhã, dezesseis deles estão mortos, sufocados pela cal que, supostamente, devia desinfetar as paredes. Um dos dois sobreviventes é João Cândido. Seu calvário está apenas começando. Terá que viver a partir de então com a imagem de seus companheiros sufocando uns após os outros. Da prisão, o Almirante Negro é jogado num manicômio. Declaram-no louco para impedi-lo de depor sobre a Revolta da Chibata. Expulso da Marinha por decisão do tribunal militar, seu nome será apagado dos registros, sua existência negada.

Um jornalista o encontrará por acaso nos anos 1950 na Praça XV: o Almirante virou vendedor de peixes. Resta dele uma canção e dois lenços bordados na solidão da prisão depois da perda de seus companheiros. Num está traçada a palavra "amor", no outro, "o adeus do marinheiro", dois gritos de dor escritos em linha preta mais duas gotas de sangue vermelho. E a canção "O mestre-sala dos mares", de João Bosco e Aldir Blanc, censurada por algum tempo e imortalizada na voz de Elis Regina, que termina assim: "Glória a todas as lutas inglórias/ Que através da nossa história/ Não esquecemos jamais/ Salve o navegante negro!/ Que tem por monumento/ as pedras pisadas no cais".

Era uma vez um marinheiro rebelde e bordador que morreu de miséria, de injustiça e de câncer numa favela do Rio, num dia de 1969, depois de ter feito tremer o poder. Tremer, apenas. No entanto, apontando os canhões dos encouraçados para o Rio em 1910, o Almirante Negro alvejava as contradições de um país que tardava a entrar na modernidade.

Leuk tira sua pesada máquina fotográfica da bolsa. Os policiais franzem as sobrancelhas e ficam de sobreaviso. Leuk é rápida. Quatro fotos do herói e a Nikon volta para a bolsa. Para tirar fotos no Rio é preciso ter olhos nas costas. Depois, nos refugiamos à sombra das sólidas vendedoras de comida baiana, de seios, ancas, gestos e sorrisos amplos e tranquilizadores. Elas nos parecem a melhor defesa contra a fome e a adversidade.

Tia Lúcia e o Cemitério dos Pretos Novos

Tínhamos marcado encontro com os "guardiães" daquele cemitério ainda na França, antes da partida. Marina, uma amiga etnóloga, ao mesmo tempo lionesa e carioca, nos disse para não deixarmos de ver aquilo. Dada nossa atração pelos lugares insólitos do Rio negro, essa visita se fazia obrigatória. Assim como a do Centro de Referência Afro-Brasileiro José Bonifácio, na mesma rua, na mesma calçada, no bairro portuário da Gamboa. Perto do coração da cidade, logo atrás da famosa Central do Brasil, que ainda funcionava quando Walter Salles rodou seu filme. Atenção, nada de ir a pé. Pegar um táxi. Estão querendo renovar a Gamboa, histórias de especulação imobiliária, de grandes projetos... Mas, enquanto isso, a coisa anda sinistra no bairro atrás da estação. Leuk procurou no Google. *Cemitério dos Pretos Novos* apareceu. Um endereço e os nomes de Maria de la Merced e de seu marido, Petrucio Guimarães dos Anjos. Escrevi. A resposta não levou nem uma hora para atravessar o Atlântico: "Será um prazer! Meu marido e eu pensávamos ser os únicos loucos no mundo a se importar com coisas desse tipo. Sua mensagem nos alegra. Sabemos agora que há outros malucos dispostos a partilhar nossa história. Estamos esperando vocês".

Gamboa: o motorista do táxi conhece muito bem a região, mas não a Rua Pedro Ernesto. Deixamos a enorme Avenida Presidente Vargas e mergulhamos numa rua cheia de plásticos e ferro-velho, com lojas menores do que armários, onde se vende tudo o que chega em contêineres dos mares distantes e onde prostitutas em trajes sumários oferecem seus serviços noite e dia. Um túnel que parece uma grande vagina abocanha o carro e o ejeta do lado dos depósitos: muralhas sem fim, bases de guindastes, calçadas detonadas, ruas curvas entre muros cegos, surdos e pichados. O táxi se perde do lado dos cais, cujo céu é limitado por um viaduto. O lado B do Rio, malvestido, esfiapado, desbotado, feio. O motorista avisa que tudo isso vai mudar, os especuladores imobiliários estão a mil, a remodelagem prevê luxo e, portanto, a expulsão dos moradores atuais. Por enquanto, os habitantes são pobres, mas não ladrões. O motorista nos "tranquiliza" enquanto o taxímetro roda. A Gamboa já deixou de ser "a pequena África". Esse espaço oferecia, no início do século XIX, a maior concentração de africanos fora da África do mundo. Quando da chegada de Dom João VI em 1808, havia ali o maior entreposto negreiro da América: o mercado Valongo. Hoje, procuram-se em vão os vestígios disso. Mesmo a antiga Rua do Valongo mudou de nome. A cidade atual esfrega a mancha de infâmia desses depósitos de homens para tentar fazê-la desaparecer. Mas, para azar dos apagadores de memória, quando não foram queimados, os registros se mantêm. E os registros atestam que, no início do século XIX, quando a corte foge de Lisboa ameaçada por Napoleão e invade o Rio, o mercado Valongo via passar em suas entranhas de dezoito a vinte mil escravos por ano. Eles chegavam magros e esgotados. Queriam-nos fortes, apresentáveis, vendáveis. Alimentavam-nos sem compaixão, por puro espírito venal. Para tirar o melhor proveito do "animal". O século XIX já tinha vinte anos quando viajantes estrangeiros finalmente receberam autorização para visitar os locais de estocagem. Foram os ingleses que mais se comoveram com o que viram, e transmitiram essa indignação através de seus escritos. Suas descrições de corpos reduzidos ao estado de esqueletos, de peles prestes a rachar, de rostos decompostos pela nostalgia, privados de pulsões vitais, de silhuetas nuas prostradas, jogadas no chão, alimentaram as tomadas de consciência abolicionistas e até hoje causam comoção. Mas quase não se falava daqueles escravos que, mal desembarcavam, sucumbiam. Nomes e números foram enterrados na poeira do desprezo. Cemitério e sepulturas eram apanágio dos brancos. O negro que tinha o mau gosto de morrer antes do uso acabava numa vala que a cidade recobriu para melhor esquecer.

O táxi para na frente do número 32 da Rua Pedro Ernesto. Do outro lado, um botequim (adoro esse nome para um bar cheio de garrafas e que cheira a fritura) oferece polvo a quarenta reais (Deus do céu, como o polvo é caro no Rio!). O investigador nota essas coisas, pois não faz apenas encher seus cadernos de notas, também precisa comer. Fico mais tranquilo vendo o cardápio dos vivos antes de passar pelo pórtico do cemitério, que parece um longo ateliê iluminado por telas. Um homem confecciona molduras sob o olhar perscrutador de uma sexagenária "preta azul", ou seja, tão escura que sua pele assume reflexos azulados. Um galo colorido canta e corre entre nossas pernas antes de se empoleirar no topo da torre de um computador. As paredes estão cobertas de pinturas, cenas da vida popular, ingênuas e astutas ao mesmo tempo. A mulher *azul* deve ser sua autora. Ela dirige a colocação das telas com autoridade. Um busto de Zumbi, herói negro do Brasil, dá o tom do que a casa defende. Maria de la Merced reduz, com um sorriso, a distância atlântica entre o encontro virtual e nossa aparição. É uma mulher simpática, de corpo e cabelos amplos, disposta, ao primeiro clique de nossa curiosidade, a narrar essa história de além-túmulo que faria sua vida sofrer uma reviravolta inimaginável. Tudo começou com uma pazada...

– Antes da compra dessas casas geminadas, éramos pessoas simples, nem estudiosos, nem acadêmicos. Não estávamos prometidos a um destino especial. Eu era uma pessoa normal que sabia pouca coisa sobre os índios e os negros, de que a sociedade não falava. Até pouco tempo atrás, a História era muda no Brasil. O imperador Dom Pedro I era nosso herói, o proclamador da Independência. Representado num cavalo branco, de braço erguido, gritando corajosamente: "Independência ou morte!". Só mais tarde soube da realidade: ele estava montando uma mula e, cinco minutos antes de seu audacioso grito, tinha dado uma baita cagada mole no mato. Você sabe, a ironia vem junto com a consciência. Em suma, minha dupla ascendência espanhola e portuguesa não me predispunha a tomar a defesa dos negros. Eu vendia inseticidas e vivia numa guerra mercenária contra os cupins. Às vezes tratava estátuas tombadas. Um primeiro passo para a restauração.

Pensava também na restauração de nossa nova residência na Gamboa.

Imagine essa manhã de janeiro de 1996. Os pedreiros ali, tomando um último café antes de começarem a reforma de nossas duas casas centenárias. As primeiras picaretadas nos reservavam uma surpresa macabra: ossos, muitos ossos quebrados, misturados à terra. Foi aquele pânico. O proprietário anterior devia ser um *serial killer* e ter enterrado ali suas vítimas! É a primeira ideia que vem à mente. Havia ossos de crianças, dentes de leite. Tínhamos que avisar a polícia. Nossos filhos começaram a gritar. Não queriam mais morar ali. Crise declarada. Por sorte, eu tinha visto uma conferência de um conservador convencido do interesse patrimonial desse bairro antigo. O especialista tinha evocado a existência de um cemitério de escravos cuja localização exata era desconhecida. Devia ficar em nossa rua, ele sugerira: ela não se chamava "caminho do cemitério" antes de passar a honrar a memória de um certo Pedro Ernesto? Os agentes da Prefeitura logo confirmaram: "Olhem esses dentes de criança, inteirinhos e não limados como os dos índios! Só podem ser restos de africanos". A vala descoberta debaixo de nossa casa correspondia aos testemunhos de viajantes estrangeiros que descreviam o modo de eliminação reservado aos escravos mortos logo após o desembarque. Quer anotar? Naquela época, essas bestas humanas, os pretos novos, por certo não batizados, indignos de serem enterrados, eram simplesmente jogados ao léu. Em menos de duas semanas, os animais vadios do porto tinham completado seu serviço. Os ossos então eram recolhidos, queimados e jogados numa vala, como a que foi descoberta aqui em casa. Graças aos registros, estimam-se em seis mil cento e vinte e dois o número de cadáveres tratados desse jeito entre 1824 e 1830, ano de supressão dessa prática e do abandono do cemitério. Antes, não se sabe. Na certa o número é ainda maior. A chegada do rei de Portugal e do seu séquito no Rio em 1808 acarretou um afluxo considerável de escravos para o trabalho com a cana-de-açúcar e nas minas.

Maria de la Merced balança a cabeça, sacode os cabelos, assume expressões de atriz para contar esse episódio crucial de sua vida. Faz calor, o galo continua a passar entre nossas pernas e a se esgoelar debaixo das escrivaninhas. Maria começa o segundo ato.
— A descoberta do cemitério poderia ter sido a melhor das coisas, mas o tratamento dos ossos e artefatos pelos arqueólogos começou a se arrastar à velocidade da má vontade. Eu reclamei: "Acham que queremos passar nossa vida inteira num canteiro de obras?". Quanto

mais eu gritava, mais as autoridades se tornavam ameaçadoras. Queriam nos expropriar. Nossa obstinação em permanecer as incomodava. Foi então que resolvi assumir eu mesma a responsabilidade pelas escavações. Eu já frequentava o Centro Cultural José Bonifácio, a dois passos daqui, dedicado à causa negra. Estava descobrindo a música e a culinária baiana, estava vivendo minha iniciação africana. Convidaram-me a aprender os passos da dança dos orixás e a compreender os gestos da capoeira. Despertei para a evidência do racismo neste país. Amadureci minha decisão de resistir.

Com a publicação de um artigo num jornal aqui do Rio, um número cada vez maior de visitantes pedia para ver as escavações: curiosos, estudiosos, jornalistas, estrangeiros... Comprei livros de método de investigação arqueológica e concluí as escavações em quatro meses, sem dar bola para os protestos oficiais. Os vestígios – ossos, ferramentas, pérolas, anéis e colares – foram transferidos para o Instituto de Arqueologia Brasileira onde repousam desde então sem, ao que parece, servir muito ao conhecimento.

Depois disso, nossa vida deu uma guinada.

A ideia de um centro de pesquisa e memória negra jorrou desse chão eviscerado, em resposta ao crime contra a humanidade que foi o tráfico de escravos. Sua evidência tinha surgido a nossos pés. No Brasil, ainda não se associa a escravidão à ideia de crime contra a humanidade. Há ainda muito a se fazer. Na conferência mundial de Durban sobre a dívida dos negreiros, um sábio africano afirmou que nenhum cheque poderá jamais reembolsar o preço da barbárie. O Brasil ainda está longe de reconhecer isso, quanto mais de pagar.

Arrisco-me a interromper Maria:

– E a homenagem prestada a Zumbi, líder de escravos fugitivos no século XVII, enforcado pelos portugueses, festejado hoje como herói nacional no Dia da Consciência Negra, 20 de novembro? O que você acha? As coisas não estão mudando?

A resposta da apaixonada Maria cai como uma lâmina sobre a nuca de um escravo rebelde:

– Isso é coisa pra inglês ver!

Tomo nota da expressão.

A fórmula vem dos tempos em que os ingleses se fizeram os guardiães da moralidade internacional, condenando os navios negreiros. Tinham percebido antes de seus concorrentes europeus a estupidez econômica da escravidão e as vantagens de substituí-la por outras formas de exploração mais rentáveis do trabalho humano assalariado. Então, às vezes, o poder brasileiro fazia de conta que estava dando ouvidos às críticas e anunciava medidas que não tinha a mínima intenção de aplicar. Era apenas *pra inglês ver*. A expressão ficou, com o sentido de mudar apenas a fachada. Aqui no número 32 da Rua Pedro Ernesto o buraco é mais embaixo. Esse centro sem luxo é uma flor nascida da terra do cemitério, um memorial sem catacumba, um museu privado de seu inventário.

– Queríamos que a morte desses infelizes viajantes negros que vieram parar no litoral do Brasil não tivesse sido completamente em vão. Esqueceram-nos por mais de um século embaixo do cascalho e dos entulhos. Hoje, sobre seus vestígios reencontrados, tentamos construir a memória negra e, mais do que isso, o edifício de uma sociedade plural livre de discriminações e preconceitos. Se o Brasil trabalhasse mais no sentido de trazer à luz e preservar sua memória, avançaríamos nesse rumo com segurança. Mas não é o que acontece, e progredimos sem meios, unicamente com a força de nossa vontade. Lentamente. E o tempo parece curto. No entanto, nosso instituto de pesquisas e debates, de oficinas de história, de valorização dos artistas das favelas e da zona portuária acaba de receber o prêmio do Iphan, o Instituto do Patrimônio Histórico e Artístico Nacional; e agora ele se tornou também um Ponto de Cultura, fazendo parte de uma importante rede de estímulo à cultura popular do país.

O galo canta, o telefone toca. A mulher pintora e *azul*, que esperava sua hora para falar, solicita nossa atenção para uma visita guiada de sua exposição. Com sua blusa rosa e seus cabelos grisalhos presos dentro de uma toca de renda, ela se apresenta: Maria Lúcia dos Santos, mais conhecida como tia Lúcia. Ela me pega pela mão para monopolizar meu olhar e enfia essa frase com tudo na minha cara:

– Sempre tive vontade de pintar, desde menina. Mas não pude ir à escola porque era negra. Nada de educação pra mim por causa dessa cara, dessa pele!

Ela bate no braço como se ele fosse o culpado.

Tia Lúcia, favelada, nascida em Salvador, herdou seu caráter de uma avó escrava vinda da África, e de outra, índia, casada com um português. Tia Lúcia, a andarilha, seguiu uma tia até o Rio, lavou roupas e carregou-as sobre a cabeça. Ela diz:

– Nada de escola, meus sonhos se consumiam. Meus desejos ficaram fechados dentro de garrafas. Depois de ter enterrado um marido alcóolatra, criado dois filhos, quatro netos, depois de toda essa vida, era hora de me iniciar na pintura no Centro José Bonifácio. Tornei-me uma aluna velha, e pinto minhas lembranças.

Ela franze os olhos:

– De grão em grão, a galinha enche o papo...

Tia Lúcia conta que é também rezadeira e curandeira, detentora de segredos que não transmite a ninguém, porque as pessoas usam o saber para servir ao mal.

Não é fácil escapar de uma curandeira que o segura pela ponta dos olhos. Seus quadros são belamente inábeis, sinceramente ingênuos. O que eles exprimem jorra de uma infância e da memória de um povo forçado à dissimulação. Criadas negras baianas chegando do mercado e usando, com uma elegância natural, os vestidos que suas patroas lhes davam. Uma é lavadeira, outra faisqueira, tem a florista, a leiteira, a fruteira, a vendedora de bijuterias... Cada vestido desvela a função daquela que o usa e revela a cor de seu orixá. O que pode ser exposto e o clandestino, o sagrado nas costas do aparente.

– Este aqui é um preto velho, personagem do candomblé, fumando um cachimbo vermelho e usando um colar de dezoito contas. Aquelas ali são a Bernadete e a Margarete, as duas negras mais elegantes de Salvador, descendentes de rainhas; um gato está falando com elas porque são iniciadas, detentoras dos mistérios de Benin. Veja este casal, é o dia do casamento, suas roupas são brancas como seus cabelos, os dois carregam crianças no colo. É a imagem de dois desses mortos que foram encontrados aqui. Eu queria representar um dia de felicidade na vida estragada deles e dar corpo a suas esperanças.

Mas há algo ainda mais forte.

Lúcia, essa mulher privada de educação, resolveu se inspirar no pintor francês Jean-Baptiste Debret, cujo tio, David, reinou nas artes da França enquanto Napoleão reinava sobre a Europa. Debret, caído em desgraça ao perder o apoio do tio, aceitou o exílio no Brasil, onde o esperavam as tarefas de criar escolas de arte e estimular o despertar da pintura nacional através da famosa "missão francesa". Debret, perspicaz testemunha da vida no Rio na primeira metade do século XIX, hábil tradutor das cenas de trabalho dos escravos, vê-se por sua vez interpretado, "comido", para usarmos a metáfora antropofágica cara aos brasileiros, por uma descendente deste mesmo povo negro que, dois séculos depois, ainda acusa:

– Abolida a escravidão, as coisas continuaram do mesmo jeito.

De comum acordo, Leuk e eu atribuímos a Maria Lúcia dos Santos o estatuto de pepita.

O palácio dos afro-brasileiros

Acredite se quiser, Zayda, encontramos conterrâneos nossos que se gabavam de, em trinta anos de carreira no Rio, nunca ter posto o pé na Gamboa. É verdade que o porto se situa fora do domínio dos corpos bronzeados. Nada de elegância nem de ostentação. Há ali apenas corpos que trabalham. Uma sucessão de oficinas, de depósitos, de bares com mesas de plástico. Ruas esburacadas e calçadas que parecem gengivas desdentadas. Eles nos dizem: "Vocês estão se achando muito espertos enquanto nada lhes aconteceu. Vão ficar menos orgulhosos quando tiverem sentido a ponta de uma chave de fenda na jugular e sido obrigados a largar a bolsa e a carteira no chão, olhando para baixo. Isso acontece todos os dias...". Mesmo assim, percorremos alegremente os trezentos metros de calçadas populares que separam o cemitério de Maria de la Merced do Centro Cultural José Bonifácio. Martela-se, trocam-se pneus, solda-se, bebe-se. E, no meio desse suor, desse movimento, dessas casas baixas, emerge um palácio que os refratários à aventura (mesmo modesta) nunca verão. Sim, um palácio, uma incongruência maciça, uma protuberância renascentista em meio à confusão densa. É de se perguntar, por mais que eu aplauda a ideia, como esse prédio de dupla escadaria, balcões com balaústres e luminárias em forma de estátuas pôde ser atribuído em 1994 a um centro de referência da cultura afro-brasileira, ademais único em seu gênero na América Latina. Na fachada, bem no alto, a inscrição: "Escola José Bonifácio", e, acima da entrada: "Ao povo o governo".

– Esse prédio foi uma demonstração da bondade imperial!

É Leuk quem afirma. Pode-se confiar nela. No Rio, assim como em Bamako ou em Mindelo, ela quer sempre saber de antemão onde vai colocar os pés. Suas fichas, minuciosamente elaboradas, servem-lhe de lanternas na floresta densa dos conhecimentos. A fórmula é dela: em viagem, nada se descobre sem reconhecimento prévio do terreno. Portanto, antes mesmo de escalar as severas escadarias, fico sabendo que o palácio foi inaugurado no dia 14 de março de 1877 para abrigar uma das primeiras escolas públicas do Rio. Dom Pedro II estava com o "ibope" alto depois da vitória brasileira na Guerra do Paraguai. Queriam erguer uma estátua em sua homenagem. Ele se opôs. "Com o dinheiro da subscrição, vamos construir uma escola", propôs. E repetiu nessa ocasião que, se não fosse imperador, teria escolhido ser professor, expondo sua preocupação em alfabetizar e educar seu povo.

– E quem é esse tal de José Bonifácio?

– Está aí uma pergunta que um brasileiro não faria, Senhor Leão! Li que ele obteve o título de "mais ilustre político brasileiro de todos os tempos". Só isso. Sua vida se passa entre 1763 e 1838. Pai da Independência. Personalidade rica, portanto complexa. Formação científica na Europa. Ateu denunciado pela Inquisição. Grande apreciador do lundum, dança sensual de origem africana. E também *grande conquistador de mulheres*! Isso soa bem em português, não? As mulheres serão sua perdição, admitirá um dia. Quanto às questões sociais, pregou muito precocemente a extinção progressiva da escravidão e reivindicou um tratamento digno para os índios. Vamos nos deter nesses dois elementos de seu pensamento para justificar a presença de seu nome na fachada de um palácio transformado, depois de um longo período de abandono, num templo da vitalidade africana no seio da cultura brasileira.

Nos filmes de aventura, os heróis artificiais saltam, correm, voam, forçam as passagens secretas de um templo asteca ou de uma pirâmide egípcia para chegar a salas de tesouros que brilham com uma sedução tornada obscena pela violação dos locais. Ação e arrepios. É banal, mas fazer o quê? Funciona... Quero insinuar com isso, Zayda, que o verdadeiro fantástico não tem nada a ver com a pacotilha que as indústrias da emoção agitam diante de nossos olhos. Ele se encontra antes nos recônditos do real onde o humano nos reserva as composições mais inesperadas. Aqui, por exemplo. Penetramos no saguão do Palácio Bonifácio. Não forçamos nenhuma porta, mas nossos passos se detêm, nossas bocas se escancaram. Imagine um poço de luz enorme, no centro do qual se impõe uma escadaria espiralada, obra-prima extravagante sustentada por dois dragões de bronze, executados com tamanha perfeição que chegam a meter medo. Monumento tombado, obviamente. Os guardiães da entrada, postados como esfinges sobre colunas, são Zumbi, o rei dos escravos, e Xangô, divindade maior do candomblé, associado a Moisés, portador das tábuas da Lei. Impressionante. À nossa esquerda, um exército de santos católicos, Virgens e orixás ocupa os degraus de um enorme altar dedicado à glória das religiões sincréticas brasileiras. À nossa direita, na parede, uma exposição de fotos de escravos do século XIX, tão raras que nos arrancam exclamações. Ficamos desolados por sermos os únicos ali a usufruir de semelhante tesouro.

– Todas essas estátuas rituais fazem parte das apreensões da polícia do Rio na época em que ainda perseguia os terreiros de candomblé, no início do século XX.

Um rapaz jovem e loquaz aponta cada figura policroma e nos apresenta São Jorge derrotando seu eterno dragão, os gêmeos médicos Cosme e Damião, uma série de Nossas Senhoras em suas diversas atribuições, Nossa Senhora Aparecida em perfeita cumplicidade com Iemanjá, a entidade espiritual das águas salgadas, ela própria muito próxima de Santa Bárbara. Tem também Ogum, Exu, Oxum, Iansã... Uma verdadeira reunião cordial de potências sobrenaturais. E aqui os espíritos índios, Sete Catacumbas e Sete Encruzilhadas. E Zé Pelintra, o boêmio de roupa branca e chapéu de malandro: mas cuidado, por trás de sua silhueta de sambista cafajeste se esconde um espírito poderoso.

– O Centro Cultural José Bonifácio conseguiu recuperar uma parte desse butim de guerra que estava apodrecendo nos porões da polícia. Isso me deixa feliz.

O rapaz não é um guia, mas um funcionário orgulhoso. Parece morar naquele palácio. Ele nos orquestra, nos sequestra, nos impele para diante das fotos sépia. Quer que nosso olhar sirva para reavivar a existência desses anônimos de rostos fechados. Terão sido forçados a posar? Supõe-se que sim. Não estão lá por vontade própria expondo as marcas de seu desonroso estatuto. Tem a vendedora de coco com dois andares de cestos sobre a cabeça, o reparador de redes, escravos de ganho que trabalhavam nos mercados. Todos preenchem esse muro das lamentações com sua reprovação silenciosa. Conhecíamos as pinturas de Debret, os desenhos de Rugendas, os guaches denunciadores do dinamarquês Harro-Harring, que faziam a crônica da escravidão no Rio na primeira metade do século XIX. Eu ignorava completamente essas fotos do português José Cristiano de Freitas Henriques Jr., o primeiro a ter aberto um estúdio no Rio em 1867. Em dez anos, ele tira quatro mil retratos e se propõe como tarefa realizar uma reportagem minuciosa sobre os escravos do Rio, repertoriando empregos, sinais distintivos, escarificações, tatuagens... Essas fotos de pessoas de pé descalço assumem um valor inestimável quando as comparamos com as imagens que os alforriados se apressarão em dar de si mesmos após a abolição. Os estúdios deverão produzir retratos que apaguem os estigmas da servidão. A liberdade não basta, são necessários a aparência, os trajes, o cenário daqueles que sempre a monopolizaram. A sobrecasaca, o vestido plissado, a camisa branca escondem os corpos entalhados, mutilados pela escritura das punições sobre a pele. Os negros se trajam como brancos, europeízam-se, encenam-se, engravatam-se, atribuem a si mesmos um passaporte para uma nova sociedade que continuam não tendo o direito de contestar, mas a que tentam se integrar. Os estúdios fornecem os acessórios, a começar pelos sapatos. Um negro livre anda e posa calçado.

O jovem funcionário não aceita que o cair da noite nos sirva de pretexto para ir embora. Ainda não vimos nada. É preciso subir ao primeiro andar, abrir todas as salas. Cada uma leva o nome de uma figura negra célebre. Bispo do Rosário tem direito à sua. A biblioteca se chama Carolina Maria de Jesus. Você se lembra, Zayda, dessa frondosa pepita dos anos 1950? Para mim, é uma velha conhecida. Tive a sorte de cair sobre dois de seus livros num sebo, *Quarto de despejo* e *Diário de Bitita*, traduzidos para o francês depois do sucesso tão fulgurante quanto fugaz da autora no Brasil. Eu tinha me regalado com aquelas crônicas ingênuas e pungentes das favelas escritas por uma moradora encolerizada que, graças a seu gosto pela leitura e sua maneira direta de dizer as coisas, chegou a sair momentaneamente da miséria. Lerei para você alguns de seus aforismos durante nossos longos trajetos de ônibus. Pérolas como esta: "Que Deus ilumine os brancos para que os pretos sejam feliz". Ou esta outra: "O Brasil precisa ser dirigido por uma pessoa que já passou fome. A fome também é professora. Quem passa fome aprende a pensar no próximo, e nas crianças". O esquecimento em que Carolina de Jesus voltou a cair me parece uma nova forma, muito injusta, de exclusão. Cabe a todos nós remediar isso.

Uma enciclopédia popular no topo da favela

Não posso dizer que tenha ficado feliz com a notícia. Um amigo etnólogo nos diz pelo telefone que o programa do dia mudou: não poderemos conversar tranquilamente sobre os "brasileiros do Benin" no terraço de uma velha mansão de Santa Teresa, bebendo a paisagem como o Rio permite assim que se toma altura. Quanto à altura, ironiza o amigo, estarão bem servidos: em vez disso, vamos ajudar a colocar a pedra fundamental, ou o tijolo, de um memorial dedicado a uma curandeira negra, no topo da favela Santa Marta. Nega Vilma era uma mulher admirável. Acreditem, na certa poderia figurar na coleção de pepitas de vocês. Vilma tinha a humildade que vocês procuram entre os sábios populares anônimos que enriqueceram esta cidade. Passo para pegar vocês às onze.

Milton Guran dirige como se estivesse jogando videogame. O fiatzinho provoca os ônibus à maneira de um cachorrinho que desafiasse os touros de uma manada urbana. Nada mais normal: é a regra da circulação no Rio. É difícil para mim seguir as explicações do motorista de tanto que estou obnubilado pelas infrações fulgurantes dos outros veículos implicados no mesmo esporte. Nosso piloto controla maravilhosamente o fio de seu discurso, mudando com alegria de marcha e de fila a cada instante. Milton Guran, nosso amigo etnólogo, é, entre outras coisas, especialista nos Agudás, nome de uma comunidade de brasileiros, negreiros e escravos, que voltaram para a África antes da metade do século XIX e formaram uma classe social ainda identificável no Benin atual. Pretendíamos falar desse encrave brasileiro na África, mas vai ficar para a próxima. O carro para na frente do Museu Heitor Villa-Lobos, um delicioso casarão com varanda e friso com balaústres na cumeeira: um monumento tombado para um compositor clássico. Por que paramos ali em pleno bairro residencial do Botafogo, numa rua chique, calma e arborizada? Basta olhar em volta e o Rio joga em sua cara a perturbadora realidade. No final da rua, a terra começa a subir e a miséria se eleva até o céu. Vejo finalmente a favela Santa Marta, concubina descabelada do distinto Botafogo, engastada na dobra vertical de um morro de topo silvestre.

A subida de uma favela não estava inscrita no programa. Não por falta de fôlego, mas por respeito a um território onde os moradores pagam caro pelo direito de viver. Só entre ali se for convidado. Nós fomos: a partir das onze, Rua da Tranquilidade, casa número 2, Santa Marta. Vai ter feijoada e samba. Estarão expostos dez anos de fotos de Marco Terra Nova sobre o bairro e os projetos do futuro ecomuseu. O convite mostra uma mulher negra usando um turbante branco, em atitude de prece, com as mãos cruzadas, os olhos erguidos para o céu, em contato com cumplicidades invisíveis. A Nega Vilma.

O anfitrião se chama Kadão, sobrinho de Vilma e aluno de Milton na universidade. E, como os amigos de Milton são também amigos de Kadão, eis aí, cá estamos nós. A vida é generosa. Enfim, é preciso dizer isso rápido, antes que deixe de ser verdade. No momento em que caminhamos para o teleférico que, não faz muito tempo, ajuda os favelados a chegarem até os limites da floresta, helicópteros sulcam o céu do Rio. Tempo ruim para pássaros e pipas. Há dez dias que o poder exerce seu direito de fazer raides em outras favelas da cidade, Vila Cruzeiro e Complexo do Alemão. Estado de guerra nos dédalos da miséria contra as extremidades visíveis do polvo da morte. Já que nunca se ataca a cabeça da hidra, a república alveja os inimigos do conforto público: eles são negros, pobres e jovens. Fáceis de localizar, duros de matar. Cresceram armados, de cabeça vazia, educados pela barbárie. Sua consciência se resume a morrer ou acabar na prisão. Sabem disso. É a regra do jogo. Não foram eles que a inventaram. Serão varridos, a mercadoria continuará a escorrer, outros garotos deixarão a escola para substituí-los. Todo mundo sabe: o crime se prepara longe das favelas. Quem é que faltou a seu dever?

Não muito tempo atrás, o mesmo espetáculo ocorria em Santa Marta. De um lado, a favela recordista em relevo mais abrupto e violência mais intensa. De outro, a polícia recordista "que mais mata e mais morre no mundo". Ali também câmeras tinham acompanhado o desembarque: combates à base de armamento pesado entre tiras e bandidos. O cenário recebeu as balas, os habitantes contaram os buracos. Procure o bem, mas contemple bem o mal. Chamavam aquele recanto de "Vietnã". Os soldadinhos dos narcotraficantes deixaram a favela debaixo de uma lona ou se organizaram em outros lugares. Os esquadrões da droga nunca são tão numerosos assim. Um por cento da população, estimam os sociólogos, que calculam que os outros 99 são trabalhadores que aspiram à paz social. "Quem dera houvesse, como nas favelas, só 1% de criminosos nos parlamentos e no Judiciário...", ironiza Marcelo Freixo, deputado estadual e defensor dos direitos humanos, um historiador que pesa bem suas cifras e suas palavras.

Não muito tempo atrás, portanto, nem sequer teríamos nos aproximado dos pés dessa favela, mas agora, nesta manhã, topamos na Praça Corumbá com um quiosque de informações turísticas sobre Santa Marta, com mapinhas e panfletos. A Prefeitura incita *os do asfalto*, os cariocas que têm a vida bela e asfaltada, a visitar *os do morro*, que têm a vista bela mas os pés na lama. Custamos a acreditar, franzimos as sobrancelhas, céticos, temendo um artifício. Mas acabamos nos deixando convencer. Parece que, pelo menos desta vez, as autoridades não se contentaram com a prova de força e têm mesmo a intenção de tirar essa favela do abandono, fazer dela um modelo, preencher o vazio deixado anteriormente aos traficantes trazendo o que sempre faltou ali: escola, cultura, saúde, segurança, saneamento... Talvez tenham ficado repassando nas TVs dos *do asfalto* o clipe que Spike Lee rodou na favela para Michael Jackson? Aquilo foi em 1996, e o título da música era carregado de alusões: "They Don't Care About Us", "Eles estão se lixando para nós".

Primeira medida incisiva: o teleférico. Avançamos a passos lentos na rampa de embarque, em meio a uma longa fila de usuários que se deslocam carregando uma legião de sacolas plásticas cheias a ponto de arrebentar. O Plano Inclinado é uma revolução. Antes dele, os moradores chamavam Santa Marta de "788 degraus"; subiam seu sustento cotidiano no braço e nas pernas, pelas vielas em que só passavam duas pessoas se encostando nas paredes das casas. Esse passado é 2008. A favela, vista de baixo, dava uma impressão sinistra com suas construções semeadas ao dissabor do acaso. Revés do azar: essa flagrante desordem inspirou dois artistas holandeses que projetaram cores sobre trinta e quatro fachadas. Quadro gigante levado a bom termo graças a jovens aprendizes que correm o risco de se tornar pintores qualificados quando a favela tiver sido inteiramente coberta de amarelo, violeta, vermelho vivo. Quanto mais gritante, mais bonito. Parece um Mondrian. Esse gotejamento estilizado de casas quadradas de olhos grandes como num desenho de criança se tornou o brasão de Santa Marta. O ícone está por toda parte, na camiseta das moças do quiosque de informações turísticas (sorridentes e coloridas) ou na fachada do posto da Unidade de Polícia Pacificadora. Sim, agentes velam agora pela segurança de tranquilos consumidores de cerveja, e crianças jogam futebol em verdadeiros campos. Isso faz os observadores sorrirem ou rangerem os dentes: Santa Marta, a pior da turma, se tornaria o modelo de ações de prevenção? Por certo, era preciso começar a obra por uma operação de sedução no coração do Rio. Ouço dizer que há centenas de outras favelas precisando da mesma atenção.

Pronto, ei-los chegados à última parada. Debrucem-se sobre a paisagem. A riqueza do lugar salta aos olhos: que vista! À esquerda, o crânio do Pão de Açúcar. À direita, os braços abertos do Redentor. Acima, o que resta da floresta. Abaixo, a baía e seu parque de prédios brancos. E à frente, um emaranhado de casas agarradas a uma ladeira cujo grau de inclinação me recorda os altos vales do Himalaia. Na fronteira nepalo-tibetana ou no norte do Paquistão, vi vilarejos semelhantes engastados em implacáveis escarpas, separados uns dos outros por passagens reservadas a montanheses de pés experientes. Só que lá, a pedra e a madeira, a resistência ao inverno, tornavam bela a incrustação humana na paisagem. Aqui, a cultura do precário obriga a um inventário *à la* Jacques Prévert: cabanas, cubos, chapas, tijolos, papelões, vazamentos, buracos, gotejamentos, barrancos, palafitas, imbróglio... Nos dois casos, a vida pena para triunfar, mas triunfa.

Onde morava a Nega Vilma? Milton responde: debaixo de uma pedra! Sua casa ficava sob um rochedo que corria o risco de despencar. O que explica o fato de que ninguém ainda tinha se instalado ali.

Quando se é um dos últimos a chegar no bairro, é preciso se contentar com o espaço que sobrou: Rua da Tranquilidade, na orla da floresta. Nada fácil de encontrar. Apontam o caminho para a gente. Encorajam-nos a continuar. As trilhas foram cimentadas; formam agora diques para os deslizamentos de terra. A água da chuva e a usada nas casas não é retida. Guiamo-nos pelo ouvido. O som alto indica a festa. Os alto-falantes propagam samba num terraço entre o céu azul e a cidade branca. A casa de Vilma desmoronou. O tempo desde sua morte se mede pela quantidade de dejetos jogados entre os muros. Nessa altura do morro não há coleta de lixo. Kadão nos recebe de braços e cervejas abertas. O sol incita ao consumo. Os dejetos foram postos de lado, as ruínas liberadas, há pedaços de parede cobertos de fotos. Estranha exposição num reduto destruído. Os projetos do futuro museu estão à mostra. É uma história feliz. Kadão defendeu a causa de um lugar de memória do bairro para conseguir fazer subir o dinheiro de uma subvenção. Boa jogada! Uma criança tira o pó dos documentos com um espanador. Camisetas Nega Vilma se agitam ao vento, penduradas numa corda com prendedores de roupa. Marina, nossa amiga etnóloga, lionesa e carioca, lamenta amargamente não ter se instalado na casa da curandeira para registrar seu saber enquanto ainda era tempo.

– Vilma era uma dessas enciclopédias anônimas que nosso mundo esquece e que mesmo a cultura popular omite valorizar. No entanto, quantos seres em sofrimento Dona Vilma curou só com a força de suas preces? Ela também fabricava remédios e chás. Parecia uma bruxinha do bem, magrinha, frágil como as flores e poderosa como as plantas. Não perdi Dona Vilma, ela está em mim.

Trintão cheio de energia e sorridente, Kadão parece ter tantos braços quanto um deus hindu. Faz circular os pratos de churrasco, multiplica as cervejas como que por milagre à medida que os convidados se fazem mais numerosos por encanto. Define-se como um produtor cultural. Dedica a festa a seu pai, Walmir, cozinheiro e músico que morou muito tempo em Nice. E agora está de volta. Seus amigos vieram recebê-lo, músicos e artistas negros de cabeça raspada, braços fortes, barbichas grisalhas e belos chapéus. Todos demonstram sua afeição. Aquela família do topo do morro não é qualquer uma. Foi Geralda, a mãe de Walmir e de Vilma, que veio se instalar em Santa Marta, expulsa do Morro do Sossego pelas reformas urbanas do final dos anos 1950. Não lhe deixaram escolha. É Kadão quem me conta. Ela só teve tempo de empilhar seus pertences num caminhão e fugir das escavadeiras. Geralda se recusava a deixar a favela onde tinha fundado um famoso terreiro de candomblé. Para compreender Vilma é preciso conhecer o destino de sua mãe. Nascida em Minas Gerais, Geralda foi levada para o Rio por um irmão que era pastor evangélico, para lhe servir de empregada. E não só. Seu irmão a violou. Vilma nasceu dessa intimidade ilegítima. Geralda fugiu para ficar com a criança que o pai incestuoso já tinha vendido para um casal de estrangeiros. São as receitas da miséria ordinária que acomodam numerosas mulheres dos morros aos molhos amargos da violência machista. Geralda teve nove filhos de homens voláteis e deveu sua salvação à hospitalidade de uma mãe de santo. O candomblé salvou a vida de Geralda. Melhor, sublimou-a. Imagine as vitórias dessa mulher que criou tantas crianças sem pai em barracos desconjuntados. Todos conseguiram levantar voo do ninho de águia de Santa Marta com bagagens de mão e um caminho traçado. Geralda, lá em cima sobre seu poleiro, adquiriu um estatuto de líder; a comunidade louvava seus dons de rezadeira, benzedeira, curandeira, mãe de santo, matrona e ama de leite, que amamentava os recém-nascidos da vizinhança. Foi o que Vilma aprendeu com uma mãe cúmplice das plantas, da floresta e dos deuses. Uma mãe que preparava os membros de seu terreiro com banhos de ervas na véspera de uma sessão de candomblé, e recomendava que não comessem carne por vários dias para atingirem as condições de pureza favoráveis à incorporação dos espíritos neles.

— Louvada seja Geralda! — clama Kadão.

O isopor transborda de garrafas geladas, as tampas saltam, as risadas escorregam no tobogã de chapas de metal. Todo mundo está louco para ver construído esse duplex cultural, museu de bolso, lugar de exposições, de shows, conferências... Um jovem arquiteto lionês participa do projeto, Vincent Limonne. Foi ele que assinou as plantas do edifício. Dois andares, terraço, um restaurante. Os cubos superpostos terão uma estrutura de concreto armado, mas paredes de garrafas recicladas e lastreadas. Uma dupla preocupação: construir com material reciclado resistente ao vento e envolver os moradores na criação de um espaço dedicado à sua cultura.

— Louvada seja a Nega Vilma! — reforça Kadão, sobrinho da homenageada.

Marina discorre para nós, sentada sobre blocos, no anfiteatro da favela, diante da beleza dos morros ondulados e da baía "banguela".

— Gosto de imaginar que ela morreu numa noite de lua cheia, só para embelezar a cena. Dona Vilma era uma rosa que falava pouco a linguagem comum. Quando a conheci, ela me dava o sentimento de já estar morrendo porque não tinha ninguém a quem transmitir as palavras simbólicas de que era detentora. Ela explicava que, para algumas doenças, só benzer já resolvia. Em outros casos, a oração devia ser acompanhada de um chá de plantas. Imagine só ela rezando em voz baixa, esclarecendo que, para cada problema específico, existia uma fórmula apropriada. Quem quer que entrasse naquela casa deixava ali uma parte de si mesmo. Dona Vilma recolhia esse pedacinho de alma e o guardava em seu coração. Muitas vezes, rezava vários dias para cada pessoa. Rezou quando do nosso encontro e, infelizmente, deixei suas palavras escaparem. O que nunca faltava na casa de Dona Vilma eram as bênçãos, a ternura, as plantas e a humildade.

Uma das fotos expostas a mostra de vestidinho branco na frente de sua casa de tábuas. Pode-se adivinhá-la murmurando uma prece para acalmar e conciliar os espíritos. Agita um molho de folhas na mão esquerda e estende a palma direita para um sofrimento que não aparece na foto. Na direção do Rio.

Santa Anastácia

III
MINAS GERAIS

Em que Leuk e Leão partem em expedição, lançam-se sobre o ouro espiritual da região mineira, cruzam um tira-dentes independente, conhecem a vida boêmia com um flautista, convivem com os discípulos negros de Michelangelo e de Mozart, mergulham na mina desativada do Rei Chico, perseguem o fantasma de uma santa fujona, imaginam um filme sobre a esposa da Santa Trindade e saem embasbacados com a loucura barroca.

Cristo reencarnado em tira-dentes

Querida Zayda,

Hoje, 14 de setembro, deixamos o Rio. São Luís do Maranhão, sua cidade natal, é a meta de nossa viagem. Nós a atingiremos daqui a oitenta dias, se Deus quiser. Quase todas as expedições com a ambição de mergulhar na realidade profunda do Brasil tiveram um dia que dar às costas à Baía de Guanabara. Gostamos de pensar que a dupla Leuk e Leão também forma uma expedição, dois séculos depois das mais célebres excursões à natureza "secreta e selvagem" do Brasil. Essa ideia nos veio ontem, visitando o Centro Cultural Banco do Brasil, pois, está provado, o principal banco brasileiro investe na cultura e, quando o faz, não é uma simples esmola. Percorrendo as soberbas salas de exposição consagradas à Expedição Langsdorff (1824-1829) e aos três artistas que fizeram parte dela, Johann Moritz Rugendas, Aimé-Adrien Taunay e Hercule Florence, dissemos para nós mesmos que haveria motivos para ser otimistas no dia em que o mundo das grandes finanças consagrar à cultura o que ele costuma oferecer à voracidade de seus *traders* bulímicos.

O motorista do táxi que nos transporta de Santa Teresa à rodoviária tem grandes olheiras. Desliga o rádio e nos conta sua fadiga: dois empregos, catorze horas de trabalho por dia para obter um pequeno salário. Quanto ele lamenta sua infância fragmentada, a ausência de um pai que lhe deu afeição, mas não o acesso à educação! Profere uma queixa sorridente diante do principal sinal vermelho de sua vida. Padece na direção o nervosismo da cidade que o mina, essa agitação devoradora da qual não sabe como poderá sair antes de estar completamente moído.

A saída norte do Rio é impressionantemente feia. Vista de um ônibus, a cidade bossa-nova não consegue esconder por muito tempo os calos dos seus pés: sucessão de bairros caóticos, casas deformadas, fábricas estragadas, morros invadidos, nós rodoviários estranguladores. As oficinas têm a graça do necessário, e as lagunas choram sua primitiva beleza perdida. Leuk não olha, recenseia e repete:
– Perfeitamente, inscrevemo-nos numa linhagem de expedições que festeja seus duzentos anos. No século XVIII, a corrida para o ouro do conhecimento não é a regra. A Coroa portuguesa mantém suas garras ciumentamente fechadas sobre a terra brasileira, rica demais para ser entregue à cobiça e aos espiões dos rivais europeus. Nada de estradas, nada de livros, nada de ensino superior; a circulação do pensamento é estrangulada. Lisboa, em plena crise de ciúme, recusa em 1800 a entrada no país do barão alemão Alexander von Humboldt, o maior sábio da época. O Brasil vive dentro de uma redoma. Mas quando o Rei Dom João VI desembarca no Rio com sua corte em 1808, fugindo da ameaça francesa, o ferrolho cede; o monarca autoriza a abertura científica do país e mesmo da fechadíssima região das Minas Gerais. Os ingleses, em virtude de uma antiga cumplicidade política, são os primeiros a se precipitar pelas estradas e pelos rios. Fala-se de um verdadeiro enxame de estudiosos. Os austríacos Spix e Martius (1817) percorrem vinte mil quilômetros em três anos, mas os quinze tomos de sua abundante coleta botânica, zoológica e etnográfica leva quase um século para vir a lume. O francês Saint-Hilaire

(1816) realiza doze mil quilômetros, a pé, em lombo de burro, de piroga, e redige suas inestimáveis *Viagens ao interior do Brasil*. Em 1825, o Barão Von Langsdorff, financiado pelo tzar, monta a mais bem estruturada expedição, com trinta e quatro homens que representam todas as disciplinas, entre os quais os três pintores já evocados. Só doze membros voltarão ao Rio ao cabo de cinco anos de uma viagem amaldiçoada, perseguida pelas febres, marcada pelo suicídio, o afogamento, as paixões contraditórias, as lutas intestinas, os flagelos intestinais, e pela loucura que se apossa do barão promotor. E nós, o que será que nos espera em nossa corrida às pepitas?

Esboço um gesto evasivo.

– Bom, primeiro temos que sair da cidade...

Qual é a última casa de uma cidade tentacular? Percebemos, entretanto, pelo ronco do motor, que o ônibus está começando a subir a serra e que o Rio vai ficando para trás. O motorista se chama Jackson. Camisa branca, ombreiras, gravata. Ele se apresentou como comandante de bordo e apertamos o cinto imediatamente. A serra goza do qualificativo "imperial". Seguimos a rota do poder rumo às antigas riquezas minerais de Minas Gerais. Atingimos setecentos e cinquenta metros quando passamos por baixo dos braços de um Cristo Redentor que abençoa os flancos tropicais, colonizados pelas bananeiras. A cada curva, ou quase, surgem as sentinelas do imperial consumo: barracas de bolinhos e bebidas, queijos, cocadas... A estrada não cansa de subir sob paredões lisos e verticais onde intrépidas agaves desenham silhuetas de alpinistas agarradas a um paredão de escalada. Diversas estradinhas oferecem alternativas silenciosas aos fins de semana balneários e barulhentos. Proliferam também os motéis, centros de comoção e tesão, onde casais lícitos ou não, profissionais ou amadores dos jogos da cama, gozam por uma hora ou por uma noite de um ambiente que, supostamente, faz acreditar que Las Vegas é a antecâmara do paraíso. Sem parar, o ônibus atravessa uma pequena Alemanha de chalés bávaros e cervejarias. Encontro, sujeito a fermentação, entre água da fonte e lúpulo: as cervejas de Petrópolis têm grande reputação. Já estamos longe do mar e as primeiras vacas intensificam essa impressão. Fazendas marcadas pela saudade portuguesa surgem entre os mamilos dos morros, pelados ou feridos por sinistras queimadas. Ferrovias estreitas seguem pelos campos como num livro infantil. No final dos trilhos, uma mina. Chegaremos a

Tiradentes em cinco horas – Langsdorff levou três semanas para percorrer o mesmo trajeto.

Já conhecíamos um bonde chamado desejo. Agora é preciso acrescentar uma cidade de Minas Gerais chamada Tiradentes em homenagem ao mártir do primeiro movimento emancipacionista da História do Brasil. Achamos engraçada essa mania brasileira de dar nomes de celebridades aos municípios, enquanto nós, franceses, nos contentamos em homenagear as nossas com nomes de ruas. Tiradentes, aqui estamos nós! O ônibus nos deixa sobre os trilhos de uma ferrovia, no limiar da cidadezinha. Mas não há perigo. O trem histórico só funciona no final de semana, puxado pela tempestuosa maria-fumaça, locomotiva a vapor de um século que já se foi. Nenhum táxi à vista, mas várias carroças paradas. Chove flores de ipê, traçando círculos de ouro nos paralelepípedos escuros. Durante a semana, Tiradentes cochila silenciosa no seu porta-joias montanhoso. Flor do barroco mineiro, vilarejo tirado da letargia pela graça do beijo principesco de um turismo encantador, a bela se agita na sexta-feira por dois dias e três noites. Caminhamos sorridentes através das ruas desenhadas pelo espírito de elegância do século XVIII. Nada mais harmonioso que essas casas brancas de portas e janelas sublinhadas por cores vivas. Flores opulentas como cortesãs mostram suas cabeças por cima das muretas. As doces residências se tornaram pousadas, encantadores recantos. Do que iríamos nos queixar? Tiradentes é (praticamente) nossa. Impossível não encontrarmos alguma pepita negra por trás dessas fachadas fofas, à sombra das igrejas insolentes de riquezas interiores, ou perto do chafariz da Mãe das Águas, evidentemente modelado por mãos escravas.

Em Tiradentes, encontraremos o amor à espreita, um prodigioso músico mulato e, sem querer impressioná-la, Zayda (tá bom, só um pouquinho), Deus, pai e filho.

Já que o céu pode esperar, comecemos pelo amor. Nós o encontramos no caminho lajotado da Igreja de Nossa Senhora do Rosário dos Pretos. Um fotógrafo sai de seu estúdio seguido por um homem de chapéu coco e de uma mulher de vestido branco rendado. O casal veio de longe para tirar fotos nos lugares emblemáticos da cidade. Será que no céu de Tiradentes brilha a lua de mel? Uma noiva, de vestido perolado e plissado, estreia seu traje de núpcias na praça da Igreja do Rosário. Mais fotos. Não faltam clientes para o profissional do digital. Os futuros cônjuges vão posar diante dos ouros do coro. Durante a pausa, conversamos. O fotógrafo, achando divertida nossa busca por pepitas negras, faz questão de registrar a imagem da insólita dupla estrangeira "atraída pela cultura oculta dos outros". Olhamos para sua objetiva sob a estátua de São Benedito, santo negro em hábito de franciscano, brandindo a cruz numa mão e na outra uma abóbora. Reparo nessa incongruência. Normalmente, Benedito carrega flores. Essa abóbora nos faz lembrar que ele era um humilde cozinheiro em seu monastério siciliano. Se não me engano. O fotógrafo diz apontando sua máquina para nós.

– Só os franceses para aparecerem aqui com livros no bolso, curiosos e já informados. Em compensação, os espanhóis só se interessam por eles mesmos, e os americanos, Deus do céu, perguntam para os nativos se falam espanhol e se a capital do Brasil continua sendo Buenos Aires. Estão procurando os lugares de memória dos negros aqui em Tiradentes? Não se preocupem, nada é visível, mas foram eles que fizeram tudo. Essa igreja e as outras. Tudo. Eles estão até na ponta de nossa língua. Nossa maneira de adoçar o português, de terminar as palavras em *tchi* e *dji* vem deles. A gente não fala *estou doente*, e sim *doentchi*. Estão vendo?

Leuk, que já estudou o assunto, vê perfeitamente. Como numa partida de tênis, ela recebe a bola e rebate com o exemplo de *dia* e *tia* que se pronunciam *djia* e *tchia* porque muitos brasileiros enlangueceram de tanto mamar no seio de suas amas negras. Quinze iguais. O fotógrafo fica pasmo, Leuk quebra seu serviço. Categórica, ela denuncia o desprezo ostentado pelas elites deste país pelo populacho mestiço e sua fala contaminada pelo espírito africano. É por isso, diz ela ainda, que a classe dominante prescreve obstinadamente o modelo da "língua certa", baseada num português acadêmico, completamente distante do fraseado popular e do cantado urbano.

– Como uma sociedade pode virar as costas para si mesma desse jeito? Leuk se indigna.

– Negação do outro! De si! Negação dessa criatividade sem igual devida ao atrito brutal entre europeus, índios e africanos!

40-15, vantagem Leuk.

O fotógrafo cai na gargalhada. Então, aproveitando o entusiasmo, pede que posemos de novo sob a estátua do segundo santo negro presente na Igreja do Rosário: Antônio de Noto, conhecido no Brasil como Antônio de Categeró, franciscano siciliano santificado como Benedito, só que mais discreto, menos venerado. Os futuros esposos, sem se impacientar, divertem-se com a cena e se instalam num banco para acompanhar a partida.

Tento voltar ao assunto do momento: o amor.

Por que, por exemplo, Minas Gerais tem a tradição de colocar no parapeito das janelas bustos de moças negras, com a cabeça apoiada na mão direita e os olhos perdidos no vazio? As lojas vendem um monte delas, minúsculas ou gigantes, de madeira colorida ou gesso pintado. E por que o título de *namoradeiras*? Essas belas criaturas de vestidos floridos exibem abruptos decotes, de dar vontade de se afogar neles, mas não parecem estar ali para fisgar um eventual cliente. Parecem esperar há uma eternidade, presas de uma insondável melancolia. Sim, realmente, por que tais figuras negras assim expostas?

O fotógrafo se refugia atrás da câmera. Metralha a noiva, adia sua resposta. Então, girando ao redor dos futuros esposos, se entrega a um monólogo pontuado por disparos digitais.

– Na verdade, ninguém sabe quando essa moda começou. Um artesão mineiro produziu esse elogio à negra opulenta e à mulata atraente. Outro ateliê imitou. E virou uma epidemia. Mas você tem razão, isso esconde alguma coisa. Será que se trata mesmo de um elogio? Uma mulher na janela, na mentalidade machista, espreita um homem para namorar ou assunto de fofoca. Outrora, era uma prática corrente para as jovens e velhas das cidades coloniais gastar os cotovelos na janela a fim de gozar das pulsões da rua. Existe até um verbo para definir essa estressante atividade, *janelar*, e almofadinhas para facilitar o falatório e a espionagem. Sim, mas as estatuetas de hoje estampam uma nostalgia que não combina com a frivolidade de antanho. Seus lábios escarlates encerram um segredo. Dá para ver. As *namoradeiras* contemplam o horizonte, bem para lá da cidade. Costuma-se dizer que elas esperam um príncipe encantado, mesmo sabendo que ele não virá. Portanto, não há motivo para rir. Já notaram que, de cem estatuetas, noventa e oito são a réplica exata da brasileira de exportação, objeto de fantasia sexual de pele escura, garganta profunda, tranças peroladas, curvas de fazer pegar fogo um santo de madeira?

A alusão à tentação faz a noiva rir. O fotógrafo olha para São Benedito e pede perdão por seu atrevimento, depois retoma sua argumentação:

– Puxa, vocês estrangeiros reparam em detalhes que ninguém aqui nota! Para ser sinceros, devemos dizer que as *namoradeiras* ilustram a realidade da mulher negra que, neste país, só dispõe do seu corpo para tentar subir um pouco na vida. O homem negro pode às vezes se dar bem com o futebol ou a música. Mas nossas *namoradeiras* conhecem perfeitamente os limites que a sociedade lhes impõe. Pode-se dizer então que elas olham a passagem dos dias sem pôr muita fé no amanhã. Quando foi a última vez em que um príncipe encantado ou a sorte grande chegou à estação? As mulheres brancas e ricas precisam ficar de butuca na janela? Não. Conclusão: um turista que adquire uma *namoradeira* não leva para casa um clichê do eterno Brasil sensual, e sim a imagem de uma mulher desamparada.

Game-point. Aplausos

Mas Leuk não se dá por vencida. Rebate com uma citação do grande campeão de tênis americano Arthur Ashe, que declarou que o bom combate era aquele que travávamos até o final. Um jornalista teria então lhe perguntado: E qual foi o seu combate mais difícil? Ashe respondeu: Ser negro!

Aplausos. *Match-point.*

Irrompe então uma tropa de turistas uniformizados: bonés, celulares e bermudas. O guia é um mestiço de olhos azuis. A noiva sai dignamente com um murmúrio de cauda arrastada. O fotógrafo interpela o guia:

– Paulo, você que conhece a região como um garimpeiro, qual é, em sua opinião, a figura negra mais retumbante de Tiradentes?

As coisas são assim no Brasil. Nossa investigação perde em discrição, mas Paulo abandona na hora seus comentários batidos de guia e discorre com devoção sobre a biografia de um músico do século XVIII. De guia emérito, Paulo passa à categoria de erudito.

Zayda, lembre-se deste nome: Manoel Dias de Oliveira. Ele faz parte do círculo dos gênios mestiços da música barroca cuja eclosão foi favorecida pela situação muito peculiar de Minas Gerais durante o século de ouro. A igreja de faustos ostentatórios precisava de dourados nas paredes e de aleluias altissonantes. Estamos já na pista de outros compositores de renome, como Lobo de Mesquita e Castro Lobo.

A etapa de Ouro Preto deverá ser determinante nesse ponto. Enquanto isso, Paulo, o guia, disserta sobre a vagueza das origens de Manoel Dias, nascido por volta de 1738 dos supostos amores do organista português Lourenço Dias e de uma escrava negra. O roteiro é clássico nesses tempos de mulheres raras e machos aventureiros abundantes. Na casa do organista, o menino estava na escola certa para se iniciar na magia das notas. Reza a lenda que o garoto Manoel, atraído pelos cantos que emanavam da Igreja de Santo Antônio, se escondia atrás dos pilares para escutar os ensaios e, prodígio, memorizava todas as vozes do repertório. Segundo Paulo, um padre um dia o surpreendeu cantando uma canção de Josquin des Prez enquanto esmagava formigas. Encantado, o padre teria imediatamente colocado o mulatinho no coro, dando-lhe assim a chance de aprender as teorias musicais e adquirir a maestria do órgão. É graças à conservação de faturas e de numerosas encomendas que lhe foram feitas pelas confrarias religiosas que podemos ter uma noção do renome de Manoel Dias na época. Ele foi mestre de capela, compositor, copista de partituras e, a título honorífico, alferes (e depois capitão) da Companhia dos Homens Pardos. Pardo é a categoria que abrange todas as pessoas entre o branco e o negro. Em virtude dessa divisão do mundo, os mestiços almejavam o céu em suas próprias igrejas e olhavam os negros de cima. O que não impedia a Igreja de repreender o fervor, "eivado de paganismo", audível nas obras desses compositores de sangue meio a meio, pagos, entretanto, para reproduzir a exatidão dos modelos clássicos europeus. Houve cartas de bispos denunciando peças julgadas desviantes tanto pela letra quanto pela música, e exigindo sua proibição por (cito um desses prelados) "serem quase todos os músicos homens pardos ordinariamente viciosos".

— Nessa hora, a sociedade que tolerava os abusos cotidianos dos homens brancos para com as mulheres negras ficava toda pudica!

Leuk fulmina. Paulo deplora que o lugar desses compositores no seio do patrimônio musical mundial tenha tardado tanto a ser criado, mas a gravação de alguns discos, por enquanto ainda de pouca circulação, seria a prova de que os tempos estão mudando. Ele nos cumprimenta com um caloroso abraço.

— A propósito, se querem encontrar Deus, basta querer. Não precisam nem de guia, é só subir no topo da cidade. Uma experiência rara, podem crer.

Nossa perplexidade o faz rir.

Obedientes, subimos as rampas calçadas sob uma monção de pétalas. A cidade bonita se insinua discretamente no circo da Serra de São José. O ouro aluvial não lhe serviu por muito tempo. Os filões logo se esgotaram. Os proprietários emigraram para os lucros do café, arrastando seus escravos para outras corveias. Por mais de um século, o silêncio planou sobre Tiradentes como uma pesada ave de rapina. No topo da elevação, uma igreja. Mais uma. Dedicada à Santíssima Trindade. Ninguém no adro cheio de mato. Nem uma sombra. Entramos com o sol no nosso encalço. O interior, decorado bem depois da loucura aurífera, é despojado. Dois grandes quadros intrigantes contam acidentes. Uma criança passa debaixo das rodas de um carro; um cavaleiro, com o pé preso no estribo, é arrastado por seu cavalo a galope. Legendas caligrafadas advertem que preces dirigidas à Santíssima Trindade, atiradas como salvas de alarme, impediram o infortúnio no mesmo instante. Exemplos perfeitos de ex-votos. Estamos num local de peregrinação. Em princípio, deveríamos encontrar uma estátua de devoção. E, de fato, na sala adjacente, sentado num trono, topamos com um papa medieval ou um mago persa, não sei bem. Coberto com uma tiara papal, sua barba escorre num rio cinzento e se mistura às penas de uma pomba de asas abertas que está em seu peito. As duas mãos do ser superior estão erguidas para a frente, de palmas abertas. Para abençoar ou repelir? Eu não saberia dizer. No polegar direito estão atadas fitas de votos. Uma pantufa vermelha aparece por baixo de um pesado vestido dourado, gasto por ferventes carícias. Os traços da boca, puxados para baixo, desenham uma expressão de incredulidade, confirmada pelos olhos exorbitados. Acho que entendi: a humanidade não é bem um sucesso.

– É o Pai eterno!

Uma voz às nossas costas nos dá o maior susto. O vigia goza de nosso pavor. Não há muitos visitantes ali.

– Já estiveram cara a cara com Deus?

Ele jubila.

– Então, aproveitem. Representações do Criador não são comuns nas igrejas. Foi um eremita que instaurou esse culto aqui ao fazer desse morro seu retiro no fim do século XIX. E, desde então, a Santíssima Trindade faz milagres. Se não acreditam, deem uma volta na sala dos milagres, ao lado do dormitório dos peregrinos.

Penetrar numa sala de ex-votos, para um estrangeiro criado longe de Ars, de Lurdes ou de Fátima, é uma experiência perturbadora. Há um impudor tão grande e tão sereno nessa exibição da fé popular brasileira! Para dissimular sua perturbação, o cético vai celebrar a dimensão surrealista dessa montoeira de objetos acumulados em paredes inteiras. Cabeças, pernas, braços, pés, mãos, seios de resina, corpos fragmentados, um par de olhos numa bandeja. Fileiras de muletas, próteses, estojos, capacetes de moto. Profusão de fotos emolduradas, acompanhadas de páginas de caderno explicando o roteiro da inversão de uma situação negativa graças à intervenção da Santíssima Trindade. Tantos infortúnios conjurados nesse grande grito mórbido de reconhecimento.

O vigia respeita nosso silêncio.

Não sei mais quem, se eu ou se Leuk, perguntou:

– Vimos Deus e a pomba do Espírito Santo, mas a segunda pessoa da Trindade parece não estar representada aqui.

O vigia teria respondido:

– Pois estão muito enganados: em Minas, Cristo está em toda parte. Dizem mesmo que Ele reencarnou no humilde tira-dentes que deu seu nome a essa cidade. Constatem vocês mesmos: Tiradentes antes se chamava São José, em homenagem ao santo carpinteiro, pai de Jesus. Reconheceram em Joaquim José da Silva Xavier, dentista e bode expiatório de nossa primeira revolta colonial, a silhueta magra do Salvador. Daí esta interpretação popular: de volta ao Brasil do século XVIII, Cristo foi de novo torturado, esquartejado, submetido à humilhação pública. Andando pelas ruas, vocês certamente viram o busto de mártir emagrecido de Tiradentes, com a corda no pescoço, retrato do condenado fixado nos cinco últimos minutos de uma vida que acabou mal, logo antes de sua execução. Há de se lembrar: ele foi o único que pagou com sua vida por um movimento de revolta oriundo de uma classe social a que nem sequer pertencia. Ele caiu na desgraça de se deixar seduzir pela cólera de ricos que queriam romper com Portugal apenas para pagar menos impostos. É verdade que Lisboa abusava. Uma parte grande demais da riqueza obtida com enorme sofrimento dos escravos e da natureza generosa de Minas fugia injustamente para a metrópole e servia para satisfazer as loucas ostentações da rainha de Portugal que se tomava por um sol dispendioso. Um novo imposto arbitrário sobre cada grama de ouro incendiou os espíritos dos senhores de escravos, poetas, padres, já dispostos a considerar a possibilidade da secessão e da transformação de Minas num Estado livre onde seriam construídos hospitais, universidades e, talvez, suprimida a escravidão. Devo esclarecer que neste país privado de livros e de debates de ideias, o ouro tinha permitido a alguns filhos de boas famílias fazerem seus estudos em Coimbra e trazerem de lá o ideário da Revolução Francesa. No entanto, a Inconfidência deu com os burros n'água quando a cobrança do imposto foi adiada. Mas um traidor, um judas, denunciou os conspiradores na esperança de ver suas próprias dívidas perdoadas. Os rebeldes foram detidos, aprisionados no Rio e julgados três anos depois. O processo se tornou uma farsa grotesca, ao longo da qual os acusados insultaram uns aos outros, gemeram, perderam toda dignidade. Os ricos foram agraciados, espoliados de seus bens e deportados para Angola. Sobrou o tira-dentes, antigo mineiro e soldado sem glória, pobre sujeito idealista, bode expiatório perfeito. Foi o único que se comportou com nobreza e decência. Defendeu as intenções dos inconfidentes e insistiu em se responsabilizar pelo que tinha feito, se é que havia mal naquilo. *Agnus Dei*. Recusou o traje dos condenados ao pé da forca, preferindo morrer nu como o Salvador dos homens. Declarou: "Se tivesse dez vidas, daria as dez pela liberdade de minha terra!". O carrasco negro lhe pediu perdão pelo que era obrigado a fazer. Tiradentes beijou suas mãos. Ele foi cortado em pedaços e seus membros expostos em postes por Minas Gerais e pelo Rio de Janeiro para edificar as massas. *Corpus Christi*. O mito de nosso "Senhor cívico" fora posto em marcha. O povo quis assim, uma vez a independência obtida.

    O vigia fechou a porta da sala dos milagres atrás de nós. E insistiu:

– Estou dizendo, Cristo esteve em Tiradentes, Ele estendeu seus braços sobre o Brasil. Vocês que vão para Ouro Preto, nossa pérola mais preciosa, devem se lembrar dessa página essencial de nossa História, sem a qual é difícil compreender a estranheza de Minas Gerais.

Bené da Flauta: *in cachaça veritas*

    Querida Zayda, você aqui só verá Ouro Preto através do prisma, nem aumentador nem diminuidor, mas certamente subjetivo, dos meus olhos. Leuk e Leão no país do ouro negro. Contemplamos, neste fim de setembro, a pérola barroca do Brasil. "Barroco" define uma forma irregular, que choca e surpreende. Certamente, Ouro Preto é uma pérola barroca de primeira ordem, que joga com as luzes e os humores climáticos, o sol e as chuvas. Sua singularidade é tão fulgurante que essa joia, incrustada numa paisagem audaciosa de montes e vales, foi tombada como Patrimônio Mundial da Unesco em 1980. A beleza do lugar, dos relevos abruptos, das encostas íngremes, das ruas tortuosas, das flores corajosas, das casas brancas, das sacadas de ferro forjado, dos ribeirões de telhas, dos chafarizes de pedra, das igrejas exuberantes, da alegre vida estudantil, da cultura efervescente, do mais antigo teatro da América ainda ativo... Não temos com o quê nos preocupar. Em Ouro Preto, basta peneirar os aluviões históricos para desentocar o "ouro negro" que tanto buscamos sob a forma de figuras notáveis de afrodescendentes que contribuíram para a existência desta cidade.

Encontramos a primeira pepita no encantador restaurante Bené da Flauta, enquanto a faca de Leuk se insinua numa picanha cuja maciez deixaria cataléptico um nativo da região de Charolais. Leão, por seu lado, opta pela venerável truta dos vales auríferos. Angelo Oswaldo de Araújo Santos, prefeito de Ouro Preto, nos convidou para almoçar e selar assim nosso acordo de trocas de saberes. A municipalidade nos fornecerá alojamento durante nossa investigação local, e, em contrapartida, ofereceremos conferências sobre nossa trajetória na África lusófona na Aliança Francesa e na Faculdade de Letras. Uma troca preciosa, que confere amplitude a nossa expedição e nos coloca em contato com colegas brasileiros. Angelo Santos soma à hospitalidade uma rede de pistas que levam todas a poços de ciência. Antigo responsável pelo Instituto do Patrimônio Histórico e Artístico Nacional (Iphan), ator marcante na vida intelectual brasileira, francófono espiritual, o prefeito de Ouro Preto defende zelosamente a ação cultural como motor do desenvolvimento econômico da região. Saboreamos um momento de humanismo e de erudição nesse restaurante onde o bom gosto está estampado nas paredes, nos pratos e nos copos, nas aberturas que dão para a cidade, mas que suscita uma interrogação. Quem é esse negro risonho cujo retrato na parede chama indefectivelmente a atenção e que parece velar sobre a sorte do estabelecimento? A resposta está na cara: trata-se do próprio Bené da Flauta, que deu seu nome ao restaurante. Artista, escultor, músico de rua, lançador de frases (para não dizer poeta), boêmio supremo, figura popular benquista, promovida a alma da cidade desde seu último e fatal gole de cachaça.

Está aí, Zayda, o tipo de revelação que nos manterá ocupados por uma semana. Ninguém escapará ao facho de nossa dupla curiosidade aguçada: restauradores, pintores, passantes, músicos... De tanto acariciar a alma de Bené, uma narrativa tomará corpo, alimentada por uma chuva de testemunhos sobre essa figurinha carimbada das ruas da cidade. E o que importa se a cultura dos bares sair na frente da dos museus?

Cada um tem sua palavra a dizer sobre Bené. A primeira é "nascimento".

Bené teria sido concebido numa ampola e nascido no dia em que, crescendo, teria quebrado as paredes de vidro. Não há vestígios de sua mãe. Ele deixou a lembrança de um pai que trabalhava numa propriedade agrícola. Um dia chegou a Ouro Preto e ali ficou.

Ouro Preto, ponto final.

Dizem que as cidades de Minas, e esta em particular, atraem os loucos. Mas não qualquer tipo de louco. Principalmente os exaltados, iluminados, loucos mansos, sonhadores desgarrados, atores respeitados da grande teatralidade barroca. Imagino que o excesso de ouro, anjos, volutas, contrastes entre riqueza celeste e miséria humana, estaria na origem de desequilíbrios crônicos. Uma espécie de síndrome da profusão ornamental, da pressão do céu sobre a cabeça dos mais sensíveis, do excessivo ribombar das vozes divinas. Nesta cidade, quando morre um louco, nasce outro, mas ninguém se queixa. O gênio criativo se mantém. Mas atenção, dizem também, só que em tom mais sério, que legiões de almas penadas assombram as ruas, fantasmas tricentenários, dos escravos sem nome que sucumbiram aos maus-tratos. As noites chuvosas e brumosas favorecem o baile das aparições. Foram elas que estabeleceram a reputação atormentada de Vila Rica, primeiro nome de Ouro Preto. Saiba que esta cidade cultiva o medo. Arrepios desejados que alimentam a oralidade local.

Uma coisa é certa: se Bené era louco, então Ouro Preto foi seu manicômio a céu aberto. Mas outros diagnósticos parecem mais adequados. Como o de "dionisíaco homem selvagem". De fato, ele se esforçou para viver em liberdade total, como mestre absoluto de seu destino. Sem nenhum compromisso. Uma existência de dar inveja a muitos seres sensatos na hora do balanço final.

    Seu primeiro e único emprego foi determinante. Vigia ferroviário, ele começou a esculpir a machado e facão dormentes abandonados. Neles despertou formas animais e humanas e, de repente, liberou seu dom. Então, para que trabalhar mais? Uma pulsão interior o fazia duplicar a população da cidade com criaturas inanimadas de madeira e depois de pedra sabão. Nenhuma ocupação poderia ser mais agradável. Bené procriou uma fauna sexuada e uma multidão de personagens, e passou sua vida vendendo-os e trocando-os. Era um artesão, não um mendigo. Tinha domicílio fixo: um pardieiro nos altos de Ouro Preto, no Morro da Queimada, que partilhava com uma multidão de cães e gatos e com Maria, sua irmã mais velha. A verdade crua é que formava um casal com sua irmã. Maria lavava roupas e purificava o esôfago com cachaça. Sua fantasia rivalizava com a de seu irmão. Contam-nos que era gorda como um barril, e que sacolejava pelas ruas da cidade excessivamente maquiada e com um lenço na cabeça. Mas Bené da Flauta também tinha a noite por concubina. Nas horas escuras, o artista passava do cinzel à música, descia para o centro, se instalava na Praça Tiradentes, alinhado com a efígie do mártir, e oferecia a quem passasse por ali um verdadeiro espetáculo. Alternava voz grossa e fina, rebolava como uma mulher, cacarejava batendo asas, parava como uma estátua numa posição aleatória. O público adorava. Crianças e adultos respondiam ao apelo de seu estranho instrumento feito de bambu e latas de conserva, mais saxofone do que flauta. Então por que o apelido *da Flauta*? Ouvimos esta anedota umas vinte vezes. Estudantes gentilmente zombeteiros teriam associado esse apêndice metálico a um falo em ereção: *Bené do pênis ereto*! Quando o interessado compreendeu a alusão, quebrou seu instrumento na mesma hora. O único gesto de cólera que alguém o viu cometer. A memória coletiva guarda sua alegria contagiosa, incessantemente renovada, que se propagava através do labirinto das ruas. Todos os que o conheceram choram a perda de tamanha reserva de vitalidade que enriquecia a comunidade à sua revelia. Bené se divertia o tempo todo. Se cruzava um alemão, imediatamente inventava um elogio à Alemanha num sabir estonteante. Interpretava músicas cuja duração dependia do valor colocado em seu chapéu: "Cara senhora, aí vai um samba de apenas cinquenta centavos!". Partilhava a tristeza da lua quando ela minguava;

desabrochava quando a crescente formava um sorriso e explodia numa alegria tonitruante quando o astro atingia sua forma redonda de queijo, um dos seus alimentos prediletos. Confessava sem rodeios que sentia orgulho de continuar sendo uma criança, pois "Menino é o que todo mundo deveria ser, sempre. Eu queria muito continuar menino, sendo homem. Menino faz parte do mundo mais do que nós...". O poeta analfabeto semeava frases como essa a todos os ventos. Os apreciadores faziam coleção delas. "A música é como a bebida boa, faz bem por onde passa. Mas, com ela, ninguém fica detonado." Felipe Passos, dono do restaurante e fã de Bené, publicou muitas delas em cartões postais. "Deus me deu talento para fazer essas coisas e eu faço o que sei fazer. Sou o artista mais inteligente de Ouro Preto, mas também o mais pobre." Deus tinha um papel preponderante em sua vida, ao mesmo tempo amigo íntimo e inspirador. Bené dizia que lhe bastava piscar os olhos para o Criador aparecer. Deus estava sempre do seu lado. Do mesmo modo, de tanto erguer piedosa e copiosamente seu copo nas noites, ele garantia para si a companhia de anjos beberrões que o acompanhavam até em casa. Os pobres anjos deviam ter que dobrar um bocado as asas, dada a exiguidade do local! Bené não era nem praticante nem afilhado a uma confraria, afora aquela dos boêmios que acompanhavam seus passos. Na noite de seu aniversário, seus fiéis subiam em peregrinação até seu templo de zinco e terra batida com os braços carregados de oferendas: salames, pão, queijo e cachaça. Um culto a São Bené era então celebrado com muitos salmos movimentados e sambas desvairados. Maria dançava em meio aos convidados. O entusiasmo do homenageado não tinha limites. A noite barulhenta era rompida à meia-noite quando o anfitrião anunciava a hora de rezar. Improvisava então, com a seriedade de um oficiante, uma missa gesticulada e sussurrada num latim dadaísta. Mesmo a aurora tinha dificuldade em fazer respeitar o *Ite, missa est*.

Bené não dizia nada de subversivo, era a própria encarnação da subversão. Chegaram a compará-lo, num estudo erudito, a William Blake, o poeta inglês de hálito de enxofre. Ele desafiava a ordem estabelecida sem o entrave do menor temor. Diversas vezes, microfones e câmeras foram apontados para ele: Bené, qual sua opinião sobre o poder? A resposta caía, pontuda, afiada, desembainhada: "As autoridades fazem idiotices, os idiotas aplaudem!".

Outra de suas tiradas que ficou famosa.

Eram os anos de chumbo. O Brasil sofria a ditadura militar e a polícia se comprazia em sufocar os elãs do Carnaval, apagar as luzes antes da hora, impor o silêncio. Numa noite de alegria abortada, Bené, absorvido por sua música, continuou a cantar e a arranhar seu violão, desprezando as ordens ou ignorando o perigo. Um delegado conhecido por sua rigidez intimou-o a acompanhá-lo (à delegacia). Com toda inocência, Bené fez soar mais um acorde e perguntou: "*Ni ki tom*? Para acompanhar o senhor, primeiro preciso saber em que tom vai cantar". A réplica no dialeto das ladeiras provoca risos até hoje. Somos testemunhas disso.

Duas imagens descrevem Bené. O quadro do restaurante o mostra num dia de apresentação: chapéu amassado, terno e gravata, como um membro de fanfarra. Seu rosto é liso à exceção de um bigode espesso como um charuto cubano. Ergue os olhos para o céu e franze as bochechas, banca o palhaço. Numa foto sépia, Bené toca violão. Seu rosto grosseiro é comido por uma barba equatorial. Um boné parecido com uma barca boia sobre uma tempestade de cabelos crespos. Cabeça jogada para trás, olhos fechados para um mundo inacessível, o cinto no lugar da gravata e vice-versa: o retrato oficial do *maluco beleza*, da força tranquila da fantasia.

Hoje sua máscara tem lugar garantido nas folias de Carnaval da cidade. Isso é que é glória!

E aí, como vai a vida, Bené?

"Assim sim, mas assim também não... Esse mundo é assim: quem se acha importante no começo, chora de tristeza no final."

E o Brasil, Bené?

"Tem Ouro Preto, Minas Gerais e o Brasil. O Brasil é tudo. Minas Gerais eu acho que fica um pouquinho de lado."

E os negros, Bené?

"Agora, a gente negra é o perfume. O negro vive por todo lado, cabelo enroladinho, olho arregalado branco. Negro é bom amigo, muito irmão. Eu gosto de preto."

O que gostaria de ter sido na vida, Bené?

"O quê, tá me estranhando, homem? Eu sou Bené da Flauta. Eu já sou tudo o que é, que tem que ser."

Ele se chamava Benedito Pereira da Silva.[2]

---

[2] As respostas dessa "entrevista" foram extraídas do livro *Boca de Chafariz,* de Rui Mourão (Belo Horizonte: Villa Rica, 2007). (N.T.)

Aleijadinho, Michelangelo e Quasímodo

Ouro Preto, como Lisboa, é uma cidade que dá um cansaço em seus admiradores. Zayda, como se mede o desgaste de um amante? Ouro Preto esgota os pés e os sentimentos. De quem é a culpa? De sua perturbadora beleza barroca ou da ênfase de seu parecer? Eu culparia o relevo em primeiro lugar. Cada artéria, como um riacho, cascateia sobre paralelepípedos e sulca ladeiras excessivas. As ruas confluem para o fundo de um vale de onde a vigorosa cidade parte novamente ao assalto de aclives e se desdobra em outros bairros elevados. Por toda parte, igrejas aferrolham o espaço, campanários sustentam o céu. As linhas de casas brancas coladas umas nas outras demarcam caminhos montanhosos. Mesmo os carros penam. É preciso observar, ao subi-las, a sabedoria do velho escalador cujo ritmo é tornado ainda mais lento pelas sereias das lojas de pedras, artesanato e chocolate. A sucessão de telhados de barro sugere a queda de infinitas escadas. Ouro Preto está acuada nas dobras de uma coleção de cocurutos pelados. Vive sob o indicador de Itacolomi, a pedra pequena e erguida que traiu a causa indígena oferecendo o marco localizador da primeira jazida de ouro. Por causa dela, exploradores ávidos pelo Eldorado se precipitaram para esta localidade outrora vazia.

Ouro Preto nasceu assim de um desejo alucinado.

Que narrador poderia nos fornecer sua certidão de nascimento?

Batemos à porta de um ateliê: o ateliê do pintor-escritor José Efigênio Pinto Coelho e da ceramista-historiadora Angela Leite Xavier. Contadora de histórias, ainda por cima.

No pátio, dormem dois fuscas, testemunhas da época em que o Brasil parou de andar para rodar. E, como em tudo, o Brasil exagerou no abandono das solas pelos pneus. José Efigênio dá a partida, ele é movido a ironia. Ele guarda seus carros para que não andem, ou o mínimo possível. Engenhocas canibais enjauladas. Desenhou uma paisagem de Ouro Preto com formas de automóveis. O mesmo tratamento para o Rio: o Corcovado e o Pão de Açúcar esboçados com carrocerias. O pintor de doce sorriso zombeteiro nos mostra sua série *Thanatos Máquina*. "Retorno de Aparecida: crash." "Querido, vamos ao shopping: crash." "Vênus Máquina: crash." Ficções que anunciam o pior. As pessoas procuram um emprego para comprar um carro, não para ganhar a vida. E a coisa toda degringola. A música brasileira atual derrapa; a comida se massifica, todo mundo gordo, o médico é gordo. Então, eu, em Ouro Preto, me gabo de andar a pé. Andar a pé? Que ideia!

Como chegamos a este ponto?

José Efigênio nos conduz agora para diante de grandes telas de flores e músicos. E não é que o provocador sabe também ser um terno poeta? Assim como é de origem portuguesa, mas com uma bisavó angolana. Uma mistura. A verdade sai sempre de um caldeirão. Sim, os negros foram massacrados, discriminados, inferiorizados. Suas mãos estavam vazias. Os portugueses é que tinham as armas. Mas nem todos os dominadores eram ricos ou nobres, longe disso. Muitos deles eram brancos pobres que sofriam, roídos pela miséria, o medo dos escravos e as doenças sem nome, analfabetos de pai e mãe. É preciso ter cuidado com o rancor dos brancos pobres. Ele alimenta sua violência. Hoje, a exclusão, que eles não admitem, impele-os ao crime. Nossa realidade não é fácil de compreender. E o que fazem os negros dos tempos modernos? Vigiam os bancos: seguranças, não gerentes. Limpam as ruas, tapam os buracos. Ainda e sempre. Um médico negro é raro, mas existe. Pode-se notá-lo pela fila de pacientes que se acotovelam diante da porta vizinha de seu colega branco...

Angela aparece com um chá verde enriquecido com alguns segredos vegetais. Estou com a testa ardendo. Nas ruas de Ouro Preto, a chuva, a bruma e o vento bancam os delinquentes. Os habitantes estão contentes. Dizem: Que belo tempo! Leão concorda tossindo. José Efigênio acrescenta um dedinho de cachaça ao tratamento.

Angela conta. Formamos um público privilegiado.

Reza a lenda que foi um mulato que trouxe em sua gamela estranhos grãos negros quando foi buscar água num ribeirão, ao pé de um pico rochoso. Isso durante uma das inúmeras expedições que, ao longo do século XVII, buscaram em vão o Eldorado. Os grãos cor de café passaram de mão em mão até as do governador da capitania. Quebrando-as, peritos descobriram o mais belo ouro até então descoberto no Brasil. Era preciso encontrar imediatamente aquele mulato, o ribeirão e o pico. As tentativas se sucederam sem resultado. Mas com fracassos e mortos. Até que ressoasse o grito que, em 24 de junho de 1697, engendraria Ouro Preto: Itacolomi, a pedra procurada, erguia-se ali de repente e, a seus pés, os grãos negros abundavam no leito do rio. Esse alarme se espalhou pelo Brasil inteiro e deixou Portugal em transe.

O Eldorado existia afinal! É fácil imaginar a corrida que se seguiu, os bandos armados de aventureiros fedorentos e barbudos, cercados de escravos mais ou menos nus. Todos de olhos exorbitados pelas febres da imaginação e dos pântanos, agravadas pelo veneno do medo. A selva não tinha lei. Os acampamentos estavam sujeitos a ataques de feras e de negros fugitivos. Mas o perigo mais grave veio da fome. Quanto mais os bolsos se enchiam, mais os estômagos se esvaziavam. Nenhum explorador de filão teria a ideia absurda de se privar de escravos mandando-os cultivar alimentos. Resultado: os poucos víveres que chegavam às minas por trilhas improváveis eram comprados literalmente a preço de ouro e não bastavam para saciar os corpos extenuados.

O ouro não podia comprar o que não existia, diz Angela. Só quem fazia fortuna era a loucura.

O instinto de sobrevivência levou os proprietários que tinham monopolizado as terras a mandarem seus escravos cultivar mandioca, inhame e outros tubérculos de ciclo rápido. O gado chegou e a criação começou. Construíram-se belas habitações e ruas encarregadas de ligar os campos espalhados. As almas se organizaram em confrarias, de acordo com seu estatuto, com o direito a uma capela no seio da igreja mãe. A riqueza acelerou a construção de uma igreja particular para cada agrupamento de devotos, cada uma dedicada a um padroeiro diferente. Mulatos e negros construíram suas próprias igrejas. Entramos nos faustos do século XVIII. A sociedade organizou o espaço de acordo com uma hierarquia estrita. Aos negros as minas, aos brancos a administração. Os ricos, no alto dos morros, agruparam suas casas de pedra de dois andares em volta das igrejas mais prestigiosas. Os pobres fizeram seus barracos nos fundos dos vales. Comerciantes lusos abriram tavernas, verdadeiras minas de lucros, para fisgar viajantes e escravos. Os negros, hábeis em roubar grãos de ouro dissimulando-os embaixo das unhas ou no meio dos cabelos, trocavam-nos pela água do esquecimento, a cachaça, grande – mas ilusória – consoladora. Ouro Preto logo contará vinte e uma igrejas e um número ainda maior de botecos. Mas nenhum convento. O poder desconfiava dos monges cujos hábitos facilitavam a dissimulação de faíscas e pepitas. A verdade é que todos tentavam subtrair o máximo possível de ouro uns dos outros, os escravos dos senhores, os proprietários dos cobradores da coroa. Nesse jogo, a ideia de que o Estado português abusava de sua autoridade e privava os trabalhadores dos resultados de seu labor logo inflamou as consciências daqueles que já começavam a se considerar como brasileiros. Daí a revolta dos inconfidentes. Daí a opulência ostentada nas igrejas de Minas Gerais, para concorrer com a insolente exibição da metrópole. Daí a explosão do barroco mineiro.

Aqui somos obrigados a abrir um longo parêntese.

O esplendor do barroco favoreceu o aparecimento de uma pepita que brilha com mil fogos mesmo dois séculos após sua extinção. Seria indecente calar o nome de Aleijadinho sob o pretexto de que ele é o escultor mais conhecido do Brasil e de que cerca de mil livros e artigos já lhe foram consagrados. Aleijadinho está presente em toda parte em Minas Gerais. Uma rota turística com seu nome poderia ligar os lugares onde trabalhou de 1761 a 1814: Ouro Preto, Mariana, Congonhas, Tiradentes, São João del-Rei, Sabará (os que conhecemos) e ainda Santa Rita Durão, Barão de Cocais, Caeté, Nova Lima, Raposos, Santa Luzia, Catas Altas... Projetou igrejas e fachadas, ergueu altares e torres, semeou fontes, elaborou uma alucinante réplica da via sacra de Braga, esculpiu em cedro um número enorme de pessoas santas, fixou a dor da Pietá, deu vida à Última Ceia. Fez surgir da pedra doze profetas do Antigo Testamento, de uma autoridade esmagadora, um anjo careca que causa perplexidade, medalhões ilustrando a vida de seres edificantes. Alguns estudiosos atribuem-lhe cento e oitenta e cinco criações de escultor, ornamentista e arquiteto em (apenas) cinquenta anos de atividade. Acrescentaremos que sua mãe, a escrava Isabel, era negra e que, a título de mulato notabilíssimo, ele fará parte de nossa galeria de figuras marcantes de afrodescendentes construtores do Brasil.

Minha querida Zayda, você que certamente fala dele nas escolas, saiba que aterrissamos em Minas bem no meio da polêmica causada pela publicação de um livro: *Aleijadinho e o aeroplano*. Esse estudo ousa colocar em dúvida não a qualidade do homem, mas a quantidade enorme de obras atribuídas a um só artista, ainda por cima doente. Ele teria precisado de um avião para reduzir as distâncias e honrar tantas encomendas, estima a autora Guiomar de Grammont, que critica o modo de fabricação do mito e garante que não se trata de provocação de sua parte. Ela nos recebeu em sua casa para uma feijoada acompanhada de pedaços de laranja, provocando nossa gula e deleite, assim como um desejo ardente de esclarecer os mistérios que cercam a personalidade emblemática do barroco e do rococó brasileiros.

Abertura do dossiê.

Em primeiro lugar, há o apelido, Aleijadinho, que recobre sua verdadeira identidade: Antônio Francisco Lisboa. Será que o chamavam por esse apelido depreciativo quando ele estava vivo? Aquele que o fizesse correria o risco de sentir o cinzel de sua cólera. O personagem é conhecido por sua irascibilidade. Data de nascimento e paternidade são vagas. De que Lisboa ele seria o bastardo? Muitos metropolitanos emigrados respondiam por esse patronímico em Ouro Preto quando ele veio ao mundo entre 1730 e 1738. Costuma-se atribuir a honra a Manoel Lisboa, carpinteiro português. Bastardo decerto, mas de um respeitado mestre de obras. Afinal é melhor puxar o futuro herói para cima, pelo ramo português. Mas quem puxa? Quem dita? É aí que começa o mito Aleijadinho. Os dados históricos são tão escassos que teceram para ele uma biografia sob (des)medida, emaranhando os fios da lenda e da realidade a fim de cobrir sua silhueta retorcida com um manto de exceção.

Mas por que razões?

Paciência.

O tecelão do material biográfico se chama Rodrigo Bretas. É ele que publica um currículo do escultor em 1858, ou seja, quarenta e quatro anos após sua morte. Impregnado pelas ideias românticas de meados do século XIX, o autor transforma o mestre de oficina esclarecido, executor refinado de "peças não assinadas", num artista "moderno", consciente de sua capacidade de superar os modelos, de conceber uma obra pessoal. Bretas cria o personagem Aleijadinho, herói criativo que sofre e suporta, magnificando o cotidiano prosaico de Antônio Francisco Lisboa, artesão de talento que viveu pobremente de encomendas religiosas e de retribuições partilhadas com seus escravos assistentes. Como acontecia em seu tempo.

Por que essa prestidigitação?

Mais um pouco de paciência.

Sabe-se que, nascido escravo, o pequeno Antônio Francisco foi alforriado na pia batismal por seu pai e senhor. Decerto, ele encontrou no círculo de seu genitor o ambiente favorável a seu aprendizado. A sociedade de Minas evidentemente entregou a dureza do trabalho manual a seus filhos nascidos de ventres negros, que ergueram cinzeis e martelos na esteira dos primeiros mestres portugueses que trouxeram seu *savoir-faire*. O jovem aprendeu a reproduzir os modelos estéticos e religiosos impostos pelas tradições europeias. Os guias turísticos (muitas vezes negros) designam o busto de uma moça como a primeira obra de Aleijadinho, datada de 1761. A efígie de pedra se encontra sobre um chafariz que jorrava na parte popular de Ouro Preto. Uma camisa deliciosamente aberta deixa transbordarem dois seios dignos de uma mãe-d'água prometendo abundância a seus fiéis.

Com certeza, a progressão de Antônio Francisco Lisboa rumo ao estatuto de mestre foi retardada por sua origem. Mulato, teve que aceitar trabalhos como "escultor-fantasma". Filho mulato, foi excluído do testamento de seu pai. Mulato, serviu num regimento de infantaria reservado aos de sangue misturado.

"Antônio Francisco Lisboa, o negro, o muitas vezes negro...", como o canta Rui Mourão em seu romance sobre Ouro Preto, *Boca de chafariz*.

Sabe-se também que por volta de 1770 uma oficina funcionava sob sua autoridade. É conhecida a identidade dos três principais escravos que o auxiliavam, entre os quais o fiel Maurício. Os registros de encomendas e recibos de pagamento são raros em seu período de maturação, mas alguns, encontrados, atestam sua responsabilidade por obras exemplares, em Ouro Preto e Sabará...

Até então, o escultor goza de boa saúde e sua obre reflete a serenidade. Seu biógrafo lhe atribui um gosto acentuado por cabarés, noites de prazer, danças populares e bebidas. E então, de repente, em 1777, o mestre se torna presa de uma doença que até hoje esconde seu nome. Lepra feroz, consequência venérea de uma vida dissoluta ou da absorção de um remédio de charlatão para aumentar suas capacidades criativas e sexuais? Seu corpo se deforma, ele perde seus artelhos. Seus dedos se atrofiam a tal ponto que ele os corta. Só lhe restam os polegares e os indicadores. Seus escravos amarram os cinzéis em seus punhos. O mutilado persiste trabalhando, superando os limites do sofrimento. E como se o castigo não bastasse, seus dentes caem, sua boca se retorce, seu olhar se carrega de selvageria. Antônio Francisco Lisboa se apaga e Aleijadinho entra em cena. A lenda está em marcha. O mártir, levado a cavalo, só aparece nos canteiros de obras nas horas mortas para evitar encontros e saudações. Seus traços hediondos são dissimulados por um grande chapéu, sua silhueta deformada, por uma capa. Escutam-se os gritos de raiva, de sofrimento e de esforço sob os toldos que o subtraem do olhar de sua época. E, no entanto, em Congonhas, corroído e mutilado, ele conseguirá erigir uma *via crucis* rica de setenta e seis personagens, uma Última Ceia gritante de verdade e doze profetas colossais.

Fenomenal.

A partir de então, Aleijadinho se torna um monstro sagrado, uma espécie de Vulcano, deus corcunda, capaz de tirar indefinidamente maravilhas de sua forja.

É Guiomar de Grammont quem diz.

Grande parte das obras maiores de seu tempo serão atribuídas a ele, além do concebível. Tal manipulação histórica acaba mesmo por ser um desrespeito pela obra oriunda da oficina do talentoso mestre.

Então, por que essa manipulação?

Por causa de Victor Hugo e da construção nacional!

Parece que Bretas leu *Notre-Dame de Paris* e que, levado por um elã romântico, resolveu fazer do artesão leproso um primo brasileiro de Quasímodo. O infortúnio da doença só podia engrandecer o estatuto do escultor transformado em ator de uma sublime tragédia entre beleza e horror. Ponto de partida de todas as análises ou artigos consagrados posteriormente a Aleijadinho, a biografia de Bretas será repetida *ad nauseam* e imporá uma imagem do artista que a cultura brasileira passará a reivindicar e se recusará a questionar.

Antônio Francisco Lisboa bastava a si mesmo, mas o Brasil precisava de Aleijadinho.

Do nome de Aleijadinho aproximado do nome de Michelangelo.

O Brasil, recém-independente, em busca de identidade, bradava por heróis nativos que o ajudassem a forjar uma confiança, uma consciência. Pouco importava que Aleijadinho tivesse a pele escura e os traços grosseiros, características de que pouco se falam então. Bretas injetou no artista singular o gênio de uma época. Sobre seus ombros arqueados, concentrou-se o valor de seus pares. O orgulho de uma região, Minas, de um país, o Brasil, preferirá se alimentar da dimensão excepcional de um só ser a se interessar pelo pipocar de outros talentos na mesma época.

Viva Aleijadinho, criador do Deus brasileiro!

É José Efigênio, o pintor, quem canta o *Te Deum* final: Aleijadinho deu um rosto ao meu Deus. Quando fui para a Europa, constatei que o meu Deus não tinha os traços das esculturas que povoam as igrejas de lá. Não tenho fé nesse barbudo europeu com cara de visigodo. Meu Deus tem uma cara barroca. A do barroco de Minas Gerais.

O Rei Chico e a santa fujona

Voltemos para a Terra.

Em Ouro Preto, Deus vive sobre uma nuvem dourada e pomposa, cercado de santos ascéticos de rostos trágicos de tanto suportar o martírio ou a tentação. Deixemo-Lo repousar um pouco. Aprendi que em etnologia, para entender uma sociedade humana, o chamado da barriga vem antes que a busca do divino. Em outras palavras, a primeira pergunta a se fazer é: o que o povo come? Depois voltaremos a respirar o incenso. O acerto do método se verifica instantaneamente. Ouro Preto é uma cidade dividida por uma oposição culinária.

Divisão implica fronteira. Exato. Ela existe. Estamos pisando nela. É a Praça Tiradentes. Um retângulo perfeito, cercado pelo Museu da Inconfidência, pela Escola de Minas, e dominado pela estátua do mártir, magro como um profeta saindo de quarenta dias de jejum no deserto. Para alcançá-la, é preciso içar a carcaça chicoteada pelo sol ou pelas rajadas de vento, dependendo do humor de um clima um tanto instável. De qualquer jeito, escalar. A praça serve de gargalo entre as duas vertentes da cidade, igualmente abruptas e naturalmente inimigas. De um lado, Mocotó. Do outro, Jacuba. Nos estandartes das duas facções fumega um prato diferente no custo e no gosto. Toda a rivalidade se faz ver na natureza oposta da alimentação, de um lado rica e carnívora, do outro, pobre e vegetariana, por falta de opção. Em Ouro Preto, damo-nos conta de que os dentes servem para comer e, em certos casos, morder, já que, desde a infância, aprende-se que uma boa velha inimizade tradicional, servida novamente no momento das festas, é o melhor cimento social. Os ricos zombam dos menos favorecidos: É no nosso bairro do Pilar que fica o abatedouro. Que pena para vocês, Jacubas: têm que se contentar com farinha de mandioca e rapadura! Os interessados revidam: Vocês ricos são estranhos, apesar de deterem os abatedouros, ficam vendo todos os cortes bons virem para nós e para vocês resta só o mocotó. Essa brincadeira revela o essencial, só que invertido: as principais minas ficavam outrora no território dos trabalhadores pobres, mas os lucros iam parar nos casarões do outro lado. Injustiça e inveja. Tudo está dito aí.

A Praça Tiradentes é passagem obrigatória, a duas pernas ou a quatro rodas. Os carros dão um jeito de passar entre as hordas de estudantes e turistas, quase pedindo desculpa por existirem. Esse coração da cidade é de fato um palco de teatro, um parque de atrações. O som do berimbau muitas vezes cobre os motores. Há sempre uma percussão que dá ensejo a elegantes rebolados. É aí que Bené da Flauta se exibia. Só que, na manhã de hoje, quem se dá em espetáculo é a chuva, fazendo luzir as ruas e os telhados, enquanto a bruma lambe as paredes brancas, os automóveis tossem, Leão bate os dentes e Leuk desaparece debaixo da burca de um impermeável. Que direção tomará a investigação? Escolhemos nosso campo: Jacuba, o bairro das velhas minas e das casinhas comoventes. Somos levados pela esperança de uma dupla audiência, concedida por uma princesa etíope e um rei do Congo. Para tão grandes honras vale a pena se aventurar pela ladeira, através da teia de ruelas idealmente curvas. Passemos diante do Santuário de Nossa Senhora da Conceição, onde jaz Aleijadinho; alcancemos a Praça Antônio Dias, cuja proa aguda termina numa antiga ponte. Uma cruz cheia de flores de crepom corta com seus dois braços o tabuleiro de casas humildes e coloridas onde, imagino, deve-se comer mais farinha que carne.

Uma viela leva à mina do Chico, nome cristão de um monarca congolês designado por seus súditos como Galanga. A mina de um rei negro! Vamos sondar uma das incongruências da história local. Um guia ajusta capacetes em nossas cabeças e eis-nos metidos numa das trezentas minas de Ouro Preto, das quais apenas cinco são abertas a visitação. O solo da cidade é furado como um queijo suíço. A comparação sai da boca do jovem guia afrodescendente que ilumina nosso caminho com seus enunciados e sua lanterna. Impossível percorrer esse túnel sem pensar nos corpos negros esfolados por essas paredes, no sangue misturado com lama, nas forças que se esgotaram modelando essas passagens perfeitas, nas vidas erradicadas pelo frio e pelo dever de extrair a riqueza para os senhores. O guia colore as mãos com o hidróxido de ferro raspado das paredes. A mina fornecia também os pigmentos para os afrescos das igrejas. Continuamos. Aqui, buracos onde se colocavam as lamparinas de óleo de baleia; ali, cavidades para guardar o ouro. Havia aqueles que furavam, os que alisavam, os que carregavam a terra a ser peneirada. Preciosos escravos que fizeram o dom à colônia da energia do desespero e das técnicas de extração. E às suas costas rugia a voz dos capatazes negros, traidores da África, que preferiam chicotear a ser chicoteados. Os corpos corriam para ser rentáveis. Pássaros engaiolados davam o alerta ao morrer: atenção, acabou o oxigênio! Um quilômetro de escuridão. Viramo-nos. A luz do dia não é mais que uma pequena pérola na entrada do túnel, depois desaparece. O lugar perfeito para ouvir a história de Chico Rei.

"Eu reinava na África, reinarei aqui também!"
Advertência do Rei Galanga proferida em solo brasileiro. A resolução soa bem. O monarca caído tem audácia. No entanto, acaba de sofrer desventuras em série. Surpreendido por uma razia comandada pelos negreiros portugueses, não consegue defender os seus. Sua aldeia é destruída. O mundo sobre o qual reinava desmorona. Seus deuses protetores o deixam na mão. Por qual pecado estará pagando? Vê sua tribo acorrentada, deportada, surrada, vendida, jogada dentro de uma prisão flutuante sobre o Rio dos Infernos. O Mar das Trevas tampouco tem piedade. Joga terrivelmente com o navio dos deportados. E aqui nos deparamos com uma outra versão da travessia do *Madalena*: o naufrágio está próximo. Os mercadores de gente não hesitam. Lançam à ira das ondas o peso excedente: as mulheres. O rei impotente assiste ao assassinato da rainha. Cento e doze escravos homens desembarcam no Rio de um navio que fede mais do que uma pocilga. Lavam-nos, tratam-nos, passam óleo em seus corpos. Fazem-nos brilhar para melhor vendê-los. O comprador é um homem do interior, da região das minas. Os escravos saem do ventre de uma nau e são enfiados no ventre da terra. Ao frio metálico das correntes se soma o frio desconhecido das montanhas. Os homens acorrentados se queixam numa língua que escapa à compreensão dos brancos. O rei lembra a todos que quem está vivo tem esperança. Os mortos não gemem mais. Galanga mantém toda sua autoridade sobre os seus, ainda que os negreiros tenham jogado seu verdadeiro nome ao mar durante a travessia. Batizaram-no, à força, de Francisco. Chico. Mas seu título autêntico permanece gravado no registro da oralidade. O rei vê longe. Incita seus próximos a trabalharem bem. Cavar, garimpar, carregar, obedecer. A equipe que ele anima deixa os senhores inteiramente satisfeitos. Como esses bantos são dóceis e trabalhadores! O senhor sorri de sua boa fortuna. Alguém já viu uma companhia cantar assim enquanto evacua tamanhas promessas de riqueza? O crédito de Chico aumenta. O negro idôneo ganha a estima do poder e mantém a confiança dos escravos. Dão-lhe permissão para

garimpar durante o tempo de descanso. Ele pega ouro para si mesmo como todos o fazem. E acaba reunindo o montante necessário para comprar sua liberdade. Arranja amigos que o ajudam a solicitar sua alforria. Obtém-na. A partir de então, continua trabalhando tanto quanto antes, só que agora é remunerado. E parece que os deuses da África voltaram a escutar suas preces. A sorte corre em suas veias. Encontra uma pepita, grande decerto, já que lhe permite alforriar seu filho. Seu antigo senhor, no limiar da senilidade, consente em lhe vender uma mina que todos julgam esgotada. Chico sabe que ela não está. Pai e filho forçam a mina, que cede aos seus esforços e entrega ainda um bocado de ouro. Suficiente para encher um pote tão grande que consegue trocá-lo pela liberdade de trinta e sete escravos. Todos membros da tribo de Galanga. A mina de Chico se torna um encrave do Congo. A comunidade liberta festeja sua independência simbólica em terra brasileira. O poder tolera o júbilo. Em 6 de janeiro de 1747, na Igreja de Nossa Senhora do Rosário, o deus Zampi Apungo recebe os cantos de gratidão do seu povo, disfarçados em devoção à Virgem. Chico não está mais muito longe de levar a cabo sua resolução. Logo será rei novamente. Chico Rei. Falta ainda a seu grupo um lugar sagrado, oficial, para os negros, distinto daquele dos mulatos. Ele paga do seu próprio bolso a construção de uma igreja de pedra dedicada a Ifigênia, princesa núbia, cristã dos tempos iniciais, perseguida, resistente, primeira santa negra. Tudo está pronto para a coroação. No dia da inauguração da igreja, Chico aparece em traje real, usando uma coroa de prata engastada de ametistas, com uma nova rainha ao seu lado. Oferece comes e bebes. A festa libera a voz poderosa dos tambores pela qual rugem os espíritos da África. Desde então, cada ano na mesma época, depois de uma missa, o Rei Chico, sua rainha, os príncipes e a corte se espalharão em cortejo pela cidade, da igreja até a prisão, impondo as cores e as músicas da África. Sincretismo curiosamente aceito pelas autoridades. Dizem que essa cerimônia inicial estaria na origem da tradição das Congadas, da "coroação dos reis do Congo", ainda muito viva Minas Gerais adentro, mas curiosamente enfraquecida em Ouro Preto, a cidade que a viu nascer.

Aplaudimos o contador cuja lanterna faz luzir nosso contentamento.

Essa história é bem conhecida. Angela Leite Xavier, nossa amiga historiadora e ceramista, a confirmará para nós. O jovem guia se orgulha dela. Ouro Preto integrou Chico Rei ao catálogo de seus valores. Uma pousada chique leva seu nome. Saio da mina com meus cadernos carregados de matéria preciosa.

Passamos um bom tempo debaixo da terra. Quem sabe o céu tenha mudado de humor? Qual o quê! A bruma se incrusta e torna a cidade acolhedora para os fantasmas. Pegamos a ladeira que leva até a Igreja de Santa Ifigênia, enfrentando uma chuvinha que torna nossos passos mais pesados. A subida é excessiva. As cidades de Minas não conhecem a arte da ascensão em espiral. As ruas sobem reto. Os motores gemem, os freios ganem, os pneus deslizam, os pedestres progridem em zigue-zague como no Himalaia. Ainda bem que há moradores apoiados nas janelas, o que nos permite fazer instrutivas pausas/bate-papos. Todos agradecem a chuva. O clima anda seco. O cume se aproxima. Ficamos felizes em rever a virtuosa núbia, que encontramos pela primeira vez em Lisboa, na Igreja da Graça, vestida como uma freira, carregando uma igrejinha no colo. Filha do rei da Núbia, convertida ao cristianismo por São Mateus, ela recusou o casamento arranjado por seu pai alegando o desejo de permanecer virgem e se consagrar a Jesus. Determinação que a levou ao martírio e, posteriormente, à canonização. Houve um tempo distante em que uma mulher negra foi admitida como pilar da Igreja. Continuamos a içar nossas silhuetas molhadas. Os escravos costumavam subir à noite até o topo desse morro para conversar livremente e evocar a África perdida. Conta-se que uma bela jovem negra apareceu diversas vezes para consolar essas almas desoladas. Ela não escondia sua identidade: Ifigênia, virgem cristã. Suas aparições duraram cinco anos. Os curiosos afluíram, cheios de esperança. O lugar era ideal para a instalação de uma capela de madeira. A santa princesa a solicitou. Chico Rei lhe dará mais tarde a dimensão de uma igreja, em agradecimento a sua benevolência.

Mais quarenta e dois degraus para subir.
Porta fechada. Um cartaz: Fechado para restauração. Reabertura daqui a um ano.
Um homem, cinquentão, sentado sob um guarda-chuva, espera.
Nossa frustração serve de início à conversa. Dizemos-lhe que queríamos ver a efígie de Ifigênia, e também os búzios da decoração, como se tivessem tentado integrar os instrumentos de adivinhação africanos no coração da devoção cristã. Curioso, não é? O homem

se chama Nelson. Adoro sua resposta lançada a um casal de desconhecidos recém-saído da bruma:

— Os brancos que nos colonizaram eram católicos. Eles nos converteram. Nós, os negros, convertemos seus santos em deuses africanos!

E Nelson não para por aí. Uma frase puxa outra com uma espontaneidade que nos espanta e encanta:

— Nossas mulheres eram reprodutoras e amas de leite.

Ou ainda:

— Hoje, 85% das vagas na universidade são ocupadas por brancos. Os pobres fora das cotas empacam enquanto os outros sobem.

Ele sabe. Trabalha na universidade. Continua:

— Mas estamos trabalhando pelo orgulho de ser negros. Acabou-se o tempo em que os negros não podiam entrar em todas as igrejas ou deviam sair delas andando de costas. Antes, Pilar era aberta aos brancos, Nossa Senhora do Rosário aos mulatos e Santa Ifigênia aos negros. Os negros tinham apenas um valor econômico. Mas os africanos resistiram porque estavam certos do seu valor humano. A História do Brasil é triste e apaixonante, mas seu ensino continua recheado de mentiras. Graças à internet, a versão brasileira de nossa história terá que se adequar àquilo que se diz na rede. Nunca se repetirá o bastante, por exemplo, que Machado de Assis, nosso maior escritor, era mestiço. É preciso olhar para trás para não repetir os erros do passado.

Nelson assume uma expressão zombeteira:

— Sabiam que no teto desta igreja tem uma reprodução de um papa negro, com báculo e mitra?

— Sim, disseram-nos, mas não poderemos conferir. Acha que se trata de um gesto de adesão ou de provocação?

Lanço:

— Eu sonho com a eleição de um papa negro brasileiro!

Risada de Nelson.

— Pois isso o senhor não há de ver tão cedo.

Leuk toma a liberdade de perguntar:

— E o senhor, o que está esperando aqui na chuva?

Nelson olha para o vazio:

— A volta de Ifigênia.

Então, olhando bem nos olhos de Leuk:

— É uma santa que anda muito por aí.

Ifigênia sempre foi muito ativa. Apareceu muitas vezes a seus devotos, percorrendo vastos territórios para velar por aqueles de que estava encarregada: os solteiros, os negros, os soldados. Imaginem a Guerra do Paraguai, na década de 1860: os primeiros soldados a serem enviados à frente de batalha foram negros, decerto solteiros. Ifigênia seguiu o regimento. Perfeitamente. Os soldados viram uma jovem e bela negra passar em plena zona de combate avisando para não atravessarem uma ponte perigosa. A tropa escapou do desastre. Um exemplo entre muitos das viagens de Ifigênia. Prova disso é que sua imagem desaparece da igreja em tempos de conflitos, quando ela parte em missão. Da primeira vez em que fugiu, pensaram que a estátua tinha sido roubada. Mas, quando ela reapareceu ao final das agitações, viram que seus pés e a bainha do seu vestido estavam sujos de barro. Ifigênia é uma santa que gosta de estar perto do seu povo. Os militares em deslocamento apressam-se em construir uma capela de campanha para estarem certos de sua proteção.

Também adoro esta história que devemos a Angela Leite Xavier, cujo livro *Tesouros, fantasmas e lendas de Ouro Preto* é uma mina de informações sobre a cultura do medo e as aparições na capital do barroco mineiro.

Uma noite, desceu do trem uma mulher negra muito bonita carregando uma mala enorme. Estava sozinha. Imediatamente, um rapaz, cortês e seduzido, ofereceu-lhe ajuda. A viajante aceitou. Mas, para seu grande espanto e embaraço, o rapaz não conseguiu erguer a mala. Perturbado, o galante perguntou o que a mala podia conter de tão pesado. Com um sorriso encantador, a senhorita respondeu simplesmente: "Os pecados desta cidade". Santa Ifigênia, pois era ela evidentemente, pegou a ladeira carregando a bagagem como se fosse uma pluma, deixando o rapaz boquiaberto na plataforma da estação.

Foi assim, querida Zayda, que graças a tamanha proteção, Ouro Preto rechaçou a entrada da peste e da guerra.

O Mozart mineiro

Meio-dia, ao ar livre, no terraço de uma pousada, perto da Casa dos Contos e do sinistro porão dos escravos onde seres demasiado sensíveis não podem entrar sem cair num angustiante transe, por causa do sofrimento estagnante e da alta concentração de almas penadas.

Hora para uma boa cerveja, gelada como a lembrança do porão, dourada como os faustos do barroco. Saúde.

Balanço até agora: em Ouro Preto, os ponteiros do tempo continuam apontando para o século XVIII. Cada rua leva a uma igreja mais suntuosa que a outra. O visitante tem que proteger as pupilas da irradiação solar dos ornamentos. A visão é o sentido mais solicitado: as esculturas de Aleijadinho, os tetos pintados e os afrescos de Mestre Ataíde, o inestimável tesouro do Museu dos Oratórios, a audácia das arquiteturas, como a da Igreja de Nossa Senhora do Rosário com sua raríssima fachada curvilínea... Todas essas maravilhas saltam aos olhos. Muito bem. Em compensação, a música dessa idade de ouro não salta ao ouvido do passeante consciencioso; é como se aqui o ouvido fosse a quinta roda da charrete, por assim dizer. E, no entanto, é incontestado que a música foi um dos pilares da efervescência barroca. Por que essa defasagem?

Leuk rabisca suas deduções num guardanapo. Teremos uma resposta a essa anomalia hoje à tarde, se Deus quiser. Até aqui, o Altíssimo tem se mostrado muito nosso camarada; trazendo sempre mais petiscos para satisfazer nosso apetite (de descobertas) que não para de crescer. Quanto mais dados novos obtemos, maior nossa excitação. É a realidade deliciosamente infernal desse tipo de investigação, Zayda: a gula contínua, a caneta a mil, a bulimia fotográfica, a curiosidade obsedante que nos faz galopar da alvorada ao crepúsculo, angustiados pela ideia de perder uma informação rara e essencial. Uma pepita chama outra. Acabamos por compreender a neurose do garimpeiro, de olhos fixos na peneira, esquecendo até de comer. Por sorte, no nosso caso, comer faz parte da investigação. Todos dizem que o orgulho de Minas também está na panela, cozinhando em fogo brando. Coitados de nós, temos que fazer esse sacrifício, tudo pelo conhecimento! Garantem-me que eu poderia facilmente passar por um nativo de Minas, pelo menos no quesito ser bom de garfo. Beleza pura. Na sequência, temos um encontro com Ronaldo Toffolo, homem raro, cientista melômano, engenheiro musical, engajado na árdua missão de tirar as composições do século XVIII do poço do esquecimento. Enganamos nossa impaciência com um prato típico da região, o frango com quiabo: frango refogado com alho, limão e tomate, dividindo o estrelato com quiabos frescos, esse legume gosmento que o Brasil deve à África e à obstinação alimentar dos escravos.

Só um esclarecimento, Zayda, antes de encontrar o Mestre Ronaldo Toffolo. A progressão de nossa investigação, cuja narrativa poderia fazer crer numa sorte insolente, deve sua fluidez miraculosa aos anjos. Anjos que vão na nossa frente e, com zelo infinito, fazem sentir seu sopro cúmplice ao longo de todo percurso, dispõem de bons molhos de chave e abrem portas essenciais. Uma expedição, mesmo reduzida a dois membros, implica uma rede de conivências ativas para funcionar bem. Sempre adorei a ideia de esforço solidário que os haitianos traduzem por *kombit* e os camponeses do Cabo Verde por *juntamon*. "Combate em comum" e "juntar as mãos". Juro que nossos agradecimentos finais farão jus à generosidade brasileira de que estamos nos beneficiando.

Nova prova da existência desses anjos:

Ronaldo Toffolo, como o movimento barroco, é de origem italiana. Em sua casa mora a música. As paredes, cobertas de discos e CDs, estão ao serviço dela. Um santuário elegante e refinado de partituras e instrumentos. As varandas, lugares de culto à beleza da cidade de relevo acidentado, são observatórios do patrimônio. O engenheiro apaixonado por música criou em 2000 a Orquestra Experimental de Ouro Preto. Seu filho, Rodrigo Toffolo, é maestro. Uma causa familiar: reabilitar os compositores do século XVIII, despertar a atenção do público por obras injustamente abandonadas ao silêncio. Por quê? Eve Ruggieri e a emissora France 2 trouxeram microfones e câmeras para captar a resposta do erudito, aqui mesmo onde estendemos nossas canetas. Sairemos com as mãos cheias: de CDs, de livros, documentos visuais. E pepitas.

Sigamos a música. Ela percorre os caminhos caóticos que levam do litoral para o interior até chegar a Minas. O século XVII termina. Compositores, preceptores e intérpretes respondem ao chamado do ouro, ou, antes, aos desenvolvimentos urbanos e às necessidades sociais que o enriquecimento engendra. Mestres portugueses já fizeram a travessia atlântica para se instalarem no Rio, em São Paulo, em Salvador, no Maranhão. Têm boa formação. Executam e ensinam uma música comparável às produções europeias. Supõe-se a chegada de músicos brancos nas cidades mineiras em expansão. No entanto, rapidamente, os registros da região mostram uma profissão monopolizada por negros libertos e mulatos. Numa proporção esmagadora. Não há motivo para surpresa: os músicos trouxeram da Europa seus instrumentos, mas não suas mulheres. São as escravas que lhes dão uma descendência. Pintores, músicos, escultores, todos aqueles que chamaremos mais tarde "artistas", mas que, na época, se diziam artesãos, gozam de um estatuto inferior. Explicação: no topo da hierarquia social reinam os detentores da autoridade colonial e os dirigentes da Igreja. Abaixo destes, vêm os grandes comerciantes e os chefes militares. Na ausência de proprietários de terra, seguem-se então pequenos comerciantes, militares e funcionários subalternos. Os artesãos aparecem abaixo destes, quase no chão. Só não no chão porque o trabalho manual extenuante cabe aos escravos que representam a maioria da população. Tudo está em seu lugar, mesmo nos interstícios. Neles encontramos acuados os negros forros e os mulatos. Eles evoluem numa zona vaga. Não são mais escravos, mas tampouco mestres de suas vidas; não decidem nem seus direitos nem sua inserção. Enfiam-se, então, nos espaços "artísticos". Ainda que a posição de um músico seja subalterna, ela traz a chance de adquirir prestígio, de frequentar as elites, de se tornar "senhor". Por certo, a educação de um filho de boa família prevê o aprendizado de um instrumento ou do canto, mas – Deus me livre! – nunca a prática profissional da arte. Compor, cantar, tocar, copiar partituras por dinheiro são atividades laboriosas que um branco não deve se rebaixar a realizar. A associação entre vergonha e trabalho, difundida nos cais de Lisboa, encontra seu caminho nas ruas do Brasil. O campo musical fica livre para os filhos de escravos e forros: o mundo ganhará assim a *música dos pardos*. O mercado é florescente. As encomendas atestam isso. Emanam de confrarias ansiosas por superar em beleza as realizações de suas concorrentes. É preciso sempre mais brilho e solenidade. E profissionais qualificados para atingir as abóbadas celestes da excelência. A emulação tem sua responsabilidade na criatividade efervescente de Minas. As confrarias fincam pé em sua independência, o controle das obras é menos estrito nelas. A produção musical adquire assim um viés original, favorecida por outro fator determinante: a cópia de partituras. E, nesse ponto, a Coroa portuguesa colhe o que semeou. De tanto colocar rédeas na vida intelectual da colônia, frear a circulação dos livros e proscrever as gráficas, as partituras das obras são copiadas manualmente, interpretadas, adaptadas, por vezes modificadas. Tanto as que vêm da metrópole quanto as que emanam de compositores locais. As autoridades têm grande dificuldade em impor uma censura eficaz. É assim que bispos se queixam, mas tarde demais, da liberdade tomada por mulatos seja na letra seja na parte propriamente musical, em que se nota "a influência viciosa da África". Graças a esse afrouxamento das rédeas, o gênio do barroco brasileiro desabrocha, sem, no entanto, se afastar demais dos modelos metropolitanos que os compositores continuam conhecendo profundamente. Estes agravam as coisas intervindo ao mesmo tempo na esfera do religioso e do profano. As músicas sagradas e populares do Brasil se enriquecem mutuamente. Prova disso: a surpresa não fingida do rei de Portugal ao desembarcar aqui em 1808. Descobre então a habilidade e a riqueza de repertório dos mestres de Minas que prolongam suas carreiras no Rio. O ciúme brota certamente entre os músicos da Corte, que previam esmagar com seu talento mundano a selvageria dos colonizados.

Nomes?

João José de Araújo (?-1831); João de Deus de Castro Lobo (1794-1832); Manoel Dias de Oliveira (?-1735); José Joaquim Emerico Lobo de Mesquita (1746-1805); Lourenço José Fernandes Braziel (?-1831); Inácio Parreiras Neves (1730-1794); João Francisco da Mata (?-1909); Francisco Martiniano Paula Miranda (1823-1891); Joaquim de Paula Sousa Bonsucesso (?-1820); Jerônimo de Sousa Lobo (?-1803)... Uma corrente sagrada que se prolongará pelo século XIX até se perder, como um uádi, na areia do esquecimento.

Ronaldo Toffolo suspira, sinceramente comovido: "José Joaquim Emerico Lobo de Mesquita elaborou uma música de tamanha qualidade... Como entender que a Europa até hoje não tenha escancarado suas portas para uma expressão que ela deveria ficar orgulhosa em reivindicar como sua filha? Ouso dizer que alguns desses artistas compuseram obras tão ou mais ricas que as do século XVIII metropolitano. Mas o que dá mais raiva é que o próprio governo brasileiro nunca prestou atenção nesse patrimônio inestimável. A maior parte das orquestras nacionais continua tocando Mahler, Ravel, Beethoven... sem sequer pensar em pôr em seu repertório uma pecinha que seja de um autor de Minas. É uma vergonha! Por isso criamos a Orquestra Experimental de Ouro Preto, para divulgar a música que trabalhadores de gênio produziram fechados em nossas montanhas. João de Deus de Castro Lobo, padre e mulato, escreveu uma música modelada pela Europa sem nunca ter saído desta região. Um milagre! Há nele algo de Haydn e de Rossini, a marca de Viena e da Itália, mais essa inegável diferença que vem de sua origem pobre e negra. Só os especialistas conseguem distinguir o que todas essas obras devem ao padrão europeu e aos aportes sutis da cultura local influenciada pela África. É preciso um ouvido experiente para discernir essa preciosa singularidade".

Nós não temos esse ouvido, mas queremos amplificar o testemunho daqueles que têm. Ronaldo Toffolo nos confia o catálogo *Música sacra mineira* de José Maria Neves e algumas gravações raras.

Dispomos de poucas certezas sobre a biografia de José Joaquim Emerico Lobo de Mesquita, o mais eminente dos compositores de Minas. Ele teria nascido em 1746, dos "amores" de um pai branco pela escrava Joaquina Emerenciana, no encrave diamantífero de Minas Gerais, ou seja, longe de tudo. Sabe-se que a efervescência industrial e religiosa lhe permite ter uma intensa atividade profissional em Diamantina e depois em Ouro Preto. Acabará se fixando no Rio, onde ocupa a função de organista da Ordem Terceira de Nossa Senhora do Carmo e morre em 1805. Com a ênfase de um entusiasmo redutor, anúncios turísticos o apresentam como o "Mozart brasileiro". Uma opinião autorizada, como a do musicólogo Francisco Curt Lange, evoca uma aproximação de seu estilo com o de Pergolesi, "sereno e nobre, portador de uma tensão interna". Fala-se também das ligações de seu trabalho com o de Haendel e Bach. As cópias de suas obras vocais, religiosas, com acompanhamento orquestral, para solistas, coros, órgão e violoncelo... foram conservadas, distribuídas em numerosos arquivos, como os do magnífico Museu da Música de Mariana, cidade vizinha de Ouro Preto, disponíveis para os pesquisadores. Por sorte. Nem sempre foi assim. Um dia, a riqueza abandona Minas, o declínio abate seu véu sobre a região, os cultos perdem seu brilho, as liturgias mudam. Então, essas músicas do "interior" se apagam pouco a pouco. Os próprios compositores dão provas de negligência. Aceitam medir seu trabalho por sua função religiosa, sem reivindicar plenamente seu valor estético. Quantas vezes ouviram martelar que a colônia nunca poderia produzir uma música comparável à composta e interpretada na metrópole? Acabam por assimilar esse julgamento depreciativo. E quando os fogos do barroco se extinguem, as encomendas cessam e a música volta para o Rio, as partituras não interessam a mais ninguém e se extraviam. O Brasil passa a outros sons. E se esquece de se orgulhar de uma parte tão rica de si mesmo, caída no silêncio.

Felizmente, personalidades como Ronaldo Taffolo fazem o vento mudar. Acho que um dia, graças a ele e seus congêneres, os estrangeiros falarão de outra maneira do Brasil. A referência espontânea que lhes virá à boca não será mais o futebol ou o samba, mas a música barroca de Minas Gerais.

Emitirei uma reserva sobre essa visão do Homem em ascensão para os cimos do espírito. E lamento dizer que, por vezes, a música e a poesia podem trair sua exigência. O homem que nos adverte do drama se chama Vicente. É músico, membro ativo das congadas e diretor do mais velho teatro em atividade na América do Sul. Um teatro à italiana, com camarotes e balcões arredondados. O palco está vazio. Estamos sentados em poltronas vermelhas, únicos espectadores diante do narrador que se reconhece como branco de aspecto, mas filho de família negra.

Momento privilegiado. Recomponho para você, Zayda, o conto perverso escutado no templo da cultura de Ouro Preto.

O ser humano é uma criatura bífida. Busca a luz, mas cultiva as trevas. Sejamos claros. Na primeira metade do século XVIII, Minas Gerais pensa que o ouro é eterno. Ledo engano. Os filões se esgotam rápido demais. A abundância se vai, mas a população cresce. A maioria negra também. A Igreja pode muito bem continuar ensinando a arte de dar a outra face, os escravos não parecem aderir ao preceito. Nunca conseguirão fazê-los crer que o sistema colonial repousa num espírito conciliador e até benfazejo como os discursos oficiais tentarão propalar na sequência. Os escravos empregarão tesouros de coragem, de determinação, para provar o contrário. A resistência dos negros é polimorfa: preguiça e doença fingidas, suicídio, sabotagem, roubos, incêndio, assassinato e até o recurso à justiça em virtude de um mínimo de direitos a fazer valer. Mas a opção mais frequente é a fuga, com a perspectiva de chegar a uma das inúmeras comunidades clandestinas, os quilombos. É fascinante pensar nessa rede de organizações guerreiras e agrícolas que desafiaram o poderio colonial no conjunto do território brasileiro até o dia da abolição da escravatura em 1888.

A população branca minoritária viverá constantemente no temor de um agrupamento dessas forças rebeldes e de uma vaga negra de violência assassina lançando-se sobre os centros urbanizados. Esse medo leva os governadores a organizarem severas perseguições. Em nome da defesa da terra abençoada por Deus, eles brandem o estandarte da fé e enviam tropas encarregadas de destruir os quilombos, dissuadir os candidatos à fuga e, ao mesmo tempo, abrir a mata, traçar caminhos, ganhar terras, localizar novas fontes de ouro, fazer recuar a selvageria...

A caça ao homem negro está aberta.

E os caçadores sabem que o sucesso de suas batidas lhes dará acesso à propriedade das zonas conquistadas. Uma recompensa motivadora.

É aqui que chegamos, avisa Vicente, o narrador, à participação equívoca da poesia e da música nessa farsa sangrenta. Elas estão engajadas nesse "processo civilizatório". O sabre e o violino!

Uma dessas expedições punitivas ocorre em agosto de 1769. Temos um relato detalhado dela. A narrativa dá a impressão de uma cruzada da luz contra as forças obscuras da barbárie. A coluna inclui bandeirantes, mercenários tão casca-grossa que suas almas não costumam receber as carícias do sol. Esse detalhe é importante. Há também escravos armados (com a missão de capturar seus congêneres foragidos), um capelão, um cirurgião e um conjunto de oito músicos, sete deles negros, equipados de tambores, violas, violinos, trompas e flautas transversais. É de pasmar. Sim, os futuros assassinos de negros fugitivos, que são ao mesmo tempo buscadores de ouro, correm para o massacre ao som das suaves melodias que escravos músicos submissos à cultura branca lhes oferecem pela manhã e ao anoitecer. A alvorada se enche de cantos gregorianos, do *Te Deum*, da *Ave Maria*. Os soldados em marcha parecem acreditar que a música garantirá o sucesso do empreendimento. Com as pregações e a missa, ela ocupa um lugar no ritual de exorcismo que deve protegê-los de malefícios. E não é tudo. Os mesmos escravos artistas glosam em versos as façanhas do chefe da expedição, louvam em odes improvisadas sua capacidade hercúlea de transformar a floresta brutal num jardim ordenado. Poemas de campanha, mais oportunistas que delicados, nascidos ao contato das bestas ferozes para o proveito dos brutos sensíveis à graça das palavras e das vozes. Desconcertante! Projeto em minha tela interior as imagens de um filme que poderia ter sido assinado por Werner Herzog, diretor de *Aguirre: A cólera dos deuses* e de *Fitzcarraldo*. Lento *travelling* sobre um bivaque numa clareira cercada pela natureza caótica. Guerreiros comovidos, suspensos no fio do presente, escutam negros analfabetos tocar com brio um minueto em plena floresta. Amanhã, cortarão as orelhas das vítimas da repressão; farão colares com elas como prova de sua vitória e base de cálculo para sua recompensa.

Deixamos o teatro, carregando uma história pesada e uma referência preciosa. A do livro organizado por João José Reis e Flávio dos Santos Gomes sobre os quilombos: *Liberdade por um fio*. Confiamos a Vicente nosso desejo de solicitar a hospitalidade de descendentes de resistentes negros que vivem na localidade de um antigo quilombo do árido sertão pernambucano. Lá em cima, mais ao norte.

– Precisam ler isso antes – responde Vicente, rabiscando o título da obra. – Torço para que encontrem esse calhamaço no caminho de vocês. Mas saibam que nem sempre é fácil entrar em contato com essas comunidades, que muitas vezes vivem isoladas do mundo até hoje.

Rosa Egipcíaca, santa prostituta

Zayda, contam-nos que em Mariana corremos o risco, ou antes, podemos ter a sorte, de encontrar uma pepita excepcional.

Uma amiga francesa, adida de cooperação científica e cultural em Belo Horizonte, tomou nossa investigação a peito. De ouvidos à espreita, hábil em tecer laços, aguerrida nos métodos de pesquisa, ela própria especialista no cinema brasileiro e na literatura nordestina, Sylvie Debs nos lançou na pista, entre outras, de Rosa Egipcíaca, santa prostituta. Dois qualificativos que, postos em contato, causam uma explosão de interesse. Um volumoso livro de Luiz Mott foi consagrado à vida estarrecedora dessa madona que se entregou de corpo e alma ao Brasil. Obra esgotada, como tantas outras no domínio das ciências humanas que desaparecem das livrarias na velocidade de um cometa. É preciso correr atrás. Uma exploração na Amazon se impõe. O jogo de palavras também. Encontraremos o precioso título através das lianas da rede? Enquanto o motor de pesquisa gira, rodamos para Mariana.

Vou logo pedindo perdão a Mariana por ir direto ao que interessa: o pelourinho. A cidade com nome de moça tem, no entanto, atrativos irresistíveis: a catedral e o órgão de Arp Schnitger, desmontado e carregado até ali em lombo de burro; as igrejas de ouro com suas volutas, tão belas e meritórias quanto as de sua rival Ouro Preto; a praça central com seu coreto que orquestra o concerto fluido dos chafarizes; um museu de música que inspira a harmonia... Sim, mas nossa obsessão nos leva para o pelourinho. É assim, fazer o quê?

O pelourinho de Mariana é uma vergonhosa maravilha.

É o símbolo de uma autoridade demasiado exercida às expensas dos fracos. Veja, Zayda, os portugueses semearam pelourinhos aos quatro cantos do mundo; lá onde a Coroa instalava governadores, bispos e cobradores, lá onde havia escravos recalcitrantes a punir. Para quem ignorasse a função atroz desse mastro de sofrimento, a escultura pareceria esbelta, elegante. O pelourinho de Mariana tem um aspecto antropomorfo. Uma gaiola de pássaros como cabeça, capiteis como ombros, dois membros de ferro estendem a balança da justiça na mão esquerda e o gládio da sentença na direita. Um grande corpo redondo termina plantado num pedestal. E ali, fixados na base, os dois anéis pretos que serviam para amarrar os corpos supliciados. O pelourinho corta o céu com seus dois braços como um guarda de trânsito, como um juiz de futebol. Normal. Ele separa a Igreja de São Francisco de Assis da Igreja Nossa Senhora do Carmo, sedes de duas ricas confrarias tão concorrentes que se ergueram, de propósito, uma de frente para a outra, ao alcance do hálito carregado de ódio. Às nossas costas, a prefeitura, outrora prisão. A cidade vive abaixo do poder e desse monte das altas alavancas.

Luz, câmera, ação!
Praça do Pelourinho. Luz da manhã.
A multidão se acotovela nesse dia de 1749 para assistir ao castigo infligido a Rosa, a negra exaltada que afirma conversar com Deus e exprimir através de sua boca as vontades do Altíssimo. Não é todo dia que se tem semelhante atração. Rosa, presa como um animal, coleira de ferro no pescoço, acorrentada à coluna da infâmia, chicoteada sem que o fato de ser mulher gere a mínima condescendência. Os tambores batem forte para abafar suas queixas e reforçar o espetáculo. A punição pública de uma mulher, de pernas e torso nu, com as partes pudendas mal dissimuladas, é coisa rara. O que fez essa africana para merecer tratamento tão impiedoso?

A câmera se demora nas costas, nos riscos cruzados dos vergões, na tanga rasgada, nas nádegas laceradas, no corpo inerte de Rosa. Pai, por que me abandonaste?

A imagem se turva.

Uma menininha de seis anos, negra e nua, num cais lotado. Um homem a examina e a barganha. Um capitão negreiro conta moedas. Letreiro: Rio de Janeiro, 1725. A criança é agora o objeto de José de Sousa Azevedo. Do filme sobre Rosa Egipcíaca, que merece ser feito, oferecemos aqui um possível roteiro.

A menininha, aterrorizada pelo volume da Igreja da Candelária, confrontada pela primeira vez aos mistérios do Espírito Branco, aparentemente temível, recebe o batismo. Dali em diante, ela se chamará Rosa.

A alusão ao estupro será inevitável. O senhor de Rosa ri com sarcasmo após a defloração: "De que serviria a escravidão sem a depravação?".

Rosa perdeu a flor de seu jovem sexo, arrancada. Não é mais útil no Rio. Os machos de Minas clamam, com suas vozes e seus corpos, por mulheres. Vendem-na. Ela tem catorze anos. Intermediários ciganos se encarregam de seu transporte. Dez a doze dias penando. Chegada a Mariana. A senhora que a compra precisa muito de uma escrava de ganho que venda seu corpo. Compreendam. Os homens da região estão no cio. A procura por sexo é grande; a oferta, reduzida. É preciso satisfazer as necessidades dos paroquianos para evitar confusões. Esse comércio garante a sobrevivência da casa e sustenta os estudos do filho mais velho da senhora que acaba de pronunciar seus votos em Lisboa. Uma bonita mulher negra serve para isso. Transformada em mulher da vida, Rosa paga os estudos de um seminarista com seu trabalho de puta. A virtude de Minas não se mede em número de igrejas...

Plano-sequência: Rosa trabalha. Um homem arpoa seu corpo sem cerimônia.

Em *off*, ouvimos sua voz. Ela se defende, durante seu futuro processo, alegando que só se oferecia a clientes laicos, nunca a clérigos. Na certa isso é mentira, mas ela não pode confessar aos inquisidores sob pena de ser amaldiçoada e se ver transformada em "mula sem cabeça".

Pode-se imaginar na montagem uma alternância entre coitos brutais e cenas da edificação moral do jovem seminarista que, graças a Rosa, se tornará um poeta de renome: José de Santa Rita Durão, o autor de *Caramuru*. Foi em seu proveito que Rosa "caiu na vida".

A vida bestial de uma serva do Diabo.

Os adeptos do Chifrudo lhe dirão que, de qualquer jeito, em Minas, Deus e o Diabo andam de mãos dadas. Mas o Diabo tem a elegância de dar sem tomar de volta. Primeiro plano: uma blasfêmia sai de uma boca espumante que acusa Deus de sempre castigar o prazer. A punição se chama *mal gálico*, "sífilis". Abortos recorrentes, tratamentos de cura ou prevenção: os antros de curandeiros negros ficam ao lado dos quartos onde as putas trabalham. O risco faz parte de suas vidas, é uma faca de vários gumes. A inveja não é o menos cortante deles. As Vênus de ébano compram vestidos e ornamentos de fazer empalidecer suas senhoras brancas. Aqui, uma cena de maledicência entre senhoras indignadas, no primeiro andar de uma casa chique. A pequena loja do sexo rende muito às escravas de ganho: joias de início, a liberdade a seguir. Há mais mulheres alforriadas do que homens libertos. Porém, Rosa não consegue obter a sua. O tempo urge. A segunda flor do buquê de seu encantos começa a murchar: sua juventude.

Rosa não consegue reter nem a juventude nem a clientela.

Quando se aproxima dos trinta anos, seu corpo se torna o teatro de manifestações brutais que terminam com tombos no chão e uma rigidez de morte. No filme, os peritos se debruçarão sobre Rosa e suas frequentes catalepsias. Explicarão a similitude entre os delírios místicos da africana e os êxtases de Santa Teresa d'Ávila. Essas perturbações nervosas que o leigo chama de gota-coral e o douto de epilepsia são coisa do Diabo ou de Deus? Na ausência de conclusões, tomam-nas por doenças sagradas. Rosa não está em contato com o mundo sobrenatural que tenta se comunicar através de sua boca? A primeira voz escutada lhe mostra a direção de seu caminho de Damasco: "Se queres agradar a Deus, deves te desvencilhar desse luxo que O ofende". A africana se sente eleita. Obedece. Distribui suas roupas e suas joias aos pobres, acabando com suas chances de alforria. Declara: "Estou acumulando crédito no Céu". Promete que seu corpo, a partir de então sob o domínio de Deus, nunca mais será conspurcado por um homem. Diz-se morta para a lascívia.

Chegamos à cena essencial do exorcismo. A puta inspirada solicita o procedimento. Rosa é uma mulher carismática; o exorcista, um padre já quinquagenário. Ao expurgar o mal da possuída, o padre se torna seu devoto, o primeiro propagador de sua conversão. E seu dono. Sim, ele compra a escrava de sua proprietária, que não tinha o que fazer com Rosa desde que esta fora devorada pelo fogo da fé, braseiro muito menos rentável que o dos sentidos.

Rosa é curada.

No filme, vemo-la se santificar, e o Diabo nela se civilizar. O padre Francisco Gonçalves Lopes, seu padre confessor, grita para o demônio: "O deserto é teu domínio! A serpente tua morada!". São munições correntes no arsenal de frases dirigidas ao Cujo, a fim de mandá-lo de volta para seu lugar e livrar os pobres africanos de seu "verdadeiro cativeiro": o sortilégio que os acorrenta com mais força que o trabalho forçado. Rosa sofre com esses *vade retro, Satanás*. A água benta a queima. A parafernália do Tinhoso inclui ferramentas surpreendentes. Rosa sofre os assaltos do vento nos dias de calmaria. E solicita a intervenção diária do padre. As "admoestações divinas" se amplificam. Vozes misteriosas zumbem dentro de sua cabeça. Personagens de quadros lhe dirigem conselhos. Ela transmite a seu confessor mensagens que caem nela. Você há de notar, Zayda, que os papéis se invertem. É ela, e não o padre, que serve de intercessor às intenções do Céu. Sua linguagem de iletrada se torna sofisticada. Ela evita os frutos da terra. Estamos diante de uma anorexia nervosa, sinal de eleição mística. A mulher perdida se tornou mesmo uma serva do Senhor. O rumor popular, em seu turbilhão, carrega sua reputação. O exorcista a confirma. Rosa não recebeu a ordem da luminosa Pomba de aprender a ler e escrever? A terceira pessoa da Trindade aconselha-a a se instruir para penetrar os mistérios do divino com suas próprias ferramentas.

Mas tudo vai rápido e longe demais.

Igreja. Interior. Dia. Sequência do excesso.

Rosa assiste a uma missa. Igreja lotada. Um padre prega. De repente, a escrava médium é tomada por convulsões e começa a vociferar. A voz é rouca. Seus poderes lhe permitem discernir quem, na assistência, está em estado de impureza. Quem vai apresentar sua língua carregada de mentiras e de calúnia às divinas doçuras da eucaristia. Sim, ela ousa denunciar os hipócritas em pleno ofício. A cena, na tela, restituirá a violência das imprecações, o exagero da crise mística, o desenlace cataléptico e a indignação dos acusados: "Essa negra está fingindo! Abusando de nossa paciência! Já chega!".

Os gritos de ódio da elite insultada chicoteiam Rosa tanto quanto as correias de couro do carrasco. Voltamos a encontrá-la, seminua, presa ao pelourinho. O poder triunfa sobre a perturbadora. O bispo a condenou.

Essa cena de punição é o pivô do filme. O destino da supliciada sofre uma reviravolta.

Outros em seu lugar, com o corpo e a alma alquebrados, teriam desaparecido no terreiro da vergonha. Não Rosa. Ela pede uma audiência ao prelado que mandou chicoteá-la: exige uma segunda peritagem. O ordálio. A prova de fogo. Ela quer uma demonstração exemplar de sua conivência com o mundo espiritual.

O filme exigirá muitos figurantes.

O povo aflui, à espera de um prodígio. Vê-se, em primeiríssimo plano, Rosa pôr a língua de fora, bem esticada. A tensão faz tremer o músculo estendido. A chama de uma vela se aproxima da ponta palpitante. É o próprio confessor de Rosa que oficia. Durante trezentos segundos, o tempo de uma litania, de um "Salve Regina", de cinco "Credos", o fogo lambe a língua. Sem nenhum dano. Inacreditável!

Sim, naturalmente, Rosa sai da confrontação aureolada de prestígio. Mas seus inimigos lhe preparam uma emboscada. Ela sabe. Melhor mudar de paróquia. Seria fruto do acaso a médium perseguida ter recebido o conselho de se afastar? No silêncio de uma noite, ela escuta: "De agora em diante, teu nome será Rosa Maria Egipcíaca da Vera Cruz. Siga-me!". O espectador deverá perceber de algum modo que a voz emana do crucifixo do quarto.

A estratégia é prudente e hábil. Rosa toma o nome de uma santa patenteada, Maria do Egito, como quem veste o hábito de um monge. Muda de identidade. Não é mais uma simples negra possuída, vai se tornar uma figura importante. Protegida, a partir de então, por sua gloriosa antecessora, Maria de Alexandria, prostituta e amante de Deus. O nome da Egipcíaca lhe serve de escudo contra seus adversários. Maria, bem antes dela, no século IV, viveu de seus encantos até o dia em que o deus novo dos cristãos penetrou seu coração e chamou-a para se juntar a ele no deserto dos arrependimentos. Rosa conhece a mesma sorte que a bela eremita oriental. Seus conhecimentos teológicos não param de aumentar. Para Rosa, porém, nada de deserto, e sim um mergulho na cidade grande, Rio de Janeiro, onde pretende viver anônima, apagar-se por algum tempo para melhor reaparecer.

Vários planos do filme serão consagrados à viagem de Rosa, de Mariana ao Rio. Ela é vista a cavalo no caminho que percorreu, a pé e acorrentada, na ida. Seu fiel confessor a acompanha. Rosa parece em êxtase, balançando perigosamente, quase caindo da montaria. Mas um anjo a protege. Uma questão permanece suspensa: o velho padre e a ex-prostituta são amantes? Foram? A Inquisição vai querer saber. Mas antecipo, Zayda, para dissipar um dúvida legítima. Dessa história de vida, que vai acabar mal, devemos os detalhes aos escrivães do santo tribunal sangrento. Sem o processo final que a condenará por perturbação causada à boa ordem, a existência de Rosa, escrava transfigurada, nunca teria chegado até nós. À espera do desenlace, preste atenção, Zayda, os franciscanos do Rio recebem bem a recém-chegada. Alojam-na, sustentam-na. Imagine só: uma santa em terra portuguesa, que bela prenda! Temos em Rosa uma réplica de Santa Ifigênia. Deportada, violada, reduzida à servidão, prostituída, chicoteada, recrutada pelos agentes do Céu, caída em virtude, sedenta de pureza, essa negra é enviada pela divina providência para servir de exemplo aos milhares de africanos que persistem no erro de seu culto pagão.

No Rio, o Espírito Santo volta a encorajar Rosa a aprender a ler. A visionária sofre também a influência de um pai espiritual que a impele a deitar seus sonhos por escrito. Nós a veremos então, na paz de um monastério, aproveitando as lições de Teresa, uma companheira de retiro. Aos trinta e três anos, Rosa assina sua primeira carta. Seguimos sua mão hesitante, a caligrafia é tremida. Mas esse belo esforço levará Rosa a redigir um manuscrito de uma centena de páginas: *Sagrada teologia do amor de Deus*. Subtítulo: *Luz brilhante das almas peregrinas*. Esse texto, do qual só restaram alguns fragmentos, faz de Rosa Maria Egipcíaca da Vera Cruz, até onde se sabe, a primeira escritora mulher e a primeira pessoa negra a ter escrito um livro no Brasil!

Mas Rosa nunca para no meio do caminho.

Obtém uma segunda vitória: a abertura de um convento para prostitutas negras envelhecidas, um abrigo seguro para o porvir, a começar pelo seu. Todas as pensionistas, mocinhas ingênuas e putas murchas, consideram-na como sua madre superior, embora ela não tenha direito ao título. *Mãe* Rosa sonha aumentar o número de donzelas de boa fortuna para fazer crescer o prestígio de seu estabelecimento: Recolhimento de Nossa Senhora do Parto. Rosa não tem medo de nada. Sua audácia a perderá.

Veremos, numa sucessão de planos-sequência, as acusações que mais tarde serão feitas contra ela. Uma voz de homem, a de seu juiz inquisidor, enumera seu excessos, comenta cada ato repreensível. O retrato da santa contestada se delineia.

Rosa dança ao som do batuque enquanto carrega imagens devotas. O gosto por esse rebolado sensual nunca a deixará, ainda que diga ter banido a lascívia de sua vida. Essa pulsão africana faz parte dela. Não saiu das casas de fandango? Em pleno ritual, comete a sacudida dos quadris que caracteriza o engajamento carnal do batuque.

O inquisidor a interrogará sobre a natureza de seu fogo sagrado.

Rosa fuma seu cachimbo. Não consegue passar sem o negro tabaco.

Percorre as ruas do Rio com a grossa veste de freira. Já se viu uma negra tão livre e alheia às conveniências, ao passo que a decência a exigiria humilde e reclusa?

Contra toda prudência, continua a denunciar a participação na missa de cristãos em estado de impureza, sem dar bola à sua classe. Na tela, suas cóleras mediúnicas em pleno ofício são espetaculares. Mas suas consequências desastrosas precipitam a desgraça de Rosa.

Isso ainda não é nada.

No confinamento do convento, no seio da pequena comunidade que vive sob sua autoridade, Rosa, a Abelha Rainha, a Flor do Rio (dois de seus títulos), imprime um clima de histeria mística. O ritmo de suas visões se acelera. São cada vez mais radicais. Seu confessor aprova, encoraja, se derrama em louvores.

Rosa diz ter o poder de transferir as almas do purgatório ao paraíso.

Impõe o culto dos cinco sagrados corações, Jesus, Maria, José e mais Ana e Joaquim, avós de Cristo. Ultrapassa assim o uso tolerado pela Igreja.

Revela sua intimidade com os habitantes do Céu. Declara-se esposa da Santíssima-Trindade. Com Cristo, evita a derrapagem da fusão carnal, reivindicada por outras exaltadas sujeitas a transes eróticos. Em compensação, evoca sua inclinação maternal para Jesus.

Rosa se sonha amamentando o Menino Deus. A imagem é bonita de reconstituir a partir das fotografias existentes de amas de leite negras, imponentes em seus vestidos longos, dando o peito aos filhos dos senhores brancos. Por muito tempo, o Brasil sugou os mamilos da África. Rosa não escapa ao clichê. Mas vai mais longe ainda: anuncia a reencarnação próxima de Jesus através do seu útero!

O inquisidor, em *off*, perde sua calma glacial e arrota a palavra "blasfêmia".

A segurança da rainha das abelhas, seu carisma, a força de suas visões encantam a colmeia, o convento, seu entorno, a começar por seu confessor, o velho padre exorcista que lhe concede o título de "melhor santa do Céu". Rosa avança na competição que a opõe a concorrentes já aureoladas, como Santa Teresa d'Ávila, sua rival direta, ou Santa Marguerite-Marie Alacoque, a beata de Paray-le-Monial, vilarejo da Borgonha, na França. Rosa é uma humilde criatura prometida aos desígnios impenetráveis do Criador ou uma mulher cheia de orgulho, que se serve de Deus para sua vingança terrestre?

Ainda em *off*, o inquisidor ordena a Rosa que se desmascare: "Diga que está fingindo!".

No interior do convento Rosa é venerada.

Seus cabelos, dentes, vestidos, objetos do cotidiano se tornam relíquias. A saliva de Rosa serve para a confecção de doces de comunhão, para preparos terapêuticos. A encarregada da cozinha guarda o precioso líquido num frasco. A ideia de um retrato da Mãe, suporte para a meditação, surge no espírito esquentado de uma adepta próxima de Rosa. Esta acaba de outorgar o título de evangelistas femininas a quatro de suas favoritas.

Rosa perde toda a prudência.

Imagens mostram o Menino Jesus penteando e alisando a cabeleira crespa de Rosa, segundo seus sonhos recorrentes. O inquisidor troveja: "Nenhum culto pode se estabelecer a um candidato ainda vivo e sem o reconhecimento de Roma pela santidade. Você é uma mistificadora!".

Qual terá sido a gota d'água?

Ou antes: como as autoridades eclesiásticas do Rio puderam aceitar (suportar) por tanto tempo o desafio lançado à Igreja por aquela africana? Pois ela ameaça a unidade frágil do dogma católico e bate de frente com o interdito que impede as mulheres de falarem em público.

Mas a gota d'água virá do dilúvio.

Rosa, como muitos de seus contemporâneos, vive no temor de um cataclismo, do castigo divino, do apocalipse. O tremor de terra que destruiu Lisboa em 1755 marcou os espíritos. As ideias milenaristas florescem sobre as ruínas da metrópole. Rosa amplifica com seu prestígio essa tendência à catástrofe. Por duas vezes, emite profecias que se revelam falsas. Anuncia a destruição do Rio por uma tempestade. Só os lugares de santidade como seu convento, verdadeira arca de Noé, resistirão à ira divina. Antes mesmo da data funesta prevista para 25 de março de 1762, é sobre Rosa que se abate o tornado do poder. Rosa é detida por heresia em fevereiro. Seu processo é instruído no Rio. A Madalena negra é transferida para Lisboa para ser julgada pelo Tribunal da Inquisição, ou seja, o bicho papão das almas rebeldes, diante do qual o mais convicto dos cristãos é capaz de renegar sua mãe.

É fácil imaginar a austeridade da sala de audiência. Um Cristo desmedido acaba de morrer na cruz. Paredes nuas. Vitrais sem imagens. Uma mesa imensa sobre a qual a suposta culpada deve cuspir sua confissão. A acusada, sentada num banco, ao pé de um estrado, está diante do juiz e seu escrivão, que a olham de cima.

Outubro, 1763.

As acusações à visionária são mais numerosas que as contas de um rosário. O inquisidor as desfia: crime de virtude fingida, de santidade autoproclamada, de manipulação de espíritos fracos, de insolente hipocrisia, de fraudes, de alucinações, de feitiçaria. A opinião do juiz está formada: todos os testemunhos concordam. Os devotos mais fiéis de Rosa a traem; todos jogam lenha na fogueira da médium negra para se livrarem de seus tições de culpa. Acusam-na de megalomania, autoritarismo, culto da personalidade, excessos. Até o padre exorcista, seu primeiro discípulo, acaba a traindo. Seus adoradores brancos, que buscavam sua benção beijando seus pés negros, enxugam os lábios, escarram seu desprezo repentino, alegam sua credulidade. Todos mentem como o apóstolo Pedro, suando de covardia.

Quanto a Rosa, ela não titubeia, assume seu destino, não renega nenhuma das chamadas do divino, confirma-as. Está convencida de que as provações infligidas pela vontade do Altíssimo a autorizam a seguir Cristo no caminho da Paixão. Ela sairá em breve da sombra das prisões e brotará na glória da justiça executada...

Brotará ou sucumbirá? Na verdade, não fazemos ideia.

Não se sabe qual foi o fim de Rosa. Nenhuma ata de condenação informa isso. O julgamento fica em suspenso. O caso é raro, já que a escrupulosa Inquisição sempre foi organizadíssima com suas sentenças. O filme deverá contemplar diversas possibilidades de final da história. Cenas paralelas: fogueira, exílio nas ilhas de São Tomé e Príncipe, prisão perpétua, assunção... Rosa não sai da História como mártir ou pecadora castigada. Ela simplesmente desvanece.

Leuk vira a página onde figura a soma das mil peripécias de sua vida: O que lhe faltou para se tornar a primeira santa negra da história moderna do Brasil?.

Leão se arrisca a responder: Por certo, bons conselheiros, prudentes e instruídos, em vez de devotos fanáticos, cruelmente ignorantes. Diretores de consciência inteligentes que poderiam ter canalizado sua efervescente imaginação e seu hipermisticismo para uma humildade mais construtiva. Então, Maria Rosa Egipcíaca da Vera Cruz, apesar da cor de sua pele, teria (talvez) entrado no calendário cristão, a exemplo de suas irmãs de comoções, Teresa e Marguerite-Marie, canonizadas em virtude de atos autenticados por Roma, bastante semelhantes aos seus.

Fim.

Aleijadinho

IV
BELO HORIZONTE

Em que Leuk e Leão erram nos jardins da vitória, aplaudem o engajamento editorial de Iris, voltam a encontrar a pista de Luzia, a ancestral negroide, hesitam entre um trem famoso e uma mulher ao mesmo tempo real e imaginária, acabam pegando os dois, e vão cair em Vitória.

No jardim da vitória, o orgulho conquistado de ser negro

O motorista do táxi dirige com um mapa apoiado no volante e um papel com o itinerário anotado nos joelhos. A chuva embaralha as pistas e apaga os pontos de referência. Ficamos em silêncio para não atrapalhar sua concentração. Alis, minha editora, normalmente eloquente, não dá um pio. Prendemos a respiração como para um número de circo. De fato, a sucessão de rotatórias dá a impressão de malabarismo. É a esse preço elevado (o taxímetro avança rápido) que escapamos de Belo Horizonte e atravessamos os círculos sucessivos de suas periferias. A cidade nunca diz sua última palavra, só o termo muda: subúrbio se torna invasão. Os cubos de blocos sem pintura esposam os acidentes do relevo, incrustam-se numa rede de veias, esmagam os topos dos morros. As placas de sinalização ainda não foram colocadas. A cidade avança mais rápido que o sistema viário. O nome do bairro a que esperamos chegar ostenta um otimismo de fachada: Jardim Vitória. Mas a realidade zomba dos jardins. Galpões, oficinas, hábitat caótico, comércios de concreto bruto pisoteiam maciços e platibandas. Quanto à vitória, perguntamo-nos qual poderá ter sido. O olhar topa com paredes cegas e carcaças enferrujadas de carros moribundos. Natureza-morta e vaidades da sociedade de consumo. O táxi está perdido. As informações solicitadas a intervalos regulares nos jogaram num beco sem saída. Deixamos de pegar um desvio essencial. Temos que voltar em direção a Belo Horizonte para encontrar a rotatória certa e retomar o caminho do bairro, último da cidade. Normalmente, nenhum táxi aceita esse tipo de expedição a um território sem sinalização. Minha editora convocou um motorista cúmplice para nos levar até uma escola construída numa zona deserdada onde alunos nos aguardam – ansiosamente, diz ela.

Também são raros os escritores que se aventuram tão longe nas margens. Alis garante que até hoje nenhum veio ao "Jardim (esquecido) da Vitória". Foi a prefeitura de Belo Horizonte que organizou o encontro. Alis publicou um de meus romances infantojuvenis que se passa em Cabo Verde, *O fantasma do Tarrafal*. Tarrafal: nome da prisão tristemente célebre que engoliu numerosos presos políticos do império português durante a longa ditadura de Salazar. É a história de um garoto de dez anos que toca gaita como um velho pirata e que vai à escola numa prisão desativada. A sinistra fortaleza oferece a espessura de suas paredes à cidadezinha vizinha, desprovida de salas de aula. Enquanto o sol brilha, professor e alunos interagem sem medo à sombra das muralhas. Mas, assim que o sol começa a se pôr, o adulto fecha as portas da prisão e as crianças voltam para suas casas dispersas nos morros. Ninguém ousaria frequentar aquelas paragens de noite, pois, na escuridão silenciosa, ouvem-se os gemidos do fantasma de um condenado cuja alma ficou presa naquele lugar de morte violenta. Quem terá a audácia de libertar a vítima de um poder surdo aos cantos da liberdade? Quem sabe um jovem músico que opusesse à opressão o ritmo salvador do *Funaná*[3]...

Sei que vai entender por que estou orgulhoso, Zayda. O Ministério da Educação colocou meu livro em seu programa de incentivo à leitura. *O fantasma do Tarrafal* se encontra agora em todas as escolas públicas do país. E a prefeitura de Belo Horizonte também o escolheu

---

[3] *Funaná*: música e dança originária da ilha de Santiago, Cabo Verde. Um tocador de gaita (acordeom diatônico) e um percussionista que raspa uma barra de ferro com uma faca de cozinha fazem dançar casais enlaçados, colados, apertados.

para figurar num kit pedagógico destinado à valorização das culturas africanas e afro-brasileiras. Benefícios diretos da recente lei que prescreve o (re)conhecimento da África.

O motorista diz:

– O bairro parece calmo, mas eu não ousaria voltar aqui à noite.

Passamos na frente do bar Himalaia, no topo de um morro. A escola surge finalmente como um refúgio. Ouvimos risadas atrás dos muros altos. Estão nos esperando há um bom tempo. Levam-nos para um pátio coberto. Faz calor. Garantem-me: "É um acontecimento!". Percebo que é verdade ao ver, embasbacado, a instalação de doze turmas, dos menores aos maiores do primário. Todos com camisetas impecáveis, carinhas negras ou mestiças, condições precárias uniformes. Lanço-me. Não tenho escolha. E não posso imaginar melhor banho de multidão entre as novas vagas de afrodescendentes:

– Boa tarde, meninos!

A resposta de quatrocentas vozes. Conto a África com a ajuda de um mapa e de meus álbuns ilustrados, com o apoio de instrumentos de música como a kalimba e a cumplicidade de Zé, meu pequeno gaiteiro nascido em Santiago, ilha de Cabo Verde. Leuk filma essa hora mágica.

Duas representantes da Prefeitura assistem ao encontro. Elas me explicam segundo quais critérios o livro foi selecionado:

– Dar valor à África e a tudo o que ela pode semear em terra brasileira. Fomentar o orgulho de ser negro. Gostamos do Zé. É um garoto negro às voltas com a realidade atual, livre da tragédia do tráfico. Ele escapa à batida equação: negro = escravo. É o que buscamos: heróis africanos felizes de estarem em sua pele.

Alis oferece livros. Leuk e eu vamos saindo, carregados por uma maré barulhenta, levados por uma corrente forte de afeto. Sinto-me um verdadeiro Gulliver segurado por dezenas de mãozinhas que retardam nossa partida da escola, ilha protegida. À noite, na hora em que o fantasma da prisão geme, os barulhos da violência adulta perturbarão novamente o sono das crianças.

Os combates de Iris

Belo Horizonte é uma cidade cujas calçadas não conheceremos. Não temos tempo para caminhar. Os compromissos se encadeiam na capital administrativa de Minas Gerais. Rodamos loucamente nessa cidade tobogã cujos eixos de circulação fazem pensar em pistas de skate: descida abrupta, ponto mais baixo, subida abrupta. Com um fator extra de dificuldade: as avenidas se cruzam em ângulos agudos, retos ou obtusos. A sinfonia automobilística segue uma partitura inédita de semáforos e sentidos obrigatórios que só a voz suave de uma concertista de GPS pode decifrar e interpretar. Ao menos é o que me parece.

O táxi nos tira do hotel Ambassy, que teve seu momento de glória antes da era das redes hoteleiras com leitos padronizados. Os vidros não foram trocados, não são duplos, os ônibus urbanos parecem atravessar os velhos corredores a plenos decibéis, os barulhos da rua tocam a alvorada desde cedo. E o garçom do café da manhã (que deve ter assistido à colocação da pedra inaugural do prédio) retoma seu serviço a cada dia para poder enfrentar a inflação até seu último suspiro.

Lançados nessa turbulência, seguimos rumo ao jardim de Iris. Iris Amâncio cultiva livros. Sua estufa é uma livraria. Não uma livraria qualquer. A primeira dedicada exclusivamente à África e aos afro-brasileiros. E ela publica também. Livraria e editora se chamam Nandyala. Numa língua de Angola, *nandyala* significa "nascido no momento da fome". Quando abriu a livraria em 2008, não havia outra igual em todo o Brasil, daí esse nome: "Criada no tempo das vacas magras". A magreza dos conhecimentos sobre a África.

O "jardim" fica no subsolo de um prédio comercial do bairro chique da Savassi. Há um vigia na entrada. Sábado à tarde, depois das dezesseis horas, a sociedade para de consumir, o templo se esvazia. Iris nos acompanha às profundezas do silo. O silêncio lambe as vitrines. Iris abre a loja, sua embaixada africana. Pegamos cadeiras e uma mesa no pátio deserto. Ninguém virá atrapalhar nosso lero-lero. Plantas verdes corajosas, capazes de processar a luz elétrica, serão nossos baobás. Pesquisadora, professora universitária, especialista em literaturas africanas, militante da causa dos negros, livreira e editora, Iris vem de longe. De um vilarejo de Minas onde se aprende a faculdade de sobreviver, mas dificilmente se chega à Faculdade de Letras. Sobretudo quando se pertence a uma família negra. A menos que se trate de uma família excepcional.

O interior de Minas tem muitas comunidades negras, por vezes quase sem mistura. Algumas guardam os rastros de ancestrais vindos de Moçambique ou Angola.

Iris nos diz:

— Em Luanda, reconheci o rosto do meu pai nos rostos dos passantes. Em Maputo, eu erguia os braços para o céu sem saber por quê, o vento me abraçava e eu chorava. Uma emoção intensa demais. Não conseguia mais me desenraizar daquela terra. Quase não voltei ao Brasil. Meu bisavô veio de Moçambique. Minha família me dizia que eu era parecida com ele. Eu tinha repatriado sua lembrança, preenchido sua ausência, garantido seu retorno.

O pai de Iris, motorista de ônibus, era semianalfabeto. Sua mãe, professora escolar.

Iris diz:

— Em casa não faltava nem instrução nem carne.

Menininha, ela se perguntava por que eles moravam no centro da cidadezinha. Única menina negra da única família negra do bairro. Explicavam-lhe: Graças ao seu avô. Um homem danado de inteligente que lia e se divertia. Um organizador de festas, um preto culto. Ele fez amizade com um branco rico. Pôde assim comprar um caminhão. O avô e seu caminhão se tornaram indispensáveis para toda a comunidade. Impossível explicar de outra forma como tinham conseguido um terreno no coração da cidade. Circular numa boa em meio aos brancos. Acaba-se por crescer entre dois mundos, com a consciência alimentando-se de uma dupla ração. Havia as noites de candomblé com a avó; as discretas excursões nas zonas periféricas; os livros de terapias secretas; o aprendizado da cura através das plantas; a lenda de seu bisavô, tocador de caxambu, ou jongo, uma dança comandada por tambores poderosos, banida pela sociedade branca, forçada à clandestinidade; a religião católica ao modo das congadas: os negros adoram misturar esses coroamentos de reis do Congo aos louvores a Nossa Senhora do Rosário — mas mesmo isso era preciso esconder: os brancos mandavam fechar a igreja onde os negros mesclavam os ritos. Havia também a educação no colégio de padres que pregava a disponibilidade aos outros.

Iris diz:

— Decidi me colocar à disposição do meu próximo. Acho que a oração de São Francisco de Assis está na origem do meu engajamento.

Seu uniforme estava sempre limpo. Os padres usavam-na como exemplo para sermonar os outros alunos: "Vejam, Iris é uma negra de alma branca!".

Leuk se indigna:

— Mas o que essa frase quer dizer? Será que um racista branco tem a alma negra?

Iris diz que vai responder a essa pergunta através de uma história de amor que acabou mal. Ela amou um rapaz branco, filho do dono de um hotel e de uma rede de táxis. Seu idílio floresceu alegremente por quatro anos e meio. Eles eram estudantes. Os romances adolescentes são tolerados. O que importava era a ruptura no último semestre da universidade, no limiar da vida adulta. Os pais do rapaz a aguardavam, só que estava tardando. Tinham admitido aquele flerte, mas a brincadeira estava indo longe demais. O filho deles estava com vinte e três anos, a garota negra com vinte e um. Aquilo tinha que acabar. Veto categórico. O rapaz não falava nada para ela da campanha movida pelos pais. Não tinha coragem de confessar o racismo deles. Foi um primo quem se encarregou do trabalho sujo. Pior. O pai hoteleiro inventou um problema de coração. Se aquela relação continuasse, ele ia morrer. Chantagem cardíaca. Iris chegou a visitar o doente imaginário. Qual é o problema? O simulador negou tudo. Ele respeitava a família dela, convivia com seus pais na igreja. Dissimulou. Iris diz que pela primeira vez se deu conta da lógica do racismo "à brasileira". A simpatia de que seu avô gozava junto a todos, negros e brancos, tinha velado a realidade para ela. O rapaz terminou com ela. Não podia lhe dizer a razão. A mãe arranjou uma noiva branca para ele. A partir de então, ele mudava de calçada quando a via. E o sentido profundo da história lhe foi revelado por uma amiga enfermeira que contou para ela ter sido a amante negra do pai branco de seu namorado. Moral: uma mulher negra nunca será mais que uma amante!

Iris diz:

— Então comecei a militar, mas não num partido político. Eu me engajei na literatura africana. Para ler a denúncia do discurso colonialista através dos textos de escritores angolanos, e das obras do guineense Amílcar Cabral. Por que essa fatalidade do branco dominante e do negro dominado?

Ela tinha vinte e sete anos e era a única doutoranda negra. Isolada. Sua simples presença na universidade tornava visíveis os efeitos do racismo banalizado.

Iris diz:

– Eu estava penetrando no pensamento africano. Queria me tornar especialista na literatura do continente negro para tirar daí uma análise política e ideológica.

Ela quer que essa reflexão acumulada chegue ao público, circule. Dá aulas na UFMG e na UFF. Cursos de pós-graduação em estudos africanos e afro-brasileiros. Iris é uma mulher que corre, voa, arde, multiplica seus braços, incita, suscita.

Iris diz:

– Sou bem avaliada, com nota máxima.

Ela não sofre segregação em sua carreira, não, mas privam-na de certas oportunidades. Não a impedem de agir, não, mas dão um jeito de tornar difícil o que poderia empreender.

Iris diz:

– Ninguém gosta de se expor ao meu lado, demonstrar cumplicidade comigo. Sou uma pessoa perigosa. As pessoas correm o risco de perder seus empregos por me frequentarem. Mas a universidade não tem escolha, meu público cresce.

A livraria? Ela tomou gosto pela coisa ainda em sua cidade natal. Chegou a fundar uma lá com amigas nos anos 1990. Chegando a Belo Horizonte, vendeu sua parte, montou a própria oficina e se lançou na edição. Um bote audacioso. Foi assim também que a livraria e editora Présence Africaine entrou na Paris do pós-guerra, cavalo de Troia da negritude, atacando o pensamento colonialista francês.

Iris diz:

– Nesse pátio, reunimos escritores quando as lojas fecham. A literatura ocupa então todo o espaço. Bate-papo afro no subsolo: muito lero-lero, mas nada de lenga-lenga.

Zayda, até o célebre autor moçambicano Mia Couto esteve aqui, encantado em trocar com poetas, agentes sociais, pesquisadores. Cultura *underground*, por enquanto, mas que vai subir à superfície.

Iris diz:

– O cidadão negro desenvolve sua consciência, politiza-se: por que o destino dos negros seria imutável? A era Lula rompeu a carapaça. Temos uma juventude que atinge finalmente espaços outrora interditos, territórios exclusivos da sociedade branca. Médicos, dentistas, advogados negros estão chegando ao mercado. A discriminação positiva obriga os estudantes brancos a concorrer com um número pequeno mas crescente de cotistas negros. Abre-se uma possibilidade de convívio: conhecer-se melhor para aprender a se respeitar e se apreciar. Talvez, com o tempo, a agressividade perca seu objeto? Não, não penso que a sociedade brasileira vá se modificar de maneira fundamental. Pelo menos ainda não nos próximos cinquenta anos. Mas começam a haver brechas. Enquanto isso, você sabe por que o elefante não pode se enrabichar por uma girafa? Não é porque ela é muito alta com um pescoço desproporcional, não, é simplesmente porque ela não gosta dos gordos. Ela não está disposta a apreciar a diferença do elefante, a reconhecê-lo como seu igual, seu semelhante. É por isso que precisamos de uma lei para encorajar o Brasil a se aproximar da África, e o branco a reconhecer o negro como seu igual. Uma lei como a do uso obrigatório do cinto de segurança.

Novas peripécias do "Caso Luzia"

Setembro está terminando. O calor é mantido a distância pelos caprichos de uma chuvinha intermitente. A febre continua a atazanar o Senhor Leão. Desidratação? Estafa? É preciso de vez em quando publicar o boletim de saúde dos viajantes que curvam sob a densidade da investigação, mas não quebram. Faz dez dias que Leão não come nada, mas continua a devorar os enunciados hipercalóricos de uma legião de informantes. Ouvidos escancarados. Os cadernos engordam, o investigador emagrece. Leuk e Leão cumprem uma agenda obesa. Participam de um seminário sobre a África e o diálogo das culturas, multiplicam as intervenções em escolas. Lançam-nos no cotidiano do ensino no Brasil, mas passamos das escolas da favela ao colégio endinheirado dos maristas. Leuk diz que estamos inventando uma espécie de turismo pedagógico. Para nosso governo, nada melhor. O Colégio Marista conta até com a reprodução dos principais prédios públicos da cidade barroca de Sabará. Dá para acreditar, Zayda? Os alunos do primário estudam em réplicas, em escala reduzida, da prefeitura, do albergue, da estação, do banco de Sabará. As ruas são calçadas. Há verdadeiros falsos pontos de ônibus. Um vagão estacionado sobre trilhos diante da estação: é uma sala de aula. Esse maravilhoso parque é inacessível. Em princípio. Para nós, abriram as portas e nos deixaram passear nesse cenário de contos de fadas.

Há outro parque que vale a corrida. O táxi nos deixa na entrada do Jardim Botânico. A cidade esconde suas garras. A porta do silêncio bate atrás de nós. Estamos à mercê dos pássaros. O parque inclui a seção arqueológica do Museu de História Natural. Andamos rápido. Percorremos uma alameda repleta de árvores com plaquinhas e voltamos no tempo. Topamos com uma construção estilo "chalé para passar as férias". É o escritório de André Prous. Temos encontro marcado com ele. O professor francês que participou das escavações na Lapa Vermelha, nos anos 1970, no seio de uma equipe franco-brasileira. Em 1974, no sítio IV, a treze metros de profundidade, são identificados vestígios de ocupação humana e fósseis. Os pesquisadores reúnem elementos do esqueleto de uma mulher de um metro e cinquenta de altura, morta com cerca de vinte e cinco anos de idade. A equipe encontra a seguir seu crânio e, depois, um conjunto de ossos pertencentes a um grupo homogêneo de caçadores-coletores. Uma centena de esqueletos no total. É muito. A morte acidental de Annette Laming-Emperaire, chefe da missão, e a costumeira prudência desse tipo de ofício levam ao encobrimento do que poderia ser uma descoberta excepcional. Deixemos os exumados descansarem mais um pouco. O que são vinte anos de sombra suplementar para quem passou dez milênios debaixo da terra? Sob o véu da discrição jaz uma bomba-relógio. Entre os cientistas, há aqueles que esperam e aqueles que temem essas promessas de explosão. Será que podemos estar seguros dos dados antes de lançar o projétil de uma novidade tamanha contra as construções cautelosamente erguidas da História? Teme-se o efeito bumerangue. Em 1995, porém, Walter Neves, jovem pesquisador do laboratório de evolução humana da USP, reabre o dossiê Lapa Vermelha. Está com uma ideia na cabeça. Submete o crânio da caçadora-coletora a outro Neves, Richard, especialista em Antropologia e Medicina Legal da Universidade de Manchester, solicitando-lhe uma reconstituição por tomografia computadorizada. Você conhece a continuação, Zayda. A fisionomia de uma mulher negroide aparece nas telas do mundo, sob a denominação de Luzia. Começa a polêmica.

André Prous tem a cortesia de nos receber.
Zayda, lembre-se, esperamos esse encontro desde nosso cara a cara com Luzia no Rio de Janeiro. Não abusaremos do tempo dele. Temos uma simples pergunta para lhe fazer: a qualificação de "negroide" atribuída a Luzia e ao grupo de caçadores-coletores da Lapa Vermelha implica necessariamente uma ligação com a África?

O professor admite que temos o direito de formular essa questão. Mas risca a palavra "necessariamente". O que quer dizer negroide no caso de Luzia? Uma origem africana ou australiana? Nada o diz. Uma coisa é certa, essa gente não caiu do céu. Mas como chegaram ali não se sabe. Na América, tem-se dificuldade de imaginar a antiguidade de uma presença africana por razões puramente psicológicas. Não se pensa nisso. Desde o século XVIII, todos se acostumaram à ideia de uma origem asiática das primeiras tribos da América. Isso está gravado nas mentalidades. As pessoas não mudam de certezas tão facilmente. Walter Neves, divulgando a fácies de Luzia, despertou a hipótese de uma viagem ou de uma deriva atlântica dos ancestrais do povo da Lapa Vermelha. Apontou a evidência da proximidade dos dois continentes, três mil quilômetros, e a cumplicidade das correntes que levam qualquer embarcação partida da África em direção à América, especialmente para as costas brasileiras. Mas, afora esse antigo favor dos alísios, não se tem nenhuma prova. A única certeza continua sendo a da origem não mongoloide dessas populações iniciais. Então, é claro, as cabeças esquentam. Na comunidade afro-brasileira, militantes se orgulham dessas travessias africanas amplamente pré-colombianas. Fizeram até um filme encenando o massacre dos bons negroides, o povo de Luzia, por malvados mongoloides vindos do norte. Esse documentário da BBC, elaborado a partir desse argumento, joga a lenha do *parti pris* na fogueira da controvérsia, mas não esclarece em nada as causas do desaparecimento do povo de Luzia. A arqueologia deve se preservar das fantasias e das campanhas ideológicas. O que não é fácil. Os sílex dos egos são afiados. A simples escolha do nome "Luzia" já revela uma estratégia mercadológica: a vontade de aproximar a ancestral brasileira de Lucy, a ancestral dos ancestrais, descoberta na África por Yves Coopens no mesmo ano, 1974. Walter Neves lança um pavimento negroide sobre o Estreito de Bering. A reconstituição da cabeça de Luzia é feita sob a influência de sua intuição, que orienta a operação. O resultado cheira a uma hábil solução de compromisso. Reparem: o crânio brilha, bem polido. Nada de cabelos. Evita-se assim ter que decidir entre crespos ou lisos. E a pele? Dá-se à modelagem uma cor ocre avermelhado. Não se chega ao ponto de afirmar o negro. Fica-se no meio do caminho. Abalar as convicções sem chocar demais. É hábil, mas essas querelas são cansativas. Mais vale, por enquanto, agarrar-se às bases sólidas:

identificam-se no Brasil vestígios de populações mongoloides a partir de quatro mil anos atrás, e outras, negroides, a partir de sete e dez mil anos atrás. E, no meio, um vazio. O que ocorre nesse intervalo? Os negroides se "mongolizam"? Os mongoloides absorvem os grupos anteriores? Estudos em andamento perscrutam esse espaço intermediário. Temos que esperar seus resultados.

Um trem chamado desejo

Mas é preciso partir rápido demais, cedo demais. Deixar o "Belo Horizonte" por outro, também promissor. O tempo corre aos borbotões. A corrente nos leva. Abandonamos, a contragosto, pistas não exploradas. Não iremos a Contagem, cidade que deve seu nome a uma antiga tradição de contagem de abóboras e sua reputação à presença ativa da comunidade negra dos Arturos, cujos membros descendem todos de Artur Camilo Silvério, fundador do clã. Os Arturos formavam outrora uma sociedade endogâmica. Hoje, embora alguns se permitam o casamento fora da linhagem, todos ainda se comprometem a dar continuidade ao trabalho de preservação da cultura africana exigido pelo famoso ancestral, sobretudo no que diz respeito às festas. Festa da Abolição, Festa de Nossa Senhora do Rosário. Os Arturos cultivam no mais alto grau o espírito das congadas, das coroações de reis do Congo. Não os encontraremos desta vez.

Pena.

Uma conferência em Salvador, marcada há muito tempo, nos obriga à precipitação e a uma escolha dilacerante entre uma mulher e um trem. Não poderemos ter os dois. Ou a dama dos diamantes. Ou o trem para o Espírito Santo. De um lado, o mito da explosiva Chica da Silva e um desvio por Diamantina, a cidade de suas extravagâncias amorosas. Do outro, a lenda de uma estrada de ferro, a única linha brasileira pela qual circula todo dia um trem de passageiros, entre Belo Horizonte e Vitória, através das dobras e redobras de Minas Gerais. Quem você acha que vai ganhar, Zayda, o trem ou a bela? Resposta: o trem! Sim, está na hora de confessar: o Senhor Leão tem uma paixão pelos trilhos que o faria até se desviar das trilhas da pesquisa. Dirá para se justificar: Devemos conhecer o caminho de saída do minério para melhor compreender a economia de Minas e o movimento das cobiças do passado. Balela! Leão teria usado qualquer artifício para realizar seu capricho: viajar num trem diferente. Foi seu pai quem inoculou esse vírus nele desde a infância, de tanto lhe contar como, aos vinte anos, ele enchia de carvão a caldeira de uma das últimas locomotivas a vapor a circularem entre Lyon e Grenoble. Seu pai, esse herói, tinha desejado ficar de cara preta durante seu estágio como engenheiro e, depois disso, todo domingo, descrevia na hora do almoço um combate, de pá na mão, muito mais emocionante do que o de Ulisses contra os ciclopes. Seu pai o levava para ver o *Mistral*, o trem de alta velocidade da época. Não em qualquer lugar. Na estação de Belleville-sur-Saône, por causa de uma reta infinita que permitia espreitar a aproximação da flecha prateada. O trem aparecia na bruma vacilante do horizonte, uma cabecinha de alfinete, mas crescia em alguns segundos como um tornado de que mal tínhamos tempo de nos proteger encostando-nos na parede da estação. Leão dirá a Leuk: Ainda sinto a potência da descarga furiosa, o deslocamento do ar, as bochechas tremendo, os olhos se franzindo, os cabelos querendo escapar do crânio, os papéis, as folhas e as guimbas de cigarro turbilhonando ainda por um bom tempo depois da passagem do projétil.

Sete horas da manhã. A cidade já começa a ferver, mas a estação está calma. Pouca gente. Ninguém entra ou sai pela janela como nos trens indianos. Desnecessário pagar a mais por um lugar na primeira classe climatizada. Um lugar de segunda está mais do que bom. As poltronas de couro sintético cheiram a nostalgia dos anos 1960. Impressão confirmada pela decoração pop dos vagões, em laranja e marrom com ondas amarelas e verdes. Sobem típicos passageiros de ônibus: não irão longe. Poucos chegarão como nós até o ponto final em Vitória. O comboio excede em comprimento a capacidade da plataforma. Nem dá para ver a locomotiva. O Brasil ferroviário é excessivo. Mesmo a lentidão será abusiva, avisam-nos. Seiscentos e sessenta quilômetros. Treze horas de trajeto, provavelmente catorze. O sol vai ficando alaranjado sobre os prédios de Belo Horizonte e dá o sinal de partida. O trem da Vale se locomove, sai da cidade através de um amontoado de barracos de tijolo. É engraçado vê-lo serpentear como um brinquedo articulado. A estrada mergulha entre as falanges de um relevo difícil que sacaneia com as intenções dos que querem partir. A gente se apoia na janela como faria sobre um álbum de antigamente. Com a mesma alegria pueril, cantarolando "O trem maluco quando sai de...". E ele serpenteia. E apita. Saúda as crianças que apostam corrida com ele. Dá saltos. Placas restringem sua velocidade a quarenta quilômetros por hora. Para além disso: perigo! Roça paredes abruptas. A gente se encolhe de medo. Ele banca o bonzão diante dos eucaliptos, mas fica mais tímido numa passagem estreita, flagelado por cipós e samambaias. Ronca para ganhar coragem na entrada de um túnel tão longo que na certa o desenhista do livro se esqueceu de prever sua saída. O trenzinho amedrontado solta um fedor de diesel. A locomotiva volta a sorrir ao entrar num viaduto tão alto que parece estar apoiado sobre o topo das árvores. Rodamos por sobre a floresta. Vistas daqueles cimos, as fazendas parecem dadinhos lançados sobre o tapete verde de campinas peladas, as piscinas, xicarazinhas de brinquedo, as vacas, animais de circo equilibrados sobre pistas inclinadas. Trepadeiras gigantes içam-se sobre o pórtico de árvores de folhas espessas e recortadas como imensas patas prateadas. Onirizo na primeira pessoa de um verbo que me divirto em inventar, sozinho com meus pensamentos diante da paisagem. Leuk, apesar dos sacolejos, obstina-se em examinar papéis. Para ela, uma escolha não significa uma renúncia. Não consegue se conformar que tenhamos, por uma simples mudança na chave de desvio dos trilhos, deixado para lá a sedutora Chica da Silva. Sinto o cheiro de sua reprovação com a mesma intensidade que o do diesel. Não perco por esperar. Sou momentaneamente salvo pela barulhenta confrontação com um comboio de minério estacionado numa via paralela que levamos um tempo infinito para ultrapassar. Os vagões estão saturados de minério de ferro. Brasil excessivo, repito. Roçamos um recorde absoluto de comprimento. O grande colar se espalha por quilômetros. As locomotivas parecem reféns entre esses volumes absurdos. O cálculo da potência necessária para puxar tamanho fardo me desencoraja de antemão. Suspiro.

— O que devia calcular é a perda para nossa investigação se deixamos de lado uma pepita do quilate de Chica da Silva.

Tom contrariado de Leuk.

Tento descontrair o ambiente cantarolando a música composta por Jorge Ben em 1976 para o filme consagrado à heroína negra de Diamantina:

— *Chica da, Chica da, Chica da Silva...* Está vendo, o ritmo da música se adequa perfeitamente ao do trem... *Chica da, Chica da, Chica da Silva, a Negra...*

Nossos companheiros de banco riem e quase batem palmas. Leuk me olha torto.

— Ok, ok, vamos falar dela.

Chica da Silva, uma mulher chamada fantasia

Não há apenas uma, e sim duas Chicas da Silva. Leuk disserta. Uma mais ou menos real e outra completamente fantasiada. Por qual das duas começar? A Chica cinematografada, vulcão sexual, deusa das tempestades do desejo, faz sonhar mais do que a honrada concubina que ela parece ter sido na realidade. Comecemos pela Chica virtuosa. Sua biografia não tem muitos elementos, será o curta-metragem antes do programa principal: Chica, a escandalosa.

Leuk agita suas fichas para evitar que minha atenção fuja pela janela. Nossos vizinhos de banco se divertem com esse diálogo enérgico de que só compreendem o nome repetido de Chica da Silva. O que esses dois franceses têm contra essa figura histórica seguramente plantada no topo de um corpo magnífico?

Bem informada, Leuk enuncia:

— Filha de uma negra e de um português, nascida entre 1731 e 1735. Sabe-se que foi escrava de um pequeno proprietário antes de ser vendida a um padre. Chica muda de mãos. É a regra do mercado de pessoas. Algo normal para uma bastarda. Mas eis que em 1753 chega ao Arraial do Tijuco (Diamantina) o novo contratador dos diamantes, enviado pela Coroa, prospetor régio e cobrador de impostos, ou seja, o olho de Lisboa em Minas Gerais. Chica faz parte das primeiras aquisições de João Fernandes de Oliveira. Que a bela mulata (é preciso supor que ela fosse sedutora, senão a história fica inverossímil) escorregue rapidamente para a cama do grande explorador de diamantes não é de surpreender. Mas que o mais poderoso personagem da colônia viva marital, pública e duradouramente com sua amante mulata e reconheça cada um de seus treze filhos, eis aí algo de muito inabitual. Trata-se sem dúvida de amor, do maior e mais puro. Chica, mulher e mãe amorosa, contribui assiduamente para o povoamento de Minas. João Fernandes assume o papel do pai preocupado com a instrução de sua prole mestiça de garotos e garotas. Fato notável quando sabemos que os bastardos de um branco e de uma escrava eram inscritos nos registros de nascimento sem menção do pai!

Leuk tem uma maneira muito singular de exclamar quando começa a se esquentar. Um casal de passageiros nativos nos oferece pedaços de pé de moleque como se fossem hóstias a fim de comungar conosco. Por que Chica da Silva deixa a viajante francesa tão febril?

– Uma mulher excepcional – responde, em português, a interpelada. – Mestiça e, no entanto, integrada à alta sociedade do século XVIII, admitida nos andares de cima das casas ricas e nas confrarias religiosas de São Francisco e do Carmo, exclusivamente reservadas aos brancos! O que não a impedia de frequentar também as confrarias de mulatos e de negros. Aceita entre os brancos sem por isso romper com os negros. E sendo ao mesmo tempo proprietária de escravos domésticos. Estão aí os contornos de uma personalidade e tanto! O fim de Chica será seu apogeu. Morta em 1796, foi enterrada na Igreja de São Francisco de Assis no Arraial do Tijuco: um privilégio concedido unicamente aos brancos mais influentes. E isso – martela Leuk – 26 anos depois do retorno a Portugal de seu bem amado protetor, João Fernandes, acompanhado de seus filhos aos quais facilitou o acesso a altos cargos na metrópole apesar da cor de sua pele!

O jovem casal mineiro ri alegremente diante daquele discurso veemente. Não, não sabiam tudo aquilo. A ideia que têm de Chica da Silva é a das imagens frívolas disseminadas pelos filmes e pelas novelas. Nossos companheiros de vagão – ela professora, ele empregado na Prefeitura – conjecturam que Chica deve ter ostentado uma virtude exemplar desde a partida de seu amante português, pois a comunidade branca da época teria castigado a menor centelha de devassidão e derrubado a mulata infiel da sacada mais alta. Com certeza. O que ouvimos falar foi que a sepultura de Chica foi aberta alguns anos após sua morte e que seu corpo bem conservado apresentava uma pele seca e negra.

– Como uma santa! – exclama um minerador que, sob a viseira de seu capacete, não tinha perdido uma palavra de nossa conversa. Ele toma a liberdade de nos interromper com um gesto imperioso: – Preparem seus olhos e suas câmeras, depois voltem a conversar. De qualquer jeito, o espetáculo que verão agora vai deixá-los sem fala.

De câmera na mão, Leuk corre para a porta de vidros abertos. Viajantes cavalheiros lhe cedem o posto de observação e ficam à espreita de nossas reações. De repente, a estrada de ferro começa a percorrer o lábio estreito da boca dos infernos. Nunca vi um buraco como aquele. Uma mina de ferro a céu aberto de uma profundidade de dar vertigem. Rabisco alegorias que sobem das profundezas do meu imaginário: vagina dentada de uma bruxa em que se acumula o esperma vermelho do diabo. Molde invertido da torre de Babel. Sim, Babilônia e seus jardins suspensos para sempre estéreis. A montanha cortada e esfolada e nua e escarificada pelas curvas de níveis. Caminhões se cruzam nas curvas de uma pista iluminada à noite por lampiões. A exploração da terra-mãe nunca tem trégua. O abismo mede vários quilômetros, lúgubre e fantástico cânion artificial. Passamos apitando por cima dessa ferida purulenta com a insolência que nos confere a altitude. O trem plana entre o balastro e o céu aberto, foge da devastação. Os passageiros soltam gritinhos, mistura de medo e admiração.

Dois Irmãos. Rio Piracicaba. O trem entra em estações rurais. Cacareja como uma galinha ao frear, apita e para. Cidades "moderno-sas" se estabeleceram sob as muralhas de grandes fábricas e os torreões de chaminés de penachos brancos. Estação João Monlevade. O aço campeia no fundo do vale, indústria cinzenta apertada entre os parênteses de pirambeiras verdes descabeladas. Foi um francês que instalou a primeira fornalha de fundição no Brasil, em meados do século XIX, porque suas ideias não encontravam eco na França. Jean de Monlevade, pequeno nobre empreendedor do centro da França, tornou-se João Monlevade, pai da siderurgia brasileira. Por vezes, os morros são pelados, queimados como os montes de escória de uma mina. Aos poucos, o vale se alarga e o rio se abranda. Como seu nome indica: Rio Doce. Pequenos vendedores de picolé e de água gelada assediam o trem nas paradas. Um funcionário limpa nosso vagão antes mesmo que a primeira casca de amendoim caia no chão. Exagero. Quero dizer que a viagem é simples e agradável. Todo mundo fala com a gente. O jovem casal desceu na estação Antônio Dias. É um fabricante de bolsas e sapatos artesanais, um velho hippie de rabo de cavalo e camisa florida, que reaviva o fogo da conversa sobre Chica da Silva. Ele também só conhece a versão filmada e desavergonhada da sua história.

E Deus criou Zezé Motta

E você, Zayda, fala da Chica da Silva nas escolas em que palestra? Talvez não nos anos iniciais... O filme dirigido em 1976 por Cacá

Diegues deve ser proibido pelo menos para menores de dez anos. Tivemos que correr atrás para conseguir uma cópia. Não é tarefa fácil desentocar os filmes do Cinema Novo brasileiro! Um colecionador, professor de português na Universidade de Lyon II, passou-o para nosso computador na antevéspera de nossa partida. Combustível de última hora. A obra é suculenta, hilária, vigorosa, interessante. Se não serve como biografia de Chica da Silva, ao menos denuncia alegremente diversas vicissitudes da época. E faz triunfar nas telas uma atriz negra que se tornou uma estrela da noite para o dia: Zezé Motta. Zezé manda para o espaço a imagem da sexualidade das escravas, pisoteada, esmagada. Dizem que o diretor recusou todas as mulatas de cabelo liso, belezas de calendário de mecânico que seus produtores sugeriram. Foi ele que impôs Zezé, uma debutante de cabelo pixaim, beleza forte e sorriso guerreiro. Zezé Motta, transformada em Chica (ou seria o contrário?), faz-se uma rainha sensual que governa o território independente de seu corpo e ministra ao macho, seu vassalo, um tratamento erótico que beira à tortura orgástica: "Chica, isso não, não, isso não, Chica, não, nãããããããooo...".

O artesão de rabo de cavalo quase sufoca de tanto rir. Aprova dando tapas nas coxas. Misturamos nossas lembranças, fazemos desfilar o roteiro.

Nada na tela será revelado do método Zezé. Apenas esse grande grito desesperado de delícia arrebentará os tímpanos do espectador desde a segunda cena do filme. Essa Chica possui armas para enlouquecer a colônia. O dia em que o novo contratador dos diamantes chega, ela burla toda a vigilância, irrompe na sala do Conselho e presta suas homenagens ao funcionário português na mais pura nudez de seu corpo negro e de suas intenções. A conquista de João Fernandes é brincadeira de criança, ou, antes, de adultos. Em quatro cenas todos compreendem que Zezé-Chica assumiu o governo da casa do governador. Suas antigas companheiras de escravidão ficam brancas de inveja antes de se darem conta das vantagens da nova situação. O amor de João Fernandes se mede em vestidos de Paris, sedas das Índias, joias de Milão, rendas de Flandres, tafetás de Bremen, sei lá... A menor resistência oposta a seus desejos é imediatamente cortada pela faca de seu sorriso.

Então, é claro, o povo começa a se intrigar e a elite a se irritar. As mil línguas viperinas do boato se alastram. Dizem que Chica castiga até mesmo os brancos. Teria quebrado os dentes de uma mulher culpada de arrastar a asa para o seu João Fernandes. E castrado um homem acusado de ter maltratado uma de suas aias... Conversas de taverna, quando as gargantas têm sede de maledicência. Temos que reconhecer que essa Chica da tela é audaciosa que só; provocadora, coloca a sociedade em ebulição. Eis sua última invenção: nunca tendo saído do Arraial do Tijuco, exige um lago a seu riquíssimo amante para sentir o arrepio de estar diante do mar. Depois quer uma galera e que façam um concerto para ela a bordo desta. Na beira do lago, os subordinados exasperados do governador enfeitiçado rangem os dentes diante do espetáculo. Compreendem muito bem a alusão. Aquela galinha africana, empoada, emperucada, navega num oceano simbólico para melhor escarrar na cara dos hipócritas seu ódio pelo tráfico atlântico. A cinderela negra está longe de ser uma simples desmiolada. Organiza sua vingança debaixo do olhar cada vez mais inquieto de seu Pigmaleão. É aí que o filme de Cacá Diegues escapa da simples crônica carnavalesca de uma insolente ascensão. Há uma virada. O senhor contratador dos diamantes atinge os píncaros da fortuna. Está sentado numa pirâmide de pedras preciosas. Seu palácio é um insulto a Lisboa. A corte se esquenta. João Fernandes de Oliveira, em seus confins, se comporta como um vice-rei. Poderia, com um gesto, precipitar a independência do Brasil. A revolta dos inconfidentes está se incubando. Mas falta-lhe a coragem derradeira que sua rainha negra tenta em vão lhe insuflar: "Monte um exército, oponha-se à metrópole, mesmo que tenha que se aliar com os bandos negros de garimpeiros quilombolas, de guerreiros clandestinos". João Fernandes, hesita, faz ouvidos moucos à voz de Zezé-Chica. Sua lealdade à Coroa será sua perdição. A História o derruba. Deixa a colônia preso, degradado.

– É tudo inventado, mas como é bonito! – comenta Leuk.

Privada de seu protetor, Chica volta a ser "a puta do rei", que todos chamam de hiena. Jogam pedras nela, rasgam seu vestido, tentam derrubar sua soberba. Expulsam a "vadia negra" da cidade. Só resta a Chica os muros de um convento para se refugiar. Mas é ali que Chica encontra o filho de seu antigo dono, um oponente do regime português que nunca pôde se opor ao regime de Chica. O fim do filme se aproxima. Os sinos batem sem parar. Chica persegue o jovem na escadaria do campanário. O carrilhão redobra sem poder cobrir castamente o gemido de um terrível gozo: "Chica, isso não, não, isso não, Chica, não, nãããããããooo...".

Os créditos desfilam ao som da canção de Jorge Ben: "Chica da, Chica da, Chica da Silva, a negra...".

O filme faz enorme sucesso, e a música entra no repertório de Myriam Makeba, Gilberto Gil e Milton Nascimento.

Concordamos com o artesão de rabo de cavalo: Zezé Motta continua a levar os cinéfilos ao êxtase. Não dá para não adorar essa devoradora de homens. Ela faz estragos, arrasa com as velhas imagens ligadas à escravidão. Tornou celebérrimo o nome de Chica da Silva, erotizando e enegrecendo sua comportada gêmea: a matrona mulata das treze gravidezes. Nada mal num Brasil sempre tentado a embranquecer sua identidade!

Viva a beleza negra!

O fabricante hippie de bolsas e alparcatas está tão contente com nossa conversa que, no momento de nos deixar, faz questão de nos dar alguma coisa. Herdamos o folheto com os horários do trem da Vale: Ipaba: 12h18. Governador Valadares: 14h06. São Tomé do Rio Doce: 15h06.

Seguimos agora às margens plácidas do rio, digerindo o angu com linguiça do restaurante do trem. Perdemos a montanha conversando e mastigando. O Rio Doce fica à vontade aqui entre morros ralados, incrustados de árvores mirradas. Ilhas eriçadas de juncos e rebanhos de rochas pretas obrigam a água a fazer desvios. A luz do sol poente intensifica o ocre dos morros enrugados antes de recair no verde aquático das margens; escova a carapaça dos búfalos que preguiçam nos pântanos vendo o trem passar. Garças traçam linhas brancas num céu que vibra de calor. Velhas casas à moda portuguesa ladeadas por caixas d'água empoleiradas e currais de madeira sinalizam empreendimentos pecuários. As chamas ruivas do mato seco lambem a beira dos trilhos. É bonito. Bebe-se a água geladinha de garrafas passadas pela janela. Comércio furtivo. Transações em dois minutos, relógio na mão. Docerias ambulantes. O Rio Doce, chegando perto do seu estuário, engorda e faz meandros, enrola-se em volta de pseudotraseiros de hipopótamos de granito preto. Entra majestosamente em Resplendor. Para mim, o nome da cidade foi escolhido para sublinhar sua mutação. Ruas atravessam a estrada de ferro, protegidas por uma simples advertência: "Pare, olhe, escute"... Um trem de passageiros cotidiano pode esconder dez comboios de minério de ferro ou carvão. Aimorés, última estação em Minas Gerais, fronteira entre dois estados, merece quatro minutos de parada. Baixo Guandu, chegada prevista às 17h07, é a primeira estação do Espírito Santo, estado sobre o qual não brilha a pomba da paz nem da segurança. Fomos avisados: em Vitória, de noite, melhor esconder as bagagens e se abrigar. Soa como um provérbio.

O monumento de Vitória

Zayda, se faço aqui uma pausa para a narrativa respirar, sua respiração só pode ser ofegante. Enfio neste parêntese 24 horas de desventuras. Uma investigação não poderia se estender como um lençol bem tecido, passado a ferro, sem rugas nem rusgas. Sim, há sempre rasgos. Saímos da estação. Motoristas de táxi aos bandos sugerem direções divergentes. Depositamos nossa confiança num guia de viagens internacionalmente reconhecido. Erro crasso. É preciso ter cautela com informações por vezes obsoletas, não verificadas nem atualizadas. Queremos ir para o hotel Príncipe. Fechado, responde o coro dos taxistas. Então o segundo da lista: pensãozinha familiar agradável ao pé da catedral. Simples e encantadora. Vamos lá. O taxista escolhido diz laconicamente: "Se é o que querem...". Devíamos ter desconfiado. O centro histórico de Vitória, de noite, não é habitado. As portas de aço estão baixadas como numa operação cidade morta. A luz aplaina os pavimentos. A vida brilha por sua ausência. Percorremos as docas, os guindastes olham de soslaio para o tráfego irrisório. Um jazz inquietante trota em nossos cérebros. A lua se banha na sarjeta. Chegamos à ladeira do centro histórico. A agitação noturna o abandonou como uma amante volúvel, atraída pelas meias-noites iluminadas das novas regiões comerciais, os hotéis e restaurantes de nomes estrangeiros. Longe do porto suspeito, perto das praias da moda. O taxista murmura: "Têm certeza de que querem ficar aí mesmo?". Sim, por que não? A catedral cintila. Sentimos a proteção dos anjos. Por fora, a pensão arvora o charme dos anos 1950. Uma bonita moça negra cochila na recepção. Nossa intrusão parece perturbá-la. Tarde demais: o táxi já foi embora. Sim, ela tem um quarto livre. O preço baixa à medida que subimos as escadas. Inspeção do local:

sinistro. Verificação do colchão: detonado, manchado, posto sobre pés de concreto, escondendo uma biblioteca inteira de revistas pornô. Fomos parar num puteiro. A moça fica nervosa. A patroa, modelo felliniano de cafetina septuagenária caolha e tingida de ruivo, maldiz nosso excesso de exigência. Sim, exigimos um táxi. Sem resultado. Nada chega a esse deserto noturno. A noite quente e úmida cola nas camisas. Finalmente passa um táxi. Saltamos para dentro. Não é o certo. O carro chamado chega e corta a frente do colega ladrão de clientes. Beiramos a guerra de gangues. O lesado promete a morte ao oportunista, que sai disparado, desce a ladeira e mergulha na floresta iluminada dos prédios novos. Ufa! Noite salva. Para amanhã, reservamos dois lugares no expresso Vitória-Bahia: partida às 17 horas; chegada 19 horas depois!

Mas Vitória parece se opor a nossos projetos. Quer nos fazer pagar por nossos preconceitos, nossa pressa em escapar dela. Leuk exige fotografar um monumento erigido em homenagem à comunidade negra capixaba por seu papel na construção do estado do Espírito Santo. Aplaudimos a iniciativa, temos que encontrar essa escultura! Sim, só que... dormimos mal, ficamos meio traumatizados com os acontecimentos da noite anterior, sentimos o stress que percorre as ruas de um porto intrusivo: cargueiros penetram na cidade, roçam os prédios, esfregam-se nas falésias pretas de um relevo fantástico. O ritmo da trilha sonora se acelera. Que ameaça paira sobre nossos heróis? Nada vezes nada. Nenhum assaltante à espreita, nenhuma violência desse calibre, mas uma armadilha ridícula que poderia ter acabado com a viagem: a calçada! Zayda, você há de convir comigo que as calçadas brasileiras são assassinas. É preciso estar sempre de olhos muito abertos. O cimento é irregular, esburacado, quebrado. Leuk, com os olhos fixos no monumento triunfante do outro lado da avenida, não vê surgir das entranhas da terra a serpente nodosa de uma raiz. A queda é violenta. Nariz ensanguentado, rosto roxo, pulso supostamente quebrado. Do nada, um vendedor ambulante surge, com uma garrafa de água e papel higiênico na mão. Leuk vacila, mas aguenta firme. Aconselham-nos o posto de saúde do bairro. É porque não conhecem Leuk. O monumento a provocou. Ela vai fotografá-lo custe o que custar, ainda que esteja com o pulso deslocado. Resmunga, furiosa: Molière morreu no palco! Não vejo a relação. Exceto pelo fato de que ela está branca como a morte, ou como leite de coco. Excelente transição de planos. Há na esquina um vendedor negro de água de coco que garante que o líquido puro de seus frutos é soberano contra os machucados e o oferece para que Leuk lave o rosto.

Na sequência, atravessar a avenida em meio ao trânsito caótico exige velocidade e coragem. Leuk faz caretas e manqueja. Mas o dever nos chama. Mermoz e Saint-Exupéry, aqui estamos! Imagine, Zayda, um guerreiro gigante e pixaim, lança erguida, desafiando o horizonte como um pastor massai. O pastor negro de Vitória dá as costas ao rebanho dos bancos que ruminam seus dividendos. Dois mundos se opõem. O guardião negro da longa silhueta de cerâmica carrega em seu peitoral a história da participação dos negros na acumulação de uma riqueza confiscada. É uma bela história em quadrinhos que, cena após cena, valoriza o cortador de cana, o colhedor de café, os raladores de mandioca, os construtores de igreja, a arte da oleira, os atores das festas, congadas, Reis de Boi, e os devotos de São Benedito, escravo que virou santo.

Feitas as fotos, vamos ver o que houve com esse pulso cada vez mais inchado. E nosso ônibus sai daqui a três horas. Pouco tempo para um percurso terapêutico! Um primeiro posto de saúde nos entrega um papel para ter acesso ao atendimento ortopédico. O táxi avança como uma ambulância. Não é uma clínica, mas um banco de braços quebrados, pescoços torcidos, lesões graves. Há uma fila de cerca de cinquenta (muito) pacientes que têm a noite diante deles. Batemos em retirada para a sala de espera da rodoviária. Leuk atrai a compaixão, mas também o azar: naquela agitação, sua passagem desapareceu. Desventuras em série. Hora de consultar um xamã. A empresa é intratável: perdeu a passagem, perdeu a viagem. Leuk volta a ter cores no rosto: as cores da fúria. Grita que aquilo é um escândalo. Uma senhora concorda: se as passagens fossem nominais isso não aconteceria. Diz que é urbanista e que adora a França; que visitou a virgem em Lourdes e que não quer que a honrada viajante francesa guarde uma lembrança mesquinha do Brasil. Tive que comprar outra passagem. É então que essa alma caridosa tenta fazer Leuk recitar a Ave Maria para recuperar a força e o otimismo. Leuk, meio constrangida mas também achando graça, no meio dos passageiros, se enrola na reza em português. A urbanista cheia de fé a embala em seu fervor. Dá um beijo em Leuk e segue para o seu destino. Fico atônito. Ninguém se surpreende com aquela cena. No Brasil, as manifestações da fé são tão corriqueiras quanto o surgimento de uma cerveja gelada. Vasculho maquinalmente o bolso da minha camisa e tiro dele a passagem perdida. Inacreditável! Lanço-me ao guichê para homologar o milagre e, sobretudo, obter o reembolso. Vitória tirou mesmo uma onda de nós. O Brasil deixa qualquer um louco.

O primeiro tratado pela dignidade

Os ônibus não nos poupam de nada. Enfiam-se pelos intestinos das cidades, as tripas rodoviárias. Mostram acuradamente o horror das cidades entroncamentos, cujas placas não variam. Quem compõem semelhantes refrões na entrada e na saída das aglomerações? Peças soltas, material de construção, oficinas de vulcanização, depósitos, hangares, dormitórios de caminhões, mais oficinas, abandonadas ou ativas, e, no meio de tantas concessionárias, a sede de uma oficina missionária, a Igreja Mundial do Poder de Jesus, cujas letras góticas ostentam o gosto pelo poder. A noite só piora as coisas: subtraída a vida, resta apenas a pura feiura geométrica de paredes e ângulos brutos. Depois da meia-noite, as rodoviárias funcionam a meia-luz. As vendas de bebidas bocejam. Os guardiães da cerveja levantam a cabeça quando se aproxima um motor. Três da manhã. Limpeza do ônibus. Um funcionário controla a entrada sombria da caverna nauseabunda chamada banheiro. Cada um vai mijar seu sono. Difícil dormir. Há muito que ver por trás do cartão-postal do Brasil. A vida está ali, sinistra e interessante. Às seis horas, o latão atravessa campinas embrumadas. Os celulares despertam, cada um com sua musiquinha. Sofremos os assaltos de uma alvorada eletrônica, estilo supermercado. Que saudade, nesses momentos de cacofonia generalizada – que não perturbam ninguém a não ser nós –, das vozes suaves de Gilberto Gil, Caetano Veloso, Virginia Rodrigues ou Céu... Zé Ramalho e Alceu Valença, socorro! Os celulares assassinam a música popular! O sol nasce, é a hora do cacau. Não na lanchonete de uma rodoviária onde nos lançamos sobre uma tapioca e uma xícara de açúcar com café. O cacau, o verdadeiro, desfila sob nossas janelas. A desordem florestal é propícia ao seu crescimento. A planta gosta de se abrigar sob o guarda-sol das eritrinas. As casas altas dos grandes proprietários, os outrora temidos coronéis, remetem ao romance de Jorge Amado, *Cacau*, o segundo, escrito aos vinte e um anos. É bem ali, entre Ilhéus e Itabuna, que se estende o reino da fada má desse fruto, onde máquinas, burros e homens de carne e osso são usados da mesma maneira, sem sentimentalismos. Às vezes, o inferno na terra supera as piores ameaças dos pregadores contra os pecadores! Ao longo da estrada, casas de sofrimento em materiais pífios, deformadas pela corcova da calha, mostram que a miséria continua a habitar a região.

Houve outrora, nesse rincão, no ano célebre de 1789, um importante levante de escravos, a Rebelião de Santana, nome da propriedade onde se deflagrou. Os jesuítas que geriam a região tinham acabado de ser expulsos, o tratamento dado aos escravos piorou ainda mais. O novo dono deslocou os limites da crueldade para o campo da insensibilidade. Logo aprenderia aquilo que os exploradores de batina já deploravam: que 180 escravos equivaliam a 180 inimigos. O clima se torna pesado. Um certo Gregório Luís, preto crioulo revoltado, mata o administrador e foge para a floresta com cinquenta companheiros de infortúnio. Os caçadores de homens, os lúgubres capitães do mato, falham em sua missão de arrasar o campo dos refugiados. Por dois anos, Gregório e seus companheiros resistem às forças da repressão. O quilombo aguenta firme. Confiantes graças a esses sucessos, os amotinados propõem um tratado de paz, ditando suas condições por escrito. Aceitam voltar à servidão, mas seriam eles a decidir a quantidade de cana a cortar e o ritmo do trabalho cotidiano. Dali em diante, eles próprios escolheriam seus vigias. Exigem também o direito de se divertir quando bem entenderem, sem ter que mendigar permissão para batucar e dançar à sua moda. Submetidos às piores condições de opressão, pretendiam preservar a integridade de suas culturas e proteger as raízes de sua humanidade. Finalmente – o que é menos elegante, mas diz muito sobre as divisões entre os próprios escravos – sugerem a seus exploradores que reservem as tarefas mais desagradáveis, como a coleta de moluscos nos mangues, aos negros boçais, ou seja, recém-chegados da África. O tratado, redigido e assinado, foi transmitido ao dono da fazenda, que fez que o aceitou para logo trair suas promessas, prender os líderes e acabar com uma rebelião de acentos revolucionários. Pois, até onde sei, Zayda, trata-se, na História do Brasil, do primeiro texto exigindo a melhoria das condições de cativeiro.

Uma da tarde. Nossa entrada em Salvador, pelo lado pobre da cidade, se faz em ritmo de reggae. O homem sentado do outro lado do corredor, com suas tranças e sua touca verde e amarela, castiga a poltrona com os pulos de seu corpo eletrizado. A maioria dos passageiros é negra. "Mama África" sai do celular do rasta, sustentada por um naipe de sopros. Desejo as boas-vindas a Leuk ao encrave do Benim e de todos os seus santos. Atenção delicada a que ela corresponde com um sorriso pálido, erguendo sua única mão válida.

Zezé Motta - Chica da Silva

V
SALVADOR

Em que Leuk e Leão se hospedam numa casa tombada, conhecem os carrinhos de café, saúdam Carybé, grande artista e amante da cidade, agitam uma palma de ouro, visitam a sede dos Desvalidos, seguem o fio vermelho-sangue dos alfaiates revoltados, tecem coroas de louro a Luís Gama, mergulham no ateliê de um escultor de açúcar e perseguem a encarnação do desejo nos corredores de uma feira.

O reino estético de um príncipe eclético

Ao desembarcar em Salvador, Zayda, sinto que você está de olho na gente. Sinceramente, o que espera de nossa estadia na capital (da influência) africana do Brasil? Acha mesmo que vamos nos lançar ao ritmo de nossos corações embalados na primeira roda de candomblé, sob o pretexto de que foi aqui que os negros ousaram celebrar a primeira fusão clandestina de santos católicos e ancestrais divinizados? Acho até que uma força (de que origem?) nos impede de seguir as flechas que levariam apressadamente aos centros balizados das religiões afro-brasileiras. Prefiro dizer logo: vamos evitar o contato direto com o candomblé. Há mais livros publicados sobre esse tema do que cabelos em minha cabeça (e Deus sabe que ainda estou longe de ficar careca). Prestigiosos antecessores (Pierre Verger e Roger Bastide no que tange às referências francesas) dedicaram sua vida a essa prova do gênio da humanidade. O que dois simples passantes, ainda que sensíveis aos transes xamânicos ou terapêuticos, poderiam trazer de novo ao entendimento dos estados alterados da consciência na Bahia em alguns poucos dias? Permaneçamos humildes e ávidos, desmedidamente curiosos. Essa é nossa divisa. Dispomos de quinze dias, é pouco, mas vamos aproveitá-los plenamente para *billebauder*, de acordo com nossos costumes, por trás da fachada sedutora de Salvador. *Billebauder*: gosto dessa palavra. Em francês, ela só se usa ainda no vocabulário da caça (mas não somos caçadores?), quando a organização da excursão é abandonada à fantasia dos atores e os cães farejam sem ordem prévia. Em português, "bisbilhotar" significa "vasculhar seguindo seus próprios impulsos, flanando, devaneando e mesmo intrometendo-se onde não se foi chamado". Prometemos bisbilhotar de maneira fantasista os recônditos negros que a cidade baiana dissimula debaixo de seus ojás e de suas saias largas. Simples alegoria para dizer que vamos procurar o que essa cidade "eclética" não entrega logo de primeira. É isso, Zayda, desejamos uma estadia eclética. É por isso que o táxi nos deixa numa rua eclética do bairro Santo Antônio, composta de casas de estilo eclético, e tocamos a campainha de uma das mais bonitas delas, a de um homem que reconhece que sua vida tem sido eclética.

Encontrei Dimitri Ganzelevitch um ano antes. Ou melhor, esbarrei nele ao sair de uma conferência e de um café no bairro Santo Antônio onde se come carne de sol, bebe-se cerveja e se contam as estrelas sobre uma das maiores baías do mundo. Irene Kirsch, responsável pela missão francesa de cooperação cultural, orquestrou as apresentações. Sério? Você escreve romances policiais de viagem, admirou-se Dimitri, investigações sobre assassinatos da alma de um povo! Então tenho que lhe apresentar (à) minha casa. Parecia que estava falando de uma pessoa. Acredite, Zayda, das vinte e três horas que durou minha primeira estadia em Salvador, passei duas numa casa tão mágica que, desde então, alimentei o desejo de voltar, pousar nela, partilhar com Leuk aquela varanda única sobre a cidade e conhecer Salvador seguindo as diretivas altamente subjetivas de Dimitri Ganzelevitch. Esse baiano de adoção, francês de origem anglo-siberiana nascido no Marrocos, estudou em Madri, sentiu na carne a Guerra da Argélia e viveu muito tempo em Portugal antes de tecer com Salvador uma relação de 36 anos baseada na paixão pela arte, a "alta" e a popular, a arte das ruas, em que os negros costumam ter sua palavra a dizer e sua cor a propor. Já entendeu aonde quero chegar. Dimitri costuma dizer que se a Praça da Sé ou a cidade de Salvador fossem dele, imediatamente as devolveria à responsabilidade do povo, que, mais do que qualquer especialista, sabe como traduzir sua imperiosa necessidade de arte. Acho que, no final das contas, viemos para isto: verificar o que subsiste das expressões populares outrora tão vigorosas que ditaram livros inteiros a um hábil observador chamado Jorge Amado. Mas isso foi no tempo em que o Centro Histórico, o Pelourinho decrépito, abrigava uma vida de verdade, com artesãos sinceros e lojas leais, brigas e amores, capoeiristas e trabalhadores suados; antes de seus moradores mais pobres serem expulsos para periferias tão distantes quanto Marte da Terra. Hoje, tememos o resultado da mudança, pois os angariadores oficiais que lançam a rede de pesca do grande turismo estimam que a autenticidade pode ser fabricada e vendida. Não há tempo para esperar que os habitantes a inventem, cultivem-na, deixem-na florescer. Ouvi Dimitri suspirar: a Praça da Sé, a cidade de Salvador não são mais "minhas", não pertencem mais ao povo, são "deles". Eles, os poderosos alienados que exclamam: "Dane-se a qualidade, o que importa é a quantidade!". Mas acho que me empolguei, Zayda. Estou entrando no x da questão antes mesmo de entrar na casa!

Desde a soleira, somos recompensados por termos vindo. Percorremos um corredor que parece uma paisagem e desemboca em Istambul. Isso mesmo. A porta está coberta de mesquitas que dominam o Bósforo. O dono da casa nasceu no sul do Marrocos e queria lembrar isso. Um dia, estava passando na rua um homenzinho de Pernambuco, evangélico e grande bebedor, um certo Esbras, cheio de quadros debaixo dos braços. Ele vendia suas telas nos açougues, nos botecos. Cenas de Salvador de uma bonita ingenuidade. Dimitri gostou do trabalho dele. Deixou com ele uma imagem da Turquia na falta de outros modelos, e Esbras reproduziu as flechas dos minaretes na mais completa ignorância. Senão, o fiel evangélico teria saído correndo.

Avance, por favor.

Melhor do que um palácio, é a morada de um nababo esclarecido cuja fortuna se conta em peças de beleza. É de fato um museu, uma casa tombada. Três andares de obras nas paredes, na escada, no teto, nas varandas, nos nichos, nas galerias, nos terraços, nas estantes, no pátio, nos recantos, no jardim. Autoridades reconheceram a seu proprietário o talento de ter sido o primeiro a salvar da demolição duas construções abandonadas de um bairro decadente e tê-las reunido, vestido, ornado, povoado. Vestido de quadros, de tecidos, de afrescos, de painéis, de azulejos. Ornado de lustres, máscaras, ex-votos, insígnias, estandartes, ferrarias. Povoado de bonecos, esculturas, cerâmicas, cabeças enormes, gárgulas, santos, deuses, diabos, brinquedos, carrinhos, vasos, potes... Uma profusão de criações, uma mais surpreendente do que a outra, reunidas com uma coerência apaixonada. As obras assinadas de artistas descobertos, acompanhados e lançados por Dimitri ladeiam o esplendor de objetos inúteis ou a malícia de expressões pobres magnificadas pela atenção do colecionador. De fato, Dimitri Ganzelevitch foi mercador de arte, galerista e colecionador, mas essas três etiquetas redutoras estão longe de dar conta de sua personalidade. Esteta, poeta, crítico acerbo, terno e erudito, ele amou, frequentou os criadores e realizou ele próprio uma obra-prima: essa casa eclética tanto por dentro quanto por fora, esse monumento de arte singular cujo panfleto explicativo teria de ser do tamanho de um romance. O livro de uma vida bem preenchida.

Devo esclarecer ainda que esse porto superpovoado de pequenos deuses e gênios também se presta divinamente para a função primeira de habitação. E não apenas para os pássaros que a atravessam de um lado a outro com a desenvoltura que os caracteriza. Viajantes cansados e aprovados (como é o caso de Leuk e Leão) podem fazer uma etapa prolongada aqui. Confiam-nos em tom de confidência: "Olha que já passou gente por esta casa! Atrizes e poetas, nomes que se inscrevem em letras de neon e jornalistas da moda. A fina flor!". Se as paredes falassem, repetiriam onomatopeias, suspiros de admiração diante dessa inegável beleza, barragem frágil contra a imodesta frivolidade ambiente.

Aproxime-se mais. Admire a baía das varandas. A natureza e a História pintaram o panorama e não pouparam meios. A grande Ilha de Itaparica já estava ali; os homens acrescentaram os guindastes, os contêineres coloridos, as docas e os barcos que frequentam muitas vezes as telas. O quadro que contemplamos se beneficia de uma cota elevada nos leilões. A cidade ruge com milhares de motores nunca saciados e com aparelhos de som egoístas que ejaculam sua gororoba indigesta. Dimitri opõe ao tumulto a dignidade de um jardim sereno.

Praticamente o único das ladeiras de Santo Antônio. Encontram-se ali criaturas estranhas, dignas das maravilhas de uma Alice lusófona: uma infante de argila usando um vestido de crinolina estilo Velázquez, um cachorro de cerâmica pronto para latir, um polvo verde agarrado a um banco debaixo de uma palmeira-rabo-de-peixe, raridade da Indonésia que atrai os eloquentes bem-te-vis de canto trissílabo. Um areópago de cabeças grotescas, bochechudas e assustadas, com o gnomo da loucura emergindo do chapéu. Elas dominam a cerca, mostrando a língua aos eventuais ladrões e afastando o mau-olhado. É a maliciosa contribuição de Eckenberger, o vigoroso artista alemão ancorado na Bahia, para a proteção da casa.

E o Dimitri, cadê?

Vai encontrá-lo deitado na rede, lendo os jornais, armado com a faca afiada da indignação, ou diante de sua tela, picador digital, plantando bandarilhas no cachaço dos hipócritas, dos vândalos, dos mercenários que acham que o mundo é uma lata de lixo. Dimitri Ganzelevitch é alto, magro, septuagenário, gozador. Tem o perfil de um ator. Aliás, lembra bastante o grande Michel Piccoli: as mesmas sobrancelhas franzidas e o mesmo verbo sem piedade contra a mediocridade. O crítico não se esquece de agir. A casa acolhe crianças pobres, mas escolarizadas, para uma formação na prática do design. Uma sala é reservada para elas. Mas o museu de Dimitri tem seu anexo na rua. É nela que ele pratica um estranho engajamento. Visita comentada. Atenção, o homem tem ritmo. É melhor usar calçados confortáveis.

O pretinho que satisfaz

Em Salvador, quando a gente deixa o topo dos platôs, pode descer com tudo pelo Plano Inclinado, espécie de teleférico quase tão reto quanto um poste de bombeiro. Só que não temos urgência. Nas ladeiras inexpugnáveis pelas quais passa o elevador de cremalheira, mais do que necessitados estabeleceram refúgios para seus destinos acuados. É preciso quase fazer um rapel para chegar ali. A cabine literalmente mergulha de cabeça na área portuária e dá direto num armazém abandonado há quarenta anos, o Trapiche Barnabé. Retratos pintados de Lampião, o bandido querido pela morte, dão valor às paredes esboroadas, comidas pela erosão ou cobertas pela vegetação. Parece uma velha ópera amazônica. O armazém bem que podia se transformar num centro cultural da imagem.[4] Aliás, a figura de Lampião parece pedir que se faça uma homenagem ao seu diretor preferido, Glauber Rocha, líder do Cinema Novo, em retribuição à que este lhe prestou em *Deus e o diabo na terra do sol*. Dimitri galopa, panamá na cabeça, bermuda baiana, fotografa, cumprimenta, galopa. Nós seguimos atrás. A Cidade Baixa é escamada, cheia de oficinas. A retina fixa em preto e branco, cor da nostalgia, belos prédios prematuramente devastados. Vamos dar numa praça, o Largo do Cais do Ouro, que parece um pátio dos milagres, embora fique na orla de bancos e de uma avenida movimentada. Há barzinhos e um mercado de pulgas onde a miséria vende sua filha. Corpos negros dormem sobre os gramados devastados, outros jogam cartas. Uma escura sociedade nos observa passar sem rir. Duas enormes mãos de concreto emergem do chão; tentam se juntar para simular a união da América Latina, gravada numa palma, com a Península Ibérica, inscrita na outra. Utopia que não faz ninguém sonhar. Aqui, os sonhos estão cobertos de pulgas, à venda como os celulares comprados e logo jogados fora. Sim, mas atenção, é aqui no Largo do Cais do Ouro que circulam os carrinhos de café dos vendedores do pretinho que satisfaz. E isso, meus amigos, é arte ambulante de primeira. Uma das formas frágeis de poesia urbana que as ruas de Salvador sabem produzir por necessidade e engenho, mas que pode desaparecer porque os senhores que se proclamam grandes e pretendem dirigir a cidade não têm a envergadura (e sobretudo a sensibilidade) necessária para orientá-la no sentido certo. Não sabem prestar atenção; preferem sufocar as flores populares no concreto e na agitação. Dimitri, grande arqueiro do verbo, lança suas flechas. Fazemos nossa primeira parada em sua Bahia de todos os santos e de todos os sentidos.

Um cafezinho custa cinquenta centavos. Copinho de plástico, açúcar branco. Os carrinhos têm o comprimento de uma patinete, com direção ou barra de reboque. Os artistas anônimos reproduziram em madeira os últimos modelos da marca Scania. As cabines têm o nariz agressivo e cores berrantes. Por vezes são réplicas dos trios elétricos que metralham a multidão com balas de som durante o Carnaval. As garrafas térmicas desfilam bem enfileiradas. O caminhãozinho deve

---

[4] Trata-se do projeto do Centro Audiovisual da Bahia, que não chegou a ser inaugurado. (N.R.)

ser o mais bonito possível para atrair a clientela. O gosto do café a seduzirá. A engenhosidade dos acessórios a tornará fiel. A eloquência do vendedor a ampliará.

Dimitri tira do bolso alguns poemas destinados a nós, um exemplar de literatura de cordel que gaba as proezas dos pilotos negros do pretinho. Leuk cora de alegria: ela coleciona esses livrinhos vendidos nos mercados do Nordeste, pendurados em cordas com prendedores de roupa. É a cultura dos deserdados: os cordéis são lidos à noite pelo único alfabetizado da casa para a edificação da família. Em vez de traduzir as oito páginas deste, Zayda, prefiro inventar um entregando-me à minha própria fantasia; espero que respeite o espírito do original. Julgue por si mesma, dedico-o a você.

   Alô, alô, motoristas e cobradores
   Alô, musas da calçada, meus amores
   Alô, comerciantes e carregadores
   Podem ir chegando sem pudores
   Esse curto poema pinta em cores
   E presta homenagem aos atores
   Que de Salvador são os salvadores

   Levantam antes do amanhecer
   E preparam o pretinho da felicidade
   Não é nada fácil o seu *métier*
   Que espalha aroma pela cidade
   O combustível do caminhão é o seu suor
   E é preciso chegar no centro a tempo
   Para vender seu café do bom e do melhor
   E evitar qualquer contratempo

   Carregador, publicitário e animador
   Ele se faz o grande amplificador
   Das notícias de maior frescor.
   Se tomo emprestada a arte do rimador
   É pra calar o bico do gozador
   E mostrar pro deputado e pro senador
   O valor que tem esse vendedor.

Dimitri nos conta que fizeram um documentário sobre o dia a dia de um João Ninguém. Vemos o personagem, sombra negra, sair de seu barraco na periferia. Empurra seu carrinho noite adentro, iça a engenhoca para cima de um trem, puxa-o pelos paralelepípedos, pega um ônibus se o motorista permite – o que nem sempre é o caso por causa do volume – e finalmente desembarca na cidade, seu posto de venda do nascer do sol ao primeiro raio de lua que o manda de volta para casa.

No segundo cafezinho, bebido em volta de um caminhão amarelo-cheguei sobre o qual está inscrita a divisa "Viva sua vida, respeite a minha!", Dimitri nos conta que, em 1987, organizou um concurso de carrinhos de café e suportes para garrafas térmicas no pavilhão do Mercado Modelo. O primeiro do gênero. O sucesso foi tão grande que se seguiram doze outros concursos bienais.

– São minhas atividades extramuros, meu engajamento nas expressões locais que merecem ser valorizadas. É uma loucura a capacidade que essas pessoas humildes têm de inventar utensílios de trabalho belos como obras de arte com os meios rudimentares da reciclagem: caixas de fruta, antenas de rádio, rodas de carrinhos de bebê, tampinhas de garrafa, luzes de Natal, imagens pornográficas... O júri da primeira edição era composto de artistas, intelectuais, um etnólogo, um poeta, um fotógrafo, um turista e um passante recrutado ali na hora mesmo. O entusiasmo popular foi além do imaginável. Houve nada menos do que centro e trinta e cinco concorrentes. Eram os reis da cidade. A televisão filmou, um canal japonês e até a famosa Globo. Falou-se na sagração dos vendedores de cafezinho, deles que sabem muito bem a posição a que estão relegados, logo acima dos engraxates e dos catadores de latinhas, mas abaixo dos garis, que gozam do prestígio do uniforme. Deram diversas voltas na pista debaixo dos aplausos e de gentis gozações. Diante do microfone, deram livre curso à emoção ou proferiram verdadeiros discursos. Nunca tinham conhecido um dia de tanta glória. De repente, davam-se conta de que não eram simples nadas. O vencedor daquele ano tinha levado longe o luxo do equipamento: seu caminhão, além das garrafas térmicas, tinha uma televisão, um ventilador e até um aquário com três peixes! Todos receberam algum prêmio e foram embora carregados de garrafas térmicas, leite, açúcar, café, chocolate em pó, copinhos, colocados em cestas de artesanato baiano. Presentes que talvez lhes permitissem crescer, lançar um irmão no mesmo ramo, multiplicar-se. Foi o contrário que aconteceu: a vida, a velocidade, o estresse os estão apagando das ruas e da cultura. Alguns conseguiram vender seus caminhões aos museus. Foi o melhor que podiam fazer. Eu mesmo comprei um de um pedreiro que queria concorrer a todo custo. Mas, chegado o dia, não conseguiu mover seu veículo. Tinha ficado pesado demais, com uma torre de quatro andares, tão estupidamente alto quanto um arranha-céu de Dubai. Gostei dele por isso: sua inutilidade.

Dimitri acredita que essa ação foi um marco na valorização da cultura popular. Travou outros combates da mesma ordem: o concurso do melhor pintor de quiosques de bebida para incitar os donos a decorar suas fachadas, mesas e bancos, e assim manter a alegria da arte *naïf* nas ruas de Salvador. A prefeitura não deu a menor contribuição, e esse desdém oficial reiterado assinou a sentença de morte de suas iniciativas. A invasão das cadeiras e mesas de plástico completou o desastre, para a glória dos piratas internacionais da sede e da obesidade.

O forjador dos deuses

Vocês querem saber onde se forja a alma da cidade?
A semelhante pergunta, por princípio, respondemos sim.
Atravessamos a Cidade Baixa. Agitadíssima. Durante o dia. Os prédios coloridos transbordam de estuques, molduras, frisas, varandas com balaústres sustentadas por pesadas cariátides. Uma águia de pedra prestes a alçar voo planta suas garras no poleiro de um frontão imperial. A abundante vegetação selvagem das falésias inabitáveis do Pelourinho desenha uma cabeleira verde e crespa, quase rasta, nesse hábitat de outra era. Está aí o drama. Essas belas construções ecléticas não foram protegidas da voracidade dos corretores. Não aguentaram a passagem de dois séculos. Os moradores se foram. O olhar vazio de janelas abertas fala de abandono. Uma vida de escritórios dá a ilusão de uma superatividade diurna. Os ônibus desfilam com estrépito. Chamaram os estudantes para ajudar. A universidade abriu as portas. A economia informal das calçadas dança aos movimentos do sol. Depois, é o deserto noturno.

Passemos rapidamente sob a Cruz Caída de Mário Cravo, que, da borda do platô, inclina sua massa de cimento para nos abençoar. O Elevador Lacerda, como uma rampa de lançamento de foguetes, envia os pedestres para a estação estelar do Pelourinho. Em frente ao porto e ao Mercado Modelo, outra obra de Mário Cravo, uma estátua gigantesca que empresta sua corpulência abstrata ao imaginário popular que, com sua irreverência habitual, diverte-se em ver a bunda e o peito da baiana surpreendida em sua nudez. Dezesseis metros de homenagem em metal e fibra de vidro.

Uma parada, por favor, na Igreja de Nossa Senhora da Conceição da Praia. Para não perdermos o contato com São Benedito, santo negro e escravo franciscano taumaturgo, como você bem sabe, Zayda. Ele reside neste lugar. O escultor anônimo não foi bonzinho com ele, sua estátua tem um rosto grosseiro que só. Um poeta de cordel não perdeu a deixa. Leia só o que acabo de encontrar como conclusão de um livrinho comprado em frente ao Mercado Modelo: "São Benedito era preto/ Preto foi santificado/ De preto só tem a pele/ Mas o espírito é bondoso/ Correto e muito decente...".[5] Feio por fora, bonito por dentro (pois Jesus lava mais branco que Omo). Melhor voltar à igreja antes que eu fique nervoso. Uma curiosidade! Ela foi transportada através do Atlântico, pedra por pedra numerada, de Portugal até aqui, para ser reconstruída, em 1623, à beira da grande baía. Uma virgem triunfante calca um crescente de lua. Nonada – diz Dimitri – não é o astro, símbolo dos ciclos femininos e das marés, que Maria pisoteia alegremente, e sim o símbolo dos muçulmanos vencidos pelos cristãos na batalha naval de Lepanto, em 1571.

Continuamos a subir a ladeira, num cenário de filme distópico. É tranquilizante andar atrás de Dimitri, sempre altivo. Contornamos as arcadas de sustentação da ladeira que escala em "S" até o topo. Os espaços entre os pilares foram preenchidos com muros de pedra, alguns pintados, outros não. Com algumas janelas e entradas de ar. Uma população vive nesses espaços trogloditas. Seres saem dali em estado lamentável, de barriga de fora. Mais acima, nessa mesma Ladeira da Conceição, começa uma série de ateliês e oficinas.

– Eis o domínio de José Adário dos Santos, mestre forjador!

Dimitri espreita nossas reações. A primeira vem da pele de nossas costas, que gruda na camisa. Faz um calor insuportável neste antro. Passamos por um depósito antes de chegar, através de uma amedrontadora escada, à forja que fica quase colada à abóbada da arcada fechada. Mestre Adário mostra com orgulho a solidez de seu *bunker*, gabando seus pilares centenários: pedra, argila e óleo de baleia! É um homem bonito, sexagenário, de fina barba encrespada.

---

[5] Versos da *Peleja do cego Aderaldo com Zé Pretinho*, de Firmino Teixeira do Amaral. (N.T.)

Lamenta muito. Vendeu todas as peças que tinha aos diversos terreiros de candomblé. Sim, trabalha principalmente reproduzindo em ferro forjado as evocações gráficas dos orixás, os símbolos de seus atributos e poderes. Suas esculturas magras, eriçadas, uma vez reunidas, formam o conjunto dos símbolos do panteão vodu. Aqui, elas não passam de ferro. Ele esclarece:

– É no terreiro que elas serão consagradas e ganharão nome, que se tornarão preces desenhadas, suportes das forças do santuário, linguagem. Ogum é o orixá "mestre da minha cabeça". Quando modelo um objeto ligado a Ogum, sinto em mim mais energia para bater o ferro. Normal. Ogum é uma entidade guerreira. Seu símbolo é a espada com que abre os caminhos do desconhecido, combate a ignorância, propicia o progresso da humanidade. Não é ele a força responsável pela formação das montanhas e dos minerais? Seu dia de eleição é quinta-feira.

– Hoje é quinta-feira – observo.

Adário sorri.

Restam-lhe algumas peças dispostas no parapeito da janela. Leuk as fotografa. As sete lanças de Omulu, o médico dos pobres; a roda de fogo de Xangô, o deus rei que ama a guerra e os jogos viris; o equipamento complicado de Tempo (ou Irôko), orixá polivalente do clima e do tempo, do ar que respiramos; a silhueta graciosa de Maria Padilha, entidade perturbadora de minissaia e chifres, brandindo um vaso e um tridente.

Mestre Adário diz:

– Voltem segunda, forjarei para vocês.

Cumprirá sua promessa, e nós estaremos lá. Executará um pássaro, um arco, uma lança, acessórios conhecidos de Ossanha, deus das plantas medicinais, associado ao grande Oxóssi, deus das florestas e dos animais selvagens. Largando o martelo e tirando os óculos de proteção, ele nos explicará:

– Para que os deuses ajam, devem se orientar, encontrar-se. Precisam se sentir em casa. O terreiro representa a África. É na terra ancestral recriada que se realiza o encontro dos filhos exilados com os deuses de origem.

José Adário continua a bater a barra de ferro em brasa com o vigor que Ogum lhe insufla. Então por que diz com tristeza que o candomblé antigamente era mais rigoroso, que está enfraquecendo, que os pais e mães de santo andam relaxando sua atenção? Os velhos estão indo embora. O que deixarão? Antigamente, as autoridades perseguiam os adeptos do candomblé, mas por mais que dessem voltas ao redor do terreiro, os policiais não viam nem ouviam nada. Os orixás montavam guarda e a sessão durava até o amanhecer. Nosso mestre forjador parece acreditar que os tempos de permissividade enfraquecem os adeptos, mais ferventes na adversidade. Estaria havendo agora diluição das energias, compromissos, concessões demais. José Adário joga mais carvão, atiça a brasa com o jogo de foles.

– Sabem, minhas obras já foram expostas nos Estados Unidos, em São Paulo, figuram em catálogos... mas meu objetivo é servir meu povo. Esses objetos estão ligados à origem do meu povo. Faço o que posso para oferecer o melhor ao meu povo.

Um cachorro famélico e poeirento atravessa o silêncio desse momento difícil de romper.

Quando Leuk fotografa, da outra calçada, a fachada do ateliê troglodita, um táxi freia brutalmente diante de nós com uma cantada de pneus digna de filme policial.

– O que estão fazendo aí? Estão malucos?

Levamos uma bronca do motorista, que praticamente nos obriga a embarcar sem discussão. Evacuação de urgência. Juramos, como crianças pegas no flagra, que conhecemos o forjador, que está tudo bem, que estamos sob a proteção dos deuses. Está bem, prometemos, não vamos mais subir a ladeira até o Pelourinho; pegaremos o Elevador Lacerda para sair dali. É verdade: por vezes, a alma de Salvador palpita entre paredes incertas.

A câmara sagrada de Carybé

Mas voltemos à nossa primeira passagem pela forja. Dimitri nos diz:
– Agora, gostariam de conhecer o antro dos deuses?

Se Dimitri faz a pergunta é porque deve ser possível penetrar nesse antro. Pode-se dizer não a uma proposta dessas? Dimitri parte em direção ao Pelourinho. Eu não imaginava que os deuses ainda morassem ali, imaginava que tivessem se mudado, incomodados pelo tumulto turístico. Mas você sabe, Zayda, os espíritos da Guiné não temem nem a maior algazarra. Lá vamos nós então ao assalto do célebre platô. Pelourinho dança com Salvador como Pigalle canta com Paris. São duos indissociáveis. Sim, o bairro histórico perdeu seu selo popular. Sim, a miséria foi expulsa. Sim, as pinturas vivas do tombamento patrimonial cintilam anodinamente. Os deuses vagam livres ou estão presos nas lojas de suvenires? Atravessamos o Terreiro de Jesus, o pátio de Cristo onde só Deus reconhece os seus. Assim que se aproxima um chapéu de turista e uma língua estrangeira, os tocadores de berimbau começam a bater na corda do instrumento, os lutadores de capoeira entram na roda, crianças espertas surgem das calçadas, baianas abundantes ciciam propondo fotos pagas. No centro da praça, nuas mulheres de bronze sustentam o cálice de um chafariz. O negror de seus corpos contrasta com o laranja vivo da fachada da que foi a primeira escola de medicina do Brasil.

Dimitri nos impele adiante:

– Vamos! Os deuses estão esperando. Estão sempre reunidos no Museu Afro-Brasileiro; suas silhuetas dançam em silêncio. Dirijam-se diretamente à sala de Carybé. Esse argentino naturalizado baiano esposou a cidade e pariu milhares de obras; declarou seu amor a ela por todos os meios: pinturas, pastéis, esculturas, gradis, baixos-relevos, concreto gravado. Compôs uma formidável assembleia de orixás, aqui mesmo, em cedro esculpido, incrustado de cobre, prata, latão, ferrarias e conchas. Cruzem a porta, podem ir sem medo, não serão incomodados. A turistada não costuma frequentar este alto lugar da cultura.

De fato, não entramos numa sala de museu, mas na câmara sagrada de um templo. Dos quatro lados, até o teto de três metros de altura, os orixás estão lá, alinhados, muralha solidária, fiadores da ordem de um mundo. Um panteão bonito e complexo de vinte e sete membros muito ativos. O antro cheira a cera. Suave perfume voluptuoso. Os deuses são polidos, tranquilizadores, calmos ou veementes, gravados em pedaços de madeira clara. Todas suas qualidades convergem para a dupla de mortais francófonos que, no meio da sala, esmagada pela felicidade, rumina o instante presente como um hindu faz com sua noz-de-areca. Leão expele vermelhos suspiros de êxtase diante do desfile das forças do universo cinzelado por Carybé, artista branco adepto do candomblé. Leuk ausculta as peças, enfia o nariz nas vísceras metálicas de Ogum e murmura:

— Monénembo, o escritor guineense, diz que aqui, na Bahia, os negros, embora escandalosamente marginalizados, tiveram mais chance do que em outros lugares para resistir e influenciar a construção da identidade do seu país adotivo, porque o céu, as árvores, as plantas, o ar e o calor reproduziam as condições da África. O que explica por que os deuses negros não morreram de frio como na América do Norte. Sobreviveram e prosperaram. Encontraram o clima propício aos seus elãs, as folhas necessárias a seus cultos, uma natureza exuberante para realizar seus ardores e caprichos. Os degradados, os vencidos, os escravos eram escoltados, apoiados, por legiões de anjos valentes, cuspidores de tempestades, agitadores celestes, dominadoras das ondas, divinas sedutoras. Isso acaba restaurando a confiança e, até mais, o orgulho, a autoestima, não acha?

Naturalmente, saímos pela cidade nos rastros de Carybé. Ele deixou muitos. Sim, esse homem deu suingue ao metal e fez o concreto rebolar. Carybé está associado a Salvador como Gaudi a Barcelona e Niemeyer a Brasília. Espero que se divirta, Zayda, vendo-nos sair correndo atrás assim que uma porta entreaberta deixa adivinhar a pontinha de uma pista. Dimitri não se enganou. Para nos fisgar, deixou à vista algumas obras-primas editoriais que albergam as imagens profusas de Carybé, como o suntuoso livro *Iconografia dos deuses africanos no candomblé da Bahia*. É claro que mordemos a isca. Como esse argentino, modelado por uma infância italiana, foi se tornar amante adotivo da Bahia? Antes de seu concubinato definitivo com Salvador, a partir de 1938, ele já tinha feito duas estadias experimentais. Mas a partir de então a cidade o fagocitou, iniciou-o, atou-o com os laços do espírito que não está nem aí para a cor da pele. E ele, em troca, absorveu-a. Seu pseudônimo não significa piranha? Mas Carybé é tudo menos um predador. Ingeriu Salvador para retraduzi-la, como um médium, com seus instrumentos de diagnose artística, para provar o bem-fundado de sua agitação cultural, para aplacar suas dores. Afixou em alto e bom tom nas paredes o gênio do povo que se reconheceu perfeitamente. Prova disso? A comunidade dos modestos reuniu quinze mil pessoas no Largo do Pelourinho para festejar seus setenta anos. Um aniversário presidido pela mais venerável das mães de santo. Você acha que a multidão teria se juntado para fazer reverência a um banqueiro arrogante, a uma raposa política, um cardeal púrpura, um insolente condecorado ou um proprietário possesso? Não, como disse Jorge Amado, a torrente de anônimos coroou um pintor, nada mais que um artista. Agradeceu a ele por ter devolvido a ela, através do espelho de sua arte, os encantos sensuais da vida simples. O povo do Pelourinho de então aplaudiu seu herói. Deixe-me descrever para você, Zayda, uma tela de Carybé, uma só. Ela resume a convicção profunda do pintor, seu amor carnal por Salvador feita mulher. Vê-se uma soberba negra, imensa, nua de deslumbrar, com seios de deixar ofegante. Dorme, tranquila, confiante, braço atrás da nuca, pernas cruzadas para cima. De sua vulva aberta, abençoada, porta natural da vida e dos sonhos, saem os pequenos atores da grande representação popular da Bahia de todos os santos. Da genitália generosa dessa escura Vênus depende a origem do mundo. Carybé, num registro muito diferente do de Courbet, executou o retrato voluptuoso da entreperna gloriosa da humanidade. Viva Carybé, que teve a decência e a coerência de morrer em plena sessão de candomblé! Ele fez mesmo por merecer as palavras de Jorge Amado em *O capeta Carybé*: "exemplo notável em sua arte, que recria a realidade do país e da vida popular que ele conhece como poucos, por tê-la vivido como ninguém...".

Dança, Salvador, dança

Existem lugares destinados à espera.

O adro do Santíssimo Sacramento do Passo é um deles. Uma igreja o domina. A construção é sombria, leprosa, desfigurada pelos escoamentos de uma alarmante umidade. Fechada. Contudo, essa igreja do bairro Santo Antônio conheceu a glória no Festival de Cannes. Exatamente. Lembre-se, Zayda, o primeiro filme brasileiro a receber a Palma de Ouro, em 1962, *O pagador de promessas*, passava-se diante da fachada severa dessa igreja barroca, sobre a grande escadaria que servia de único cenário à ação. Unidade de lugar e de tempo para um enfrentamento trágico entre as facções opostas da sociedade brasileira. A partida foi retransmitida nas telas em preto e branco: assistimos às prorrogações, longas de dois séculos de Independência, que perpetuam uma injustiça fundamental. Revendo o filme na casa do Dimitri, Leuk, que não é uma frequentadora de estádios, fez este comentário digno das páginas esportivas.

– O povo brasileiro, gênio da bola, esforça-se para driblar os defensores de farda e batina de uma equipe solidamente agrupada diante de suas goleiras, mas não consegue chegar à meta. O juiz, se é que há um, raramente apita o gol do avanço social. Forte dominação territorial dos amadores populares, mas, em virtude de contra-ataques brutais, o escore permanece favorável ao time profissional dos fazendeiros associados.

Alegoria forte, concordo, mas voltemos ao campo.

Esperamos a chegada de um dançarino, Carlos Alessandro Ujhama, que marcou encontro com a gente no topo da escadaria monumental, grande o bastante para servir de teatro a céu aberto. Anselmo Duarte, o diretor de *O pagador de promessas*, percebeu muito bem as vantagens que podia tirar desse espaço que liga a porta da Igreja do Santíssimo Sacramento ao bar da Ladeira do Carmo, dois lugares de culto em perpétuo conflito: Deus do lado do céu, e cachaça na sarjeta do diabo. Sermão dos apóstolos no topo da elevação, insolência dos poetas das ruas lá embaixo. Padre magrela e branco de batina preta no púlpito, negras baianas de carnes abundantes e saias brancas na rua. O confronto se prepara, Zayda. Não resisto à tentação de evocar o roteiro do filme premiado, o tempo da espera me justifica.

Uma alma simples acende o estopim: Zé do Burro. Apelido que indica a afeição desse pobre coitado do Nordeste por seu animal. Desgraça: num dia de temporal, uma árvore cai sobre o equídeo. Mas ele ainda respira. Zé faz um trato com Santa Bárbara, responsável pelas tempestades no escritório celeste. Cabe a ela reparar as consequências! Se o burro Nicolau se recuperar, Zé promete carregar uma cruz tão pesada quanto a de Cristo de seu vilarejo até a igreja de Salvador que abriga o culto da santa. Jurado. O burro sara. E lá vai Zé, seguido por sua mulher, Rosa, andando a passinhos rápidos atrás dele. Nada o deterá, nem a canícula nem as chuvas torrenciais. O padre de Salvador o encontra à sua porta, adormecido debaixo da cruz, esgotado, com o ombro esfolado, em estado lamentável. O primeiro movimento do padre é a compaixão, embora desconfie dos pecadores arrependidos que afirmam rivalizar com os sofrimentos de Cristo. Mas o caldo azeda quando o vigário fica sabendo onde a promessa foi feita: num terreiro de candomblé! Nada mais normal, explica Zé do Burro: na falta de uma imagem da santa no vilarejo, ele foi negociar com Iansã, a equivalente de Santa Bárbara, seu duplo entre os orixás dos negros. Tinha sempre ouvido dizer que dava no mesmo, que era só o nome que mudava. O padre fica horrorizado. Seus braços esconjuram o demônio. Aquela promessa fede a enxofre. Foram os negros do tempo da escravidão que criaram a maldita confusão, zombando da Igreja Apostólica. *Vade retro*, Satanás! Aquela cruz ímpia não entrará no santuário de Deus. Conhecemos bem vocês, sertanejos, acham que são Jesus. Vêm aqui pedir a benção para suas pretensas façanhas e depois voltam aclamados, com reputação de beatos.

O padre o fuzila com essas palavras e bate a porta da igreja em sua cara.

Estamos bem no centro do nosso assunto, não acha?

Começa o jogo. O minúsculo incidente vai abalar a cidade. Zé do Burro, obcecado por sua promessa, torna-se o títere de interesses particulares. Um jornalista apanha o devoto e o faz dizer aquilo que quer escrever sobre a exploração dos trabalhadores rurais. A gazeta estampa: "O novo Messias prega a revolução – Sete léguas carregando uma cruz, pela reforma agrária e contra a exploração do homem pelo homem". Mães de santo e adeptos da capoeira oferecem a Zé apoio e consideração. Zé não se importa com isso, o que quer é só pagar sua promessa. A autoridade religiosa leva o caso a sério: está fora de questão ceder um milímetro que seja aos negros manobristas que passaram suas vidas de escravos pervertendo a ordem simbólica dos brancos e "carnavalizando" a religião oficial. Basta! Zé deve confessar que foi possuído pelo demônio, e então a cruz, uma vez purificada, poderá entrar na igreja. A promessa será paga e deu! Zé se recusa. A tensão aumenta. O sertanejo ultrajado acaba usando a cruz como um aríete para arrombar as portas da igreja. Os berimbaus e as percussões bombardeiam a igreja com vibrações de revolta enquanto o vigário manda bater os sinos. As forças da ordem prendem Zé. Os lutadores de capoeira as enfrentam. Começa a briga. Um tiro. O pagador de promessas cai no chão. Os policiais, em minoria, recuam diante da ira dos manifestantes. A imagem é sublime. Os capoeiras deitam Zé sobre a cruz e carregam o novo mártir para dentro da igreja, santuário da recusa. Sequência simbólica de um povo ultrajado que responde à humilhação dotando-se de um Cristo local, abismando-se uma vez mais nos delírios de uma reinterpretação permanente dos mitos, única defesa possível diante de um modelo cultural único, hierarquizado, imposto, esmagador, desprezador. Créditos. Indicação ao Oscar de melhor filme estrangeiro. Palma de Ouro em Cannes. Aplausos.

A grande escadaria está vazia neste quente começo de tarde. O adro também. Carlos Alessandro Ujhama, dançarino, finalmente adentra o palco de nossa história. Na véspera, ele assistiu, no campus de Ondina da UFBA, à nossa palestra sobre as pepitas brasileiras já recolhidas. Escondido atrás da tela do seu notebook, absorto, anotou tudo; depois se aproximou, esbelto, flexível, grave, com seu rosto de esfinge coroado por tranças rasta, e disse simplesmente:
– A investigação de vocês diz respeito diretamente a minha busca pessoal. Gostaria, em troca dessas palavras, de lhes mostrar alguns lugares de Salvador que me inspiram.
Negro, baiano, trintão, Carlos busca seu caminho dançando. Ironiza:
– Salvador dança, não é o que parece? Nesta cidade, todos os negros presumivelmente dançam, não é verdade? Amanhã mostrarei que essa certeza deve ser nuançada.
Combinamos o encontro na mesma hora.

Para começar, Carlos canta os encantos discretos daquele adro, daquela igreja lúgubre que o encanta. Aponta também, a dois passos dali, a Igreja da Ordem Terceira do Carmo, cujo interesse provém da decoração realizada por Francisco das Chagas, escravo artesão sem formação artística, mas dotado de um talento nato, que esculpiu, entre outras peças maiores, um Cristo de feridas purulentas – chagas –, executadas com sangue de boi, óleo de baleia, resina de bananeira e dois mil pequenos rubis. Esse escravo talentoso, reconhecido como uma referência da arte barroca brasileira, foi apelidado de Cabra, termo pejorativo aplicado a qualquer ser situado entre negro e mestiço. Os cabras não deixaram de replicar, erguer a cabeça, lutar com os chifres e a voz, proferindo, mui dignamente, panfletos satíricos nas ruas do século XVIII. No estilo: "Fora, maroto, português da peste, vivam os cabras e os negros também, pois queremos governar. Adão era um só, as cores são meros acidentes. Por que não temos um mulato ou um negro como presidente?".
– Levei vinte anos para me compreender negro – suspira Carlos ao final desse preâmbulo.

Aí estamos: o x da questão.

É o destino de um rapaz nascido numa família profundamente marcada pelo candomblé, mas educado no rigor católico.

– Eu só tinha relação com o mundo negro através da cor da minha pele.

Da realidade histórica que aquela epiderme recobria ele ignorava tudo. Quando trazia da escola uma ferida no ego em consequência de um ataque verbal, seu pai retorquia: "Vai estudar!". Se perguntava: "Por que as pessoas dizem que as religiões africanas estão ligadas ao demônio e que os negros adoram o diabo?", seu pai replicava: "Vai estudar!". Adolescente, sem resposta às suas perguntas, lançou seu corpo na dança sem nada saber da origem dos movimentos que reproduzia. Desculpava-se: "Foi essa a dança baiana que aprendi".

De repente, no exato lugar onde os figurantes do filme se agitavam ao redor de Zé do Burro, no adro agora deserto, Carlos se entrega, apenas para nós, a uma demonstração do repertório folclórico baiano que as revistas para turistas repetem *ad nauseam* há décadas. Seu corpo conhece todos os estilos. Ele pode encarnar os orixás. Virando os olhos, formando os signos de um alfabeto convencional com as mãos, exagerando as expressões do rosto, traduz os atributos e as virtudes de cada deus. Então, sem transição, passa ao *modern jazz*, encadeia com o estilo etiquetado "africano", corpo dobrado, desdobrado, ombros tremelicando, antes de decompor, para a instrução da dupla francesa embasbacada, os três movimentos de base rural do samba primitivo: um, corta a jaca; dois, separa o visgo; três, apanha o bago! Seu gestual parece acelerado pela velocidade de projeção de um filme mudo. Seus traços, sérios, iluminam-se com mímicas plurais no espaço de um segundo. Numa última reviravolta, apanha sua bolsa forrada de livros, almofadas protetoras e alimentadoras de seu computador. Ler, tomar notas, aprender: sua exigência. Frequenta conferências, explora os centros de referência negra, ensina dança, alimenta de sentidos e conhecimentos a futura prática de seus alunos. Resolução tomada no dia em que descobriu que nenhuma escola de dança em Salvador evocava o fundo da cultura popular negra.

Carlos fala baixinho e ligeiro. Exalta-se calmamente. Em algumas frases afiadas, faz em pedaços os atavios frívolos de Salvador. Anoto o mais rápido que posso: em 1956, a UFBA criou uma escola de dança clássica. Naquele tempo, pensava-se e dançava-se à europeia. Foi então que Clyde Morgan, coreógrafo negro estadunidense, desembarcou ali. Primeira exclamação do artista encarregado de inovar: *What's happening here?* O quê? Nenhum aluno negro nesta faculdade? E sequer uma pesquisa sobre as tradições negras? Clyde Morgan virou o piano da sala de ensaios, saiu para a rua, recrutou jovens negros e os desafiou a se tornarem profissionais. Por algum tempo, um sopro popular invadiu a universidade. A coreografia contemporânea, estilo Martha Graham, andou em concubinato com o estilo afro-brasileiro. E teve um grande expoente: Mestre King. Note-se que essa cruza produziu o primeiro e último grande avanço experimental nesse domínio. Uma fórmula de sucesso que depois contentaram-se em repetir. De novo e de novo.

– Não se esqueçam: aqui, em Salvador, a prioridade da maioria é ter algo para matar a fome.

Carlos explica essa estagnação pelo contexto econômico. Um jovem ganha sua vida dançando na rua ou para uma companhia, mas não estuda. Apenas prolonga as formas de uma arte estanque. Aprende a arte do balé para reproduzir a manifestação dos espíritos, mas permanece desprovido de espiritualidade. Carlos imita de novo o passo de Xangô e nos provoca:

– Querem que eu imite agora o rebolado de Iemanjá?

Suspira.

– Como escapar desse jugo folclórico? Abri um curso de formação aliando dança e abordagem histórica. Só se inscreveram estrangeiros. Fui para a Europa. Cada grande cidade do Velho Mundo quer ter seus dançarinos brasileiros, ao menos dois. Pedem a eles que confirmem o clichê do sedutor sorridente que fala de sexo. Saí correndo de lá. Como tirar partido dessa herança africana por tanto tempo recalcada? Gostaria de montar um espetáculo sobre a cultura profunda de Salvador. Imaginem só: não há uma única escola de dança aqui dirigida por um negro. Não conheço nem cinco artistas negros que vivam de sua arte nesta cidade negra. Vão lhes dizer: sim, é bom ser negro. E pronto. Buscar a matriz de sua própria riqueza requer mergulhar nos livros. Ninguém pensa nisso. Exige esforço demais. E se a admiração que o estrangeiro dedica ao Brasil não insufla o orgulho do povo de Salvador, então quando ergueremos a cabeça? Como sarar dessa frivolidade crônica?

Eu agravo a sentença:

– Tudo hoje em dia é feito para mutilar nossos neurônios, empanturrados do supérfluo, mas não alimentados do essencial. Tornamo-nos todos desvalidos da globalização à base de leviandade culposa...

Está certo, costumamos abusar desse tipo de tiradas que brandimos como espadas para rasgar o ventre da estupidez midiática sem jamais conseguir vencê-la. Acabamos rindo da nossa própria fúria. Mas Carlos reage:

– Boa ideia: vou levá-los à Sociedade Protetora dos Desvalidos!

– Sério? Vamos lá!

Com grandes passadas, descemos a escadaria e a Ladeira do Carmo, depois subimos para o Pelourinho. Notamos (mais uma vez) o fechamento da Igreja de Nossa Senhora do Rosário (dos homens negros) para reforma. A visita de cortesia aos santos africanos fica adiada para uma próxima vez. Saudamos com deferência a efígie de um escravo guerreiro, de torso de bronze nu e musculoso, apoiado em sua lança, com uma perna dobrada, como se estivesse à espreita: Zumbi dos Palmares. Uma placa no pedestal grita esta fórmula de choque: "É chegada a hora de tirar nossa nação das trevas da injustiça racial". Eu aprovo:

– Muito bem dito!

Carlos joga água fria:

– Em primeiro lugar, a maioria dos negros não sabe ler. Veem ao passar pela Praça da Sé a estátua de um negro com uma arma. Identificam-no a Zumbi, chefe dos escravos fugitivos que, vencido, teve de se matar jogando-se numa cachoeira para não ser preso. E só. Eu mesmo nem sabia da existência de João Cândido Felisberto, o Almirante Negro. Foi graças a uma conferência, dez dias atrás, que ouvi falar pela primeira vez da Revolta da Chibata no Rio de Janeiro e do *Potemkin* brasileiro. Foi na Sociedade Protetora dos Desvalidos...

A confraria dos desvalidos

Abrimos passagem entre palhaços, um sujeito de perna de pau, baianas de vitrine e um círculo de turistas encantados, em plena zona de frivolidade máxima. Chegamos a um pórtico, empurramos uma grade. Nem mais um barulho. Uma carranca de barco, meio leão meio dragão, monta guarda diante da sede da Sociedade Protetora dos Desvalidos. Uma campainha sinaliza nossa intrusão. A escada estala. Velhos senhores negros de têmporas grisalhas, seriamente abancados diante de maços de papel, erguem a cabeça, interrogam-nos com o olhar: o que vem fazer aqui um rastafári acompanhado por um casal visivelmente estrangeiro? Carlos apresenta nossa turma com uma voz carregada de deferência. O lugar rui sob a solenidade pomposa do século XIX. O salão nobre, destinado à reunião anual dos membros da sociedade, declina sobre as paredes a longa marcha rumo à liberdade. Retratos de heróis abolicionistas e uma galeria de quadros alegóricos evocam o caminho percorrido: viemos daí! Uma moldura rococó encerra as fotos ovais da diretoria de 1930. Uma estranha composição, falsamente ingênua, opõe, sobre um fundo azul celeste, a cruz e o pelourinho, confronta o Cristo crucificado e o escravo acorrentado ao poste de tortura, denuncia a prédica do amor convertida em discurso de ódio e opressão. Jesus, no balão de uma nuvem, diz: "Ninguém tomará lugar ao lado do Pai se não o fizer por amor a mim". Um velho negro de cabelo branco e cachimbo vermelho, um Preto Velho, responde: "Saber, Prudência, Resistência. Da Educação e da Cultura depende nossa nova alforria". Fatura talvez ingênua, mas constatação poderosa. Jesus é poupado pela crítica, é o seu ensinamento, deturpado, que é incriminado.

A Sociedade Protetora dos Desvalidos abriga mesmo assim uma capela, toda em estuque e dourados. Maria abençoa a morada, dois santos negros velam o altar. Leuk obtém o direito de fotografar. Somos admitidos na sede de uma confraria que construiu sua estratégia de entreajuda e resistência sob o manto da virgem. Até então, esses lugares nos pareciam inacessíveis, residiam apenas em livros.[6] O presidente da associação se levanta para um discurso de recepção, esperando evidentemente que o repetíssemos:

– Considerem que os escravos não passavam de coisas, animais transportados através do Atlântico, o grande rio. Esta casa dos desvalidos, dos desmunidos, foi a primeira "Caixa dos Necessitados", tendo por finalidade comprar cartas de alforria. Hoje, apesar da abolição, nada

---

[6] Como os de João José Reis, companheiros preciosos de viagem. E especialmente este: "Différences et résistances: les Noirs à Bahia sous l'esclavage". *Cahiers d'Études Africaines*, v. 32, n. 125, 1992. [Artigo que resume o livro *Negociação e conflito: a resistência negra no Brasil escravista*, de João José Reis e Eduardo Silva (São Paulo: Companhia das Letras, 1989). (N.T.)]

mudou profundamente. Continuamos "escravizados", pois vivemos à margem do poder. Não participamos do poder. Sofremos de um problema de autoestima. Continuamos sendo a gente da senzala, os relegados da zona servil, não temos acesso à casa-grande das decisões. Nossa verdadeira alforria passará, em primeiro lugar, pela educação, em segundo, pela educação e, em terceiro, pela educação. O Dia da Abolição, 13 de maio de 1888, foi na verdade um dia triste, pois, depois da embriaguez do Carnaval, de volta ao que antes mal ou bem era sua casa, o negro a encontrou trancada. A abolição jogou o negro na rua, sem terra, nem educação, nem direitos. Passagem direta da senzala à favela.

O presidente volta a mergulhar num espesso dossiê.

Outro membro da confraria toma a palavra e nos convida a acompanhá-lo até o pé do altar. Apresenta-nos aos eminentes arquitetos da dignidade, respeitosamente emoldurados: José do Patrocínio, o tigre abolicionista, o advogado panfletário Luís Gama e Castro Alves, o virulento poeta... Ficamos impressionados com a espontaneidade e a evidência de sua fala. Fizemos irrupção naquele antro de resistência movidos apenas pela curiosidade. Recebem-nos como se estivéssemos sendo esperados. O enunciado de nossa investigação sobre as pepitas brasileiras e a convicção de Carlos bastam para estabelecer um clima de confiança. Serão tão raros os visitantes da velha Europa a abrirem a porta com questões a tiracolo? Fazem-nos a leitura de uma História que não foi escrita, ou só muito recentemente, por uma nova geração de pesquisadores universitários engajados que se esforçam para mudar o curso do pensamento convencional. Acredite, Zayda, esses momentos de graça são para nós pontos culminantes da aventura. O tema das confrarias religiosas é crucial para compreender a construção do Brasil. Duas lógicas se confrontaram desde os primeiros dourados do barroco. Sendo que a vontade do mais forte nunca vergou completamente a espinha do mais fraco. Longe disso. Você sabe disso tudo, Zayda, mas essa partida de xadrez escapa ao entendimento do grande público. Acompanhemos as estratégias. Peões pretos, peões brancos. Retorno ao tabuleiro do passado.

Abertura e primeira resposta: os escravos não tinham autorização para se agrupar. Mas algumas confrarias de cidadãos pobres estavam abertas a eles, pois se desejava que eles se aproximassem da verdade de Deus e conhecessem a fé cristã. Seus donos tinham a obrigação de velar por isso. Os brancos queriam modelar o espírito africano. Os negros logo perceberam o espaço de autonomia que as confrarias ofereciam. Iam, de dentro, manipular a religião do poder em seu proveito.

Segundo ato: as confrarias, por princípio, agrupavam membros da mesma condição. Os brancos impunham essa regra, ciosos por reforçar as barreiras entre negros crioulos, nascidos no Brasil, e africanos recentemente desembarcados. O poder pretendia tirar proveito dos antagonismos entre as nações Mina, Jeje, Nagô, Angola, Benguela, de acordo com os diferentes portos de embarque em Gana, Daomé, Congo... Dividir para melhor reinar e abortar qualquer aliança suspeita e inquietante. A jogada funcionou. Os negros demorarão para se abrir e superar suas dissensões. Mas chegarão lá.

Terceiro movimento: as confrarias funcionavam com a contribuição dos participantes. Nas instituições negras colocava-se o problema da gestão. Analfabetos, os societários eram de início obrigados a aceitar, e até a recrutar, brancos para os postos de tesoureiro e escrivão. O método do poder era simples: intrusão e estratégia de controle. Mas as ideias da Revolução Francesa trouxeram as luzes até as confrarias brasileiras, e os negros reivindicaram "o aprendizado da escrita e do cálculo", portanto, a independência de suas contas.

A jogada foi contestada.

Os brancos se ofenderam com semelhante pretensão: O quê?! Uma assembleia negra sem supervisão branca? Nem pensar! Naturalmente alguns negros sabem escrever, mas de maneira bárbara. Só uma autoridade branca pode garantir a paz e a ordem nos negócios negros, perturbados por eternas discórdias. Essa exigência não pode ser séria, é imprudente, frívola e contrária aos interesses das próprias confrarias!

Réplica inesperada: os confrades negros ousaram endereçar uma petição à Coroa portuguesa, que, após discussão e conselhos, deu razão a seus súditos negros e mestiços, julgando-os aptos a dirigir os destinos de suas assembleias. Coisa nunca dantes vista.

A partida esquenta.

Nosso mentor põe sobre a mesa de discussão o exemplo da Sociedade dos Desvalidos. No início, os primeiros societários aderiram a uma confraria sob forte dominação da Igreja. Fundaram em seu seio uma devoção a Nossa Senhora da Soledade. Três membros dirigiam essa seção. O presidente e o tesoureiro eram negros, mas o triunvirato tinha cabeça branca: um padre. E foi aí que a porca torceu o rabo. As contribuições dos fiéis, em dinheiro ou joias, eram guardadas num cofre. O padre queria usá-las para a manutenção e o embelezamento da igreja, para evitar, é claro, que aqueles fundos servissem para a alforria de irmãos negros ou para despesas de solidariedade com a saúde ou funerais dignos. A tensão foi tamanha que colocaram três fechaduras no cofre. Ele só podia ser aberto na presença dos três responsáveis, cada um detentor de uma chave.

– Mas adivinhem onde ficava o cofre?
– Na casa do padre.
– Naturalmente. E não havia padres negros naquela época. Aliás, mesmo hoje em dia quase não há: um em cada cem no Brasil contemporâneo! A política das cotas aplicada ao ensino superior não deve esconder a miséria da educação básica. A pior possível. Como querem que os negros tenham acesso à instrução necessária para se tornar padre? Sim, vimos um negro chegar ao cargo de bispo. Foi acolhido com tamanho frenesi em Salvador que o enviaram para o interior do país a fim de tirar qualquer esperança da população. Repito: a verdadeira alforria passará pela conquista do poder.

Voltemos ao jogo de xadrez.

Para escapar desse controle pernicioso, a Sociedade dos Desvalidos mudou de capela e passou a integrar a Nossa Senhora do Rosário dos Homens Pretos no final dos anos 1820. Mas já então estava fermentando a Revolta dos Malês que ia sacudir Salvador. Muitos de seus participantes frequentavam a Nossa Senhora do Rosário.

Nosso informante se exalta:

– A Revolta dos Malês, duramente castigada, deve imperativamente figurar no relato de vocês! A esse drama está ligado o destino de nosso bem-amado Luís Gama, pepita magistral, figura de ouro para a coleta de vocês.

Fazemos a promessa solene de honrar a memória dos Malês e de Luís Gama.

Continuação.

A Sociedade dos Desvalidos fugiu da repressão anunciada e, em 1832, alugou uma casa no Pelourinho: esta onde estamos agora. Os nobres estavam deixando o bairro pelo da Vitória, menos agitado.

Havia espaço livre. Foi assim que se instalou e se afirmou a Sociedade Protetora dos Desvalidos, animada por um ideal de igualdade, de fraternidade e de caridade que ela pôde finalmente pôr em prática: compra da liberdade, assistência social, poupança. Os administradores, todos homens negros livres e de certas posses, engajaram-se numa política de aquisição de casas cujos aluguéis, depois da abolição, possibilitarão o pagamento de pensões e aposentadorias, cobrirão despesas de saúde, formação profissional, apoio ao emprego. Até hoje.
– Unicamente para negros. Há tanta coisa por fazer...

Sem piedade com os alfaiates conspiradores

De volta à superfície do banal depois de um mergulho como esse nas profundezas do passado, sentimos a necessidade de uma cabine de descompressão. Nada mais simples: basta dar alguns passos, acompanhar Carlos, atravessar o terreiro de Jesus que vibra ao som dos berimbaus, e se deixar entrar no "templo das infusões". O bar O Cravinho, fundado nos anos 1990, tem como missão promover o saber-beber dos antigos. Ora, até onde sei, nesse recanto baiano onde reina a cana-de-açúcar, os trabalhadores se consolam das fadigas do dia tomando cachaça e não decocções de pétalas. Os etnólogos logo apreciam a decoração toda em madeira dessa cachaçaria. Barris, como perfeitos vigias, estão postados na entrada para dissuadir os espíritos aprisionados demais pela razão de entrar nessa casa. O barril mestre, patriarca das barricas, tem mais torneirinhas em sua pança do que Artêmis, a fecunda, tem tetas em seu peito. Falam-nos de 32 fontes de "infusões" possíveis. A primeira da lista leva o nome do estabelecimento, cravinho, e impõe sua receita iniciática: cachaça, cravo, mel e limão. Não esquecer de um toque de gengibre e de canela. A dose deve ser bebida de canudinho, em temperatura ambiente. Mas a cerveja gelada vem logo a seguir. Acho que nem chegamos a pedi-la... O peixe frito e os camarões ao coentro caem do céu na grossa tábua da mesa, talhada num só tronco. Estou esquecendo das linguiças que voam por sobre as cabeças de um público de intelectuais, comerciantes e funcionários de "classe média baixa", como gostam de especificar no Brasil. Pratos e bebidas circulam a preços populares numa profusão de risos, de conversas excessivamente altas, de choques de garrafas. Na mesa ao lado, um casal, evoluindo na antecâmara do coito, transforma uma enfiada de infusões absorvidas em carícias exacerbadas.

– Será um bom lugar para evocar Luís Gama?

Bem que poderia ser, pois a mãe desse diamante nacional tinha uma venda de bebidas na Salvador dos anos 1830 e cozinhava. Mas não, não é o momento. A hora é de dançar. Carlos dá aula na Escola de Dança da Fundação Cultural do Estado da Bahia, a única dotada de uma biblioteca. Uma referência! Também fica a dois passos dali. Saímos do Cravinho na hora em que as vendedoras de acarajé e abará se instalam nas calçadas. Sabiam que foi Iansã, ou sua gêmea cristã Santa Bárbara (se aprendi bem a lição), a primeira mulher (espírito) que ensinou às mulheres (mortais) a arte de fabricar bolinhos com massa de feijão para que pudessem prepará-los em casa e educar seus filhos ao mesmo tempo? Não temos tempo de parar: contudo, adoro acarajé e o porte majestoso das vendedoras baianas. Carlos convidou estudantes brasileiros de uma escola norte-americana da periferia rica. Excelente – e rara – oportunidade para eles de pôr os pés no Pelourinho e absorver as vibrações dos ancestrais. *Dança, Zumbi!* É isso, dançar para que a herança dessa sociedade baiana suba à cabeça. Já entendemos. Passamos a noite no suor de corpos que ensaiam, em três andares, e como chave de ouro as demonstrações do velho Mestre King, septuagenário sedutor no ápice da graça afro-brasileira.

O último toque das congas nos lança numa rede para um parágrafo de repouso e uma conversa com a lua úmida esparramados nessa nave espacial pendurada no terraço da casa do Dimitri, sobre a montanha geométrica das docas. Lucíolas elétricas assinalam a posição da Ilha de Itaparica no meio da baía. O vento agita o rabo de peixe da palmeira indonésia que balança como um enorme metrônomo. Sinfonia noturna para miados de carros. Nenhuma hora os faz parar. A avenida do porto é um nervo motor da cidade. Meus pensamentos zumbem. Por muito tempo erro a entrada do túnel do sono. Leuk censura minha recusa doentia de tranquilidade. O repouso me entedia. Tenho pressa de estar de novo à espreita, na rua. Amanhã, às nove da manhã, sob a estátua do poeta Castro Alves, para uma excursão pela praça das rebeliões. Sei que Salvador tremeu diversas vezes de cóleras negras. Carlos prometeu nos contar em detalhes a Revolta dos Alfaiates. Por isso espero que o dia se vista com seu traje de luz o quanto antes.

Evidentemente, atravessando o Pelourinho e a Rua Chile, chegamos antes da hora, desembocando em passo alegre na Praça Castro Alves pelo caminho usado pelos blocos afro no Carnaval quando vêm exibir sua criatividade no ponto estratégico do desfile. Ali, os palcos móveis dos trios elétricos completam seu circuito e os canais de televisão colocam o maior número de câmeras. Porém, mais do que o reconhecimento midiático, os conjuntos negros como o Olodum ou os Filhos de Gandhi devem querer captar a atenção de Castro Alves. O poeta absoluto, autor do *Navio negreiro*, o cúmplice branco dos irmãos negros, gritou até o fim da vida contra a maldade dos homens e, com cada um de seus versos, incitou os subjugados a quebrarem suas correntes e se vingarem. A estátua do eterno jovem, cortejado precocemente pela morte (1847-1871), ergue-se sobre a Cidade Baixa e sopesa as nuvens num gesto lírico, lançando esta frase definitiva, para sempre célebre: "A praça é do povo, como o céu é do condor". Um escravo de bronze, a seus pés, toma-o ao pé da letra: sem camisa, maxilares crispados, aponta um gládio para talhar outro destino para si mesmo. Leuk leu, é claro, o *ABC de Castro Alves*, o livro de Jorge Amado sobre o agitador magnífico que pôs toda sua arte, sua alma, sua saúde a serviço da humanidade, sonhando uma aurora para a noite em que o mundo vivia. Ela cita:

— "Castro Alves não chora o negro. Ele o engrandece."

— Bom dia, professores.

Aparição súbita de Carlos que persiste em nos ornar com a toga do maior respeito e com o título de "professores". E investe sua energia flexível e calma em facilitar nossa leitura dos capítulos "mais negros" de Salvador. Leuk parafraseia as palavras de Jorge Amado para saudá-lo através de sua cidade natal:

— "Amigo, se esta tua cidade da Bahia não tivesse nas ruas, nos seus morros, nas suas casas de azulejos, nas suas igrejas bordadas de ouro, nas suas macumbas cheias de música, no seu cais de aventurosos saveiros, no seu céu sem igual, se ela não tivesse toda a beleza da Terra, ainda assim, amigo, a tua cidade seria a mais bela do Brasil, porque foi nas suas ruas que Castro Alves aprendeu a amar a liberdade."

E faz estalar com ênfase o elástico de seu Moleskine empanturrado de referências. Carlos faz uma reverência, feliz com a citação.

— Você falou em macumba? Não podia escolher melhor lugar para pronunciar essa palavra. O que vocês veem aqui em volta?

Pegadinha para os viajantes cegados pela superfície ilusória do cenário. Tento uma longa panorâmica descritiva:

– Vejo um vendedor de água de coco cujo guarda-sol risca com um traço verde um formidável afresco de Carybé no concreto de uma parede cega. À primeira vista, a obra relata a conquista do Brasil pelos portugueses. Noto soldados armados, cavaleiros com armaduras, bois desembarcados. Adivinho uma embaixada indígena com um chefe emplumado e pirogueiros autóctones remando ao rés da calçada. Um esboço de negociações. E essa silhueta bunduda no meio de desejos viris não representaria a primeira tentação dos brancos filhos de Adão olhando com cobiça uma Eva saída das costas desse paraíso terrestre no extremo dos mares?

– Nada mal, professor. E o que mais?

– Vejo palácios rococós de nababos, bulbos brancos sobre corpos de edifícios rosa ou amarelos, com varandas de balaústres e decorações cheias de guéri-guéri; lamento as cem janelas fechadas do Hotel Palace; conto um número impressionante de bares instalados em galpões sombrios, mas, para ser sincero, nenhuma alusão ao candomblé salta aos meus olhos...

– Tem que se inclinar.

Geralmente, as igrejas nos fazem olhar para cima. Mas esta, Nossa Senhora da Barroquinha, só se deixa descobrir se mergulhamos o olhar do alto da praça no dédalo de ruas comerciais engrinaldadas do bairro da Barroquinha. O edifício religioso ladeia uma espécie de mercado íngreme. É modesto mas bonito, bem proporcionado. Carlos tira uma foto de sua mochila: a igreja em 2003, antes da restauração. Árvores cresciam sobre sua fachada, saíam dos campanários, devoravam suas bases. Não havia mais portas nem janelas. O dançarino nos confia com voz sigilosa:

– Foi aqui, nos fundos dessa igreja, que se dissimulou o primeiro terreiro de candomblé de Salvador, Ilê Ilya Nassô, a casa de Mãe Nassô, mais conhecida pelo nome de Casa Branca do Engenho Velho.

Zayda, um passante qualquer jamais desconfiaria do alcance do acontecimento.

Os deuses africanos colonizaram o Brasil por volta do fim do século XVIII, saídos do peito dos escravos. Certamente já erravam havia um bom tempo, invisíveis sob as pálpebras de seus fiéis, escondidos no fundo de suas chagas e rugas, ou no emaranhado de seus cabelos crespos, mas ainda não exteriorizavam seus poderes, forçados a uma discrição de imigrados clandestinos, limitados em seus movimentos pelos controles policiais. E se os especialistas dizem que as primeiras manifestações declaradas ocorreram em 1789 é justamente porque há atas policiais relatando reuniões suspeitas de escravos e intervenções feitas nessas sessões de magia. Os primeiros testemunhos sobre a história dos orixás na Bahia nos são dados por seus inimigos. Justamente 1789, o ano de um grande relâmpago mundial. Os deuses negros também fizeram sua revolução. Foi nesse mesmo ano que desembarcou em Salvador um contingente significativo de escravos Nagô do reino Ketu, hoje dividido entre a Nigéria e o Benim. Entre eles havia reis e rainhas, mestres do sagrado. Ao que parece, esses cativos tinham pressa de reimplantar seus espaços rituais em território desfavorável e libertar os deuses para que os consolassem da aflição do cativeiro. Havia um terreno baldio e pantanoso nos fundos da igreja, percebido por uma mãe inicial, Tia Adetá, que ofereceu aos deuses confinados em cultos domésticos a oportunidade de pisar um chão da África ritualmente reinventado. Reza a lenda que o candomblé do Engenho Velho acontecia debaixo da terra e que os adeptos ali chegavam pelo tronco oco de uma árvore. Verdade ou mentira? O que importa é que a imagem diz muito do caráter secreto dessas assembleias, sobre as quais recaía a suspeita de esconderem escravos fugitivos, fermentarem o veneno da revolta e facilitarem a emergência de organizações políticas inadmissíveis. E, de fato, o candomblé da Barroquinha conseguiu orquestrar o culto de todos os orixás. Ergueu os quatro pilares simbólicos da região iorubá e foi capaz de reduzir os diferendos interétnicos sobre os quais o poder queria apoiar sua política de divisão. As perseguições policiais acabaram com a Casa Branca, obrigada, em meados do século XIX, a deitar raízes na periferia da cidade, no mesmo lugar onde se encontra hoje, já novamente incorporada ao tecido urbano. A presença no Centro de Salvador de uma organização africana era sentida como uma ameaça à construção do Brasil. Os dirigentes de então, ciosos de participar do concerto das nações "civilizadas", queriam branquear, "purificar a raça" (por meio de uma imigração europeia acelerada), a fim de entrar rachando, acreditavam, no grande estádio do progresso.

Andamos rumo à Praça da Piedade, fazendo o caminho que percorriam outrora os condenados à forca desde a prisão municipal. A artéria que levava ao desenlace (ou ao enlace) dos destinos condenados se chama

Rua da Forca. Até hoje. Difícil andar lado a lado nela. As lojas de tecidos, roupas, biquínis, tapa-sexos transbordam para as calçadas. Estandes de mercadorias baratas invadem o asfalto. Leuk, com o braço ainda numa tipoia, deixa-se convencer por um vendedor a enfiar seu punho numa munhequeira de campeão de tênis por um preço que não cobre sequer a viagem do objeto da China até o Brasil. Carlos nos fala de sua hesitação entre as responsabilidades artísticas e um engajamento profundo junto aos guias espirituais do terreiro de candomblé de seus parentes, cuja biblioteca gaba para nós. Servir os orixás implica sentir-se "atraído", "chamado", "sequestrado", "eleito". Sonda seu foro interior. E diz:

– O céu volta a escurecer sobre os deuses africanos. Seus lugares de culto não sofrem mais a perseguição da polícia, mas uma onda de vandalismos e de violências criminosas perpetrados pelos fanáticos de igrejas evangélicas que riscaram a palavra tolerância de seus evangelhos. E a compaixão junto.

No entanto, a Piedade bem que tem seu lugar em Salvador.

Um aprazível quadrado arborizado, bordado por gradis leves assinados Carybé. O jato de um chafariz central funde em seu penacho branco os usuários da tranquilidade. Pelo gramado passeiam camaleões. Uma curiosidade zoológica que resistiu à deterioração do jardim nos anos 1970. Era lá, portanto, que enforcavam os refratários à ordem portuguesa, ou, traduzido em brasileiro, os defensores da independência. Piedade por eles! O nome permaneceu. Suas cabeças eram muitas vezes expostas ali. Quatro delas continuam. Quatro bustos de bronze talhados sob medida para os líderes da Revolta dos Alfaiates. Quatro chefes negros. A execução ocorreu no dia 8 de novembro de 1799. Uma história que não promete ser engraçada.

Primeiro nos acomodamos no Trenzinho da Alegria, na verdade um caminhão de madeira estacionado na beira da praça. Uma joia de arte popular com uma cabine Scania verde, um reboque amarelo lotado de garrafas geladas e xelmas escarrando, pelas janelinhas de seus alto-falantes, propagandas alegres sobre o melhor da música brasileira disponível ali mesmo em formato mp3:

– Se quiser samba, axé ou reggae...

O piloto, um gigante de boné preto, barba cinza e chinelos rosa, sacode nossas cervejas em conformidade com seu gaio slogan. Sua vizinha de calçada se oferece para verificar, por uma soma módica, a tensão arterial ou a taxa de glicemia dos passantes. A praça regurgita ociosos que vêm ali matar o tempo: assassinato perpetrado cotidianamente pelos desempregados. Um jovem membro de associação militante vende CDs e livros sobre o direito para todos a uma História transparente do Brasil, sem exclusões de seus mais diversos componentes. Cruzamos com nosso tema a cada curva do caminho. O que nos traz de volta ao combate dos famosos alfaiates. Um episódio costurado com fios vermelho-sangue, é de se imaginar.

Era uma vez um costureiro negro, João de Deus, que pôs na cabeça que iria cobrir seu corpo de trajes leves e graciosos inspirados na moda anunciada pelos catálogos franceses. Ai! E ele não se privou de deambular diante da gente portuguesa atabafada em sufocantes veludos. Provocações imperdoáveis! Em primeiro lugar, vestir-se como um cidadão de primeira ordem; em segundo, brandir a arma da estética; em terceiro, ostentar conforto e satisfação; em quarto, desfilar arrogantemente pelas ruas. Imagine o ódio que essa exibição provocou! Estamos no fim do século XVIII, os escravos ainda andam de pés descalços e sem camisa. O estatuto de um ser pode ser lido por sua calça e pelo estado dos seus pés. O máximo que um liberto podia usar eram chinelos. Tanto que a expressão "pé de chinelo" até hoje é usada para designar uma pessoa pobre. Em suma, João de Deus e seu acólito Manuel Faustino, também costureiro de ofício, corriam grandes riscos vestindo-se como senhores. Daí o nome, Revolta dos Alfaiates, dado a esse movimento que, na verdade, enxergava bem além do simples botão da casaca. A Conjuração Baiana de 1798 almejava a independência do Brasil, o advento da República, o fim da escravidão e o estabelecimento de direitos iguais para todos os cidadãos. O poder achou que o uniforme de presidiário e o cânhamo da corda combinariam melhor com os alfaiates conspiradores. Vale notar que, depois da abolição, os libertos farão questão de usar a camisa branca bem-passada e de imitar as maneiras dos brancos. Infelizmente! A aparência é ilusória, não atribui os mesmos direitos. Os negros continuarão tentando tecer a igualdade. Por muito tempo.

A pulga na camisa dos poderosos

Um homem pagou caro por essa intolerável espera. A ponto de perder o couro. Morrer de tanto lutar. Luís Gama, uma das mais famosas figuras desta cidade, especializou-se em dar tesouradas no traje de arrogância dos brancos. Ficará conhecido como a "pulga na camisa dos poderosos". Ainda uma referência têxtil. Poeta negro de talento urticante, criou um jornal, o *Diabo Coxo*, para irritar os proprietários, alérgicos às suas picadas críticas. Por que tanto tardo em lhe contar a história dele, Zayda? Mais uma página de paciência.

Rodamos e chocalhamos nas vísceras de um búfalo urbano – um latão –, como de costume. Passamos pela Feira de São Joaquim, à beira da baía, embaixada cheirosa da África, sem bandeira nem serviço consular. Voltaremos. Prometido. O ônibus avança justamente para o banco das promessas, a Igreja de Nosso Senhor do Bonfim, erigida na Sagrada Colina, ponto culminante da fé baiana. Não faz sentido ir lá para evocar Luís Gama. Acontece que é manhã de sexta-feira, e não há nada mais urgente a fazer em Salvador do que se misturar à multidão dos devotos vestidos de branco. As missas se sucedem continuamente. Mas estamos mais interessados no escambo entre o céu e a terra que se opera no adro, ao longo das cercas que rodeiam a igreja. Uma bela mulher de ombros nus e cor de mel, vestido aéreo, vermelho e malva, lábios vermelhos e malva, ata uma fina tira de tecido nas grades de ferro. Centenas de fitinhas coloridas esvoaçam. Pensamos nos famosos *lung-ta* tibetanos, os "cabelos de vento" que levam as preces dos humanos aos quatros cantos do mundo para apaziguá-lo. Aqui, a solicitação feita às forças invisíveis é mais pessoal. Pede-se uma graça, paga-se após satisfação. Cada fita de quarenta e sete centímetros (o comprimento do braço direito da estátua de Cristo da igreja) traz inscrita a menção: Lembrança do Senhor do Bonfim da Bahia. Recordação e gratidão. Os vendedores correm atrás de nós para atar em nossos pulsos esse fio que liga Jesus aos orixás. São vinte e cinco por um real. Dizem-nos que cada cor representa um espírito da África e que se você escolhe o verde-escuro não é por acaso, mas por fidelidade a Oxóssi, e o amarelo a Oxum...

Garotos de túnicas brancas vendem ramos de louro. Censuram-nos por não termos vindo para a lavação da igreja. Mais um pouco e nos chicoteariam com seus galhinhos por tamanha infração turística. No segundo domingo de janeiro, depois da visita dos reis magos, uma multidão incrível de um milhão de pessoas converge em direção à Sagrada Colina para assistir à lavação da escadaria com água perfumada.

– A escadaria? Por que não a igreja?
– Ah, não! A igreja era no tempo dos escravos, forçados a limpá-la. O pessoal do candomblé ressignificou a corveia, transformando-a em devoção a Oxalá, o duplo do Senhor do Bonfim. A alta hierarquia católica reagiu e mandou fechar as portas para essa maré humana de janeiro. Pois a grande lavação dos degraus é feita ao som de tambores e cantos africanos.
– Obrigado pela informação.
– De nada.

Quem diz banco celeste dos votos diz caixa dos depósitos terrestres. Tradução: ex-votos. Onde eles estão? Apontam-nos uma sala de oferendas recentes entulhada até o teto de membros de resina. Para ver o museu das promessas pagas, no primeiro andar da igreja, é preciso pagar ingresso. Subimos. Estamos sozinhos ali com uma jovem guardiã animada por uma fé sorridente. Talvez nós também tenhamos um desejo a formular, um "bonfim" a esperar para nossa investigação?
Jubilo, Leuk jubila, jubilamos, debruçados sobre vitrines cheias de pés, mãos, pernas, corações, seios, dentes, de ouro e prata, pequenos, objetos preciosos para promessas sérias. Fixamos os olhos de Santa Luzia sobre uma bandeja de cerâmica. Oftalmia curada. No século XX, os fragmentos de corpo mudam de material, deixam de ser de madeira. Uma parede inteira de cabeças esculpidas, de braços, de efígies nos proporciona um prazer mais vivo do que muitas acumulações conceituais de arte contemporânea, friamente intelectuais. Os delírios da fé culminam em estantes de gratidão onde se alinham casinhas, estilo chalé, para indicar um acesso à casa própria ou ao menos a uma moradia decente.
A guia nos aponta os quadros.
Primeiro um baixo-relevo do aparelho digestivo completo, com o esôfago erguido como o pescoço de um cisne. Cirurgia bem-sucedida. E que tal esta pintura de acidente: na beira de uma estrada que atravessa uma plantação de cana, uma Kombi azul escondida como uma fera que tivesse agredido uma mulher estendida no chão. A vítima, salva, pagou um dos artistas *naïfs* que outrora propunham seu talento diante da igreja. Um pintor público, à maneira de um escrevente público, representou o milagre sob o ditado da milagrada. Esse esforço criativo e custoso, endereçado ao Senhor do Bonfim, recompensava-o por sua

generosidade. Quadro seguinte: uma altiva traineira, com a bandeira do Brasil, fende as ondas sob a proteção de um Cristo crucificado num disco solar. Ou ainda: um doente, rico, deitado em sua cama com dossel, ergue o braço para um Cristo que, numa nuvem ardente, quebra o vidro de uma cristaleira. Sua mulher, drapeada com um xale vermelho, ajoelhada diante da aparição, implora a cura do doente, obtida em 1843.

A amável guardiã nos mostra uma fileira de troféus dourados oferecidos por equipes de futebol depois da vitória. Obrigado, Senhor, por ter nos ajudado a furar a rede dos adversários!

– Os negros pagam mais suas promessas do que os outros fiéis – sopra a nossa guia. Venham por aqui!

Mais uma moldura dourada expondo uma cena de fazer tremer a caneta e a câmera fotográfica. Zayda, repare só no paternalismo desconcertante da obra: no plano de fundo, ergue-se a Igreja do Bonfim. Fincada no adro, a cruz do Calvário. Cristo, olhando para baixo, assiste às manifestações de gratidão que um punhado de escravos dirige a um senhor branco, que adivinhamos poderoso com seus trajes solenes e seus enormes bigodes. O barão do Rio Branco, homem de Estado, acaba de promulgar a Lei do Ventre Livre. No meio da tela, ele aperta o decreto contra o seu peito e passa a mão com indulgência nos cabelos crespos de uma negra que se derrama em lágrimas. Outra mulher ajoelhada toca na sobrecasaca do político, como se emanasse dali uma força sagrada. Não agradece por si mesma, que permanece na mesma triste condição, mas pelos bebês paridos a partir de 28 de setembro de 1871: eles virão à luz livres desde a saída do útero. Ufa! A princesa Isabel ratificou o texto. Mas, atenção: os pais continuavam escravos; assim sendo, os donos velariam por essas crianças livres que, em contrapartida, serviriam a eles até completarem 18 anos. Pérfida manobra que consistia em pegar de volta o que se tinha sido obrigado a dar. A guia suspira:

– Como é longo o caminho para a liberdade! A lei do ventre livre foi coisa para inglês ver. Só porque os rugidos abolicionistas dos britânicos, engrossados pelos gritos dos militantes brasileiros, estavam começando a ficar ensurdecedores.

Eis aí, Zayda, diante dessa perfeita representação da hipocrisia em ação, anuncio-lhe a irrupção de Luís Gama, que, em seu poema "Quem sou eu?", declara fugir da hipocrisia, da sandice e da fidalguia.

Calma, tudo tem sua explicação. Até a aparição de Luís Gama neste ponto preciso de nossa narração. Acontece que a jovem guardiã do museu é na verdade uma estudante de História que financia seus estudos lustrando e escrutinando os ex-votos. Elogiamos sua erudição. Ela nos conta, não sem orgulho, que está trabalhando numa tese sobre "Luís Gama e a liberdade de expressão".

– Belo tema! Parabéns!

A jovem interpreta nossas exclamações como um convite e, imediatamente, com muito gosto, começa a nos expor o roteiro da vida brilhante e dramática de um dos mais eloquentes panegiristas da liberdade. Mais um pequeno milagre em nossa investigação. Que, neste lugar, ganha todo sentido. Obrigado, Nosso Senhor do Bonfim!

– Não dá para falar de Luís Gama sem evocar sua surpreendente mãe.

– Luísa Mahin! – aprova Leuk, que faz questão de mostrar que também já pesquisou sobre o assunto.

– Sim, Luísa Mahin, muito bem! Luís Gama falava de sua mãe como de uma africana livre, turbulenta e vingativa que sempre recusou o batismo e a religião cristã. De origem Mina, de nação Nagô, Luísa Mahin era de linhagem régia. E recuperou seus títulos de nobreza nas ruas da Bahia, onde seus admiradores costumavam chamá-la de Princesa Luísa.

Está na cara que a estudante sente prazer em sair de seu papel de vigia de museu.

– A história começa, como sempre, com o ataque a uma aldeia na África. A pequena Luísa, filha do rei, é raptada, vendida em Salvador, criada para ser uma doméstica. Elegante e graciosa, é notada por um jovem fidalgo, da pequena nobreza baiana, que lhe oferece a liberdade e sua cama. Um menino nasce dessa transação paga com o corpo: Luís. Ele cresce perto do fogão da mãe cozinheira, que, reza a lenda, esconde atrás da fumaça uma reserva de armas e uma sala de conspiração. É em seu antro que os chefes malês, malinquês, "muçulmanos", preparam a rebelião que deveria fazer de Salvador um encrave islâmico independente. O boato via já em Luísa uma futura rainha, embora ela frequentasse mais os terreiros de candomblé que as suras do Corão. Em todo caso, o golpe vai sendo incubado aos poucos. Os malês representam uma corrente de escravos maometanos, alfabetizados e religiosamente organizados, especialistas em fórmulas secretas e amuletos. Não suportam a ideia de estar a serviço de senhores cristãos, infiéis. Execram os portugueses, desconfiam dos mulatos, que consideram semibrancos, traidores de nascença. Prometem matar os primeiros e reduzir os segundos à escravidão. Perspectivas que não agradam a todos, mesmo entre os oprimidos. A revolta está em curso. O mês de janeiro de 1835 é propício ao ataque. As festividades ao redor da Igreja do Bonfim, nos dias 24 e 25, absorvem a vigilância dos cristãos. O fim do ramadã cai bem no dia 25. Mas o sinal é dado tarde demais e o movimento sucumbe. Amedrontados pela sorte prometida àqueles que não têm a confiança dos insurgidos, os próprios negros traem a insurreição.

– Fracasso total! Um desastre – intervém Leuk.

– Luísa Mahin escapa da repressão que se abate. Sabe-se que participou também da revolta seguinte, a Sabinada, um levante republicano liderado em 1837 pelo doutor Sabino para forçar a Bahia a se separar do Brasil monarquista.

– Mais um fracasso! Mais um desastre que deixa muitos mortos.

– Sim, o Brasil teme o contágio da independência haitiana, conquistada pelos negros em 1804. Exemplo execrável, insuportável, que deve ser pisoteado. O poder apaga com sangue qualquer início de incêndio comparável. A princesa é presa, assim como outros membros de cultos africanos. A partir de então, perdemos seu rastro. Luís tentará, mais tarde, encontrá-la no Rio de Janeiro. Mas nunca voltará a ver sua mãe. Terá sido "forçada ao exílio", como muitos negros enviados de volta para a África? Na verdade, condenar os libertos por insurreição era uma maneira prática de se livrar desses elementos indesejáveis no mercado de trabalho e considerados como perigosos provocadores. Luísa Mahin entra na lenda dos agitadores desaparecidos, mortos ou reexpedidos para um continente que não conhecem ou que deixaram humilhados. Os chamados Agudás, "os retornados da viagem sem volta", que logo aplicarão em Daomé, Togo, Gana e na Nigéria os talentos adquiridos no Brasil, monopolizando os domínios do artesanato, da arquitetura, da construção, do comércio, da costura, e formando rapidamente uma elite endinheirada e "ocidentalizada" num mundo ainda tradicional. Uma burguesia mercantil até então inexistente na África. Alguns não se contentam em negociar aguardente, tabaco ou óleo de palma: traficam escravos. Negros negreiros, isso existe. O dinheiro não tem cheiro nem melanina.

– Luísa sai da história – diz Leuk – para demonstrar nosso interesse pela continuação desta.

— Sim, mas resta ao menino Luís um pai que o adulto Luís Gama, em seus versos de poeta, evitará nomear. Atenção: esse pai de pequena nobreza que, como a maioria dos brasileiros, encobre os pigmentos plurais de sua pele sob o pó branco das "mais puras origens portuguesas", esse pai, outrora amoroso, de repente, afundado em dívidas, mostra-se capaz de entregar seu próprio filho aos mercadores de escravos para que o vendam em leilão. O garoto Luís, nascido livre, é adjudicado! E se torna escravo de um proprietário de péssima reputação, conhecido por torturar seus escravos desvalorizados pela idade. Contudo, é no cativeiro que aprende a ler com uma facilidade insolente. Sua inteligência é tão evidente que seu dono a percebe e o nomeia preceptor de seus próprios filhos.

— O destino de Luís Gama está em curso.

— Sim, ele corre. Gama manda sua condição às favas, foge da casa de seu dono assim que descobre que pode ter acesso à alforria. Engaja-se no Exército, estuda Direito, torna-se, pela força de seu trabalho, advogado sem diploma mas defensor reconhecido dos oprimidos, jornalista, satirista, poeta incisivo, pedra exasperante no sapato dos poderosos. Os críticos evitam valorizar seus escritos, seus adversários o tratam de bode. Ele se apropria do insulto e o transvalora naquele poema que já citamos, "Quem sou eu?", popularmente conhecido justamente por "Bodarrada". Ser bode, pouco lhe importa. Bodes há de toda casta. A espécie é vasta. Há cinzentos, rajados, baios, malhados, bodes negros e bodes brancos, ricos e pobres, sábios, importantes, e também alguns tratantes. Bodes somos todos. Mas ser negro é o que Luís deseja. Estar do lado daqueles que sofrem os preconceitos de uma sociedade de predadores. Isso sim, de verdade! Uma de suas frases mais célebres, pronunciada diante de um júri, está escrita em letras garrafais na memória dos afrodescendentes: "O escravo que mata o senhor, seja em que circunstância for, mata sempre em legítima defesa". Tamanha ousadia não é para qualquer um. Luís reivindica o orgulho de ser negro. É o primeiro a cantar a beleza da mulher negra e a grandeza da alma da mesma cor. Esse malabarista das leis aproveitará todas as falhas do sistema, todas as contradições do regime para obrigá-lo a cumprir as promessas feitas aos negros no afã de agradar a opinião internacional. Numa carta autobiográfica a Lúcio Mendonça escrita em 1880, Luís estimava ter libertado mais de quinhentos escravos. Foi o mais valente dos abolicionistas, o mais coerente, censurando outros militantes por só rejeitarem o sistema escravocrata em razão de sua ineficácia econômica e não por princípio. Três mil admiradores seguirão aos prantos pelas ruas de São Paulo o corpo do maior advogado brasileiro do século XIX, morto no dia 24 de agosto de 1882.

Aplausos sinceros.

A guardiã estudante saúda o público.

Caetano Dias: a arte da denúncia através do açúcar

Dimitri tem uma maneira muito *sui generis* de interferir nos rumos de nossa investigação. Envia-nos e-mails do seu escritório situado a dois bateres de asa de colibri do nosso quarto. Descobrimos as mensagens de nosso anfitrião no cybercafé: mistura de piadas que circulam na internet com recomendações para o trabalho. Nesta manhã, nossa caixa ostenta um "alerta saúde". Especialistas de Bruxelas tornam públicos os resultados de uma pesquisa preventiva que demonstra que: vodca + gelo = acaba com os rins; rum + gelo = acaba com o fígado; gim + gelo = acaba com os neurônios; uísque + gelo = acaba com o coração. Conclusão: gelo faz mal. Em compensação, uma segunda mensagem marca um encontro para nós com o artista Caetano Dias às 15 horas em seu ateliê. Ou seja, dali a pouco.

A vida, às vezes, é bela.

Leuk e eu tínhamos ficado arrepiados com a leitura do catálogo *Viva cultura viva do povo brasileiro*, editado com a participação (sutil e fervorosa) de nosso amigo jornalista TT Catalão, o homem que, por meio de textos poéticos, trombeteou sua ira e contribuiu para a queda da muralha (de Jericó) da ditadura militar nos anos 1980. Zayda, permita-me abrir um parêntese para homenagear TT Catalão, que ousou escrever-gritar aos generais de Brasília que abrissem as janelas do país e deixassem a democracia entrar, imediatamente. Diretas Já!

Dito isso, no rico catálogo de criações populares e contemporâneas expostas no Museu Afro Brasil de São Paulo em 2007 figura uma dupla página consagrada a uma das expressões mais contundentes de Caetano Dias: suas cabeças de escravos feitas de açúcar, em tamanho natural. Acredite, o impacto dessas feições negroides de um branco cadavérico, manchadas pelo melaço marrom da decomposição, de olhos fechados, é de uma força inaudita. Desde então, sonhávamos em encontrar o inventor baiano dessa série perturbadora, um dos maiores artistas visuais do Brasil contemporâneo. Dimitri realizou nosso sonho. Estávamos tomando uma caipirinha no bar do Pascoal, sob a cruz do mesmo nome, bem no meio da Rua Direita de Santo Antônio, na noite quente de Salvador, quando nosso anfitrião e mentor rugiu o nome de Caetano, interrompendo a perambulação noturna do artista, que se juntou a nós para uma segunda caipirinha e prometeu abrir seu ateliê para a gente. Devíamos apenas aguardar uma confirmação. Ela acaba de chegar a nossa caixa de mensagens. Já estamos no ônibus com destino ao bairro de Brotas.

Caetano Dias não é uma pessoa expansiva, mas tudo que sai de sua alma e de sua consciência sob a forma de pinturas, murais, esculturas, instalações e vídeos provoca um grito que sobe pela garganta do espectador. Tenho como traduzir melhor para você, Zayda, o choque que sentimos assim que entramos em seu ateliê? Na parede está pendurado um Cristo antigo e mutilado. Peça barroca? Não, é o molde em silicone da primeira obra em açúcar de Caetano Dias. Modo de usar: um voluntário oferece seu corpo para a modelagem. Então, enche-se de açúcar o molde, que será recortado e remontado, fragmento por fragmento. Transposição do método conhecido como cera perdida. O fulgurante Cristo em açúcar foi exposto no evento "Estratégias Barrocas" em Quito, em 2004. O invólucro do Cristo efêmero (o molde), pendurado no ateliê, parece talhado em madeira, antigo. Nada disso. Falsa aparência. Parece que penetramos o antro de um poderoso demiurgo. Caetano afirma: a ideia de usar açúcar não tem nada de inocente. A alusão à economia açucareira da Bahia é flagrante. Ou seja, a participação dos negros na edificação do capitalismo da cana. Caetano diz que não acusa nem põe em causa, mas não tem como negar a dimensão social de seu trabalho. Estimular o pensamento através de todos os vetores possíveis, não é? Sim, ele executou aquele Cristo agonizante para parafrasear os sermões do Padre Vieira (1608-1697). O pregador, aliado do poder, recomendava aos escravos que padecessem durante a vida a Paixão de Cristo, obedecendo escrupulosamente aos seus senhores, bons ou maus, a fim de obter o acesso à vida eterna (decerto nem à direita nem à esquerda, mas nas costas de Deus) após a experiência benéfica do mais ardente sofrimento. Agradeçam a Deus por se ter feito conhecer tão bem por vocês, concluía o bom padre. Amém! Para iluminar ainda mais a Paixão dos escravos, Caetano concebeu as cabeças de açúcar. Ele liga o computador. Surge na tela um mural de quarenta fotos. Quarenta cabeças no chão que parecem ter sido separadas dos corpos de condenados. O efeito é terrível. Algo entre os resultados de escavações arqueológicas e a exposição de troféus de guerra após a campanha sangrenta de extermínio de um quilombo. Decapitação dos fugitivos e exibição exemplar de suas cabeças. A *mise-en-scène* lúgubre, a iluminação, o realismo perfeito, o caráter do material, tudo concorre para uma fascinação mórbida e mordida. Caetano Dias fotografa também a decomposição de suas obras ao longo dos anos; revelando a erosão do tempo que lambe o açúcar, derrete-o. Alguns modelos, que emprestaram seus traços, ficaram consternados diante da visão de suas cabeças jazentes, descobrindo-se mortos, submetidos à degradação. Caetano afirma não resolver nada, mas por certo recoloca, através desse diálogo entre o doce e o amargo, o açúcar e a morte, a questão da escravidão e de suas torpezas. A acumulação do longo penar, de um lado, e a capitalização de imensos lucros do outro. Ó açúcar, produto suave da indignação humana, poderemos um dia reparar os crimes cometidos em teu nome?

Ao sair, expedimos um e-mail para Dimitri, um relatório da missão no ateliê de Caetano Dias. Esculturas e vídeos devidamente vistos. E descrevemos para ele este delicioso curta-metragem, *A garota negra*: música de carrossel, a câmera desenha movimentos no céu, o operador revoluteia, a imagem, rodando, capta os altos das casas, barracos de favela, cabelos crespos, uma testa negra, o rosto de uma menina, o movimento estranho de seus braços... O espectador especula: a menininha está dançando? Ela balança, seu busto se agita. A câmera a circula. Aparece um bambolê. A criança brinca, serena. O bairro, a miséria, sua realidade a cercam, sitiam-na. Mas ela rebola, senhora soberana do instante. É ela que faz girar o mundo, faz valsar a violência. *A garota negra* está em paz. A música a envolve em seu ritornelo. Doce obra estética de dimensão social.

Fim da mensagem séria.

Acrescentemos uma piadinha do tipo que Dimitri gosta, para voltarmos à conclusão de Caetanos Dias: é impossível reparar o crime da escravidão. Na verdade, essa piada não é engraçada. Mas vamos contá-la mesmo assim.

"Um senhor diz um dia aos seus escravos: Vocês estão livres. O quê?!, exclamam os escravos, não cabe a você decidir isso! A iniciativa deve vir de nós. Senão não vale. Bom, diz o senhor, decidam-se! O quê?! retorquem os escravos, ainda quer nos dar ordens? Do que nos serve estar livres?"

Dizem que a querela nunca teve fim: crime impossível de reparar...

Resposta curta de Dimitri, quase imediata (ele passa um bom tempo na frente da tela): outrora, o açúcar do Recôncavo Baiano chegava a Salvador pelo mar. Ainda hoje, uma boa parte dos produtos agrícolas vem do fundo da baía em barcaças a vela, de fundo chato, os saveiros. Com um pouco de sorte, verão algum aportar na Feira de São Joaquim. Precisam ir lá, Leuk e Leão, não têm escolha. Boa estadia nessa extensão da África em Salvador. Sejam prudentes. Não vão se perder no labirinto!

É assim que Dimitri influencia – para não dizer dita – nosso percurso.

A encarnação do desejo numa feira da África

Aquele que já frequentou a África subsaariana não há de estranhar essa feira cheia de fios elétricos pendurados. Vai gostar de vagar por essa cidade de lojas baixas, passear com deleite por esses corredores para pedestres e por essas ruelas onde os fregueses discutem, onde os distritos alimentares emitem sinais olfativos mais ou menos sedutores, onde os pés chafurdam em líquidos muitas vezes não identificáveis, onde os animais aguardam a aparição inexorável de uma faca, onde os corpos cansados fazem a sesta em meio à barulheira dos alto-falantes, onde os parentes pobres de Salvador transformam sua penúria numa cultura popular cujo gênio será louvado pelos escritores... São Joaquim se parece mesmo com a África, mas com uma África reinventada, uma excrescência ultramarina, uma conquista colonial operada por colonizados.

– Brasil, país de barriga enorme e aparelho digestivo poderoso! – diagnostica Leuk.

A Feira de São Joaquim é um ogro. Quanto ao tamanho do monstro: quatro mil estandes, sete mil e quinhentos comerciantes, dez setores. A sobrevivência de quarenta mil pessoas depende de suas pulsações diárias. Informações decerto sujeitas a flutuações. Reina a lei das corporações. Aqui, o canto do coco; ali, a farinha. Há certamente um setor para cada uma de suas necessidades ou vontades. Frutas, legumes, camarões, peixes, carnes, ovos, cana, cerâmica, barbeiros, cantinas e objetos "afrorreligiosos". Sem esquecer o largo do quiabo, lugar de culto do *oka*, o mais viscoso dos legumes, vindo da África, trazido pelos escravos, envolvido na receita do caruru, casado para tanto com os camarões secos, apreciado cozido também, dito rico em vitamina A, bom para a vista, recomendado para acabar com infecções intestinais e fragilidades digestivas. Glória ao quiabo, chamado de *ladyfinger* pelos ingleses graças à sua parecença com os dedos das nobres senhoras idosas.

O que desejamos neste dédalo?

Uma vozinha interior nos guia para uma loja escura de estátuas afrorreligiosas. Imagino, Zayda, que esses minimercados atulhados de produtos místicos devem parecer banais para você. Mas eles nos fascinam. Cheiram a incenso e transbordam de efigies de gesso pintado ou de ferro, de todos os tamanhos, orixás e santos católicos lado a lado, bunda a bunda, Virgens tímidas, deuses impudicos, gênios índios, espíritos vestidos de malandro sambista ou de marinheiro: só mesmo o céu brasileiro para abençoar tamanho samba do crioulo doido.

– O que desejam?

O vendedor pergunta. Seguro-me para não responder na lata: Carmencita, a encarnação do desejo em forma de mulher! É ela que viemos procurar neste labirinto formigante e cheiroso. Vou lhe dizer por quê. A loja dá para o porto. Nas águas esverdeadas, saveiros amarrados. O prédio azul da Petrobrás, antiga sede social da empresa transformada em escola, lança torres violetas por sobre os depósitos. E ali, na terra batida do cais, damos de cara com Exu. O orixá das encruzilhadas surge para nós na forma de um sedutor de cavanhaque bem-talhado, dois chifrinhos na testa, corpo inteiramente nu, peitorais salientes, pele vermelha como sangue de boi, uma mão no estômago, outra no peito, e a verga em posição meio-dia e quinze. Exu dardeja seus olhos amarelos em nossas pupilas. Sua estátua (à venda) tem mais de um metro e meio de altura. Há cabras enjauladas a dois passos dali. Atrás dos ombros vermelhos do deus nu, que a ignorância pode levar a confundir com o diabo, os morros de Salvador. É certo que ali, à nossa frente, ele traz os atributos libidinosos que a igreja tanto reprovou. Sabemos que Exu, espírito proteiforme, guarda os limiares, abre os caminhos, favorece os encontros e, a esse título, costuma ser aproximado de São Pedro. Ele ajuda os outros deuses a manifestarem seus poderes. É indispensável. Limitá-lo à encarnação do mal é uma idiotice. Ao menos isso sabemos. Não há ninguém por ali. Leuk presta sua homenagem a Exu lendo, diante da luzidia escultura, a advertência de uma mãe de santo que nos alerta contra os julgamentos apressados com uma bela sentença: "Mas, meu filho, bem e mal são noções humanas. Valores criados pelos seres humanos e que os deuses ignoram. *Nós* pedimos aos deuses que trabalhem para o bem ou para o mal, ou seja, para o *nosso* bem ou para *nossa* desgraça. Mas os deuses estão acima de tudo isso. Não ligam para nossa moral, sabe..." (BRAMLY, 1981).

Bem, mal, trabalho da mão direita ou da esquerda, boas intenções, planos maquiavélicos, feitiços lançados, maldição bloqueada: a consciência do ser humano não para de chacoalhar para tudo quanto é lado, de passar de um extremo ao outro. Os humanos modelam os deuses à imagem de sua própria ambiguidade. E a legião dos deuses nunca é demasiado numerosa para intervir no campo de batalha. Convém inclusive estar sempre inventando novas entidades para lidar com as mil consequências do grande antagonismo da alma humana. E foi assim que Carmem se viu incorporada à trupe dos espíritos afro-brasileiros, a linda cigana, a pérfida jogadora, a encarnação do desejo. Mas como diabos a heroína de Mérimée embarcou no mundo agitado da macumba?

— Só falarei na presença da interessada.

— Não deve ser difícil encontrá-la.

Aí está uma, empacotada na soleira de outra loja, com os mamilos negros de seus seios furando o plástico filme. Está quase nua e vermelha. Só uma calcinha preta cobre suas partes pudendas. As mãos no alto das coxas numa atitude de oferecimento intempestivo. Seus cabelos longos e negros serpenteiam sobre seus ombros. Seus lábios vermelhos desenham um sorriso sarcástico. O vendedor lhe dirá que aquela é Maria Padilha, mas as duas figuras femininas se confundem, provenientes de uma mesma fonte espanhola. Saiba que a própria Inquisição foi a responsável por essa inusitada transferência da Península Ibérica para o Brasil.

– Meu caro Leão, não acha que essa sua história é meio complicada demais?

– Quem teme a confusão não se interessa pelo candomblé. Devo a Zayda uma bela anedota pescada no oceano complexo dos ritos afro-brasileiros.

– Se tu diz...

Voltemos à palestra que fizemos na UFBA sobre a África lusófona e as pepitas já recolhidas no Brasil. Além de Carlos Alessandro Ujhama, estava na plateia Armindo Bião, professor, diretor de teatro, profundo conhecedor da história do teatro no Brasil e da literatura de cordel. Sim, Exu realmente favorece nossos encontros. Poucos dias depois, foi a vez de Armindo nos apresentar seus fragmentos favoritos de Salvador. A começar pelo chafariz dos navegadores, ponto inicial de colonização ao redor da água doce, lago hoje em dia escondido no meio de um ninho de prédios, impossível para um estrangeiro encontrar, ignorado até pela maior parte dos baianos. Era ali que vinha se banhar Catarina Paraguaçu, princesa índia que salvou um naufragado português destinado a ser devorado por seus congêneres. Esposando cristãmente Diogo Álvares Correia Caramuru, Catarina fez-se a mãe da grande família mestiça baiana. Bela figura cuja generosidade entretanto não foi benéfica para os povos indígenas...

– Muito bem. Mas onde entra Carmem-Padilha nessa história?

Calma, vamos chegar lá. No lago de Catarina, águas hoje cheias de sabão onde navegam frascos vazios de xampu, banha-se um menino de rua. Deixo que você mesma adivinhe a cor negra de sua pobreza. Armindo nos leva em seguida para ver as praias urbanas do bairro da Ribeira, recomendando que mantenhamos bem abertos nossos olhos de etnógrafos. Garanto que o espetáculo é alucinante para um indivíduo como vosso narrador, que tem fobia ao lazer balneário. Visão. Desde o começo da tarde de sexta-feira, a areia das praias da Ribeira desaparecem debaixo de uma explosão demográfica de corpos liberados. A rua do litoral é literalmente invadida pelos carros estacionados em diagonal com os bagageiros abertos vomitando diarreias sonoras de seus abomináveis alto-falantes. E o mais chocante nessa moda vinda dos *States* (que têm o dom de exportar o melhor da vulgaridade) é a indiferença desses jovens mutantes de ouvidos contaminados que conseguem ainda conversar absorvendo rios de cerveja gelada encostados nas carrocerias das infernais carangas.

– E a leitura, doutor Bião, que lugar ela encontra nesse desperdício de horas repetido a cada fim de semana?

– Vixe, vocês sabem, o Brasil é um país que lê pouco...

– E mesmo assim você persiste em escrever livros eruditos, defender a cultura, força emancipadora, e correr atrás das origens de Maria Padilha entre outros assuntos?

– Sim, mais do que nunca. Vamos tomar um sorvete e lhes falarei dela. Prometo.

Na Ribeira, diante da baía onde antigamente pousavam os hidroaviões, abre-se um galpão, não, uma caverna onde se precipita uma multidão para absorver os sorvetes artesanais. Trinta sabores. O difícil é escolher. Fico com acerola e biribiri, fruta cujo gosto parece misturar o limão e a maçã verde. E eis que Maria Padilha, ou Carmem, chega como a cereja do sorvete. Armando Bião explica:

– Maria Padilha foi amante a vida inteira do Rei Dom Pedro da Espanha. Estamos no século XIV. Vamos simplificar. Esse casal tem paixão pela crueldade. Dom Pedro dizimou todas aquelas e aqueles que o incomodavam, tornando-se um célebre *serial killer*. Com a morte dessa dupla trágica, a literatura popular instaurou definitivamente Maria Padilha no papel da mulher adúltera, sedutora, intriguista, verdadeiro gênio do mal. Perfil ideal para uma bruxa. Ora, os registros da Inquisição contêm diversas alusões a Maria Padilha, encantamentos que a associam às manigâncias de "mulheres perigosas", acusadas de bruxaria e por isso desterradas no além-Atlântico. Foi assim, envolto no tecido do rumor, que um duplo legendário de Maria Padilha desembarcou em nossas costas e foi incorporado ao imaginário afro-brasileiro, assimilado a uma das múltiplas formas do espírito auxiliar pombagira que encarna a beleza fatal da mulher ardilosa, insaciável e devastadora, perita nas coisas do amor, capaz de cozinhar os sentimentos em fogo alto ou brando. Uma bela assistente dos deuses na gestão da alma atormentada pela sensualidade. Maria Padilha das Almas. Maria Padilha, domadora de machos recalcitrantes ou de maridos que andam pulando a cerca. Maria Padilha passa a representar o poder sexual e bruxólico escondido em cada mulher...

– Claro – aprova Leuk. – Mas e a Carmem?

– Foi a mesma Maria Padilha histórica que inspirou a personagem literária – e depois operística – de Carmem, cigana incendiária, fatal e indomável. Encontra-se, aliás, na umbanda uma pombagira cigana. O mundo é pequeno.

Na Feira de São Joaquim, Leuk terá naturalmente de chamar Leão à razão, impedindo-o de comprar uma reprodução de bom tamanho da deusa vermelha de seios erguidos como as placas da insanidade na rua do desejo.

Luis Gama

VI
DE ARACAJU A RECIFE

Em que Leuk e Leão aprendem que o país pertence àqueles que lhe dão uma alma, leem uma carta endereçada a Deus por uma favelada, remontam o curso tumultuoso da identidade brasileira, prestam homenagem ao Rei Zumbi dos Palmares e assistem à entrada dos deuses do candomblé na universidade...

Crianças de uma invasão no Centro da cidade

Não tem nada como a chuva no Brasil para complicar a vida cotidiana e popular. Deixamos Salvador debaixo de um temporal. Já anunciam áreas inundadas. A lama invade as partes baixas da cidade e os bairros pobres em declive. Temos a sensação de estar fugindo da ameaça. Os vidros do ônibus, tingidos de azul, mentem desavergonhadamente. O antracito do céu assassina o otimismo azul-celeste artificial que a companhia inclui no preço do trajeto. Enganação. E não é a única. A estrada ladeia uma pista de metrô aéreo que deveria aproximar algumas periferias afastadas do Centro da cidade. O titânico canteiro de obras, iniciado há mais de uma década, progride numa lentidão absurda, sem fim. Os pilares sustentam estações vazias e uma via sem trens, mas (não) usuários impacientes os cobriram de grafites denunciadores, conferindo-lhes uma virtude artística. Às vezes a pista asfaltada penetra num túnel de vegetação. Parece perdida. Está perdida. Um dia, em Lisboa, no Museu da Fundação Arpad Szenes-Vieira da Silva, suspiramos acabrunhados diante de uma exposição desconcertante intitulada *Utilitas interrupta*, consagrada aos projetos grandiosos abandonados em algum lugar no deserto, na tundra, num golfo, transformados em vestígios de utopias, fantasmas de orgulhos. Talvez o metrô de Salvador acabe por rodar, mas, por enquanto, inspira o temor de que se torne uma utilidade interrompida.

É a segunda vez esta semana que chegamos aos confins de Salvador e roçamos o traçado do metrô. Há poucos dias, fomos ao encontro, numa escola pública mais do que periférica, de alunos capazes de nos revelar quem são os verdadeiros donos da terra brasileira.

Já estou vendo você, Zayda, arregalar os olhos.

Quem são os proprietários deste país? A questão é complicada no Brasil, onde indústrias agrícolas e criadores de gado monopolizaram áreas do tamanho de estados franceses inteiros, e onde multidões de sem-terra, expulsos do trabalho, vivem como funâmbulos, num fio de poeira, entre o asfalto das estradas e as cercas dos latifúndios. Foi, no entanto, de uma das residências da desgraça que chegou até nós uma resposta: da Fazenda Coutos III. Ali, bem no meio de uma miséria gritante, a Escola São Miguel dá lições de esperança como raramente recebi. Essa escola leva o mais longe possível, ou seja, à excelência, a reflexão sobre o papel essencial da educação, da cidadania, da cultura, da formação musical e teatral, na construção de jovens seres fragilizados pela existência à sua volta de adultos em grandes dificuldades. Diante da evidência do marasmo local, os responsáveis pelo Projeto de Iniciação Musical (PIM) tocam, há cerca de quinze anos, uma ação coerente e luminosa cujos resultados são saudados, apoiados, recompensados. A escola de área desfavorecida alimenta um espetáculo, *Donos da terra*, que por sua vez a alimenta. E o bairro refloresce de contentamento. Um pouco. Por vezes muito.

Conheço sua dedicação à educação, Zayda. Sei que essa excursão a deixaria deslumbrada.

Voltemos ao início da história. Era um sábado e estávamos na casa do Dimitri. Em sua biblioteca, debaixo de um lustre *kitsch* no último, composto de sereias sinceras e de galhadas de cervos emaranhadas, terminava um exótico cuscuz marroquino entre amigos. Engolido o último grão-de-bico, Dimitri advertiu a amável assembleia de que haveria um espetáculo excepcional às 16 horas no Teatro Vila Velha. Não apenas o recomendava aos seus convidados como também pôs todo mundo para fora com ordens de entrar num táxi e correr para o teatro. Os lugares já estavam reservados. O preço do ingresso? Um brinquedo ou um livro novos. Pois se tratava de um espetáculo cantado, dançado e interpretado por crianças, para um público adulto, em benefício de outras crianças. Ao dizer isso, Dimitri não deixou de acrescentar que aconselhava vivamente aos ditos adultos controlarem seus preconceitos e deixarem na chapelaria toda complacência. Em contrapartida, um pouco de creme poderia ser útil para aliviar as mãos depois dos aplausos...

Assim prevenidos, assistimos à performance dos *Donos da terra*.

Uma verdadeira performance. Levar quarenta e oito crianças, ainda nem sequer adolescentes, a tal nível de interpretação, de percussões, de cantos e de entrosamento é algo prodigioso. Cinquenta cenas, entre poemas e canções. Variados aspectos da cultura popular do Nordeste se sucedem num ritmo desenfreado. A criançada muda de figurino como atores profissionais, e que figurinos! Um quadro se segue ao outro e todos visam a um sentido comum: a famosa questão da identidade nacional, objeto de sérias manipulações e de golpes sujos num passado tão atual. Os atores da peça se comprazem esperta e melodiosamente em embaralhar a escritura discordante da construção do país. Dizem: o Brasil é simples como uma adição. Índios + portugueses + africanos, formamos, "pela força das coisas", o povo dessa terra. E o talento do Brasil será fulgurante se todos nós reconhecermos a evidência desse conjunto que a História, boa ou má, forjou. Somos os proprietários do Brasil, pois somos nós que o animamos, que lhe damos uma alma.

É claro. Por trás dessas grandes crianças há também adultos com grandes ideias. João Gonzaga, cantor, compositor, intérprete, diretor, conhece desde que nasceu o repertório completo das periferias e o refrão obsedante da exclusão. Como um bom número de animadores sociais no Brasil, aposta na dança e na música para transformar em ouro a energia das infâncias corroídas.

– Mas, cá entre nós, isso já é alquimia!
– Poderíamos saber mais sobre esse laboratório?

Ousamos perguntar. Dimitri nos mandou para os bastidores. Os responsáveis pelo PIM estavam organizando os instrumentos, figurinos, acessórios. João Gonzaga, a irmã, Valdete Mamedio Santos, diretora da Escola São Miguel, e Antônio Ferreira, idealizador da ação.

– Com muito prazer! Pode ser na quinta-feira? Pego vocês de carro em Santo Antônio e vamos para a Fazenda Coutos III.

Quinta-feira, um enorme 4×4 cintilante chegou para nos levar aos recônditos não muito chiques da cidade. Aquilo parecia destoar. Antônio Ferreira logo desfez o mal-entendido. O carro representava a empresa dele, GDK, fornecedora de material para a indústria do gás e patrocinadora de diversas ações sociais de envergadura. Ele próprio era consultor financeiro à tarde e, de manhã, apoiador logístico de projetos artísticos que ajudava a brotar, desabrochar e durar. Estava acompanhando a aventura PIM desde os anos 1990, embalado pelo realismo da equipe, a fineza da pedagogia usada e o valor artístico das primeiras criações. O apoio do gigante industrial permitiu ao espetáculo sair do bairro, ganhar uma audiência nacional, invadir as telas, obter prêmios, adquirir mais instrumentos, pianos, atabaques, reformar a escola, garantir uma alimentação saudável para as crianças e para os quadros e até envolver os familiares dos alunos. Daí o título de idealizador, que contém a ambição de tender a um ideal. Pela primeira vez, a "invasão" da Fazenda Coutos III aparecia nas páginas de Cultura e não na coluna de notícias policiais.

Parecia que estávamos saindo de Salvador. O carro entrou em zona rural. Ilusão. A cidade reapareceu. A Fazenda Coutos III estendia-se fora dos limites urbanos. Mas havia ônibus para atender seus moradores. A vida matinal parecia normal. Lojas abertas. Contaram-nos que na semana anterior dois adolescentes tinham sido mortos atrás dos muros da escola. Tráfico. Ali um jovem podia passar rapidamente da vertical à eterna horizontal. Não que quisessem nos alarmar, apenas nos fazer sentir o que as crianças tinham que encarar ao sair dos portões da escola. Dispunham de algumas horas num oásis para viver sua infância, retomar forças, comer, aprender, brincar e construir a si mesmas ensaiando novos espetáculos.

– É este o Brasil de que gosto – dirá Leuk –, voando de sala em sala.

Os alunos se levantavam à nossa chegada, lançando sonoros "Bom dia!". Todos de calções vermelhos e camisetas brancas de gola vermelha, todos portadores em seus rostos da mensagem mestiça deste país. As paredes eram brancas, as colunas vermelhas, a grama sintética verde. O cheiro de arroz vinha da cozinha. Professores e funcionários também usavam roupas vermelho e branco. As turmas eram pequenas, mas havia uma grande sala para os ensaios. Um auditório. Assistimos às combinações referentes às cenas complexas do próximo espetáculo, *A lenda do peixe grande*, admirados com a seriedade dos atores que repetiam três ou mais vezes suas falas e a movimentação do coro. Sem fazer birra, sem se estressar. Era preciso encaixar tudo: percussões, declamações e coreografia. Admirável. Uma hora e meia de trabalho a cada dois dias. O mais jovem figurante – 4 anos de idade – aprendia já as regras do jogo coletivo e a responsabilidade individual da obra comum.

– Nosso objetivo é que esse orgulho se espalhe para além dos muros da escola, que os familiares também se reconstruam e levantem a cabeça. As mães costumam ficar empolgadíssimas com a ideia de que seus filhos ou filhas sejam embriões de artistas, já os pais em geral ficam revoltados por não tirarem nenhum benefício maior – e líquido – da participação de suas crianças no sucesso da peça. Todo dinheiro ganho é reinvestido em benefício da meninada, que leva uma vez por mês uma cesta básica para casa. Um prêmio por seu trabalho sério. Mas o combate está longe de ter sido vencido. A violência assusta os pais ao ponto de eles trancarem seus filhos em casa e privarem-nos da escola, por causa dos perigos do caminho e da impossibilidade de virem buscá-los na hora da saída. Uma coisa é certa: continuaremos lutando para garantir a melhor escola possível para crianças que vivem privadas do conforto mais elementar assim que voltam a seu ambiente deteriorado. Elas têm direito a isso. É esse o milagre PIM!

O sorriso do idealizador não deixava margem a dúvidas. Ofereceram-nos a água de coco da hospitalidade.

– Precisamos ir. Daqui a uma hora começa minha segunda vida.

Carolina Maria de Jesus, a voz do quarto de despejo

A cidade ficou para trás e a chuva anula a paisagem. As estradas, deformadas por trabalhos de recuperação, sofrem com a ira dos céus. A circulação, em vários pontos restrita a uma pista, gera um grande atraso. Há alguém nos esperando na rodoviária. Oxalá não demoremos demais! Teríamos feito uma parada em Aracaju se o professor Paulo Neves não trabalhasse na Universidade Federal do Sergipe? E se as pesquisas do sociólogo Paulo Neves não versassem precisamente sobre as relações tumultuosas do par "identidade negra – identidade nacional" no Brasil contemporâneo? A vida é às vezes muito camarada. Fez de sorte que Paulo Neves desse aula também na Universidade Lyon II. É portanto um amigo que vai nos receber na costa oeste do Atlântico depois de um encontro prévio nas margens do Beaujolais. Prometemos que só o interrogaríamos sobre seu tema de predileção com os pés fincados no terreno. E ele jurou que só falaria em presença de seus advogados locais: pitu, caranguejo e cachaça. "Réu Brasil, levante-se! É acusado de ter eliminado seus filhos mais velhos, os índios, de ter maltratado seus caçulas africanos, de ter feito de tudo para negar seus respectivos valores e lhes barrar o acesso à riqueza que lhes é devida. O que tem a responder diante da exigência de reparação por parte das vítimas? Também é suspeito de ter falsificado sua imagem como nação a fim de parecer apresentável aos países estrangeiros, de acordo com critérios subjetivos elaborados nas cozinhas parciais do poder. Como justifica as manipulações que lhe são censuradas?"

Rodamos em direção a Aracaju para recolher o parecer de Paulo Neves sobre a questão.

A estrada é longa e avançamos privados do espetáculo da natureza. A tela dos vidros está opaca. A lâmpada do projetor celeste queimou. Curto-circuito devido à chuva. Atravessamos uma noite diurna. É Carolina de Jesus quem nos salva da neurastenia. Lembra-se dela, Zayda? Dessa favelada de destino tão sombrio quanto suas origens, nascida em Sacramento, Minas Gerais, e encalhada num quarto de despejo, em São Paulo, com três filhos de pais diferentes? Curiosa e revoltada, serviu-se da escrita como de uma arma para disparar sua recusa da fatalidade em cadernos felizmente descobertos por um jornalista fuçador. *Quarto de despejo*, *Casa de alvenaria*, *Pedaços de fome* e *Provérbios*, publicados, trouxeram-lhe um sucesso tão fulgurante quanto fugaz e lhe permitiram ao menos terminar sua vida proprietária de uma casa de alvenaria. Ela tinha a arte de vituperar. Incendiava o papel com o fogo de suas críticas. Nunca se resignou. Ninguém escapava de seus olhos cansados de guerra.

Teria de bom grado eliminado os vigaristas do poder (tão afastados da realidade), pois a fome, clamava ela, mata a afeição do povo pelos políticos. Aqueles que estavam no mesmo barco que ela, "animais" que liquidavam sua capacidade de indignação e reação na cachaça, recebiam na cara o ácido de suas críticas. Carolina de Jesus estava segura de seu único direito: lançar flechas pontudas em alvos escrotos. Alvos que teriam permanecido fora de alcance se o fato de ser editada não tivesse aproximado as considerações acerbas da revoltada dos ouvidos concernidos. Você vai me dizer: isso não mudou muita coisa. O esquecimento censurou seu ataque. Responderei: Falar dela é censurar o esquecimento e atacar a censura.

Leuk tira (de suas notas de leitura) a primeira salva, como sempre. Leuk prefere de longe a sensualidade de seu Moleskine e o desfilar das páginas ao deslizamento artificial dos dedos numa tela. Além disso, os riscos de que roubem seu caderno são ínfimos. Imaginamos uma entrevista fictícia de Carolina de Jesus a partir de alguns trechos escolhidos por sua maravilhosa insolência. E assim passamos o tempo, já que a convivialidade não viaja mais de ônibus. Nossos vizinhos de corredor tapam seus ouvidos com fones ou passam o trajeto no telefone. Leuk começa:

– O que é o ideal?

Carolina, ancorada em suas posições de 1937, responde:

– É o combustível da alma.

– E Deus?

– "Se Deus não gosta de nós, por que é que nos fez nascer?" Criança, eu queria porque queria ver Deus e lhe pedir para consertar o mundo. "Fui procurar minha mãe. – A senhora pode me dar o endereço de Deus? Ela estava nervosa deu-me uns tapas. Fiquei horrorizada: 'Será que minha mãe não vê a luta dos negros? Só eu!' Se ela me desse o endereço de Deus, eu ia falar-lhe. Para ele dar um mundo só para os negros. Ela explicou-me que os negros eram ignorantes. Que o homem que não sabe ler fica parado igual uma árvore num lugar." Então, "que Deus ilumine os brancos para que os pretos sejam feliz".

– Rebelião?

– Minha mãe dizia que a rebelião ainda não estava ao alcance dos negros. Os que governam este país são ricos que não sabem o que são a fome, a dor e a aflição dos pobres. Se a maioria se revoltasse, o que a minoria poderia fazer? Estou do lado do pobre que é o braço. Braço subalimentado. Temos de liberar o país desses políticos monopolizadores.

— Favela?

— Aqui é um lugar para porcos. Mas se colocassem porcos aqui, eles protestariam e fariam greve.

— E a educação?

— Rui Barbosa[7] queria que os negros fossem à escola. Mas os brancos dizem que deram a liberdade aos negros e ponto final. Ora, Rui afirma que a liberdade sem cultura, sem instrução, não serve para nada. O preto inculto permanecerá nômade, indolente, incorrigível: nunca será um braço capaz de levar esse país para frente, será no máximo uma boca... Os pretos são doutores é em matéria de cachaça!

— Então não há igualdade possível?

— Está vendo como o mundo faz progressos? Nós, pretos, agora podemos transar com mulheres brancas. Isso é igualdade, estamos chegando lá.

— E como era antes?

— Antes, o filho da patroa se servia da filha da cozinheira para sua iniciação sexual. Menininhas que ainda viviam com suas bonecas e suas canções de roda eram estupradas pelos filhos dos senhores Pereira, Moreira, Oliveira e outros canalhas em *eira* vindos de ultramar. Mas a mãe negra, ignorante e inculta, não podia revelar que seu filho era o neto do doutor X ou do doutor Y, senão sua mãe perdia o emprego. Que luta para esse tipo de mãe criar esse tipo de filho!

— Posso ousar perguntar sobre a questão da liberdade?

— Castro Alves diz: "O preto só é livre quando morre!".

— Terminemos com a morte?

— Vai saber se os policiais, lá em cima, no céu, também não batem nos negros...

É claro, Zayda, a escolha dessas réplicas não é inocente. Elas nos conduzem, ao mesmo tempo que o ônibus, à conversa com Paulo Neves sobre a construção da identidade do Brasil.

---

[7] Que certa feita declarou: "De tanto ver triunfar as nulidades, de tanto ver prosperar a desonra, de tanto ver crescer a injustiça, de tanto ver agigantarem-se os poderes nas mãos dos maus, o homem chega a desanimar da virtude, a rir-se da honra, a ter vergonha de ser honesto".

O sociólogo, a Gioconda negra e os canibais

A escultura de uma monumental arara de concreto e a profusão de cajus, cofrinhos de madeira disponíveis em todas as lojinhas de artesanato, confirmam o toponimista amador sobre a interpretação do nome da capital do Sergipe: Aracaju. É uma grande cidadezinha, calma e planificada. Calma? Digamos que a pressão automobilística é um pouco menor aqui. Planificada? Deixemos de lado a paz organizada do litoral turístico, o passeio dos endinheirados: hotéis, praias loiras, piscinas, coquetéis, bumbuns morenos, *joggers*, fileiras de restaurantes, palmeiras e 4×4 formam uma série banal e perfeitamente intercambiável entre uma cidade balneária e outra. O encanto de Aracaju vem da tentativa histórica de lhe dar o rigor de um tabuleiro (intenção que data da segunda metade do século XIX), apesar das exigências cheias de meandros de uma confluência de rios e das liberdades de um mangue indócil. Ousado, não é mesmo? Aracaju nasceu para ser um porto, então vamos procurar o rio. É ali que se concentra o interesse da cidade.

Percorremos a Praça dos Três Poderes, presidida pelo Palácio do Governo: cinza, branco, rococó, bonito. O coreto da praça sofreu o assalto de grandes bebês dourados, *putti dodus fessus*, revisitados pela arte contemporânea. A ponte do imperador Dom Pedro II permite chegar perto da água. Dois pilares sustentam caboclos emplumados, obrigados a saudar a figura em bronze de um dignitário de Estado. A plataforma calçada, parte dela com uma cobertura de concreto amarelo, serve para encontros amorosos, embarques para Citera. Um cargueiro convalescente preguiça na margem oposta da ilha da Barra dos Coqueiros. Barcotes não muito confiáveis fazem o trajeto cortando a corrente. O porto praticamente deixou de existir. Um trio de mercados substituiu suas instalações. Os três são bonitos, cada um à sua maneira, e mereceriam uma menção especial no guia *Lonely Routard Planet*. Não estou brincando. Somos os únicos estrangeiros àquela hora matinal, e os vendedores do enorme Mercado Albano Franco, por trás de seus estandes transbordantes de mercadorias e gentileza, convidam Leuk a inventariar as frutas, legumes, temperos, castanhas, peixes, caranguejos, dispostos em sacos, cestas, pilhas, montanhas, estantes, pirâmides, vidros. A Nikon nunca engoliu tantas cores. As imagens de Leuk lembram as propagandas que se gabavam da qualidade dos filmes na época da fotografia analógica. Em *close*, uma pilha de cajus, vermelhos e amarelos, prolongados pela ponta escura da castanha, evoca uma teoria de papagaios num poleiro. Um monte de tubérculos, achas de brancas seções, passa por um estéreo de madeira montado por lenhadores. Um bando de abacaxis, com suas coroas pontudas, desfila sobre uma prateleira como figurantes de Carnaval. E o que dizer do maxixe! Leuk isola um tipiti desse fruto africano, introduzido pelos escravos, difundido no Nordeste, pouco conhecido no Sul. Tenho que dizer: o maxixe parece um testículo verde cheio de espinhos. Prolongado por um filamento flexível, pode também evocar a imagem ampliada de um espermatozoide. Tire os espinhos e faça uma bela salada: o maxixe tem gosto de abobrinha. Também se pode fazer um chá para combater verminoses. As balanças participam do concerto de cores: uma de mostrador vermelho, a outra azul. Os cabelos crespos de uma vendedora emergem de uma muralha de cocos secos cabeludos. Tudo nos parece bonito. Dizem-nos, porém, que algumas zonas do mercado desabaram. Há ainda colunas de castanhas-de-caju comprimidas em enormes sacos plásticos. As bandejinhas de acerola despertam a tentação infantil de afanar uma bolita mais vermelha que uma cereja, uma bola de "vitadinamite" (neologismo do autor). Os vendedores de feijão guardam seus grãos, marrons, cinza, brancos, vermelho-escuros, em caixas de vidro que encantariam um decorador. Mais um *close* nos caranguejos de garras azuis. Tento identificar as lambretas que, longe da Itália, não são *scooters*, mas moluscos. Fugimos do feitiço dessa cidade-mercado pela seção de bodes e aves prometidas a sacrifícios para os espíritos. Rumamos para o segundo mercado, o Antônio Franco. Logo ali. Basta atravessar uma praça. Antigamente, no lugar dessa construção quadrada, composta de uma galeria coberta e de um vasto pátio, balançavam navios e saveiros. O túnel da galeria abriga uma feira dedicada ao artesanato e aos produtos locais. No terraço, um restaurante popular domina o pátio e o rio. Buffet por quilo. Dotado de um apetite de eterno adolescente, Leão abarrota seu prato de camarões, linguiças, feijão, farinha e peixe frito. Grandes nuvens navegam num céu mestiço, azul e chumbo. Paulo Neves não deve demorar. O oceano está salpicado de juncos com grandes velas. Na verdade, trata-se de uma armada de plataformas petroleiras.

História de Paulo Neves. Notas.
Paulo Neves conhece bem essas ilhotas sobre pilares. Seus estudos de química lhe abriram a via do petróleo. A ditadura militar ainda grassava quando ele se ofereceu ao mundo do trabalho. Os candidatos a empregos na Petrobrás eram alvo de investigações de "moralidade". Qualquer engajamento político suspeito excluía o postulante. Quem ainda não era militante ficava com vontade de se tornar um diante daquelas práticas alienantes. Vontade de virar sindicalista um dia. Nem que fosse preciso recomeçar os estudos. O que Paulo Neves fez. Passava de sete a catorze dias no mar, sobre as plataformas, e o mesmo período de folga em terra firme: uma repartição do tempo favorável à frequentação de cursos de sociologia e de ciências políticas.

Foi na adolescência, diz ele, que se forjaram suas posições futuras.

A dele coincidiu com a criação do grupo Ilê Aiyê em Salvador. 1974. A data é importante. Ele tinha 11 anos. O Ilê Aiyê surgiu em reação à exclusão dos negros de todos os blocos de Carnaval prestigiosos na cidade mais africana do Brasil. Mesmo um negro que tivesse condições de pagar sua inscrição não podia aderir a um bloco, porque os organizadores só queriam "pessoas bonitas" nas fotos. Brancos, loiros. Os negros só podiam segurar a corda que delimitava o campo de evolução dos participantes fantasiados. A reação do Ilê Aiyê, "a casa daqui de baixo" (em língua iorubá), foi à altura da afronta repetida por demasiado tempo: o bloco só aceitaria negros. Exclusivamente. Nem mesmo mulatos. Para fazer parte, o candidato devia se submeter ao teste da pele, aceitar comparar a sua com a de um dos organizadores que servia de parâmetro. Uma pele um pouco mais clara acarretava uma recusa categórica. A direção do grupo acreditava que essa intransigência era indispensável à manutenção de uma ortodoxia negra. A regra de ouro só foi revogada em 2009, diante da crítica de racismo antibranco, mas os membros mais ortodoxos da instituição ainda não digeriram a traição dessa abertura. O fato é que, em 1974, o choque Ilê Aiyê abalou os fundamentos do templo das ideias prontas. Sua mensagem atravessou a cidade de Salvador de cabo a rabo: ser negro não é vergonha! Melhor ainda: os traços dos negros são bonitos! Os agitadores do movimento organizaram o concurso de Miss Beleza Negra. Paulo Neves, originário de uma família mestiçada, absolutamente brasileira, era aquele dos irmãos que tinha herdado discretas aparências africanas. Por isso, crescera com a vergonha de sua aparência. Naqueles tempos (próximos!), o Brasil negava a existência da discriminação ao mesmo tempo que se remetia sempiternamente aos critérios europeus. O Ilê Aiyê arrombou o ferrolho dos complexos e o jugo dos preconceitos. Negros e mestiços tiveram livre acesso ao orgulho, à consciência de suas qualidades. Dane-se se esse reconhecimento passava por festas e concursos fúteis; ele fez um bem danado aos interessados.

O Ilê Aiyê agiu como antídoto ao veneno. Permitiu pensar na ação.

A ditadura forneceu a ocasião. De qualquer jeito, era preciso rebolar para não ser esmagado pelos anos de chumbo; mobilização, encontros, ação sindical ajudaram a respirar, ainda que debaixo dos panos. Para participar da reconstrução democrática do país depois da partida dos generais, Paulo Neves deixou o petróleo e o sindicalismo pela universidade, pela transmissão do saber. O ensino permitia a pesquisa. Neves desembarcou em Aracaju trazendo na cabeça a urgência da questão racial, tão pouco levantada, tantas vezes mascarada. Como ela se colocava em Sergipe em relação às violentas realidades urbanas do Rio de Janeiro, de Salvador, de São Paulo, do Recife? Como as pessoas construíam sua identidade negra cem anos (apenas) depois da abolição? Neves conta que não teve dificuldade de acesso ao campo, para se aproximar dos militantes negros, intelectuais, capoeiristas, porque ele próprio não era "inteiramente branco".

Essa questão "identidade negra, identidade nacional" é crucial. Você sabe disso melhor do que ninguém, Zayda. Hoje mais do que nunca. No exato instante em que os rios Sergipe e Poxim se misturam, não longe do terraço onde o fluxo da cerveja facilita nossa navegação até as fontes das feridas. Como responder a isso? Reconhecer o valor dos depreciados? Integrar os excluídos à distribuição das riquezas do país? As duas coisas, na certa. A luta antirracista no Brasil passa por aí.

– Você disse racismo?

– Talvez uma Ypióca ouro ajude a digerir essa história longa demais?

– Garçom, duas Ypiócas e uma Serra Morena, por favor.

Para as elites do final do século XIX, o fato de a população brasileira ser majoritariamente originária de índios e escravos negros impossibilitava a construção de uma verdadeira nação como os principais países da Europa e os Estados Unidos.

Paulo Neves, numa frase, disse tudo.

Nina Rodrigues, pensador do início do século XX, influenciado pelas teses racistas de Arthur de Gobineau, afirmava sem rodeios que "o candomblé era uma doença dos negros" e que estes constituíam um dos "fatores de nossa inferioridade como povo".

Os dados estão lançados. Essa maioria degradante deve ser dissolvida o quanto antes. Brande-se o verbo "branquear", "branquear a raça", operar uma limpeza étnica. Palavras que dão até arrepio. Será uma higienização drástica. O método é simples: encorajar o afluxo maciço de imigrantes brancos da Europa. Esse vigoroso aporte de braços e sexos pálidos há de atenuar rapidamente a vergonha africana, a mácula mestiça, diluí-la se não der para apagá-la. A manobra consegue, de fato, fazer baixar a porcentagem negra para menos de 50%. Mas, para os "purificadores", ainda se está longe da meta.

E eles não tinham previsto o surgimento dos "canibais".

Desde o início dos anos 1920, poetas, escritores, pintores e músicos dotados de um apetite feroz resolvem morder a barriga da conveniência e enfiar nela o garfo da vanguarda. Querem devorar a arrogância do Brasil paulista, a arrogância dos senhores do café, as manigâncias dos mantenedores da ordem. "Eu insulto o burguês! O burguês-níquel, o burguês-burguês! A digestão bem-feita de São Paulo!" O grito de novos antropófagos ressoa na sexta-feira, 15 de fevereiro de 1922, no palco do Teatro Municipal de São Paulo, primeiro tímida, depois furiosamente. O Brasil não sairá indene dessa Semana de Arte Moderna. Os autoproclamados canibais, Mário e Oswald de Andrade, poetas, Heitor Villa-Lobos, compositor, Anita Malfatti e Tarsila do Amaral, pintoras, exigem que o Brasil se livre dos fabricantes de clivagens. Fora as velhas barbas colonialistas. Esses êmulos de Dadá cozinham o modernismo brasileiro nos fogos revolucionários da estética europeia, mas incrementam a receita graças à pimenta de uma humanidade tripartite reivindicada: branca, negra e índia. Foi, portanto, necessária a turbulência de artistas ricos e excêntricos, em geral brancos, para que a figura do negro integrasse enfim a sociedade brasileira. Primeiro passo indispensável para que o país reconhecesse um dia dignamente sua diversidade cultural.

Pausa.

Leuk tira de uma pasta a reprodução de uma pintura que adoro. Ela sabe. *A negra*. Obra executada por Tarsila do Amaral em 1923. O retrato provoca um abalo sísmico, Zayda. Imagine só: uma negra cubista! Tarsila estudou com Fernand Léger em Paris. Sua paleta traz essa marca. O crânio da mulher é liso, seus olhos são oblíquos, os lábios chegam a sair do rosto, seus braços, mãos e pernas se entrecruzam sob um seio único e volumoso. Tem o porte de uma Gioconda morena, nua, estrambótica. Sublinho: pela primeira vez, a negra não é mais representada como escrava. Esse quadro de Tarsila (verdadeira pepita) e o *Manifesto antropófago* (1928) de Oswald eletrificam o Brasil. E o negro "brasileiro" desperta. Antes tarde do que nunca!

Sim, mas o caminho ainda é longo, longuíssimo.

Coragem, ainda estamos nas três primeiras letras de um complexo alfabeto: depois de Abolição, Branqueamento, Canibais, eis o D de "Democracia racial".

Atenção, curva à direita! O burguês-burguês tenta reagir à incômoda valorização dos desvalorizados iniciada pelos artistas canibais. Chegamos aos anos 1930. A ideia do Brasil como "terra maravilhosa da mestiçagem", "laboratório sem igual da sociedade pluriétnica" vai abrindo sua trilha. Começa-se a ouvir este tipo de discurso ambíguo: os portugueses, conscientes de sua inferioridade numérica nas colônias, toparam se unir a mulheres índias ou negras mais do que outros povos conquistadores com "seus" indígenas. Isso não é prova de certa abertura de espírito? Por certo, as relações de poder eram desiguais e ninguém negará que havia escravidão, mas, olhando bem, essa promiscuidade sem igual engendrou uma sociedade bem menos segmentada do que a maioria das colônias. Favoreceu o advento de uma verdadeira "democracia racial". E se houve racismo, foi um "racismo cordial".

Parabéns! Belo golpe de retórica!

Como se chegou até aí?

Foi a utilização política dos trabalhos do grande etnólogo pernambucano Gilberto Freyre sobre as virtudes da mestiçagem que participou da construção desse manifesto de autossatisfação. Em Portugal, os antigos "grandes descobridores" vão se convencer, ao longo dos anos 1940, de que eram civilizadores predestinados, os colonizadores de "força suave", e que, sob sua férula, a escravidão foi muito mais humana que alhures. Para reabastecer o motor do orgulho nacional em tempos de perturbação mundial, o ditador

Salazar usou e abusou dessa propaganda, batizada na ex-metrópole de "lusotropicalismo".

No Brasil prefere-se a expressão "democracia racial".

Alguns ainda acreditam nisso, dos dois lados do Atlântico.

Mas se traduzimos essa gloríola para o pensamento iorubá, banto ou guiné, chegamos a isto: O quê? O colono chicoteia o trabalhador negro, estupra sua mulher, e ainda se acha muito bonzinho? Gaba-se de ter procriado uma sociedade belamente mestiçada e a faz passar por um êxito humanitário sem par no mundo? Conta outra! Acredite: o lusotropicalismo é uma homenagem abusiva ao falso mérito do senhor de ter deitado com suas escravas sem resmungar, pervertendo as consequências de um estupro oficializado.

Por muito tempo, essa constatação foi abafada.

Nos anos 1930, o véu de Maia da democracia racial será inclusive reforçado por um forro enfeitado muito eficaz: a "brasilianidade". O costureiro da noção é o novo pai da nação. Getúlio Vargas lança sobre o Brasil o manto do Estado Novo. O pulso forte está na moda. Portugal vive na mesma época sob um regime ditatorial do mesmo nome. Getúlio acaricia com luva de pelica o couro rugoso das massas a fim de mobilizá-las ao redor de seus grandes desígnios de unidade patriótica. Dá uma segurada na fúria policial contra os cultos afro-brasileiros e encoraja a criação de escolas de samba e de centros de capoeira, repentinamente reconhecidos como "expressões tipicamente brasileiras". Mas é para melhor controlá-los e "desnegrificá-los". Pois, ao mesmo tempo, varrem-se as ruas das agitações negras, expulsam-se os cantores e jogadores do espaço público, sufoca-se a espontaneidade, enquadra-se a criatividade, disciplina-se a dissipação carnavalesca. E é então que se propaga, com a benção do Estado e a graça do rádio, o mito oficial da "democracia racial, alimentada pelas três raças constitutivas da população que vive em perfeita harmonia num processo contínuo de mestiçagem".

Essa ideia melodiosa da felicidade mestiça perdura nas cabeças até hoje, Zayda. Não faz muito tempo que essa fábula foi denunciada, acusada de ter afogado na massa vaga da "brasilianidade" os aportes específicos de grupos étnicos julgados indignos pelas elites de representar o povo brasileiro. Debaixo do pano da mestiçagem "simpática", a sociedade brasileira fez de tudo para tornar invisível o papel cultural desempenhado por seus atores "incômodos".

Mas os negros tiveram meios para contestar essa exaltação nacionalista baseada na exclusão?

O movimento negro dos anos 1930, sob a bandeira da Frente Negra, denunciou o racismo e a miséria, mas não questionou o discurso identitário oficial. Ao contrário. Os políticos desse partido pregavam a integração da população negra à sociedade nacional. E, para justificar isso, reivindicavam as contribuições da cultura negra para a riqueza patrimonial. Trabalho perdido. De qualquer jeito, a guinada autoritária de Getúlio em 1937 condenou-os ao silêncio. Focinheira na liberdade, a exemplo de "santa" Anastácia, mantida posteriormente pela longa ditadura militar até meados dos anos 1980.

Longa mesmo.

Porém, paciência. Sob o manto do silêncio, o ouvido atento percebe estalos. Sob a cinza incuba a brasa.

E sob os olhares oblíquos do sol e de alguns comedores de feijão preto com peixe frito, Paulo Neves desembala a preciosa reedição fac-similar de uma lendária revista cultural em grande formato, nascida em 1948 e obrigada a fechar em 1950. Título: *Quilombo*. Subtítulo: "Vida, problemas e aspirações dos negros". Editor-chefe: Abdias Nascimento.

Percebo seu alívio, Zayda. Finalmente introduzimos o nome de Abdias Nascimento nesta crônica de viagem! Você tem toda razão, ele poderia figurar como epígrafe do livro e de cada capítulo e, na verdade, está nos acompanhando desde o Rio de Janeiro. Afinal, foi o homem que queimou sua vida exigindo a liberação do negro brasileiro, primeiro através da integração, depois por meio da resistência cultural, finalmente, em desespero de causa, pela revolta política. Ele ainda estava vivo enquanto virávamos as páginas de seu jornal sob o céu de Aracaju. A morte o levou em maio de 2011. Sua vida durou quase um século. Duração que combina com sua envergadura. Homem imenso que pertence à confraria dos heróis mundiais da negritude, junto com Aimé Césaire, Léopold Sédar Senghor, Frantz Fanon e Martin Luther King. Homens cujas ideias se elevam quando as ditaduras desabam. Pode-se dizer que esse neto de escravos, nascido em 1914, tentou de tudo para instruir o processo do racismo num país que fingia ignorar sua existência. O ativismo político, para começar, no seio da Frente Negra. Primeira prisão em 1937. O teatro em seguida. Tendo se iniciado nessa arte na Argentina e trazido a ideia para o Brasil, volta a passar dois anos na prisão. Repressão que sai pela culatra, servindo-lhe de impulso para criar o Teatro do Condenado e depois o Teatro Experimental do Negro. Os atores são negros e a negritude invade o repertório. Intelectuais progressistas do mundo inteiro olham para o Brasil. Albert Camus vem ao Rio de Janeiro para assistir à encenação negra de seu *Calígula*. Na cena política, Abdias exige que seja posto um fim à marginalização dos afro-brasileiros. A revista-jornal *Quilombo* continua a luta por sua valorização. Na primeira página de cada edição, as colunas editoriais estampam a foto de uma beleza negra militante. *Quilombo* cria o espaço de uma breve mas verdadeira democracia intelectual em que negros e brancos atestam lado a lado sua convicção antirracista. A ditadura dos anos 1960 interrompe o impulso, obriga Abdias ao exílio, na Nigéria e nos Estados Unidos, onde entra em contato com os ativistas do Black Power. Cresce sua estatura internacional. Radicalizam-se suas ideias. Os títulos de suas publicações deixam isso claro: *O negro revoltado*; *O genocídio do negro brasileiro: processo de um racismo mascarado*; *O quilombolismo*. Acabou-se o mito da democracia racial. Chega de hipocrisia. O Brasil "cordial" nunca dará a liberdade. Liberdade se conquista. Como fizeram outrora os quilombolas. De volta ao Brasil, Abdias retorna ao terreno político, insiste, obstina-se; é eleito deputado federal e conquista vitórias essenciais. Finalmente uma lei condena o racismo, definido como crime. O Estado se compromete com a proteção e difusão da cultura negra, cria o Dia Nacional da Consciência Negra, 20 de novembro, em homenagem à resistência dos escravos fugitivos e do maior de seus chefes, Zumbi dos Palmares. Em 2004, por seus oitenta anos de luta incansável, Abdias recebe o prêmio Toussaint Louverture da Unesco, junto com Aimé Césaire.

Graças a ele, por meio das artes (muito) e da política (ainda muito pouco), os negros recusam a visão falsa desse Brasil dito democrático, sem preconceitos, que persiste em negar o roubo de suas expressões de resistência apanhadas na máquina de branquear. Denunciam a publicidade da identidade harmoniosa, difundida no exterior mas construída sobre a exclusão permanente dos descendentes de escravos do mercado de trabalho.

Voltam a erguer a cabeça.

Uma cabeça negra.

Alguns reivindicam um Brasil binário, dividido em negros e brancos, para acabar de vez com a indecência dos censos em que os agentes pediam para que cada cidadão se definisse de acordo com uma gama digna dos papas do surrealismo. Perdoe-me, Zayda, por recordar aqui algumas das metáforas impostas aos não brancos, forçados a renegar suas origens para entrar num inverossímil quadradinho de sondagem. Você é amarelo queimado, moreno moscatel, bronzeado de praia, moreno bem moreno, castanho ou azul? A menos que seja "morena cor do desejo" ou "morena cor do pecado"?

Nunca mais!

Começa então, a partir dos anos 1990, uma revalorização natural das manifestações populares pelos militantes de um novo século: candomblé, xangô, samba, capoeira, maracatu, frevo e Carnaval reencontram seu brilho negro sob a *appellation controlée* afro-brasileira. Em reação ao passado recente, as pessoas se afirmam primeiro negras, depois brasileiras. Mas cuidado! Um radicalismo pode esconder outro e assiste-se hoje a uma oposição entre aqueles que pregam um retorno absoluto às autênticas fontes africanas (frequentemente mal conhecidas e mitificadas) do Brasil e os defensores dessa herança afro-brasileira, genial mas culpada, para alguns fundamentalistas, do pecado de mestiçagem.

Em sua opinião, qual é a verdadeira cultura africana?

É impossível responder a essa pergunta.

Contudo, alguns extremistas acreditam poder fazê-lo. Viver 100% África. Adotar 24 horas por dia a "atitude negra". Criticar os negros mornos, os "entre duas origens". Decretar, em nome da comunidade, o que deve ser patenteado como África. Por vezes, sob a influência histórica dos contestatários negros norte-americanos ou jamaicanos, o reggae, o rap ou o hip-hop se tornam armas poético-políticas levadas ao pináculo por seus "laços verdadeiros" com a África. O fantasma do negrocentrismo agrava uma situação já complexa. E o comunitarismo fechado, inevitável dada a persistência de desigualdades flagrantes, pode acabar impedindo o advento esperado de um Brasil multicultural. Daí a urgência do ensino das histórias das Áfricas em toda parte, em todos os lugares.

– Em primeiro lugar, educação; em segundo, educação; em terceiro, educação!

Leuk repete a divisa do presidente da Sociedade dos Desvalidos de Salvador.

Eis aí, Zayda. Queríamos vir a Aracaju para rasgar imagens e jogá-las na água. Até a vista e muito obrigado, doutor Neves, pela narração dessa complexa história, e perdão se minhas notas, resumindo-o, reduzem o curso de um discurso-rio pronunciado à beira do Rio Sergipe.

No ônibus que nos transporta para a rodoviária sobe um pivete, moleque, trombadinha, menino de rua (há mais nomes para designar as crianças das ruas que medidas eficazes para tirá-las delas. É um pré-adolescente negro de olhos febris de inteligência. Encosta-se numa barra, respira fundo e começa seu discurso:
— Boa tarde! Peço desculpas por perturbar a calma da viagem dos senhores, por isso começo desejando a todos uma excelente tarde.
O tom é tão convincente que todos os passageiros respondem:
— Boa tarde.
O menino tem talento e aposta numa teatralidade bem dosada.
— Vocês têm à sua frente um cidadão cujo único desejo é ter acesso à educação, mas cujos pais não têm condições de realizar esse desejo. É por isso que me dirijo a vocês, para que esse cidadão consiga encontrar o caminho do saber...
O pequeno ator apoia sua arenga sobre o efeito cômico de um irrrrresistível enrrrrrolar dos rrrrrr. O que dá em palavras como "prrrrrivilegiado" ou "prrrrraticamente". As mulheres, majoritárias no ônibus, sorriem, depois caem na gargalhada, e as moedas pulam diretamente em seu boné.
— Bravo, pequeno arrrrrtista!

Zumbi, o irredutível

Meio-dia. O ônibus da empresa Progresso deixa Aracaju. Chove. É uma mania do céu de outubro. Os celulares repicam em tudo quanto é tom. Parece um galinheiro. Os passageiros cacarejam. Acalmam-se quando a cidade se afasta e voltam a tagarelar uma hora antes da chegada. Saímos de Sergipe e atravessamos negligentemente o Alagoas. Censuramo-nos por essa negligência, Zayda, antes que você o faça. Será que ainda vai aceitar a desculpa da falta de tempo? Os noventa dias de nosso visto servem-nos de moldura e de limite. A aventura evolui entre descobertas gratificantes e frustrações de pistas abandonadas. O tema é mesmo esmagador. Enorme como o país. Nossas bagagens incham. As pepitas abundam. Amigos matam nossa sede com livros, documentos e encorajamentos. Pesquisadores generosos iluminam nosso caminho, mas dizem se sentir isolados. Saúdam-nos de passagem como maratonistas. Esperam-nos no Recife para novos parlatórios africanos marcados há longa data. Essas pontuações universitárias enriquecem o percurso, favorecem encontros imprevistos, mas aprisionam a viagem num roteiro que exclui a tentação de gazear, a extravagância. Mas o fato é que o Dia de Todos os Santos se aproxima, e devemos calcular habilmente os dias para chegar a Juazeiro do Norte a tempo para a peregrinação. Mesmo o Recife e sua encantadora vizinha Olinda correm o risco de ser negligenciados. Tudo isso para dizer que cometemos uma infração imperdoável: não paramos em Palmares.

Palmares. Esse nome brilha. Traz consigo o de Zumbi, chefe rebelde transformado (há pouco tempo) em herói nacional, integrado ao Panteão, honrado a cada 20 de novembro, dia em que foi assassinado, em 1695. Zumbi dos Palmares. Esse nome grita. Prolonga o urro proferido em plena floresta quando os primeiros negros foragidos buscaram refúgio nos recônditos da Serra da Barriga. Ali fundaram um quilombo, comunidade de resistentes dispostos a tudo para defender sua liberdade reconquistada e contradizer a lógica colonial, cristã e branca. Quilombo dos Palmares. Esse nome perdura nas memórias como o da mais temida "república negra" da História do Brasil. Os portugueses levarão quase cem anos e não menos de vinte e cinco expedições para derrubá-la, com requintes de crueldade.

Disso temos certeza.

Os registros atestam os esforços de guerra feitos pela colônia, sedenta de vingança e rentabilidade. Na coluna dos lucros figuram os lotes de escravos recuperados, revendidos, punidos, exterminados. Balanço que pertence à contabilidade dos vencedores. Missão imperativa: não deixar que Palmares gangrene o Brasil, evitar a todo custo a proliferação de quilombos! Mas o que realmente sabemos sobre Zumbi e a organização de Palmares durante cem anos? Pouca coisa.

Os vencedores são avaros na apreciação dos dominados. É preciso adivinhar a realidade dos clandestinos por trás das expressões pejorativas que a pintam como pura barbárie. Chegaram mesmo assim até nós alusões a fortificações, a armadilhas e defesas, descritas como entraves à rapidez das expedições punitivas. Sabe-se da existência e se conhece a posição das vilas de cabanas e de lavouras incendiadas pelos mercenários. Os analistas contemporâneos interpretam os fatos a partir de relatórios de campanhas inteiramente parciais. Os historiadores conjecturam. Remetem-se às sociedades guerreiras do Congo para imaginar sua reorganização num meio hostil, no Brasil, para fins de sobrevivência, em torno de uma figura régia e carismática como Zumbi.

Há uma legião de livros sobre ele. Seus retratos "oficiais", desenhados muito mais tarde, ilustram artigos e enciclopédias. Seus bustos alegóricos habitam numerosas praças públicas. Ele está em canções. O grupo mais inspirado da cena elétrica do Recife reivindica seu nome: Nação Zumbi. Os poetas da rica literatura de cordel magnificam sua vida. Leuk está mergulhada num livrinho de Fernando Paixão intitulado *Zumbi dos Palmares, herói negro do Brasil*. Trinta e duas páginas, comprado no mercado de Aracaju por quatro reais.

> E falarei de Zumbi
> Bravo herói da pele escura,
> Líder maior do seu povo
> Contra a vil escravatura;
> Da raça negra é o símbolo
> De resistência e bravura.

Zumbi era mortal, mas seu ideal não.

O que podemos acrescentar ao que você já ensina aos seus alunos, querida Zayda? Eles sabem, como todas as crianças do Brasil, que Palmares chegou a ter vinte mil habitantes, repartidos em vilas dispersas por um território do tamanho da Bélgica. A sede da autoridade se chamava Macaco, contava com duas mil casas e com uma cerca fortificada. Ali residia Zumbi quando chegou seu tempo.

Zumbi não foi sempre Zumbi. Passou os primeiros quinze anos de sua vida com o nome de Francisco. Em 1655, chegou às mãos do padre de Porto Calvo um bebê de quinze dias, decerto recolhido quando de uma captura de fugitivos. O padre cuidou bem do menininho, batizou-o de Francisco, criou-o, instrui-o, notou nele disposições de que acreditava a "raça negra" desprovida. Imagine só: aos 10 anos, já sabia latim e escrevia com perfeição em português. Cinco anos mais tarde, o jovem expressou sua gratidão fazendo uma reverência e dando o fora. Deixou um bilhete em que explicava a seu preceptor que ia para o quilombo dos negros livres e que logo passaria a se chamar Zumbi, rei dos Palmares.

Eis o início de uma biografia que oscila entre zonas de sombra e fatos comprovados.

Compreende-se melhor assim a origem dos talentos reconhecidos a Zumbi por todos os que o enfrentaram. Ele virou contra os portugueses a educação que recebeu deles. Nos relatos de combates, é descrito como um general negro baixinho, coxo e valente. Seus inimigos saudaram nele um combatente de rara determinação que causou enormes dificuldades a seus adversários e serviu de modelo a suas tropas. Não hesitou em eliminar seu tio, o Rei Ganga Zumba, culpado por ter negociado um tratado de paz com os portugueses, que sabidamente nunca cumpriam suas promessas. Organizou uma defesa tão forte que o governador de Pernambuco foi obrigado a contratar as piores criaturas engendradas pela colônia: mercenários paulistas que teriam intimidado o diabo em pessoa, se é que o chefe deles, Domingos Jorge Velho, não era ele próprio um avatar do Tinhoso. Uma súcia tão suja que até os proprietários da região acabaram considerando que o convívio com os negros fugitivos era preferível ao trato com aquelas bestas viciosas em hábitos de cristãos. Com a breca! O diabo e sua companhia de caçadores índios, de brancos sem leis, de negros colaboradores penaram anos a fio, de 1692 a 1695, antes de eliminar Palmares, destruir a fortaleza e queimar até a última cabana. Zumbi escapou do último assalto. Reza a lenda que saltou de um precipício dentro de uma cachoeira. Não restava ao seu lado mais que uma vintena de combatentes acuados. Um antigo companheiro, detido, torturado, temendo por sua vida, vendeu seus irmãos e seu rei. Assim, em 20 de novembro de 1695, Zumbi e seus últimos fiéis serão traiçoeiramente massacrados. A cabeça do general negro foi exposta na praça central de Recife até sua completa decomposição.

Assim foi.

Esses fatos são conhecidos.

Tomarei apenas a liberdade de insinuar, no concerto das evocações de Zumbi, a composição de um poeta francês, Benjamin Péret, uma das figuras mais fortes do surrealismo, ligado ao trotskismo e casado com uma dançarina brasileira. Metemos a mão, pouco antes de partir, em seu minúsculo ensaio, *O quilombo dos Palmares*, redigido nos anos 1950 e judiciosamente reeditado (PÉRET, 1999). Sorte! Curto e leve, incorporamo-lo à nossa biblioteca ambulante para lê-lo no momento adequado. Devoro portanto esse opúsculo enquanto a paisagem se torna redonda como uma sucessão de caixas de ovos, ou como linhas em que se sucedem traços grossos e finos, contrariados, a tinta vermelha, pelos ramos de uma árvore flamejante ou maculados pela concha de um charco.

Charco.

O visionário Benjamin Péret jogou uma pedrona no charco da História do Brasil, até então escrita em sentido único. Pioneiro, interessou-se pelos vencidos, considerou a liberdade da perspectiva dos oprimidos, aprovou sua fuga como um fato positivo, contou sua derrota com palavras amargas. Lamentava que os rebeldes de Palmares não tivessem compreendido que sua aspiração à liberdade só podia se realizar se fosse estendida ao conjunto dos negros do Brasil. Em outras palavras: pena que os escravos do século XVII não tenham posto fogo no sistema colonial como um todo. Censurava-lhes a falta de envergadura política e o fato de terem reduzido a liberdade à dimensão de seu domínio. "Os negros de Palmares deviam ter se apresentado como os libertadores de todos os escravos!" Demasiado cedo! "A progressão da fuga individual à reivindicação coletiva da abolição da servidão era impossível no século XVII." Péret deplora ainda mais que um modo escravagista tenha perdurado no seio da comunidade de Palmares. Pois sim! Subsistia uma hierarquia entre cidadãos nativos do quilombo, negros que ali tinham se refugiado por vontade própria e escravos trazidos para lá após razias feitas em plantações portuguesas. Estes últimos continuavam encarregados da corveia. É mesmo decepcionante. Como se podia ter total confiança naqueles que encontravam um novo jugo na floresta? Segundo Péret, esse erro enfiou uma flecha a mais no calcanhar de Aquiles da república negra de Palmares, já que um senhor equivale a outro para quem padece a autoridade.

Outro detalhe interessante, Zayda.

Desde sua primeira estadia no Brasil, nos anos 1930, Péret se sentiu atraído pelos cultos afro-brasileiros. Consagrou artigos a eles e ainda escreveu um ensaio sobre o Almirante Negro, líder do motim do *Potemkin* brasileiro de 1910. O poeta surrealista foi então acusado de ser um agitador comunista. A polícia o prendeu, confiscou todos os exemplares de *L'Amiral noir* na gráfica e os destruiu. O que só fez encorajar Péret em seu combate literário pela emancipação da humanidade de todas as formas de opressão e exploração, políticas e sociais. Péret e Zumbi compartilham um mesmo adjetivo, que lhes é reconhecido por todos: irredutível.

É noite quando atravessamos Palmares. A cidade, vítima de enchentes na primavera, sofre o assédio da chuva de outono. É difícil imaginar, olhando para esse cenário urbano caótico, a antiga sociedade clandestina que vivia sob as palmeiras da liberdade. A água se incrusta nas ruas lamacentas. Metáfora. A História do Brasil atolou na lama de Palmares. Leuk, com os olhos fixos na correnteza do rio engrossado pelo temporal, interroga Leão:

– Sabe o que Nina ousou dizer?

Entenda-se: Nina Rodrigues (1862-1906), médico criminalista, pai da medicina legal no Brasil, sociólogo e doutrinador racista, convencido da inferioridade dos negros e dos mestiços. Tudo isso num homem só.

– Escute só: depois de ter reconhecido a coragem e a abnegação com que Palmares se defendeu, Nina se diz aliviado com a destruição do quilombo, que ele considerava uma praga para o futuro do povo brasileiro. Atenção, citação: "A todos os respeitos menos discutível é o serviço relevante prestado pelas armas portuguesas e coloniais, destruindo de uma vez a maior das ameaças à civilização do futuro povo brasileiro, nesse novo Haiti, refratário ao progresso e inacessível à civilização, que Palmares vitorioso teria plantado no coração do Brasil" (RODRIGUES, 1904, p. 645-672).

Leuk levanta a voz. Ponho o indicador nos lábios para lembrá-la de controlar o volume de sua ira. Inútil. Nina exagera, e Leuk se exalta. Quase consegue se sobrepor aos recitais telefônicos de música brasileira, já bastante fortes em decibéis.

– Eu, Leuk, acuso Nina Rodrigues de caluniar a primeira república negra do mundo. É por ter se liberado do jugo colonial no dia 1º de janeiro de 1804, vencendo tropas napoleônicas, que o Haiti foi submetido a um boicote econômico drástico, organizado pelas nações ocidentais, unidas na repressão do patinho feio e negro. Foi para reprimir o Haiti e evitar que sua audácia se estendesse a outras colônias que a França o levou à falência, impondo-lhe uma dívida iníqua, "por prejuízo de derrota e perda de dividendos coloniais" (não dá para acreditar!), em troca de uma promessa de não agressão. E depois de tamanho encarniçamento das potências ditas civilizadas em calar uma voz alternativa, Nina tem a cara de pau de tratar o Haiti como país incapaz de progredir. Quando se sabe que o pagamento dessa dívida durou mais de um século e privou o país de hospitais, escolas e estradas, considero os países "desenvolvidos" e Nina em posição inadequada para dar lições de moral ao Haiti. Às vezes, gostaria que aqueles que se extraviam nos caminhos do pensamento se vissem confrontados às consequências de seus erros, seja lá onde estiverem. Acho que isso seria o inferno!

Quando Leuk se indigna, é melhor desviar sutilmente o rumo da conversa.
– O que você acha que trouxe a vitória final para os portugueses e não para os defensores de Palmares? Afora a superioridade de armas, é claro.
Leuk pensa. Suas fichas não trazem a resposta para essa pergunta. Marco um ponto.
– Santo Antônio!
– Santo Antônio?
– O próprio!
Recebi a informação de Dimitri Ganzelevitch, que, morando no bairro de Santo Antônio em Salvador, interessou-se pelo currículo de seu protetor.
– Estranho santo, esse Antônio de Portugal, nascido em Lisboa e morto em Pádua. Conhecido por sua capacidade de localizar qualquer objeto perdido.
– Não entendi a relação.
– Ela existe. Se Santo Antônio permitia encontrar uma coisa que sumiu, ele devia logicamente ajudar a recuperar um escravo fugido e a exterminar um quilombo. Santo Antônio, padroeiro dos casamentos e das chaves desaparecidas, foi portanto incorporado à tropa com o posto de sargento. Uniu sob sua bandeira bordada os mercenários pagos para trazer de volta ao curral as ovelhas negras "enganadas

pelas miragens de uma diabólica liberdade". Santo Antônio se viu comprometido em massacres e pilhagens. A Igreja fechou os olhos, pois os comanditários das expedições punitivas pagavam devidamente o soldo do santo belicoso ao seu monastério de referência. Santo Antônio se tornou o terror dos africanos recém-desembarcados nas praias da civilização cristã. Travestido de bicho-papão, ele dissuadia os que estavam pensando em dar no pé. Ou ainda: aparecia na floresta sob a forma de um monge que inspirava temor e arrependimento nos escravos foragidos. Realmente, Antônio se sacrificava para devolver aos proprietários suas "legítimas posses" e tirar os negros das garras do "maligno", senhor dos quilombos. Que presença!

– E quando não dava certo? Às vezes uma expedição volta de mãos vazias ou nem volta, e muitas chaves somem para sempre.

– Havia, ao que parece, meios de pressão para forçar o santo preguiçoso a trabalhar. Mais de um. Podia-se colocá-lo no armário, tirá-lo do seu pedestal e colocá-lo no chão, debaixo de uma grande pedra, ou, pior ainda, deixar sua imagem pendurada por uma corda no fundo de um poço...

– Até que ele resolvesse cooperar...

– Isso mesmo.

Leuk ri francamente. Seu bom humor chama a atenção de nosso vizinho, que percebeu a repetição do nome de Santo Antônio em nossa conversa. Ele pergunta:

– Parece que vocês gostam muito de Santo Antônio, não é mesmo?

Hesitamos em responder.

– Que Santo Antônio vocês preferem?

Balbuciamos.

– É melhor saber. Vejam só.

Coloca a mão em meu braço e me encara com a segurança dos doutos.

– Um dia, um homem caiu do trigésimo andar. Enquanto caía, gritou: "Santo Antônio! Santo Antônio! Me salve!". Uma mão poderosa surgiu das nuvens e o segurou. "Oh! Obrigado, Santo Antônio!", gritou o homem. "Santo Antônio da onde?", perguntou uma voz invisível. "Santo Antônio de Pádua", respondeu o miraculado. "Lamento, esse não sou eu", disse a voz. A mão se abriu e o homem se esborrachou no chão.

Rimos.

– Essa é boa.
– Sim, é uma piada conhecida. Há tantos santos com o nome de Antônio que é importante ser preciso quando se implora a um deles. Sabe como é, os santos são suscetíveis.

Aposto que se estivéssemos caindo no vazio, pendurados na ponta dos dedos do santo oculto, teríamos respondido à pergunta de acordo com nossa obsessão: Santo Antônio de Categeró, em referência ao santo negro das igrejas brasileiras – e teríamos acabado esborrachados no chão, ou não. De fato, essa é boa.

Acabamos, largados pelo ônibus, na calçada de uma avenida deserta perto do aeroporto de Recife. Isso numa hora tardia em que não convém a um casal de viajantes cansados e vulneráveis, cheio de bagagens, ficar dando mole por aí. Avisado por telefone, nosso mentor do consulado da França, Denis Roy, gentil gigante de estatura dissuasiva, ejeta-se de um show de jazz e chega cantando pneus a bordo de uma Ford Rural cor de laranja dos anos 1950, fabricada no Brasil no modelo dos Jeeps de guerra para enfrentar a rede rodoviária de então, bastante minada. Saímos dali voando, estilo filme norte-americano, com o som a todo volume. Deixamos atrás de nós, no meio da noite, os rastros de uma canção de Alceu Valença que fala de uma *belle de jour*. Direção: a floresta de edifícios de Boa Viagem. O vento sacode as árvores de trinta andares. Uma lua vitoriosa roda nua acima do bulevar do oceano.

Breve mergulho na cidade dos homens-caranguejo

Em Recife, arrastados para os corredores da universidade, tragados pelas correntes das ciências humanas, envolvidos em bate-papos e palestras, Leuk e Leão deixam a investigação em *stand by*. Descem mesmo assim a Avenida Beira-Mar, na orla de uma dessas plantações de concreto, aço, vidro, agulhas, flechas, charutos apontados, colunas de habitação que os brasileiros reivindicam como florestas sob o pretexto de que os troncos não estão colados uns nos outros, mas gozam de uma área de crescimento próprio. O europeu mesquinho procurará o alerce, o abeto-de-Douglas ou o espruce-da-Noruega, mas só encontrará árvores com sacadas e varandas, de essências luxuosas. Percorrem a praia da Boa Viagem, cujo nome leva ao recolhimento qualquer andarilho que se respeite. Leuk e Leão se respeitam. Segundo as últimas notícias, a prefeitura do Recife resolveu homenagear artistas que saíram de cena para nunca mais voltar: criou uma praça dos memoriais. Leuk e Leão saltam dentro de um táxi para verificar o conceito. Ainda mais que uma das estrelas extintas não parava de gritar o gênio afrociberdélico de Pernambuco nos ouvidos do mundo inteiro: Chico Science, presidente falecido da Nação Zumbi, permanecia uma voz mais do que respeitada do rock experimental brasileiro.

– Para o Pátio de São Pedro, por favor. Praça dos memoriais.

Como o táxi não pode entrar no emaranhado de ruelas ao redor do Mercado de São José, atravessam a pé a multidão de fregueses. Mais um belo mercado, esse de São José! Sua estrutura metálica é cercada por uma basílica rosa, uma capela verde-pistache, uma construção monumental "violeta-arcebispo", todas as fachadas destacadas por estuque branco. Admirável. O velho Recife tinha mesmo um soberbo aspecto rococó. A Nikon, nas mãos de Leuk, aspira as cores que trombeteiam sem complexo. Em menos de um minuto, vem alguém lhe dizer para esconder aquela câmera de focinho muito vistoso. O Mercado de São José oferece tudo aquilo de que o homem do Nordeste pode precisar, calçados e chapéus de vaqueiro, cestas e tambores, comida rústica e literatura de cordel. Mas é também palco de técnicos da rapina, cangaceiros urbanos de mãos habilidosas ou brutais. Zona de risco. Melhor preveni-los para que não se estrague a bela imagem que fazem do Brasil. E o Pátio de São Pedro? Bem na frente de vocês. Uma praça calçada, pequena, pedestre, cheia de pombos, com postes antigos, uma teteia. Uma igreja barroca, estreita, com a fachada cheia de janelas. E ali, num canto, surge o imprevisto: a estátua de um poeta. De pés descalços, sobre a pele de um tambor que servia de pedestal para sua arenga. Batendo um sino e na certa pregando a causa dos desfavorecidos. Solano Trindade. Não, Leuk e Leão não o conheciam um minuto antes. Quem é esse filho negro que o Brasil honra com um traje de bronze? Um pintor, um cineasta, um dramaturgo, um poeta, o criador da poesia assumidamente negra. Um negro assumido que foi jogado na prisão, em pleno século XX, por causa de uma coletânea intitulada *Tem gente com fome*. Nasceu em Recife e a cidade parece orgulhosa disso. Hoje.

> tomando cachaça,
> servi de amor,
> dancei no terreiro,
> pra sinhozinho,
> apanhei surras grandes,
> sem mal eu fazer.

Leuk e Leão bebem tudo o que a placa de cobre revela sobre essa pepita oferecida pelo acaso. Atrás da estátua, abre-se o Memorial Chico Science. Na verdade, um pequeno museu vivo, centro de documentação, sala de áudio e de vídeo, tudo ao mesmo tempo. O Pátio de São Pedro converteu seus comércios em lojas e cafés culturais. Excelente conceito.

Recife nunca mais foi a mesma depois da passagem do cometa Chico Science. Lançado à Terra em 1966, teve seu curso interrompido por um acidente de carro em 1997. Como justificar a atribuição de um memorial se o cantor-poeta-rapper-performer não tivesse sacudido os anos 1990 com uma energia tão fulgurante que deixou o Brasil ofegante e órfão? Na entrada, uma foto de Chico Science em tamanho natural garante a acolhida. A figura alegre de chapéu de palha, com seus indefectíveis óculos escuros, de tamborim na mão, esboça um passo de dança e aponta um sorriso irresistível para os visitantes. Os dois investigadores, à guisa de oração, xingam as Parcas. Malditas trançadoras cegas do destino que ceifam prematuramente os bons gênios da humanidade e concedem longevidade aos que infestam as bolsas, os bancos e os cimos do poder nos quatro cantos do mundo! Chico, o magnetizador, embalou a vida por uma década com os três álbuns que criou junto com a Nação Zumbi, seus irmãos de quilombo elétrico. E patenteou um conceito cultural que levava sem demagogia a tolerância para o proscênio.

O jovem estagiário do memorial pede a Leuk e Leão que se acomodem nas poltronas da sala de projeção: Chico em pessoa ia explicar para eles como o *mangue beat* tinha surgido do mangue recifense.

Chico aparece na tela com toda a simplicidade. O eterno trintão se dirige gentilmente a eles de uma barca na correnteza do rio. Com uma mão cheia de anéis, mostra orgulhosamente sua cidade amada e suas pontes elegantes. O *mangue beat* hauria inspiração na natureza aquosa de Recife, bela de corpo de península, cortejada pelos rios e pelo mar. Da lama do mangue emergiram homens-caranguejo (sua banda e ele próprio). Eram jovens, de sangue misturado, famintos, empanturrados de pulsões do terceiro milênio, ávidos pela seiva das raízes dos paletúvios ancestrais, ciosos de digerir os bons aluviões da África e ansiosos para regurgitar uma cultura rock "adrenalítica e pernambucana" que provaria à Terra inteira o orgulho de um Brasil plural e portanto moderno. Palavra de ordem: Afrociberdelia! Uma mistura criativa de elementos tribais, de África incensada e de *high-tech* encantado, de tambores do maracatu local, rufando em linha cerrada atrás de guitarras saturadas, uma linha de baixo forte e um solista de rap vibrante. Chico tinha a ciência das palavras e enfeitiçava o palco. "Cores unidas e alegria/ nada de errado em nossa etnia..." Exalava uma *joie de vivre* inigualável e uma vontade de empreender. Falava rápido. Leão o aprecia sem tirar os olhos de cima dele. Mas o espectro digital desaparece. Leuk, tocada a fundo, eleva Chico Science ao posto de comandante de honra das pepitas brasileiras, a título póstumo. Ao grande expoente do maracatu atômico, a nação jubilosa.

    Outra noite, a Ford Rural, extraviada na periferia de Recife, vai e vem numa confusão de eixos geométricos em busca da Estrada Velha de Água Fria. Todo mundo conhece o terreiro do Pai Adão, mas as indicações bem-intencionadas os fazem girar em círculos por meia hora até que o búfalo alaranjado consiga estacionar ao lado da cerca da célebre casa de Xangô, morada dos orixás. Leuk e Leão querem saudar a figura mais respeitada da comunidade afro-brasileira da cidade, Manoel Papai. Para eles, uma estadia no Recife sem esse gesto não fazia sentido. Era como não apresentar seus respeitos ao conselho dos anciãos tendo desembarcado numa aldeia africana. A reputação do pai de santo Manoel Papai é do tamanho do Brasil. Esse homem solicitado, cheio de responsabilidades, aceitou recebê-los na véspera da partida deles para Juazeiro do Norte. Iam penetrar numa casa que distribuía axé, essa energia construtiva suspensa na atmosfera que os orixás materializam cada vez que intervêm. O Sitio de Pai Adão é mais que um lugar de cerimônias. Abriga uma oficina de música e de dança, a sede de grupos de maracatu, um ateliê de fabricação de tambores, um posto de saúde, um centro de cidadania. Manoel Papai, sexagenário alto, impressiona por sua elegância e autoridade natural. Oferece-lhes a água das boas-vindas sob um afresco que representa

Iemanjá, gênio feminino do mar, emergindo das ondas. Manoel Papai é neto do carismático Pai Adão, pai de santo assiduamente frequentado por pesquisadores importantes como Gilberto Freyre, Roger Bastide e Pierre Verger. Essa casa atrai os doutos há mais de meio século. Mas ele, Manoel Papai, cruzou a ponte no outro sentido. Queria contar isso ao casal de etnólogos de passagem. Entrou na universidade e, pai de santo, tornou-se par dos que observam as manifestações dos deuses do alto de suas teses. Luta contra a ideia tão difundida de que o pessoal do candomblé, xangô, tambor de mina está ligado a práticas de bruxaria. Muita gente no Brasil de hoje ainda pensa que os adeptos da macumba são servos do diabo.

Ele sorri para Leuk e Leão.

– Lamento informar, mas o diabo é católico. Uma invenção cristã. Na África, ninguém nunca tinha ouvido falar dele antes do desembarque dos europeus.

Está na hora de acabar com esses preconceitos. A universidade lhe permite empreender uma desmistificação de grande envergadura. Ele insiste em seu combate para dar visibilidade a uma herança religiosa que a sociedade do século XXI continua a desacreditar. Divulgar a verdadeira natureza do Xangô e do candomblé nos limites do dizível. Aplacar o medo público diante do desconhecido. Difundir a mensagem dos negros no Brasil: a união na diversidade e na adversidade.

– Não buscamos a violência, mas simplesmente nossos direitos!

Quando Manoel Papai instalou seu escritório na faculdade, uma colega de ciências humanas quis mudar de sala. Ela rejeitava a própria ideia da presença dele. Desde então, Manoel Papai passou a participar de um comitê de ética religiosa de atuação internacional. Cerca de trinta pesquisadores gravitam ao redor dele, estudantes de etnologia mas também fiéis do culto. Ele obteve bolsas de pesquisa, organizou um recenseamento dos terreiros de Pernambuco, montou exposições, concebeu a sala permanente de cultos afro-brasileiros no Museu do Homem do Nordeste de Recife, suscitou criações artísticas a partir do caráter de cada orixá, conquistou o tombamento do Sítio de Pai Adão na lista do patrimônio. Trabalha no Conselho Estadual de Desenvolvimento Econômico e Social como representante dos afrodescendentes. Reivindica a abertura de uma Casa da Abolição, projeto que está avançando. Fala nas ondas da Rádio Pernambucana, responde a convites do exterior, chegou até a discorrer sobre a comunidade Nagô de seus ancestrais em Lyon. Sim, na cidade natal de Leão.

– Se é para falar do meu povo, dos meus orixás, então não sinto fome nem sede. Nada me detém. Vocês sabem, o negro sofreu de tudo, mas nada pôde detê-lo.

Na hora da despedida, ao cair da noite, gratifica-os com uma divisa que os acompanhará, como uma benção, em todo o seu caminho:

"É a cabeça que manda no corpo. O olho que ilumina a cabeça. Mas é o pé que faz a cabeça avançar."

VII
JUAZEIRO DO NORTE

Em que Leuk e Leão cruzam com cangaceiros, lançam-se a Juazeiro para o Dia de Todos os Santos, infiltram-se numa maré de peregrinos, perseguem máscaras indígenas, fazem a crônica de um milagre nordestino, descobrem uma santa negra à sombra de um poderoso padrinho e cozinham num caldeirão clandestino a gloriosa epopeia de uma experiência sertaneja sem amanhã.

Inferno na terra e paraíso do imaginário

O motor do expresso João Pessoa-Belém solta seu primeiro ronco às 8 horas em ponto. A porta bate no segundo seguinte. Ritual maníaco. Visto da rodoviária de João Pessoa, capital da Paraíba, primeira cidade a ser acariciada pela dedirrósea aurora, ponta oriental das Américas, o trajeto de ônibus em direção à amazônica Belém do Pará escapa ao entendimento. É contado em dias. Só conheceremos suas primeiras doze horas, que nos bastarão para chegar a Juazeiro do Norte, no sul do Ceará, antes do afluxo dos peregrinos para a festa de Finados. Leuk e Leão ocupam os lugares da frente, excitados como duas crianças, só olhos. Em algum momento a estrada por certo se desfará das feiuras urbanas e se lançará na goela do sertão, zona imensa e inquietante, de nome intraduzível. Deserto? "Oceano das grandes solidões"? Mas o sertão corresponde também à ideia mais vaga de interior ou de uma espécie de savana. Tanto é verdade que esse reino de poeira deve sua maldição climática ao desdém do céu, que os seres nascidos sob sua seca autoridade erram até hoje num estado de exaltação que os aproxima de Deus, mais do que o Altíssimo, o Distantíssimo.

Zayda, o sertão nos deixa atônitos. A vastidão desse desconhecido é proporcional à extensão de nossa ignorância. Mais do que nunca, solicitamos sua presença ao nosso lado. Sabê-la à escuta nos tranquiliza. Penetramos num inferno na Terra, cujo duplo é um paraíso dos imaginários. Quero dizer com isso que raramente a existência de nativos enraizados num espaço de infortúnio suscitou tantas e tão grandes produções literárias e cinematográficas.

Livros e filmes são os faróis que iluminam o viajante.

Lemos o que pudemos, sobretudo as obras-primas absolutas que são *Os sertões* de Euclides da Cunha e *Grande sertão: veredas* de João Guimarães Rosa. Mas também os poemas dos trovadores e a literatura de cordel, as lamentações da seca e os breviários da violência, a gesta dos bandidos da aridez e os excessos dos famosos cangaceiros. E, ainda, as cruzadas dos esquecidos, as insurreições sertanejas, as construções de Beléns solidárias sob o comando de líderes iluminados, a trágica Guerra de Canudos e as repressões que se seguiram... O calvário e o fuzil, o misticismo e o furor foram as respostas cruzadas dos habitantes do sertão à fome e aos abusos de poder. Para decifrar essa realidade, graças a Deus, avançamos "encordoados" pelos textos de Sylvie Debs, grande especialista na literatura de cordel e no cinema inspirado pelo Nordeste. Felizmente, pois no que diz respeito à sétima arte seríamos tentados a suspirar de irritação. Por certo, os filmes brasileiros chegaram à França em nossa infância, nos tempos de glória do Cinema Novo. Mas depois a fonte secou. Hoje parece um grande acontecimento quando um longa-metragem brasileiro passa nas telas do Velho Mundo. Vivemos privados da "digna" criação brasileira. Pena, pois muitas foram as produções que testemunharam as realidades do sertão. Encontrá-las exige talentos de rato de sebo ou práticas de ciberpirataria.

De repente, pego o braço de Leuk e peço para que ela não se vire. Cochicho em seu ouvido meu sonho acordado.

– Atrás de nós, todos os passageiros do ônibus se transformaram graças à força do meu pensamento.

É claro que Leuk se vira.

Zayda, entre no jogo!

O ônibus azul da empresa Guanabara corta uma paisagem cada vez mais seca e atravessa uma flora cada vez mais agressiva. Enquanto isso, os principais heróis da realidade nordestina tomam assento às nossas costas em trajes de época. Imagino que eles também estão convergindo para Juazeiro do Norte, "a Meca do sertão", para engrossar as fileiras já torrenciais de peregrinos e prestar homenagem à figura mais adulada do sertão: o padre Cícero. Murmuro:

– Ali, bem atrás da gente, está sentado Lampião, o mais temido dos cangaceiros.

Esses bandidos, "sob a canga" (cangaço) da miséria, lutaram tanto contra a exploração quanto pelos exploradores, ora a serviço dos grandes proprietários, ora atuando como verdadeiros Robins Hoods, mudando de lado de acordo com suas razões, movidos por uma honra versátil ou perpétuas traições. Você reconhece, Zayda, a silhueta seca de Lampião, o chapéu em meia-lua, as cartucheiras cruzadas no peito, as calças de couro, os óculos e as mãos cheias de anéis, a testa ornada de moedas de ouro. Com o fuzil sobre a coxa, lê suas revistas ilustradas prediletas. Sua célebre máquina de costura, utensílio precioso para o perpétuo nômade, está no bagageiro do ônibus. Ao seu lado, Maria Bonita, companheira de vida, companheira de morte. Essa mulher ardente que largou tudo, seu marido e o ambiente privilegiado da fazenda paterna, para seguir Lampião desde o primeiro olhar que trocaram. O que resta deles hoje? Uma coisa essencial: esses fora da lei, surgidos da miséria, súcia de arruaceiros para uns, justiceiros para outros, provaram a este país em brutal formação que os pobres podiam se tornar perigosos. E você sabe o que o tenente Bezerra pensa de toda essa história de grande banditismo, ele que, ao matar Lampião, pôs fim nela em julho de 1938?

O responsável pelo som direto da minha superprodução interior estende o microfone para Bezerra. A câmera dá um *close* nele: "Lampião era um homem honrado e de palavra. Se ainda estivesse vivo, eu não deixaria ninguém tocar num fio de cabelo dele. Hoje, não penso que tenha sido um bandido. Há muitos bandidos de gravata que continuam em liberdade".

Como a história é cambiante, você não acha?

No ônibus, o sinistro Bezerra está ao lado de Antônio das Mortes. Sombrio, barbudo, devorado pelo rancor, enfiado num casaco cinza com um lenço rosa. Chapéu sobre os olhos, silencioso. Matador de aluguel, mercenário pago pelos proprietários para eliminar um a um os chefes de bandos. É ele que vence o fabuloso duelo de sabre em *O dragão da maldade contra o santo guerreiro*. O filme foi aplaudido em Cannes. Mas Antônio das Mortes conclui seu lúgubre trabalho com esta frase desenganada: "Tenho que encontrar outro inimigo para dar sentido à minha vida". Glauber Rocha, o diretor, envia-o para o lado dos oprimidos.

Note ainda, Zayda, pertinho de Lampião e de Maria Bonita, o casal formado por Corisco e Dadá. Estão ali, do jeito que o cineasta Rosemberg Cariry os levou à tela. Corisco, dito "o diabo loiro" por causa de seus longos cabelos claros, ostenta um chapéu em forma de lua crescente ornado de motivos solares e mergulha seu olhar azul no mundo que ele deve lavar de seus pecados a ferro e fogo e sangue. Dadá, sua refém e depois seu amor, ajudará a humanizar aquele que se acreditava imbuído de uma missão divina. Corisco foi o último cangaceiro a cair. Sua decapitação, em 1940, marcou o fim de uma época de furor.

E ali, atrás do casal fenomenal, viaja esse par deslumbrante da literatura universal saído das páginas do fastuoso romance de João Guimarães Rosa, *Grande sertão: veredas*. Veja o seu herói, Riobaldo, ruminando a forragem amarga da existência, ele, o jagunço-poeta, que busca aquilo com que rime o crime; ele que desafia Satã para disputar com ele o poder sobre os homens; ele que alveja o amor, mire e veja, com o seu fuzil. E observe com que olhar protetor o cobre Diadorim, sua inseparável sombra, companheiro de guerra e das altas solidões. Diadorim, neblina, o ser de segredo guardado numa alma abissal. Ah, Zayda, é raro um livro pegar você com tanta força quanto essa confissão de seiscentas páginas, sem pausa nem capítulo, cavalgada terrível, entre dúvidas e inquietações, rumo ao impossível apaziguamento!

E aquele ali, homem alto cuja cabeça ultrapassa os tricórnios dos fora da lei, dá para reconhecer entre mil peregrinos, não é mesmo? Esse asceta encarna a magreza de todo um povo de carne roída pelas privações e pelo egoísmo dos ricos carniceiros. É claro, falo de Antônio Mendes Maciel, o inspirado, o Conselheiro, profeta iluminado, fator de atraso para alguns, redentor para outros; ameaça obscurantista para o desenvolvimento da jovem República, para uns, providência dos deserdados, para outros. Foi ele que erigiu a fortaleza comunitária de Canudos, na recusa das leis, do dinheiro e dos impostos, onde o trabalho de todos beneficiava a todos. Essa Babel dos maltrapilhos atraiu os oprimidos do sertão do fim do século XIX, todos sedentos de esperança, e desencadeou a ira dos fazendeiros diante da deserção de seus trabalhadores maltratados. Você sabe melhor do que eu que essa utopia mística foi bombardeada, incendiada, devastada pela metralha do Estado e pelos canhões do "progresso". O extermínio dos vinte mil membros de Canudos, relatado por Euclides da Cunha, e mais recentemente por Mario Vargas Llosa, em *A guerra do fim do mundo*, permanece um crime absurdo contra a humanidade, mancha inapagável na História do Brasil.

E aquele outro, Zayda, está ouvindo-o cantar com seu violão no fundo do ônibus? É Zé Ramalho em pessoa, o rebelde dos dezessete discos. Terá sido a cólera que deformou seus traços? Ou o pugilato da genética que lhe imprimiu na cara a marca de um coquetel atípico de índio, europeu e africano? Ele tem a feiura magnífica, Zé Ramalho, e a gravidade dos insubmissos. Você já o viu interpretando "O meu país", a sarcástica composição de Orlando Tejo, Gilvan Chaves e Livardo Alves? Escute isso! Para provocar seu país, eles passam o orgulho do Brasil no moedor. Bom Deus, faça com que sempre haja poetas e músicos. Eles são o verdadeiro combustível do futuro!

> Um país que crianças elimina
> Que não ouve o clamor dos esquecidos
> Onde nunca os humildes são ouvidos
> E uma elite sem Deus é quem domina
> Que permite um estupro em cada esquina
> E a certeza da dúvida infeliz
> Onde quem tem razão baixa a cerviz
> E massacram-se o negro e a mulher
> Pode ser o país de quem quiser
> Mas não é, com certeza, o meu país

Se continuar, não termino nunca. Quero todas a bordo, as glórias do sertão, rodando no ônibus mágico de nossas leituras. Mas seria absurdo não mencionar o maior dos improvisadores, o monumento da oralidade, o poeta de mãos calejadas, espelho da realidade dos sofredores, fustigador dos padres moralistas, artista do suor, da fome e do cansaço, o contestatário versificador, denunciador do cotidiano brutal e asfixiante, o membro da "Academia do pó e da modéstia", o orador da mata, caboclo sem letras de nobreza nem diplomas, doutor das ciências populares, campeão da literatura de cordel, mestre Patativa do Assaré, que um presidente da República homenageou no fim de sua vida.

E o que diz ao Brasil esse encantador do verbo?

"A seca pertence ao império da natureza, mas pode ser resolvida pelo homem. Em países de clima igual ou pior que o nosso, o problema de abastecimento de água foi superado. A diferença aqui é que os donos do poder não se interessam pela solução. Eles vivem do problema."

Declaração amplificada por outro passageiro do ônibus, o cineasta Rosemberg Cariry, que dedicou uma grande parte de sua existência a filmar a resistência dos poetas e registrar os tesouros do Ceará: "Ser brasileiro hoje implica reciclar a dor, no dia a dia, para reconstruir a dignidade negada" (DEBS, 1997, p. 45-51).

Mas e vocês, Leuk e Leão, o que vão procurar em Juazeiro entre esse povo de caboclos, cafusos, mamelucos, curibocas, nesse entrelaçamento complexo dos sulcos do passado?

É você que nos pergunta isso, Zayda?

A resposta é óbvia: duas figuras negras cuja dignidade foi negada, é claro, duas pepitas de brilho singular: a Beata Maria de Araújo e o Beato José Lourenço, dois místicos que, à maneira deles, emblematizam a memória do Brasil.

Por isso, adiante, Zayda, até Juazeiro!

Milagre em Juazeiro do Norte

Acabou-se a cana-de-açúcar. A paisagem não é mais de plantações. Os morros ornam-se de casas isoladas, as vacas pastam a vastidão. A natureza se desfia, perde sua intensividade agrícola, ainda que, este ano, tenha chovido, e o sertão nos engane oferecendo um rosto risonho. Os açudes estão cheios. É claro: as acácias e os cactos, emblemas das terras sofredoras, entram em cena no momento previsto pelos mapas. O tempo se faz mais selvagem. As nuvens mostram seus músculos. Os elementos vão entrar em fúria? O ônibus foge da ameaça acelerando, apesar dos "atenção, devagar" dos cactos-candelabro, agentes éticos de um trânsito espinhoso. Os vilarejos atravessados, cada um com sua única rua e suas casas baixas, arvoram placas de churrascarias e propagandas da cachaça Pitu, "a mania do brasileiro". A noite nos alcança perto da cidade de Milagres e abençoa nossa entrada na terra da fé: o epicentro do sagrado, como você sabe, situa-se em Juazeiro do Norte, nosso destino, a que chegaremos, dentro do prazo previsto, às 21 horas. Felizmente, pois um atraso teria complicado o roteiro de nossa chegada. A situação é a seguinte: em razão da gigantesca peregrinação, os hotéis da região estão completamente lotados. Então, uma amiga do Recife convenceu um de seus colegas de universidade, professor de Jornalismo na faculdade de Juazeiro, a nos alojar. Ele topou na boa, mas terá que se ausentar para votar em Fortaleza. Sem problemas. A zeladora do prédio abrirá a porta para nós, desde que batamos a uma hora decente. Na verdade, nosso anfitrião mora em Crato, a cidade rival, separada de Juazeiro por quinze quilômetros e frequentes disputas no passado, uma delas resolvida a canhonaços em 1914. É melhor a gente se apressar. Pular dentro de um táxi noturno para Crato. Ponto de referência: o cemitério. É a primeira vez que invadimos o domicílio de um completo desconhecido. A viagem dita sua lei. Será ela favorável? Madame Zhu, zeladora de nome chinês, abre a porta com cautela. Tem de fato o aspecto de uma asiática escura. Recebe-nos com cara de poucos amigos, pragueja contra o taxista mal-educado que não carrega nossas bagagens, dá-nos a entender que chegamos com um dia de atraso, depois gargalha agitando a chave do apartamento do generoso proprietário (duas cervejas bem geladas à sua saúde!). O cubículo de Madame Zhu é tão pequeno quanto o Brasil é imenso. Subimos ao primeiro andar: eis-nos instalados na casa do professor Luís Celestino, em meio a seus livros, móveis, em sua rede (vivam os amigos de amigos!) e prontos para a grande peregrinação. Amanhã.

Juazeiro, aqui estamos! De van, ônibus ou no Metrô do Cariri, temos a escolha para vencer a distância entre Crato e Juazeiro. As duas rivais já não podem mais prescindir uma da outra, aglomeram-se. O ônibus nos regurgita na cidade, e basta se deixar levar pela corrente humana. Os peregrinos convergem para a Igreja de Nossa Senhora do Perpétuo Socorro, onde está enterrado o Padre Cícero, diante da qual se abre a concha de concreto do Memorial Padre Cícero, à frente da qual se eleva uma coluna envidraçada com a efígie do Padre Cícero, ao redor da qual se concentram lojas de artesanato cheias de estátuas do Padre Cícero. Os devotos progridem em pencas, grupos, famílias, tribos. Juazeiro é uma cidade bonita? À primeira vista, não me parece. Muitos cruzamentos em ângulo reto, perpendiculares, paralelas, ruas com casas baixas, saguões de exposição à guisa de lojas: o comércio, como a águia do lucro, lançou-se sobre o município sob suas formas temporal e sagrada. Avançamos carregados pela massa humana, com a certeza de que alguma coisa vai nos acontecer nesse encrave do improvável. Não há como não.

No que dá ser mulher, negra, pobre e analfabeta

Inicialmente, ficamos plantados bem no meio da Praça do Perpétuo Socorro, sem saber para onde ir, com os olhos fixos nas manifestações de devoção. Os peregrinos vieram de longe cumprir suas promessas. Há tanta coisa a pedir para o Padre Cícero: uma boa colheita de mandioca, escola para os filhos, a futura ninhada de porcos, que o açude fique cheio, a cura de uma doença... Todos se remetem a ele, o bom padrinho dos pobres, para um amanhã melhor, mas vêm também agradecer por ontem, pelo que aconteceu de bom no ano que passou. Na certa ele ajudou. Afinal, enquanto vivo, nunca poupou energia para dar assistência aos mais desfavorecidos. Ninguém duvida de que ele permaneça o melhor intercessor desde que ganhou seu lugar tão merecido no céu. Fico imaginando o esforço da viagem, o sacrifício dos gastos, o preço do transporte de caminhão. Mulheres tiram moedinhas para comprar velas e colocá-las numa imensa bandeja onde ardem já centenas de pequenas chamas. Então se viram para a estátua do santo homem, canonizado pelo povo do Ceará, embora não reconhecido por Roma. Sua representação impressiona, Zayda. Parece um relicário vertical. Um Padre Cícero em tamanho quase real se ergue, como uma aparição, atrás do reflexo do vidro. Emerge, com sua batina preta, de uma braçada de rosas. Abençoa a multidão com a mão direita, enquanto a esquerda, grande, repousa sobre seu coração, sede das emoções e da compaixão. As rugas da idade e da tristeza sulcam seu rosto. O reverendíssimo se apresenta assim, perpetuamente disponível, ao fluxo contínuo de mulheres de cabelos pretos, de coques apertados, com a cabeça coberta por chapéus de palha ou lenços. Os homens se prosternam diante dele, às vezes de terno, muitas usando um chapéu de vaqueiro. Todos depõem aos pés do padre o fardo de sua condição de vítima e o peso de sua esperança. Começam três dias de escambo com o sobrenatural, como os humanos sabem fazer tão bem desde a noite dos tempos para acalmar sua angústia: oferendas e fé em troca de bons resultados.

Só nos resta expor a vida e a obra do Padre Cícero para explicar tamanho entusiasmo. Você há de convir, Zayda, temos que oferecer ao menos um resumo, ainda que todo brasileiro conheça de cor os fatos e as façanhas dessa personalidade fora do comum. Ainda mais que esse padre carismático esconde, atrás de sua espaçosa aura, uma mulher modestíssima, vestida e coberta de um véu como uma religiosa, feia, negra, beata, médium, erguida, por sua devoção absoluta, à categoria de "esposa de Cristo": Maria de Araújo. É dessa beata, filha de escravos, que procuramos os rastros, graças a indicações de amigos bem-intencionados. Mas o fato é que nada, nem sequer uma imagem, um sinal tangível no horizonte, traduz sua influência determinante no desencadeamento da epidemia mística que grassa em Juazeiro do Norte há mais de um século. Por que tamanho ostracismo?

– Aí tem dente de coelho.

– Diria mesmo que uma investigação se faz necessária...

Tomada a resolução, Leuk, como boa guerreira, entra numa lojinha cheia de camisetas estampadas com as figuras santas do panteão católico. Uma imagem do Padre Cícero em tamanho natural, vestindo uma casula branca, ao lado de um expositor da L'Oréal Paris cheio de estatuetas do reverendo. Leuk fotografa esse desvio publicitário, depois pergunta à vendedora com uma voz inocente e doce.

– Queria uma camiseta com a Maria do Araújo, por favor.

– Não tem.

– Uma estatueta dela, então.

Sentimos a confusão da mulher, sem nenhum argumento para justificar a ausência da beata em suas estantes. Leuk não perdoa:

– Mas por que Maria de Araújo foi apagada da cidade?

A coitada da vendedora gagueja:

– Você tem razão, isso não está certo, ainda mais que meu Padim Ciço reconhecia que o milagre vinha dela.

– Pois é! Será que é por que ela era mulher, pobre e negra?

– Provavelmente.

A vendedora, aniquilada, entrega-nos um panfleto intitulado *Uma boa conversa com Padre Cícero.*
— Falam dela aqui.
Leuk sai triunfante e se dirige com passos determinados ao memorial.
— Se a beata tiver sido excluída do memorial, ficarei indignada como mulher e pesquisadora!
Juazeiro sequer ficou sabendo do abalo sísmico de que escapou naquele dia.
O Memorial Padre Cícero parece uma carapaça sob a qual temos que nos enfiar para ter acesso aos arquivos do milagre. A construção, inaugurada em 1988, dominada por uma flecha de concreto, ostenta a audácia arquitetônica de Brasília. Leuk varre com o olhar a coleção de objetos domésticos e de culto do reverendo, então se lança, eletrizada, sobre o primeiro vestígio palpável da existência da beata: uma foto desfocada de Maria de Araújo, a mulher apagada. Sua cabeça sem graça (física) emerge de um longo véu negro, um grande plastrão branco cobre seu peito; está apoiada no dorso de uma cadeira e parece oprimida pelas provações amontoadas sobre seus frágeis ombros.
Vamos aos fatos.
Leão: sejamos breves e concisos.
Leuk: Jovem padre que ensinava em Crato, sua cidade natal, Cícero Romão Batista tem um sonho que transforma toda a sua vida. No dia 11 de abril de 1872, vê a Última Ceia, tal como pintada por Leonardo da Vinci, reconstituir-se diante dele, numa escola de Juazeiro: os doze apóstolos ao redor de uma carteira escolar. Cristo, no centro, exibe o Sagrado Coração palpitante. Jesus parece irado; ameaça destruir o mundo se a corja humana não se corrigir de seus flagrantes defeitos. Então, virando-se para o jovem padre, Cristo lhe dita em tom peremptório: "E você, Cícero, deve velar sobre estes!". Penetra então na sala um grupo de miseráveis famélicos, todos originários do sertão. Cícero obedece na mesma hora à ordem divina e vai se instalar com sua família em Juazeiro, cidade a que dedicará sua vida.
Leão: Primeiro ato. Dispomos do sonho que planta as premissas da santidade.
Leuk: O padre passa então a construir sua influência sobre uma trindade: proximidade, disponibilidade, generosidade. Socorre os

mais pobres, organiza a distribuição de ajudas privadas nos tempos de privação, atenua a carência das instituições públicas. Impõe-se como socorro espiritual, moral e material. Torna-se o padrinho dos desvalidos. Os deserdados da terra começam a afluir para Juazeiro. A cidade cresce. Cícero consegue direcionar as forças afluentes para erigir uma nova igreja, capaz de corresponder à exigência dos fiéis. O bispo do Ceará admira essa façanha em tempos difíceis. Até aí, tudo bem. O modesto sacerdote aconselha seu humilde povo, prodiga-lhe dicas ecológicas sobre a gestão racional de uma natureza severamente regulamentada pelo céu. Juazeiro se desenvolve sob o duplo estandarte do trabalho e da prece. Divisa instalada em cada lar.

Leão: Cícero não tem nada de revolucionário. Inicialmente, destila uma moral conservadora, fustigando tudo o que sai dos limites admitidos pela lei católica romana.

Leuk: Os cultos afro-brasileiros? Nem pensar, seu Leão. Coisa do diabo!

Leão: Uma nova guinada ocorre entretanto no dia 1º de março de 1889.

Leuk: Naquela manhã, ao receber a hóstia da mão adulada do Padre Cícero, a beata Maria de Araújo sente o "corpo de Cristo" se transformar em sangue na sua boca. O padre tenta enxugar o que escorre para fora. Em vão. Uma multidão de fiéis testemunha o fenômeno, que se repete dezenas de vezes. E apesar de o padre pedir discrição, a notícia do milagre se espalha como um rasto de pólvora.

Leão: Diante de nós, Zayda, podemos observar, exposto numa vitrine do memorial, o lenço sacerdotal bordado e manchado que o padre colocou nos lábios da miraculosa. Mas quem é essa Maria de Araújo?

Leuk: Uma maltratada pelo destino. Nascida paupérrima, negra, filha de escravos, sem instrução, ela se refugia desde pequena em conversas com o Menino Jesus. Tem o perfil ideal de irmã abstinente, devotada ao serviço dos outros. Torna-se beata sob o cajado do Padre Cícero. O padre suscita esse tipo de vocações, cerca-se de uma brigada de moças castas e subservientes, em geral negras, para propagar o exemplo de retidão moral e ajudá-lo em seus trabalhos de assistência social.

Leão: Com Maria de Araújo, o zelo vai trazer belos frutos, mas também muitos espinhos.

Leuk: É preciso imaginar a afluência dos crentes. Uma corrida ao ouro da esperança. Jesus finalmente se manifesta claramente no Novo Mundo, no Brasil, no Ceará! Elegeu a boca de uma paroquiana de Juazeiro do Norte para se expressar! Não, o sertão não está mais abandonado! Não, a Europa não tem o apanágio do milagroso! A reputação de taumaturgo do padre de Juazeiro explode.

Leão: Erro diplomático! Ele devia ter avisado o bispo de Fortaleza desde a primeira gota de sangue escorrida, associá-lo ao milagre para que a carreira do bispo fosse beneficiada.

Leuk: Tarde demais! Quando o prelado fica sabendo da história, o fenômeno e o nome de Cícero já ganharam tamanha amplidão que sua vaidade não pode suportar aquilo. A notoriedade de um pároco do interior pode superar a de seu bispo? A lâmina da autoridade cai sobre Juazeiro. Duas comissões médicas e religiosas são despachadas com a missão de desfazer o engodo, torcer o pescoço do pretenso milagre. Só que o tiro sai pela culatra. A primeira comissão conclui por um fenômeno inexplicável. A hóstia de fato se transforma em sangue sem que haja qualquer lesão bucal. Maria de Juazeiro disporia portanto de capacidades de mediunidade fora do comum, ativadas por uma incomparável devoção, práticas drásticas de contemplação, uma atenção contínua aos desgraçados. Ira do bispo. Um segundo tribunal de caráter inquisitorial é enviado: num contexto solene e apavorador, a pobre mulher, sozinha diante de um areópago de homens malevolentes, deve se submeter a auscultações indecentes, sem a menor cerimônia, com o claro desígnio de desmascará-la, denunciá-la. Ela é declarada culpada. Abrem sua boca como no tempo da escravidão para verificar o estado de suas gengivas, de sua língua, depois de uma eucaristia administrada por uma mão pouco amena.

Leão: De fato, dessa vez, Maria de Araújo não sangra.

Leuk: Seus detratores jubilam. Humilham-na. Mas a mulher analfabeta, convencida de sua inferioridade, rebela-se e joga na cara dos juízes que estão em estado de impureza e que é por isso que Deus se cala, por não ter nada a provar diante de tanta arrogância.

Leão: O veredito é proferido, inapelável: irmã Maria de Araújo terminará sua vida enclausurada, excluída, negada.

Leuk: O Padre Cícero também não será poupado. Vê-se ameaçado de excomunhão e separado de sua querida comunidade. Acusado de ter se servido de sua influência para levar seus crédulos paroquianos ao fanatismo. Forçado a ir a Roma pedir o perdão papal. Só o obtém após seis meses de espera, e sob duas condições: calar para sempre o nome de Maria de Araújo e negar o milagre.

Leão: Maria de Araújo, riscada da vida, transformada em sombra, apagou-se definitivamente em 1914, depois de 51 anos de amor a Deus e ódio recebido dos homens.

Leuk: Em compensação, para Cícero, as trombetas da fama entoam uma marcha triunfal. Seu povo o reivindica, confirma-o em sua posição de padrinho e de taumaturgo. Embora atormentado pela hierarquia clerical e limitado em suas funções sacerdotais, o modesto pároco, já famoso, engaja-se na política, obtém a independência administrativa de Juazeiro, torna-se seu primeiro prefeito, mantém relações ambíguas com os potentados locais, que se aproveitam de sua influência para manipulá-lo, ao que dizem, no sentido de seus interesses, e que, através dele, obtêm mão de obra dócil, cegamente obediente às recomendações do Padim Ciço.

Leão: Não cabe a nós comentar esse lado controverso do personagem.

Leuk: Morto em 20 de julho de 1934, mas santificado ainda vivo pelos seus, Padre Cícero goza de um culto sempre mais florescente, apesar da hostilidade de Roma, que, nesse caso, afirmou e reiterou sua convicção: Deus não pode manifestar sua vontade através da boca de uma mulher, negra, pobre e analfabeta.

Leão: E eu acrescentaria: sul-americana.

Leuk: Sem comentários!

Atrás das máscaras

De repente, vejo Leuk romper nossa sessão de redação, pular para fora do memorial e correr até a praça. Um caixão de madeira bruta, carregado por quatro pessoas, dá voltas rápidas ao redor da estátua do reverendíssimo, antes de ser devidamente encaminhado para o cemitério contíguo. Até aí tudo bem: posso compreender que um defunto seja autorizado a perguntar ao padre o caminho mais ascendente ao paraíso. Mas se sucede ao rito funerário um alucinante ajuntamento. Insisto: alucinante. Personagens mascarados, cobertos da cabeça aos pés, prestam homenagem ao padroeiro da cidade. Um elmo de palha, sob uma coroa de penas, cobre cada uma das doze cabeças. Um vestido de fibras vegetais, com listras coloridas, dissimula o corpo inteiro. Capuchas de algodão, algumas com uma cruz bordada, pendem das costas, mantidas por uma faixa frontal. Assim que nos aproximamos, as aparições se afastam a passos rápidos. Fomos avisados: Juazeiro é a cidade onde tudo é possível. Corremos atrás do cortejo. Leuk se insinua entre os carros para fotografar a trupe de espectros. Interrogo os passantes. Obtenho apenas expressões de ignorância. Vindo da Bahia, ouvimos falar de um culto africano de ancestrais masculinos. Acredito, portanto, estar assistindo à saída de uma "sociedade Egungun", materialização repentina de defuntos notáveis para provar a realidade da vida *post mortem* e solidificar os laços com o passado perdido. Mas é minha imaginação que se embala. De acordo com o princípio iniciático do ritual importado da Nigéria, adaptado na Bahia, vivo na Ilha de Itaparica, essas manifestações secretas não se dão na rua, mas em salões apropriados. E os vestidos, "agitados unicamente pela energia do morto", nada podem deixar transparecer de carnal. Ora, estamos seguindo até perder o fôlego seres vivos de que percebemos os pés descalços e pedaços de braços escuros agitando chocalhos. Trata-se de algum outro mistério. Adiante. Nada fácil tomar notas esbarrando nos capôs dos carros, interrogando espectadores de rostos fechados. Um casal de negros acompanha a trupe cantando. As máscaras respondem com graves onomatopeias. O som de uma flauta estridente sai de uma capa vegetal. Impossível determinar a fonte emissora. O público se afasta à passagem dessas figuras de penitentes sem fazer nenhuma saudação. Nenhum sorriso, nenhuma conivência. Realmente estranho. Escuto alguém pronunciar a palavra "índios". Para onde estão indo? Para a sede de sua confraria? A corrida dura mais de um quilômetro. Cortamos a linha do metrô já que não a de chegada. As máscaras se dispersam através dos corredores de um imenso mercado que rodeia uma igreja recente, de fachada terra de siena e campanário toscano. Peregrinação e comércio sempre andaram juntos. Esvaziam-se as devoções e os bolsos, enchem-se os cestos. Noto entre os estandes de roupas e sapatos fileiras de volumosos brinquedos de madeira colorida, caminhões, tratores, escavadeiras, especialidades dos ateliês da região. Rabisco: "Há pilhas de telhas pintadas à glória de todos os santos e do Padre Cícero, bálsamos Padre Cícero, carrinhos de mão de artigos religiosos". Leuk segue à frente do cortejo registrando imagens.

O ritmo da marcha é infernal; sem dúvida, as aparições gozam de constituições jovens. As silhuetas passam debaixo de um pórtico e se precipitam no pátio da igreja dedicada a São Francisco de Assis. Um grande santo de bronze, instalado sobre uma coluna, ergue os braços para quem chega. Ônibus de peregrinos e caminhões lotados rodam em volta da estela buzinando. Tento contar os giros. Haverá um número cabalístico para obter a benção certa? Mania de etnólogo. A gente nunca muda. As máscaras chegam ao adro da igreja. O serviço começa. Uma multidão compacta obstrui o espaço. As aparições fendem a assistência, percorrem o corredor central, plantam-se ao pé do altar. Pedem para que se sentem. Ao final do ofício, recebem autorização para dançar em volta do altar. O fenômeno não parece ser frequente. Os fiéis estampam uma autêntica curiosidade, observando petrificados a insólita beleza do espetáculo. Seria uma manifestação indígena de vassalagem ao poder de Deus similar à primeira missa imposta por Pedro Álvares Cabral, o "descobridor" da terra de Vera Cruz, num certo 26 de abril de 1500? Encontro um padre franciscano e o bombardeio com minhas perguntas. Ele responde afirmativamente a todas as minhas hipóteses para escapar o quanto antes do interrogatório. Fico sabendo apenas que pode se tratar de uma comunidade de cafusos, mestiços de negros com índios. Estariam representando as almas dos ancestrais dos autóctones Cariri? Sim, sim, diz o padre, que não faz ideia.

Bom, não é à sacristia que arrancaremos a resposta.

Mas fique tranquila, Zayda. A mecha da cintilante curiosidade foi acesa. O barril da verdade não tardará a explodir. Ainda mais que Juazeiro favorece os pequenos milagres. Eis um exemplo.

Esgotado, sedento, faminto, o casal obstinado de garimpeiros franceses despenca num restaurantezinho gaúcho, diante de um prato de carne servido sem cerveja, beberagem tirada de venda na hora sagrada da festa, pois a garganta não suportaria ao mesmo tempo a subida das preces e a descida da cevada. Como quem não quer nada, à maneira de detetives espertinhos, interrogamos a cortês patroa gaúcha sobre a passagem daquelas máscaras na cidade. Ela não sabe do que estamos falando, mas nos encoraja a pedir informações na Secretaria de Desenvolvimento Econômico e Turístico de Crato. Lá saberão nos informar.

– Tem certeza?
– Peçam para falar com Edio Callou.

Retorno expresso a Crato numa velocíssima van. Não apenas, diante do enunciado de nossas intenções, Edio Callou brota de seu escritório, sito à bela Praça da Sé, como também nos dedica o resto da tarde. Chega mesmo a nos agradecer por termos vindo de tão longe, carregados de perguntas e de interesse por uma região encantadora que atrai poucos estrangeiros, fixados em sua maioria como falenas aos sóis superficiais do litoral. Quanto às máscaras, tem apenas uma vaga ideia dessa comunidade exterior à cidade, cujos membros aparecem irregularmente nas festas de Juazeiro. Seriam de fato cafusos, devotos do Padre Cícero, chamados Pankararu. A verificar. Com quem? Um breve telefonema e já temos um encontro marcado para o dia seguinte: 8 da manhã na Casa dos Milagres de Juazeiro, situada precisamente na Praça do Perpétuo Socorro. O erudito da cidade estará lá para nossa edificação.

– O nome dele?
– Renato Dantas. O que mais posso fazer por vocês?

Um segundo milagre está em curso. Leão chora as pitangas de sua frustração por não poder chegar ao lugarejo de Caldeirão por conta do mau estado da estrada. Os táxis pedem quantias exorbitantes. Explico:

– Tínhamos a esperança de visitar esse "caldeirão da memória", lá onde o beato negro José Lourenço, a pedido do Padre Cícero, executou a missão de velar por uma população de esfomeados e erigir, naqueles ermos, uma comunidade solidária. Missão executada com tamanho sucesso que os poderes, irritados e invejosos, ordenaram a destruição da comunidade *manu militari*.

– Para isso – anuncia Edio Callou – vamos à prefeitura. Reservaremos um carro e um guia municipal para vocês. Segunda-feira de manhã está bom?

As viagens também reservam momentos de graça!

O espinho do sertão no coração da Igreja

Domingo, 8 horas em ponto. Leuk e Leão, à espreita, aguardam a aparição anunciada de um erudito dentro da Casa dos Milagres. Esta supera os antros da gratidão que já exploramos em Tiradentes e em Salvador. A inflação do fantástico no Brasil não tem limite. Palácio de ex-votos, caverna de arte popular, obra-prima de arte bruta, entreposto da fé, esse monumento devia ser tombado imediatamente, preservado, oferecido à admiração mundial... Você se lembra, Zayda? Essa casa estreita serviu de cenário a uma cena fantástica do célebre filme de Walter Salles, *Central do Brasil*. Não apenas as paredes estão cobertas de quadros e fotos, como também mesas, altares e pedestais invadem a casa, devoram o espaço, suportando acúmulos de estátuas entre as quais as reproduções do Padre Cícero e da Virgem Maria soterram a concorrência. Um inventário levaria semanas, na penumbra atenuada pelas chamas de lampiões. O fluxo de devotos no exíguo corredor central é incessante. Assistimos, fascinados, ao diálogo silencioso de um velho negro com o padre, a mão do fiel colocada sobre o ombro da estátua de gesso em tamanho natural.

É então que um homenzinho simpático com um grande chapéu de palha vem em nossa direção. Renato Dantas. Ele leva Leuk e Leão ao "pátio dos milagres" que prolonga a casa do mesmo nome. O conhecedor mor da cidade lembra o grande Peter Falk. Um sósia do inspetor Colombo para enriquecer nossa investigação! Leão jubila. O pátio parece abandonado. Velhas estátuas do Padre Cícero terminam ali sua carreira. Há um poço sagrado. Os peregrinos lavam seus rostos e seus braços. Mulheres derramam a "água do padre" na redinha que prende seus cabelos. Algumas colhem, entre as ervas daninhas, folhas de menta selvagem, portadora de uma graça especial.

Renato, o erudito da cidade, engrena a toda velocidade. Não dá tempo de perguntar nada. Juazeiro arde em seu coração. Quer nos contar tudo. A começar pelo pé de timbaúba que se erguia na Praça do Perpétuo Socorro e no qual os devotos penduravam os ex-votos. A árvore foi derrubada nos anos 1940 por ordem do governo a fim de pôr um freio na onda mística de Juazeiro. Em vão. A reação foi imediata: a abertura dessa Casa dos Milagres para combater a estratégia repressiva das autoridades. Juazeiro é a república das esperanças do pobre, mas sua independência irritou as instâncias religiosas e políticas. O culto à pessoa de Cícero as incomodava profundamente. Decididamente, o padre parecia zombar da ortodoxia: próximo demais das dores de seu povo, admitindo suas carências espirituais, tolerando sua inclinação ao êxtase místico, respeitando os mitos ancestrais, prodigando uma atenção de médico das almas a um sertão abandonado. Foi o campeão da escuta. Podiam lhe entregar um bilhete do tipo: "Me tire da prostituição, meu Padim, pra que eu possa casar com João!". Era um homem ativo que sabia que uma obra de caridade de envergadura não podia ser feita do alto do trono de um prelado. E, nesse confronto, a Igreja não saiu por cima. A ordem de excomunhão enviada por Roma não foi aplicada pelo bispo de Fortaleza, que temia um levante sertanejo.

– Reparem, aqui mesmo nesta sala, uma pontuda reação do povo à ameaça de exclusão de seu líder: ao lado das representações oficiais do padre de batina preta, vocês não ficaram surpresos por vê-lo às vezes vestido com uma casula branca? Não? Trata-se contudo de um traje papal, reservado unicamente ao soberano pontífice. Deixo vocês avaliarem o tamanho do desvio e da provocação.

Renato explica que não era apenas Cícero, mas todo o espinho daquele sertão supersticioso que a Igreja queria arrancar de seu seio. O tom não era de brincadeira. A prova disso? Está no cemitério. Corremos para lá. Ato contínuo, bem na entrada, o erudito aponta uma placa que evoca a lembrança da beata Maria de Araújo. Sua lembrança tão somente, pois seu túmulo foi violado, seus restos mortais roubados, dispersados. Hoje, ninguém sabe onde estão dissimulados, se seu cadáver não foi reduzido a cinzas.

Maria de Araújo, santa pobre e sem sepultura.

– Dá para apagar mais do que isso?

– Quase aconteceu o mesmo com os despojos do beato José Lourenço, o líder da comunidade do Caldeirão, que vocês visitarão amanhã. Mas dessa vez o povo interveio a tempo, evitando uma segunda traição. O túmulo foi bem vigiado.

Na praça, um beato vivo, esquálido, de longas barbas brancas, prega, aconselha, exorta sob a coluna do Padre Cícero. Mulheres com lenços na cabeça seguram sua mão, esperam uma transferência benéfica de força.

– E os Pankararu, seu Renato?

Leuk nunca larga um osso.

Renato acha que se trata de descendentes de índios vindos de Pernambuco, adeptos do padre.

– Alguns deles consideram Cícero como um espírito superior. Não se surpreendam com a presença deles. Aqui podem surgir índios trajados como seus ancestrais. Juazeiro é uma antecâmara do céu, uma passagem privilegiada para o além. Um espaço onde as vítimas de discriminação em outros lugares são reconhecidas como verdadeiros seres humanos. Digam um lugar onde um negro como José Lourenço poderia ter tido acesso tão naturalmente ao estatuto de beato. Juazeiro é a cidade do inusitado. O improvável não surpreende aqui. Vocês não imaginam esta região cem anos atrás, sem água, sem recursos, roída pela fome crônica. Cícero a fez viver: isso é um milagre!

A fazedora de anjos negros

Está na hora de confessar para você, Zayda, que viemos a Juazeiro do Norte para cumprir uma promessa. Nós também. Uma dívida a pagar a um amigo que desempenhou um papel importantíssimo em nossa vinda ao Brasil: Patrick Bogner, fotógrafo. Mas atenção, não se trata de qualquer fotógrafo. Bogner concentrou sua arte no Brasil, principalmente no Nordeste, e especialmente nos devotos de Juazeiro. Não estou falando de reportagem, mas de homenagem. Ele queria impor pela imagem a importância desses nordestinos rugosos, filhos da poeira, a um Brasil do sul muitas vezes disposto a vilipendiar sua rusticidade com sarcasmos não isentos de racismo. Queria revelar ao mundo a existência exemplar desses espreitadores de chuva, expor a grafia de seus traços devastados pelo angustiante dilema de fugir ou ficar. Bogner plantou diante deles os pés e a caixa de madeira de sua câmera fotográfica como os lambe-lambes de outrora; improvisou um estúdio no caminho do Horto que os peregrinos tomam para atingir o ponto culminante do sagrado, o topo de uma colina onde se ergue uma estátua de vinte e sete metros do padre, a cinco quilômetros do Centro da cidade. Seus retratos em preto e branco tornaram-se uma referência. O fotografo obteve a autorização de alguns moradores para fotografar o interior de suas casas, seu cenário cotidiano, o obscuro silêncio de suas moradas. Ninguém aparece no enquadramento. Veem-se paredes de cores primárias, escamadas; um fio elétrico e a lâmpada nua; a geladeira num canto, preciosa como um cofre-forte; uma cozinha verde, o preto do fogão, o prateado das panelas de alumínio; uma moringa barriguda, na penumbra azul, e uma parede rabiscada com a palavra "Amor"; um aparelho de rádio pendurado na viga do teto; duas cadeiras de fios de plástico alinhadas debaixo de duas fotografias recoloridas de um casal em duas idades de sua vida; imagens devotas presas nas paredes; Cristos sulpicianos enquadrados por guirlandas de flores artificiais; Virgens em profusão...

Quarenta dessas imagens foram impressas em tiragem "Fresson", um procedimento inigualável (e mantido secreto) que confere às fotos a elegância da pintura. A série foi intitulada sobriamente *Interiores*. E se eu lhe disser, Zayda, que Patrick Bogner foi, graças a essa série, o primeiro fotógrafo francês do século XXI a entrar nas coleções do Instituto Moreira Salles, o conservatório da memória visual no Brasil, você vai ter noção da importância desse homem que, por anos a fio, incitou-nos a atravessar o Atlântico para conhecer seu terreno iniciático (BOGNER, 2007).

A promessa é fácil de cumprir.

Ficamos de saudar da parte dele uma "fazedora de anjos". No sentido pleno do termo. Dona Dourinha, assistente escolar, costura as alvas e confecciona as asas dos anjos de uma tradição local de Natal, a lapinha. Esses anjos não se parecem com os que voam nos céus europeus. Aqui, eles têm a graça de menininhas escuras e pré-púberes de um bairro popular. Rostinhos de tranças crespas, a fronte cingida de coroas de flores e as costas emplumadas. Bela adolescente de encanto pré-rafaelita, diáfana e negra. Bogner as fotografou no ateliê da costureira, que, ponto a ponto, tece e reinventa o paraíso.

Dona Dourinha mora no Horto, o morro de relevo brutal que completa o conjunto místico de Juazeiro. Subimos a "escarpa infernal que leva ao céu" num ônibus cacoquímico. Os peregrinos costumam subir a pé, mas escolhem o frescor da aurora para chegar até a bainha da batina da enorme estátua do padre que domina toda a região. São vinte e sete metros de cimento branco cintilando no céu cru! O pároco, representado já em sua velhice, considera do alto a cidade sobre a qual mantém uma ascensão eterna. Apoia-se numa bengala e aperta um chapéu contra sua batina. Peregrinos atam incessantemente fitas coloridas ao pedestal do monumento. Contra a dengue, para ter resultados favoráveis nas eleições, no amor, na saúde, na moradia etc... Ao pé do gigante se abre ainda um Museu Padre Cícero, que se soma ao memorial e às duas casas onde o sacerdote morou na cidade, e que, naturalmente, inspecionamos de cabo a rabo com Renato Dantas. Estamos à beira da saturação, da vertigem mística. Da náusea? Atravessamos mais uma sala de ex-votos, um salão de jantar. Recenseamos mais uma cama do padre. Peregrinos colocam sobre a colcha uma roupa, um chapéu, um utensílio recém-comprado, e os pegam poucos segundos depois, carregados de energia positiva. Então, de repente, quando não esperamos mais nada, desembocamos numa capela, e o Padre Cícero aparece em hábitos sacerdotais ao lado da irmã negra, finalmente representada em cera, em tamanho natural, e etiquetada Maria de Araújo. Aleluia! Entre o pároco e sua protegida, adivinhamos o cibório, dissimulado pela pala e pela patena: todos os elementos do milagre de Juazeiro estão ali representados numa cena digna do Museu Grévin.

Saímos.

Precisamos de ar.

Descemos a pé os níveis do Horto. Uma cervejinha gelada não iria nada mal. O cliente de uma espelunca nos oferece seu cozido de tatu. Não temos tempo. Pena. Devemos cumprir nossa promessa antes do cair da noite.

— Ei, Dona Dourinha, visita importante pra senhora!

Um menininho tamborila na porta da costureira.

— Amigos do seu Patriqui, o fotógrafo!

A costureira, senhora negra, simpática, alegre, abundante, não consegue acreditar:

— Como assim? Gente que vem de tão longe e desvia seu caminho só pra me cumprimentar e admirar minha máquina de costura? A vida tem belas surpresas, não acham? Bom, é aqui que se fabricam os anjos de Natal. Vocês viram as fotos do seu Patrick: é uma bonita tradição iniciada por meu Padim Ciço. Faz quarenta anos que costuro vestidos brancos e modelo asas. Aprendi com Dona Tatai, que se gabava de ter feito isso durante oitenta e dois anos. Utilizo cada vez mais material sintético para montar as asas. As penas de verdade custam muito caro hoje. Além disso, as crianças logo estragam tudo. Mas se quiserem conhecer o costume, voltem mais cedo outro dia, mostro para vocês no vídeo. Minha porta está sempre aberta. Voltem sempre. Muito obrigada pela consideração.

O caldeirão da vergonha

Hoje vamos a Caldeirão de Santa Cruz do Deserto, onde tudo é ruína e poeira. Episódio importante em nossa vida. Cada um de nós, em seu nível, fixa objetivos, elege suas próprias metas, define suas prioridades. Para nós, ver Caldeirão, pisar o chão desse vilarejo, destruído em 1937 por autoridades celeradas, figura no topo da lista de nossas urgências. Que o próprio fogo que aniquilou Caldeirão mantenha o braseiro da indignação, o dever de testemunhar, o apelo à reflexão! Esse vilarejo cometeu o crime de levar a bom termo uma experiência comunitária de luta contra a fome que foi considerada uma ameaça pelos poderosos, porque dava satisfação aos moradores. Repito o motivo da condenação: "Porque dava satisfação aos moradores". Quem disparou o golpe fatal? Uma trindade solidária composta pela Igreja, pelo Estado e pelo Exército que trombeteou sua profissão de fé: o que restaria do privilégio de dirigir se os habitantes que estão em nosso encargo obtivessem satisfação?

Rodamos num Fiat Panda aguerrido que não se assusta com vinte quilômetros de estrada detonada. A placa Caldeirão de Santa Cruz do Deserto nos precipita numa vastidão brutal. A estrada de terra, entre duas fileiras de moirões, estende-se sobre um rebanho de morros gastos. A terra bale de sofrimento, por mais que esse ano a chuva de caju tenha reverdejado momentaneamente o velo vegetal. Paulinho, um geógrafo, foi delegado pela prefeitura de Crato para ler a paisagem para nós.

– Catorze famílias detêm toda a terra do Cariri até hoje.

O tom está dado. Acho que vamos gostar desse leitor de horizontes. Ele sabe que é a figura do beato negro José Lourenço que nos faz mergulhar em Caldeirão. Então, para que as coisas fiquem claras, vira-se para nós e profere em meio ao barulho do motor e das chapas tremelicantes:

– Posso parecer branco, mas sou afrodescendente. Inclusive faço parte de um grupo de valorização dos negros do Cariri. Nossa presença no Ceará foi apagada, queriam evitar abordar essa consequência da escravidão. "Parar de se negar!" Essa é a nossa divisa.

O Panda progride numa paisagem de conflito entre Deus e o Diabo. Os poetas sertanejos, os repentistas, adoram esse tipo de metáfora. Dizem que, através desses morros, o que Ele faz o Outro desfaz. Quando Deus manda a chuva, o beberrão chifrudo engole tudo como Chico Esponja, um negro ruivo de Juazeiro que seca todos os copos de cachaça antes que eles irriguem os bebedores honestos. O Criador, em sua generosidade, fez o relevo cheio de pregas para multiplicar as superfícies, mas o Outro, com seu hálito fétido, raspou as ladeiras e calou as fontes. Invento dois improvisadores, violões no alto do peito, cantando a plenos pulmões nessa estrada imutável, rumando ao enterro das ilusões. Os poetas ainda são chamados para os velórios, por que não convidá-los para os funerais da reforma agrária, cujo cadáver jaz inerte há dois séculos? Ouço-os repetirem os mesmos acordes que sustentam suas justas verbais. Vacas pretas se juntam perto do arame farpado, atraídas pelos acentos anasalados e pelas astúcias estilísticas dos rimadores. O que eles podem contar nesse caminho isolado senão o ultraje feito a pessoas honestas, crentes e crédulas, que, um belo dia, no fim dos anos 1920, foram expulsas de terras alocadas por terem cometido o abuso de fazê-las frutificar?

Assim começa a história do povo de Caldeirão.

Digo para mim mesmo que nada mudou neste ambiente desde o dia em que os protegidos do beato pisaram nestes cumes, com a angústia no coração e a fome na barriga, dirigindo-se para Caldeirão, destino inquietante e desconhecido, maculado pela reputação de uma maldição.

Mas quem é o seu líder, alvo de todos os fervores? Quem é esse José Lourenço?

Oswald Barroso, na peça *A irmandade da Santa Cruz do Deserto*, imagina o beato se apresentando assim: "Um preto alto, desilustre, incapaz de estar na vossa presença". Essa humildade não parecia predispô-lo a um grande destino. Ele foi o primeiro a ficar surpreso quando o Padre Cícero o escolheu entre os peregrinos para cumprir uma dura missão. Até então, José fora apenas um adolescente rebelde, em conflito com seu pai, grosseiro e violento. Tinha fugido do barraco da família e das surras recorrentes de seu genitor. Desde então se tornara vaqueiro, adquirindo uma sólida experiência como adestrador de cavalos. A ciência da terra penetrara seu ser pela palma das mãos e pela sola dos pés. Depois de anos de errância, José quis dar jeito em sua vida e reencontrar sua família. Onde buscá-la senão em Juazeiro, junto ao padrinho dos aflitos? Padre Cícero sabe tudo. Basta lhe perguntar: onde está minha família? E ele ajudará a localizá-la. É verdade. Só que em sua audiência, José recebeu uma resposta inesperada do padre: "José, tô te esperando faz tempo. Tu já tava escolhido. Sim, tu, meu filhinho. Tu vai me ajudar a carregar o peso da Santa Cruz para a salvação da humanidade".

Cícero mandou José cravar a cruz nas terras alugadas de um fazendeiro. Restava explorá-las. O grande negro dispunha das qualidades necessárias para a tarefa: força de caráter, capacidade de organização, competências agrícolas, modéstia natural. Bastava lhe dar confiança e ele se revelaria para si mesmo. Cícero tinha o dom de suscitar vocações. José obedeceu à ordem de seu padrinho, adequou-se ao rigor dos beatos, fez penitências para limpar as manchas de sua vida passada, depois levou um bando de deserdados ao lugar dito Baixa Dantas para fundar uma comunidade, plantar pomares, cobrir as encostas de algodão e cereais, criar animais. Assim foi feito, e muito bem feito.

Quando o resultado se fez visível demais, a desgraça surgiu, como o escárnio dos infernos, para debochar do sucesso. Começaram a falar demais de José Lourenço e de suas ovelhas, tratando-os de fanáticos. O beato e os seus tinham instaurado uma cooperativa em que cada um trabalhava para o bem comum: nada pertencia a ninguém, tudo era de todos. As mangueiras, jaqueiras, abacateiros, limoeiros e toda uma legião de árvores frutíferas em pleno viço provavam que era possível afastar o infortúnio trabalhando com alegria e até mesmo cantando. Para os outros e para si mesmo. Você imagina, Zayda, isso não podia durar muito, tamanha afronta às imutáveis leis da miséria. O proprietário solicitou de volta suas terras enriquecidas. A má notícia chegou com seu fedor de bosta seca trazido pelo vento dos dias ímpares, aquele que distribui cacetadas. A comunidade se viu expulsa sem delongas. O padrinho dos pobres convocou José e lhe confiou a exploração de outra terra, cujo proprietário era ele próprio, Cícero. O padre teria dito a seu discípulo: "Vá a Caldeirão, José, leva os teus. Tu vai lá para toda a tua vida e para a eternidade para não depender de mais ninguém. Trabalha, José, por dez anos, por toda tua vida e pela eternidade".

O que você entende, Zayda, por uma eternidade limitada a dez anos?

Nunca se desconfia o bastante das letrinhas miúdas de um contrato. Mas os excluídos tinham escolha? Ei-los metidos nessa mesma estrada que seguimos nesta manhã de segunda-feira. Essa poeira toda à nossa frente, só podem ser eles que andam, apertados contra seus animais, inquietos já com a distância. Cada passo os afasta de Juazeiro, impele-os para uma zona que o rumor popular diz estéril. Mais de oito décadas nos separam desse momento, mas posso escutar o lamento dessa gente: "É a agonia de todos os homens impedidos de cultivar

a terra numa nação que tem tanta terra". Gostaria, Zayda, que eles chegassem antes de nós ao local, que se instalassem, construíssem, realizassem sua obra; isso nos daria alguns parágrafos de repouso. O tempo de sonhar com humanos ainda capazes de semear a utopia em pleno deserto e de colher a satisfação de viver ali. Paulinho diz:
– O beato não combateu a seca; apenas provou que era possível viver lado a lado com ela sem deixá-la morder, sem que ela matasse tudo.

Mas o carro roda mais rápido que a narrativa, e já estamos aqui, Zayda, motor desligado, portas ainda fechadas, tomados pela emoção, no ponto mais alto do Caldeirão, na algazarra elétrica dos insetos.

Só restou no Caldeirão uma capela branca, uma cruz e duas casas de pé. O resto é mato e escarpas hostis. Outra cruz, cravada em homenagem a José Lourenço, assinala a localização de sua antiga morada. Dois postes brancos demarcam seu perímetro. Mais parece um cemitério. Tudo o que nos cerca, esses cocurutos extenuados pelo calor, tudo isso foi ousadamente plantado nos anos 1930, valentemente conquistado. Depois, a maldição de uniforme fulminou o lugar; a "ordem" estendeu seus braços, recuperou o que lhe era de "direito" e transformou tudo em nada.

Um homem vem em nossa direção a passos lentos. Paulinho o conhece: é o velho Raimundo, o funcionário-eremita. Seus olhos se escondem sob a mata de suas sobrancelhas. Tem o rosto magro, cobreado, alongado, lábios finos sobre os quais um risco de bigode deixa planar a sombra de um sorriso. Aqui, fala-se baixo. As vozes respeitam o repouso dos mortos. O velho Raimundo tinha 6 anos à época dos acontecimentos. Morava perto dali. Lembra-se perfeitamente das plantações de macaxeira e de arroz, das encostas cheias de milho e feijão, dos algodoais, do engenho de cana, dos celeiros para estocagem, um para o dia a dia, outro bem guardado, caso a seca resolvesse se prolongar. Tudo bem organizado. Os olhos topavam com as árvores frutíferas, bananeiras, frutas-pão, laranjeiras, coqueiros, mangueiras, e se empanturravam de cores. E os animais de couro ou de penas, bem tratados, gordos que só. Matavam dois bois e três porcos por dia para alimentar a comunidade. Ele viu com aqueles olhos que a terra há de comer. Há quinze anos a prefeitura de Crato o nomeou guardião do Caldeirão fantasma. De início, ficou assustado. Chegou ali pisando devagar. Mas hoje não quer saber de ir embora. Seus olhos marejam quando lhe dizemos que ele é o guardião de uma memória essencial. A história de Caldeirão deve fazer o mundo refletir. Devia ter ali um museu, uma pensão. Para que os mortos possam se explicar, eles que foram abatidos sem aviso prévio, sem intimação nem processo.

Uma coisa é certa: quando o bando do beato chegou a esse cume onde estamos, o medo da falta d'água deve ter feito as pernas dos colonos bambearem. Havia apenas uma casa na região, onde uma viúva vivia isolada. Ninguém vira o progresso prospetar por ali. A falta de água: era esse o flagelo. E então, graças à fé, à boa estrela presa no chapéu de couro do beato, os colonos não tardaram a encontrar uma fonte. Não um simples fiozinho d'água, não, um olho capaz de manter um açude cheio, mesmo quando a seca dominava os arredores. Agora dispunham da chave para a abundância. Esse açude ainda existe. É a primeira coisa que Raimundo quer nos mostrar. Atravessamos a praça deserta com a sensação de ter entrado num mau faroeste caboclo. Leuk recenseia tudo: a cruz erguida num pedestal de cimento pintado de verde. As duas casinhas. O retrato pintado, pendurado numa parede caiada, do padre Ibiapina (1806-1883), o inventor do catolicismo popular baseado na prece e no labor: modelo que inspirou Cícero. Descemos por uma trilha de cabras até o leito rochoso de um riacho desaparecido. Em compensação, água marrom em grande quantidade parada num buraco ali cavado. Eis o que resta do milagre de Caldeirão: uma poça suja, bebedouro para as feras selvagens.

Raimundo agita uma chave, a da capela. Diz que o beato nos espera lá dentro. Voltamos ao vilarejo. Quatrocentas famílias viviam ali. Não é fácil imaginar como era aquilo, reconstruir as casas, o lugar de tomar decisões, de guardar provisões. O sucesso de Caldeirão se deveu à sua estrita organização e às decisões tomadas em conjunto. A palavra circulava. Cada um se expressava. José Lourenço ponderava. Como em Baixa Dantas, todos tinham direito a tudo nos limites da moderação. Os associados viviam sua fé trabalhando. Cantavam nas plantações. Isso é fanatismo? As mulheres costuravam roupas para todos e toalhas de mesa de dar inveja. E Deus sabe que o beato as presenteou aos visitantes mais mal-intencionados tentando atenuar sua cupidez. De fato, figurões de fala mansa chegavam em grandes carros, em meio a nuvens de arrogância, comiam na mesa comum e, enquanto bebiam a cachaça oferecida de bom coração, espiavam e contabilizavam mentalmente os benefícios a tirar de uma rapina apoiada pelo Exército. O beato, por seu lado, pensava que a generosidade era contagiosa e que o perdão ajudava a alargar a alma. O que você quer? A comunidade não tinha outras armas para se defender. É fácil hoje em dia taxar José Lourenço e os seus de ingênuos.

Paulinho aprova o que o velho Raimundo afirma.

– Vão chegando, entrem.

A igreja minúscula é dedicada a Santo Inácio de Loyola; acaba de ser repintada. Raimundo conta que nenhum padre se aventurava a ir oficiar em Caldeirão. Para eles, era como levar a comunhão aos hereges. No entanto, os mesmos agentes da Igreja, sem nada verificar, censuravam o beato por se arrogar a autoridade de um clérigo de confessar e casar. Choviam mais calúnias do que água do céu.

Diante da porta, Padre Cícero, num nicho, brande o cibório miraculoso. Raimundo destranca a porta. Puxa Leuk pela manga. Há duas fotos do beato na parede, desfocadas, gastas, debaixo de um plástico. José Lourenço nos campos, de roupas brancas, com um alforje a tiracolo, um tricórnio de través na cabeça, a mão apoiada numa espingarda e uma mocinha ao seu lado.

– Com o sorriso de um homem bom, que não mente nem engana, comenta Raimundo.

A outra é uma foto de estúdio. José Lourenço posa como um líder, terno abotoado, colarinho engomado, gravata. É o retrato oficial de um cinquentão imponente. Leuk recopiou a descrição do beato tirada do belo romance de Cláudio Aguiar, *Caldeirão*: "preto luzido, de cabecinha de cupim, de calça preta, alto, magrinho, de alpercatas de currulepo. Mais tarde, via-se ele usando um chapeuzinho de couro, assim escurecido pelo suor da testa, chega brilhava. Um lenço de seda preta, deste tamanho, olhe. Foi-num-foi ele tirava do bolso um tabaqueiro de tronco de rabo de tatu, todo encruzado de ouro. Quando o abria ouvia-se um estalo como de língua enrolada na boca de boa prosa" (AGUIAR, 1982, p. 51).

– Ah, o que já não disseram sobre o beato! Os invejosos são mais aptos a semear os grãos do boato a todos os ventos do que as sementes de milho na plantação. Na verdade, essa gente de Caldeirão não fazia mal a ninguém, mas incomodava terrivelmente. Cometeram o crime de inventar um modo de existência e de subsistência sem relação com o único modelo autorizado, o do feudalismo. Neste país que só admitia submissão e trabalho forçado da parte dos camponeses, não havia lugar para uma ilha de liberdade como esta. Nos anos de seca mais dura, quando os flagelados do Ceará se amontoavam nos campos de concentração do governo para ali encontrar a morte certa, os que eram acolhidos pela comunidade de Caldeirão sobreviviam e eram agregados a ela. Era culpa do arraial se o sistema solidário funcionava, assim como os esforços de irrigação? E se as reservas garantiam sua sobrevivência até as novas chuvas? É claro que não, mas os fazendeiros viram muitos de seus servos desertarem e virem aqui para Caldeirão. Ultraje inadmissível! Então, o clube dos poderosos começou com a artilharia das palavras pesadas: comunismo e fanatismo.

O velho Raimundo se anima, Paulinho o encoraja.

– A continuação, meu sinhô, vocês a conhecem porque a leram nos livros. Mas saibam que muitos brasileiros ignoram ainda esse episódio de nossa história, porque ele dá vergonha. Ou antes, porque ainda poderia dar ideias aos trabalhadores sem-terra. Então é melhor não falar muito. Querem saber o que o pessoal disse? Ouçam só: que essa gente que compartilhava tudo e não possuía nada se parecia com o flagelo que os padres combatiam, o vírus soviético que o Exército caçava como um diabo vindo do estrangeiro, tentando mandá-lo de volta pro mar antes que ele devorasse o espírito dos desvalidos. Sim, todos os que contestavam a ordem do Estado Novo eram chamados de comunistas. Mas isso não bastava. Disseram do beato que ele se comportava como o chefe de uma seita retrógrada, submetendo seus próximos à escravidão, e que abusava das moças virgens e coisa e tal. Sim, sinhô, diziam isso na cidade, quando, na verdade, não havia nem uma fumacinha pra gritarem tanto fogo. Tudo isso porque essa abundância gerada no meio das pedras tinha que esconder algo de desonesto. Suspeitavam que Caldeirão estava fomentando um complô contra a República, escondendo armas recebidas de inimigos estrangeiros, preparando um ataque. Já viam José Lourenço sitiando Juazeiro para tomar o lugar do Padre Cícero, que acabava de morrer. Sim, o padim dos pobres não estava mais lá para fazer barragem a essa torrente de fel. Sua morte marcava o fim da eternidade. A Igreja queria de volta sua herança. As terras de Caldeirão iam engrossar o patrimônio dos padres salesianos. As horas da comunidade igualitária estavam contadas. Era preciso destruir Caldeirão antes que se tornasse uma nova Canudos, antes que José Lourenço se tomasse por Antônio Conselheiro. Então escreva aí, meu sinhô, que um dia o Exército invadiu o arraial e derrubou a cruz da união sagrada. Os soldados receberam a ordem de confiscar os bens das pessoas como se fosse um botim de guerra. O comandante intimou os moradores a fazerem as malas e darem no pé. Os oficiais separaram as moças mais bonitas do resto da população para abusar delas. Mãos assassinas puseram fogo no vilarejo, casa por casa. Mas o ponto final dessa história, meu sinhô, veio do céu, só que do inferno do céu. Sobre os refugiados que tinham se reagrupado na caatinga, para os lados de Mata dos Cavalos e do sítio Maracujá, o governo, capacho dos grandes proprietários, fez chover bombas. É isso mesmo que o sinhô ouviu. Foi a primeira vez que a aviação interveio para liquidar um conflito social. O simples fato de existir transformava Caldeirão em ninho da contestação. Porém, como o sinhô sabe, as almas ao redor do beato nunca tiveram mais que suas mãos para rezar e trabalhar, e mal e mal alguns trabucos para caçar. E os pilotos do governo os mataram como coelhos, descarregando sobre eles suas metralhadoras. Foram poucos os sobreviventes de Caldeirão. Não se esqueça de dizer que isso foi em 1937. Não faz tanto tempo assim, já que eu continuo vivo.

Beata Maria de Araujo

VIII
QUILOMBO CONCEIÇÃO DAS CRIOULAS

Em que Leuk e Leão mergulham no sertão, pedem hospitalidade a descendentes de escravos fugitivos, encontram mulheres notáveis, têm uma amostra da voracidade dos grandes proprietários e, em plena caatinga, participam de um colóquio sobre o direito à terra...

Turismo pedagógico no quilombo

Treze horas. Tico não deve demorar. A comida das rodoviárias desespera dois lioneses adeptos da carne vermelha. Mastigamos uma hora de espera com batatas fritas e frango de granja. O expresso Juazeiro-Petrolina nos deixou em Salgueiro, uma cidade construída em plena caatinga, num entroncamento de estradas: Teresina a noroeste, Recife a leste, Fortaleza a nordeste, Petrolina a sudoeste e o Rio São Francisco ao sul. (Parece que por essa encruzilhada passam substâncias não oficiais. Tomem cuidado em Salgueiro. Estarão no centro de uma zona de atividades paralelas. A maconha, sabem?) Escrevo entre parênteses as recomendações recebidas na França antes da partida. Na verdade, está tudo bem. Tico logo chegará com o Fiat Uno anunciado. Está tudo preparado para um passeio no mato, ou na caatinga. Vamos cuidar da sede: mais uma cervejinha! Nesse umbigo de Pernambuco, as temperaturas costumam bater recordes. (Se forem passar alguns dias na comunidade negra de Conceição das Crioulas, levem água!) Fazemos uma provisão de garrafas. Tico é primo de Fabiana Mendes, amiga de Recife que avisou a comunidade de nossa chegada, explicou nossas intenções, marcou os encontros. É também irmão de Aparecida Mendes, dirigente da Associação Quilombola de Conceição das Crioulas. "Quilombola" designa todo habitante de um quilombo. Na realidade atual, pode se definir um quilombo como um encrave onde descendentes de antigos escravos fugitivos continuam a viver. Os quilombolas ocupam os lugares que seus ancestrais foragidos conquistaram, e dão continuidade à luta para fazer valer seus direitos à terra desbravada por seus antepassados, direitos muitas vezes contestados pelos "senhores feudais" locais. Diz-se também: remanescente de quilombo.

Quando termina o asfalto, há ainda vinte quilômetros de "costelas de vaca" a encarar, segundo a expressão local. Desde o início da estrada de terra, penetramos no território histórico do quilombo. Os cactos-candelabro deviam ter montado boa guarda, mas não conseguiram evitar as invasões bárbaras de fazendeiros cúpidos. Tico descreve o teor dos conflitos em curso. Mergulhamos na paisagem autenticamente seca do sertão. O carro avança em direção às serras, Serra da Princesa, Serra da Pedra Negra, que favoreceram as aspirações ao sossego de negras fugitivas; pois o nome, Conceição das Crioulas, faz referência à memória de uma instalação inicial de ancestrais femininas. Já posso perceber sua vibração, Zayda, mas nada de pressa, está tudo previsto no quilombo para que saiamos dali conscientes do valor dessas pioneiras e também das dificuldades que suas descendentes enfrentam hoje em dia. Tico suspira:

– Quando teremos direito à paz?

A estrada leva ao centrinho asfaltado de um vilarejo, formado por uma praça retangular de onde partem os ramais de uma rua única e de um dique que atravessa um grande lago artificial. As fachadas das casas são rosa ou verdes; a igreja estampa um azul profundo. Os morros erguem uma muralha no horizonte.

O arraial está agitado quando chegamos. Um grupo de colegiais, vindo de Petrolina, acaba a visita da área do quilombo e do centro de artesanato. Amanhã chega um ônibus inteiro de trabalhadoras sociais do Recife que empreendem o longo deslocamento desde o litoral para conhecer as batalhas rurais travadas pelas famosas Crioulas do quilombo e estabelecer pontos de contato com seus próprios combates urbanos. A associação que preside os destinos de Conceição das Crioulas optou pelo desenvolvimento de um "turismo pedagógico e histórico". Esse conceito judicioso capta a atenção daquelas e daqueles que, seja lá de onde forem, abrigam um coração militante em seu peito. Conceição das Crioulas ganha assim uma imagem positiva: organização exemplar, esforço de acolhimento meritório, apesar da ausência de qualquer infraestrutura hoteleira, modelo combativo num mundo resignado... Os alunos do colégio de Petrolina também enfrentaram horas e quilômetros para vir até esses descendentes de africanos. Essa visita é a recompensa por um ano de trabalho escolar sobre o tema: "África, ventre do mundo". Os professores, ao saberem de nossa presença, miram microfones e câmeras, assim que descemos do carro, para uma conferência improvisada e filmada sobre as Áfricas de língua portuguesa, à beira da estrada, sob uma sombra rala. Já estamos gostando da ideia do "turismo pedagógico".

Crianças nos puxam para o centro de artesanato. Querem nos apresentar à nossa anfitriã para as noites seguintes. Seu nome não podia ser mais apropriado: Generosa. A lojinha e as instalações da associação são indicadas pelo rosto de uma mulher negra e sorridente, coberta por um fichu: ícone que recorda que o vilarejo reivindica uma primazia feminina. Mas os homens que cruzamos não parecem traumatizados. Um cartaz mostra um menino emergindo do quadro negro de uma janela sobre o qual está gravado o slogan: "Justiça social e regularização dos territórios dos quilombos". Campanha de reivindicação nacional. Na loja há mochilas, bolsas, sacolas, camisas e shorts decorados com cactos bordados. Dois materiais principais: algodão e caroá. As etiquetas fornecem o nome latino do caroá, *neoglaziovia variegata*, que honra a memória do botânico francês do século XIX Auguste François Marie Glaziou, grande pesquisador de bromeliáceas. Mas sejamos simples: o caroá é um cacto cuja fibra alimenta a atividade artesanal do quilombo. Ou seja, um aliado essencial.

– Cadê a Generosa?

– Aqui! – responde a meninada, remexendo numa pilha de bonecas vegetais.

Pegam uma de generoso peito azul, longa saia alaranjada e longas tranças africanas.

– A Generosa tá aqui!

A boneca vem num estojo com uma ficha técnica que explica que essa criação simboliza a luta e a resistência do povo de Conceição das Crioulas. Cada modelo representa uma mulher importante do quilombo que soube superar os desafios dos séculos passados até as mais recentes dificuldades. A apresentação cuidada dos objetos demonstra uma reflexão madura sobre as necessidades de marketing. Generosa faz parte das heroínas da comunidade. Uma nota biográfica insiste sobre seu papel de organizadora, educadora, instigadora da edificação do bairro Vila União, cujas casas foram construídas por mulheres. Seu senso de hospitalidade é lendário. É engraçado conhecer uma pessoa de carne e osso através de sua boneca de fibras.

A meninada nos leva até a casa de Generosa, em Vila União.

Andando a passos rápidos pela rua, cruzamos crianças saindo da escola, velhos nos vãos das portas, meninas jogando amarelinha na poeira do caminho, ciclistas de chapéu preto e o disco solar girando sobre o espinhaço arredondado das serras. Atravessamos a alegria do vilarejo atiçada pelo fim do dia. Sabemos que as casas de adobe e as fachadas de alvenaria dissimulam grandes dificuldades, a primeira da lista sendo o abastecimento de água. Vila União é um bairro nascido da vontade de sanear as moradias. Explicam-nos. As casas de adobe, fáceis de construir, têm um sério defeito: as paredes naturais atraem um inseto, o barbeiro, causador da doença de Chagas. As mulheres se revoltaram contra esse presente de grego do ambiente. Vencendo o ceticismo dos homens, solicitaram o apoio da prefeitura de Salgueiro para construir novas moradias e preservar a saúde de suas famílias. Obtida a ajuda, veio o desafio de fazer 25 casas de tijolo. Sabendo que 600 metros separam o lago do bairro, calcule o número de passos dados pelas mulheres, com baldes d'água na cabeça, para erguer 25×4 paredes...

– Tia Generosa!

As crianças apontam de longe uma senhora em animada conversa com um homem de bicicleta que lhe oferece favos de mel silvestre. Há, entre a criançada de nosso cortejo cada vez maior, um par de gêmeas excepcional: mesmos traços, mesmo tamanho. Uma clarinha e loira, a outra sua réplica negra. Ou vice-versa. Essas duas belezinhas radiantes ilustram de maneira cabal as fantasias da melanina e enterram para sempre qualquer teoria racista baseada na hierarquia das epidermes. Em sua casa de alvenaria, Generosa vive sozinha com o Bom Deus, um monte de crianças a toda hora do dia (sobretudo na das refeições) e frequentes convidados. Não podíamos esperar melhor alojamento. Depois de sonhar por anos diante dos *Interiores* do sertão de Patrick

Bogner, temos a sensação maluca de entrar em suas fotos. Penetramos entre as paredes caiadas, as moringas barrigudas, o genuflexório enfeitado com rosas artificiais, as imagens devotas, as tampas de panela expostas na parede da cozinha como uma coleção de luas cheias. No corredor circulam o vento, as crianças e uma corrente de bondade que emana dessa sexagenária tagarela, sorridente, divertida. Temos noção do privilégio de nossa situação ao devorarmos o delicioso arroz com cebola frita, ao percebermos os barulhos se extinguirem, ao ouvirmos as confidências de nossa anfitriã, ao considerarmos as estrelas pontudas do deserto espinhoso. Vivemos ali uma felicidade inestimável que só as viagens podem nos dar, quando se revela o ser distante que tanto queríamos encontrar, cujo apelo nos levou a sair de nossa toca, bater a porta atrás de nós, abandonar nossa confortável tranquilidade.

O refúgio das mulheres foragidas

A alvorada precede o alvorecer. Estamos à espreita, aproveitando cada estalido da aurora num vilarejo em princípio poupado pelo frenesi. As duas conduções para Salgueiro buzinam às 5 horas da manhã. Pode-se escolher entre um velho ônibus recuperado para o duro serviço da estrada de terra e um caminhão pau de arara, assim conhecido porque os passageiros são transportados em bancos de madeira, empoleirados como araras. Escutamos os chiados das primeiras bicicletas que enfrentam a escuridão. Os cachorros rosnam. Os galos fazem o que se espera deles: anunciam o café da manhã. Aqui, ele tem um belo nome: café-beiju. Até parece café-beijo. Mergulhamos nas profundezas do café preto um delicioso biscoito branco à base de tapioca.

Dá até para acreditar que as hordas da agitação do mundo ficaram presas nos cactos. Nada disso. Sete horas: Aparecida Mendes, vigorosa animadora da vida no vilarejo, aparece como um raio para verificar se não está nos faltando nada. Promete uma conversa, mas não agora. Tem que correr para o escritório da associação e preparar a recepção das trinta militantes de Recife. Aparecida conjuga malícia e autoridade, sorriso e rigor. É uma intelectual de envergadura. Seu rosto redondo, modelado pelo bom humor, deixa transparecer, no brilho de seus olhos, uma determinação de chefe de empresa. Tem uma agenda de ministro. No fim da tarde, após um dia dedicado à ação coletiva, salta para o ônibus e vai até Salgueiro, com seu notebook debaixo do braço, para concluir seus estudos na faculdade de História. É algo fora do comum o número de tarefas realizadas pela equipe das crioulas engajadas, mulheres e homens inclusos: responder às solicitações dos grupos de visitantes, preparar sua recepção, a organização das refeições, o teor dos debates. Gerir o desenvolvimento das atividades artesanais. Garantir a distribuição dos auxílios-alimentação iniciada pelo Governo Lula para os mais desfavorecidos. Ativar o dossiê jurídico de defesa do território...

— Amanhã conversamos com calma, depois da partida das trabalhadoras sociais de Recife. Prometo.

Dá meia-volta, o vestido florido esvoaça, o boné protege seus ardores interiores dos do sol.

Temos algumas regras a respeitar: não sair do vilarejo, não nos aventurar na mata do outro lado do dique, não ultrapassar as últimas casas, não tentar chegar a pé às casas isoladas da comuna. Generosa insiste. Ela é responsável por nós, e já sentiu que está lidando com um casal de andarilhos com bicho carpinteiro. O que a comunidade teme? Os cangaceiros dormem hoje no museu. Será que temem os capangas dos fazendeiros, sempre prontos a envenenar os conflitos? Talvez. Em todo caso, o objetivo é claro: risco zero! Compreendemos. Melhor orientar a aventura para o campo da História. O pai de nossa amiga Fabiana é, na opinião de todos, um excelente guardião da memória. Batemos à porta de sua casa de paredes coloridas. Estava nos esperando. Já o tinham avisado. Tudo se passa da maneira mais simples. Depois de explicarmos como conhecemos sua filha em Recife, o relato do estabelecimento de Conceição das Crioulas sai de sua boca como água da fonte.

Gênese de um quilombo.

A tradição oral guarda o número de seis fugitivas, fundadoras de Conceição das Crioulas no século XVIII. Ficou registrado o nome de uma delas: Francisca Ferreira. Nosso informante, Andrelino Antônio Mendes, descende diretamente dessa ancestral famosa. As seis corajosas escravas fugiram da plantação Panela D'água, em Alagoas. Seguiram as margens do Rio São Francisco, depois o curso do Córrego Terra Nova até encontrarem o único acesso a este espaço colado às serras, abrigo ideal para quem precisava se esconder.

Esse início nada tem de banal. Estamos tão acostumados a ler nos manuais as façanhas de másculos pioneiros que ficamos fascinados com a ideia de uma sociedade exclusivamente feminina.

— E como vieram os homens? — Leuk pergunta — Em algum momento eles tiveram que entrar na história...

O pai de Fabiana evoca certo Francisco José que trouxe consigo uma imagem de Nossa Senhora da Conceição. Daí esse nome de Conceição, acoplado mais tarde a Crioulas. Depois apareceu um "capitão" negro, Antônio Sá, o estrategista que organizou a defesa do quilombo. Seja como for, o algodão crescia espontaneamente ali. As fundadoras capinaram, colheram, fiaram, teceram com um talento diretamente herdado da África. Fabricavam roupas e davam um jeito de vendê-las. Uma data importante: 1802, ano em que a sociedade quilombola recebeu os títulos oficiais da terra com carimbo e (dezesseis) selos em troca de um pagamento administrativo. Graças ao algodão e muito trabalho, as fugitivas e sua descendência se tornaram proprietárias. Sem dúvida, tiveram antes que pagar também por suas cartas de alforria, pois, sem isso, jamais teriam obtido o reconhecimento de seu território. Aparentemente, a vida transcorreu quieta e isolada, pois o século XIX passou sem que a memória coletiva registrasse qualquer fato maior. Não se pode dizer o mesmo do século XX, que já começou com escaramuças entre os negros do quilombo e um bando de "revoltosos" brancos. Andrelino não sabe muito bem quem eram esses forasteiros nem o que queriam. Atravessavam o país e semeavam a violência. Os negros revidaram. Houve mortos dos dois lados, e os "revoltosos" seguiram seu caminho. Por certo, aqueles que vagavam pelas paragens não eram todos menininhos de coro. A começar por Lampião, que costumava parar em Conceição das Crioulas. Mas, segundo os anciãos, o grande cangaceiro não causava nenhum problema pela simples e boa razão de que ele também se colocara sob a proteção de Nossa Senhora da Conceição. Isso era o bastante para aproximá-los. Dizem até que ele costumava doar aos moradores dali cabeças de gado que tirava dos grandes criadores. E dizia para o avisarem se alguém resolvesse incomodá-los. Lampião inspirava aqui mais afeição que temor.

Enquanto a terra foi dos negros e só deles, tudo correu bem em Conceição das Crioulas. Mas, nos anos 1930, veio a traição. Os coronéis, como são chamados aqueles que tiram seu poder das milícias e armas que têm e do terror que espalham, os fazendeiros, grandes proprietários que sempre querem se apropriar de mais, começaram a cobiçar o território dos negros. O coronel Pedro da Luz foi um dos primeiros a meter o bedelho por aqui. Rondavam com os modos do diabo. Primeiro usavam de gentileza e amizade: a estratégia da sedução. Ofereciam-se como padrinhos dos filhos dos moradores. Faziam pequenos favores para camuflar suas ambições perversas e o chicote prestes a estalar. Depois, como quem não quer nada, requisitavam um pedaço de terra para instalar um curral. Logo estabeleciam ali um barraco, que rapidamente tomava o aspecto de uma casa-grande. Iam roendo, roendo, até que invadiam: um dia, desembarcavam em armas, brandindo falsos documentos na cara dos moradores, um título de propriedade forjado...

– O famigerado sistema da grilagem?

– Algo do gênero.

Zayda, você na certa conhece essa fraude, mas um método tão engenhoso e tão canalha merece ser exposto. Eis a receita: coloque um pedaço de papel, um título de propriedade, por exemplo, fabricado por um falsário, numa gaveta cheia de grilos. Deixe-o ali por algumas semanas em contato com os dejetos dos insetos. Quando retirá-lo, ele parecerá vetusto, como se tivesse várias décadas, senão um século, artificialmente amarelado pela urina dos bichinhos, "magnificamente autêntico". E assim você prova, na maior cara de pau, a antiguidade de seu direito à terra que deseja usurpar. Pobres grilos metidos nessa falcatrua!

O golpe dos fazendeiros foi fatal, já que a comunidade tinha perdido seus títulos de propriedade. Na verdade, um desses brancos sem-vergonha tinha cortejado a responsável pela guarda dos papéis e, abusando de sua confiança, surrupiado os preciosos documentos. Nada mais retinha os invasores, que atacaram a concessão histórica das Crioulas com o arsenal da má-fé e o aparato da força bruta. A polícia colocou dois caminhões de intervenção à disposição deles. Os que resistiram acabaram na prisão. A operação foi facilitada, é preciso dizer, por divisões internas à comunidade, colaborações angariadas em troca de algumas notas. A miséria, agravada pela falta de reflexão, estende facilmente a mão ao dinheiro viciado. Cálculo a curto termo e consequências duradouras. Resultado: Conceição das Crioulas perdeu 70% de suas (melhores) terras. Faça a conta do que lhe resta. Disso, subtraia a superfície de rochas, mais vasta que a extensão dos pastos. E então me diga se uma comunidade em crescimento pode viver nessas condições, privada de acesso a importantes reservas de água e a terras cultiváveis. Fala-se hoje em *desintrusão*: expulsar os ricos intrusos para que seja respeitado o direito original à terra. O governo se oferece para indenizar os fazendeiros a fim de que eles abram as garras e evacuem os espaços ilegalmente ocupados: "Roubo e aí me pagam para eu restituir o que roubei". E ainda assim tem os que se recusam! Por princípio. E não é que façam um uso intensivo dessas terras, pelo contrário, mas são dominados por uma obsessão de acumulação, por uma incurável mania de posse.

A fome insaciável dos ogros da terra

Três da tarde. Nenhuma notícia das viajantes de Recife. Nenhuma poeira anunciando a chegada do ônibus. Espera-se. As nuvens sobre o sertão são avaras mas elegantes. O lento entardecer favorece ajuntamentos no céu de grandes animais de focinhos alongados e patas finas. Rebanhos brancos atravessam os pastos celestes, indiferentes às cercas e às querelas humanas. As nuvens zombam de nossas mesquinharias. Vagam vagabundas, roçam as serras, estendem-se como galgos magricelas correndo sobre os rochedos polidos pelo calor. No trono de um cume arredondado instala-se a silhueta de um rei bonachão com um manto de arminho. Estamos sentados no vão da porta, de papo pro ar, no torpor das horas quentes. Mas Generosa sabe que estamos loucos para rodar, que a mata nos chama, que queremos constatar *in loco* os estragos da triste cirurgia operada no território pelos construtores de cercas.

– Está bem, acompanho vocês até a Pedra Preta.

Para tanto, nossa anfitriã se troca, veste uma roupa de sair e um boné escocês quadriculado, estampando um sorriso maroto. Uma verdadeira turista, toda alegre! E lá vamos nós pelas trilhas onde corre, como no leito de um riacho, a luz fluida que precede o pôr do sol. As serras ao longe represam o território, mas a Pedra Preta, que domina as mais altas cabeças dos candelabros, é o ponto culminante da planície. Para chegar até ela é preciso rastejar por baixo de arames farpados e desafiar as fileiras de plantas espinhosas. O espaço está mesmo cercado. Generosa nos apresenta para seus companheiros de existência, cujo aspecto agressivo vai de par com sua generosidade. Pegue, por exemplo, o xique-xique: tirados os espinhos e cozido ele pode salvar a população como alimento nos tempos de vacas magras. Já essa cabeça de monge tonsurado é o cacto conhecido justamente como frade. E essa bela flor amarela cheirosa? A caatinguera, poderosa contra diarreia. É só fazer um chá. E todas essas ossadas brancas, esses crânios de vaca dispostos de maneira a serem vistos? São proteções contra os maus espíritos. De noite, na mata, a inveja ronda. Escalamos a crosta de uma rocha corcovada, rachada, alveolada. As inúmeras panelas naturais se enchem na estação das chuvas. Mas é preciso ter acesso a elas. O cume é assinalado pelo pedestal de uma cruz desaparecida. Lá embaixo, a construção mutilada parece uma guarita de sentinela posta sobre um capacete de ouro. Generosa insiste:

– Normalmente, isso aqui ia estar tudo seco nessa época. As chuvas inesperadas dos últimos dias criaram uma falsa aparência. Não se iludam. Nosso dia a dia não costuma ser tão risonho.

Pena. O verde combina muito bem com essa paisagem selvagem espontaneamente florida. Duas menininhas de vestido branco juntam-se a nós. Pulam de pedra em pedra, de pés descalços, de uma falha para uma escarpa, zombando dos espantalhos espinhosos da mata com a mais graciosa desenvoltura da infância. Vivemos ali alguns minutos de pura beleza. Generosa saboreia nossa admiração. Garante que nunca trocaria o prazer daquele espaço desértico pela perambulação numa rua de cidade grande. Aqui, cada um existe para os outros. Em contrapartida, as artérias das cidades lhe parecem um deserto onde ninguém se importa com outrem.

Andrelino, o pai de Fabiana, já tinha feito confidências parecidas. Depois de uma experiência traumatizante em São Paulo, ele voltou a viver em Conceição das Crioulas para fugir do racismo indireto que poluía o cotidiano de sua família, de seus filhos na escola. Afirmou que não havia melhor lugar do que ali para fundar um lar. É claro que o vilarejo tinha seus problemas específicos, mas ao menos o racismo não entrava ali. Andrelino estava contente com sua sorte de soldador-agricultor, consertando utensílios agrícolas e bicicletas, sem deixar de plantar feijão e batata-doce à beira do lago artificial, cuja água meio salobra não chegava a prejudicar a criação. As ovelhas, cabras e bovinos matavam sua sede ali. Portanto, se a comunidade conseguisse recuperar suas terras de direito, teria meios para se desenvolver normalmente, fixar sua juventude, convencer o pessoal a permanecer fiel a suas raízes, guiado por um projeto ambicioso como aquele do turismo de "consciência e reflexão". "A vida aqui poderia seduzir até os mais instruídos", afirmava Andrelino. Pensamos em Aparecida, mas ela não é a única. As descendentes das Crioulas históricas impressionam pela seriedade de sua organização e por sua energia.

O ônibus do Recife finalmente chega. Já é noite. Está tudo pronto para receber as trinta passageiras alegres e exaustas: comida, bebida, tocadores de pífano, dançarinas e dançarinos de trancelim. Cada convidada se apresenta expressando seu prazer de estar ali. Nossa participação é anunciada. Mas as discussões políticas são adiadas para o dia seguinte. A noite é de dança. O trancelim, tradição típica do Nordeste, envolve duas fileiras de dançarinos que se cruzam e recruzam como se estivessem tecendo algo: o tecido da convivialidade, na certa. Deixamo-nos envolver também nessa bela trama. Os agudos pífanos e os tambores furam e costuram o xale de uma noitada sob o céu estrelado.

Os tambores voltam a rufar de manhã cedo. Anunciam um programa cronometrado. As militantes citadinas devem conhecer o quilombo, avaliar suas asperezas e belezas, obstáculos e virtudes, para compreender depois os enunciados ligados a esse contexto. É preciso também que essas pobres intoxicadas de barulho, encarceradas nas grandes concentrações humanas, gozem um pouco da paisagem, da calma e das nuvens. Aparecida as guia entre bosquezinhos de cactos e pequenas elevações graníticas. As senhorinhas, mesmo de calçados inadequados, sobem nas pedras para poder ter noção do papel crucial, na economia da água, dos lagos efêmeros e das panelas escavadas na superfície das mesas de pedra. A comunidade bebe o que a chuva deposita nesses caldeirões naturais, que costumam ser limpos antes das primeiras águas. Aparecida, em cima de uma pedra, relata o miraculoso achado de fósseis durante uma dessas faxinas. A descoberta deixou o meio científico em polvorosa, pois os despojos pré-históricos deixavam aparecer contornos de ossadas. Esses preciosos fragmentos, quando analisados, provaram a antiga presença naquelas paragens de uma "preguiça gigante". Deveriam ter sido devolvidos ao vilarejo e constituir as bases de um museu local, mas acabaram ficando em Salgueiro. Mais uma enganação e mais um golpe na economia local. Consequência: quando alguém encontra agora uma pedra estranha, simplesmente a ignora.

Nós aproveitamos a cortesia e seguimos *in extenso* o estágio de "turismo vigilante".

A visita continua pela Pedra da Mão: um fenômeno devido ao gênio conjugado da natureza e do humano. Uns cem metros depois do fim do vilarejo emerge de uma confusão vegetal uma pedra de volume excepcional. De acordo com o ângulo de observação, ela se projeta dos arbustos como uma orca gigante do oceano. Olhando de outro ponto, Leuk diz ver um falo em ereção, com o prepúcio e a glande bem gravados, ocupado num eterno coito com as nuvens. Então, senhoras e senhores, aproximem-se: o que veem ali, claramente impresso nessa verga de titã? Pois bem, o desenho de uma mão vermelha, com o polegar afastado e os dedos esticados, conforme às regras pré-históricas identificadas em outros sítios. Pintura rupestre considerada autêntica pelos especialistas. Não temos maiores precisões sobre o período, bastante antigo, de uma presença humana, séculos antes das crioulas do quilombo. Mas a lista do patrimônio de Conceição das Crioulas vai aumentando.

E como uma mão chama outra, Aparecida coloca a dela sobre o ombro de uma velhinha, portadora de uma evidente experiência. Esta, de rosto liso, com um fichu branco sobre os cabelos crespos e grisalhos, põe sua mão sobre a da jovem animadora, que a apresenta:

– Esta é a tia Joana, a curandeira de mãos boas. Nossos médicos analfabetos são essas mulheres que conhecem os segredos das flores e das pedras.

Joana mora na última casa do vilarejo. Sentada no trono de uma cadeira de plástico, reina sobre uma corte de menininhas negras de vestidos vermelhos, majestosa como uma avó soberana. Ela tem direito à sua boneca no centro artesanal em reconhecimento de sua influência.

– Eu rezo com estas mãos – diz ela. – Não sei ler, mas Deus me deu a arte de benzer, o saber das plantas e a missão de cuidar das mulheres. Sou parteira. Dirijo-me a Deus antes do trabalho e toda vez a criança sai bem.

Aparecida brinca:

– Às vezes, dizemos para ela que se fosse no tempo da Inquisição seria a primeira a ser queimada viva.

Chegou a hora da grande conversa.

Você certamente teria seu lugar nesta sala, Zayda. As mulheres vindas de longe pertencem ao movimento dos sem-terra, moram em favelas, são sindicalistas, militantes dos direitos humanos e da causa das mulheres maltratadas. Somos cozidos num caldeirão em ebulição. Não esperávamos participar de um congresso assim no meio deste fantástico lugar nenhum. Uma humanidade com rosto de mulheres manifestando utopias, desejos e muita alegria. Há formigas lutadoras, magras e discretas, e negras abundantes que manejam o verbo como um laço, apanhando a audiência com o nó corrediço do bom humor. Aparecida abre o fogo:

– Nosso poder é a voz. Nossa história se confunde com uma acumulação de opressões. A primeira foi a perda da voz.

As convidadas concordam. Vieram para aprender e retransmitir uma realidade desconhecida na cidade, em seus respectivos círculos. Nós também prometemos levar para longe os ecos daquela manhã. Escute só, Zayda. Um homem, membro da associação do quilombo, começa a falar, gravemente. Escrevemos sob o ditado de sua emoção:

– Esta terra, a nossa, terra seca de pedras e de sal, não é boa para a agricultura. Por falta de água, é besteira querer plantar nela o que quer que seja. Mas foi aqui que construímos nossa vida, edificamos nossa história, modelamos nossa cultura. Tirando os espaços inférteis e aqueles que nos foram roubados, se dividirmos o que resta pelo número de habitantes, ficaremos com um lenço para chorar ou enxugar a testa. Ainda mais que os pedaços de terra de onde tirávamos a argila e onde colhíamos o caroá, necessários para o nosso artesanato, foram arrancados de nós. É urgente legalizar nosso território; seria preciso somar nossa parte com a dos índios, nossos vizinhos, para que nossas reivindicações ganhassem mais peso. Mas por que, dirão vocês, aceitamos uma qualidade de vida tão baixa? Porque acreditamos ainda no princípio da terra que pertence ao povo que a desbravou, que cuida dela, que a trabalha. No Brasil, infelizmente, a terra é confiscada por um punhado de proprietários que acham que podem fazer dela o que quiserem, mesmo às custas da natureza. Se pensamos a terra como a mãe da vida, então não podemos deixá-los agir assim. É preciso, amanhã mesmo, agora mesmo, conciliar o direito privado à terra com o direito à alimentação para todos. Infelizmente, o governo que saiu, embora admitisse a noção de segurança alimentar, autorizou a concentração de propriedades, favorável a uma agricultura intensiva que não alimenta as populações.

Aparecida pega a palavra, insiste, martela:

— Sim, a terra pertence àquele que a sonha, não àquele que a monopoliza com o único intuito de a negociar. Pois os fazendeiros da região revendem entre si as zonas confiscadas. Amam a terra tão somente pelo poder que sua acumulação lhes dá. Imaginem só: eles, passando a cavalo por nossos caminhos, cartucheiras cruzadas no peito, espada na cinta, pavoneando sua arrogância só para atiçar nosso ódio. E nós, de mãos vazias, desvalidos diante dessa injustiça. Eles conseguiram sitiar nosso vilarejo.

— E os advogados?

— Se escolhemos um em Salgueiro para nos defender, podem ter certeza de que será o filho de um fazendeiro. Quem vocês acham que tem condições de concluir estudos de Direito nesta região senão os filhos de proprietários? Fomos obrigados a apelar para um grupo de advogados internacionais engajados na defesa dos direitos do homem e da terra. Fomos encontrá-los lá na Argentina. Mas, se por um lado eles estão afastados o suficiente para escapar das pressões e ameaças do poder local, por outro, a distância atrapalha sua ação e impede que concluam o processo.

Uma mulher pede a palavra. Apresenta-se: professora universitária, especialista em reforma agrária. Atenção, Zayda, seu discurso contra o sistema brasileiro põe fogo no auditório. Deve inclusive pôr fogo no coração dos arapongas de plantão (pois é bem possível que os fazendeiros tenham colocado ali um ou dois, infiltrados na multidão, para controlar a palavra que ousa se liberar. É o que murmuram para nós). Transmito para você nossas notas, e a febre que as acompanha. O carisma dessa mulher faria ficar branca de inveja a presidente do Brasil.

— O problema da reforma agrária é simples! Assim que um progresso político aponta no horizonte, assim que uma resolução corajosa é tomada, a justiça os barra. Os fazendeiros não se contentam em ser ricos, querem e têm o poder, e o mantêm através de redes, principalmente no judiciário. Servem-se de suas malhadeiras para paralisar a sociedade. Estão pouco se lixando para o dinheiro que o Estado lhes oferece para compensar a desapropriação das terras que adquiriram fraudulentamente. O que querem é a terra. Terra e mais terra. Não estão dispostos a largar mão do menor pedaço e são capazes de matar qualquer juiz que os atrapalhe.

Seu diagnóstico só faz confirmar o sistema da grilagem.

— Aqueles que têm direito à terra não têm documentos para provar. Aqueles que têm os documentos não são seus verdadeiros proprietários.

Aparecida volta a tomar a palavra. Belo concerto de vozes fortes.

– Para nós, o 13 de maio, Dia da Abolição, não conta, pois a abolição não aboliu porcaria nenhuma. A data que reivindicamos é o 20 de novembro, dia que imortaliza a luta de Zumbi, rei de Palmares.

E então a historiadora Aparecida surge com tudo:

– Por certo, é importante conhecer a realidade da China e da Europa, mas queremos também saber quem nós somos. Nossa História. Essa questão é crucial. Quando só se sabe a história dos outros, fica-se na situação de dominados. Se, pelo contrário, a gente só se interessa pela própria cultura, desdenhando a dos outros, fica-se em situação de dominantes, convencidos da inutilidade de se abrir às fontes plurais de aprendizagem.

Escuto, contemplo essa assembleia de mulheres das periferias e de sertanejos rugosos, movidos pelo mesmo esforço de consciência, esfregando suas convicções como pedrinhas de sílex para que brote a centelha da ação contra o sentimento de impotência e passividade.

Mais uma vez Aparecida:

– Pedem que celebremos nossa identidade brasileira, mas evitam mencionar nossas raízes africanas que mergulham num solo anterior ao tráfico negreiro e valorizar as lutas de nossos ancestrais neste chão brasileiro. Quantas mulheres afro-brasileiras, heroínas dessa resistência, vocês conhecem? Quantos nomes podem citar?

É então que nossa dupla dinâmica é convidada a evocar as "Pepitas brasileiras" e nossas investigações africanas sobre os flagelados da História. Raras vezes uma audiência me impressionou tanto quanto o público dessa universidade da mata que teria todas as razões do mundo para desconfiar do discurso de brancos desconhecidos, por mais que bem recomendados. Aparecida nos contará depois: o primeiro reflexo dos negros do quilombo é a suspeita: quem são esses europeus? O que eles têm para nos revelar sobre nossa mãe África? Nossa intervenção termina com calorosos e tranquilizadores abraços. Benzem-nos para o resto da viagem, recomendando que aguentemos firme, até o final.

– E você, Aparecida, de onde vem todo esse fogo interior? – pergunta Leuk quando a calma volta ao vilarejo.

– Da minha avó, uma grande rebelde. Quando eu era pequena, de noite, ela contava histórias de terra e sofrimento. Acreditava que, um dia, o território do quilombo voltaria a ser o que era antes. Os movimentos de mulheres me deram impulso. Se não fosse a coragem de nossas avós, que lutaram por nós, por esse povo, já teríamos sido deportados para a periferia das cidades. É esse nosso maior medo. Os capangas dos fazendeiros já tentaram pôr fogo nas instalações da associação. Para acabar com nossos documentos e semear o terror. Cortaram a linha telefônica. Encontramos galões de gasolina. O que os impediu de chegar às vias de fato? Minha avó dizia que Nossa Senhora da Conceição estendia suas mãos e nos protegia. Nossas divindades africanas também. A discussão coletiva que se seguiu foi dura, para decidir se prestaríamos queixa ou não. O medo nos dividia. Mas resolvemos denunciar aquele ato, e fazer isso em grande escala, não apenas em Salgueiro, onde a polícia fecha os olhos para os crimes dos poderosos, como também em nível regional e nacional. A tática dos fazendeiros consiste em semear a discórdia entre nós, a desconfiança, a angústia. Mas os quilombolas finalmente descobriram que seu pior inimigo é o imobilismo. Deram-se conta de que a inação podia levá-los para as favelas, longe de seus lares, transformados em mão de obra barata e descartável. Sim, a pior coisa a fazer é não fazer nada e se deixar esmagar sem reagir...

IX
DE PETROLINA A PEDRA FURADA

Em que a dupla de investigadores passa rente ao inferno dos sem-terra, na Rota do Vinho que leva a Petrolina, navega nas lendas do Velho Chico, enfrenta os leões do rio, remonta à noite dos tempos e atravessa um mistério da humanidade no sítio pré-histórico da Pedra Furada.

O amargor do Rio São Francisco

O trompete do ônibus diário perfura a noite, antecipa-se ao canto dos galos. O latão velho passará antes das 4h30 da manhã. Esperamos na soleira da casa. Generosa está triste. Acostumou-se à nossa presença. Vai sentir nossa falta. E vice-versa, querida Generosa. O ônibus foi buscar passageiros nos recônditos mais afastados da reserva. Já está lotado quando nos pega. Faz frio. O vento sorrateiro se infiltra pelas janelas cheias de frestas. Uma comunidade negra do sertão pega o dia de surpresa e vai lutar pelo seu destino. Cabeças com seus chapéus, jovens mães com seus bebês agarrados nos ombros. O corredor transborda. Os buracos fazem os corpos sacolejarem, as cabeças balançam, as pálpebras piscam.

O motorista nos larga sob um sol ainda hesitante na rodoviária de Salgueiro. Falta de sorte: há duas rodoviárias e fomos parar na errada. Mas há vans que angariam passageiros para Petrolina. Entramos na primeira que se lança para a capital hortícola do sertão. O motorista tem a cabeça meio deformada, o nariz achatado, um perfil de boxeador de olhos baixos: uma cara perfeita para um papel de matador em um filme sobre a máfia. Inquietante. Lembramos dos alertas de nossos amigos sobre a região onde nem só honestos comerciantes circulam. Tarde demais. O jeito é ficar tranquilo: a van avança sob a proteção de uma imagem de Cristo colada no para-brisa: "Jesus é um grande amigo". Um vizinho se dá ao trabalho de nos dizer (teria notado nosso temor de ter entrado num transporte clandestino?): o motorista não bebe, não fuma, nem corre. Melhor assim. Além disso, a polícia vigia. Blitz na saída da cidade. Todos os passageiros para fora! Revista geral. O policial não ousa nos apalpar, mas ordena que abramos nossas bolsas e topa com minhas *sanzas*, ou *kalimbas*, "pianos de polegar", instrumentos tradicionais africanos que costumo tocar nas conferências. Suspeitas das forças da ordem diante das pequenas lâminas metálicas. Improviso um miniconcerto no asfalto diante de um público embasbacado e dos policiais risonhos que nos desejam boa viagem. Viva a música!

A linha de asfalto corre entre os lábios secos da caatinga, ansiosa para chegar às margens do São Francisco, com suas vinhas e pomares. As placas anunciam uma "Rota do Vinho". Como se estivessem bêbados só de ver as placas, os veículos multiplicam as ultrapassagens na faixa amarela. Ainda bem que nosso motorista não bebe! De repente, na borda pedregosa do asfalto, metralhadas pelo calor, duas fileiras de barracas sórdidas exibem a realidade de um acampamento sem-terra, acuado entre a indiferença poeirenta da BR e a barreira ameaçadora das propriedades mais que privadas. A imagem é fugidia. Tenho a impressão de que o motorista acelera para desfocá-la. Murmura palavras inaudíveis de vergonha ou ódio, não saberia dizer.

Leuk está lívida.

Uma coisa é ver no cinema *A terra dos homens vermelhos*, o filme de Marco Bechis sobre a luta dos índios guarani do Mato Grosso, expulsos de seu mundo ancestral, ou ainda folhear no conforto da nossa casa os álbuns de Sebastião Salgado dedicados aos "Êxodos" dos sem-terra, testemunhando em papel glacé aflições sublimadas pelo olho do fotógrafo. Outra coisa, querida Zayda, é captar diretamente, ainda que através de um vidro, ainda que por poucos segundos, o estado de danação de irmãos humanos: esses camponeses são, por uma eternidade terrestre, assediados por anjos exterminadores vestidos de advogados, policiais, matadores de aluguel que têm a missão de fazê-los desistir do sonho de ter um pedaço de terra. Para piorar, esses malnascidos não são estrangeiros refugiados no Brasil, pedindo asilo, candidatos a ajudas elementares. São as vítimas de uma guerra intestina movida impiedosamente pelos grandes proprietários que não querem de jeito nenhum ver suas terras improdutivas invadidas por esses farrapos. Rumino essa palavra, "farrapos", carregada da crosta de sangue sujo da miséria.

O que nos leva a Petrolina e a sua cidade gêmea, Juazeiro da Bahia, que formam juntas a maior aglomeração urbana em meio semiárido? Por certo, não é o crescimento exemplar das bananas, mangas, uvas, cocos, melancias, apesar de todo o respeito que lhes devemos. Esses frutos eminentemente prestativos crescem alegremente aqui, mas não são nosso foco.

Então o quê?

O Velho Chico na certa merece desvio e saudações: dizem que o Rio São Francisco tem personalidade forte. Chamam-no de "rio da unidade nacional", pois reserva suas extensas águas unicamente ao território brasileiro e liga o litoral ao interior, Minas e o Nordeste. O Chico é velho para os brasileiros porque foi "descoberto", ou seja, visto, alcançado por viajantes ocidentais, entre os quais Américo Vespúcio, já em 1501. Um velho conhecido de 3.163 quilômetros de que o país tira grande proveito – esgotando-o. Pedem-lhe força para fornecer energia, abundância para satisfazer a irrigação, docilidade para ser navegado em longos trechos, hospitalidade para favorecer fazendas de piscicultura, graça para encantar os turistas... Quinhentos anos de leais serviços e desleal superexploração fizeram do Velho Chico um parente poluído: abusaram de sua generosidade sem nunca lhe dar tempo de recuperar sua pureza. Slogans previnem os clientes dos barcos que asseguram a travessia entre Petrolina e Juazeiro: "O agressor não é só aquele que suja o Velho Chico, mas cada um de nós que não se dá ao trabalho de defendê-lo!". Numa placa, lemos a queixa do grande rio. Ele geme em primeira pessoa, como um animal mortalmente ferido. Prediz que seu fim, por sufocamento e excesso de inconsciência, acarretará a perda de todos aqueles que o encheram de lixo, arrancaram sua mata ciliar, cortaram sua respiração.

Leuk fotografa sua queixa.

– Olá, Velho Chico, como podemos adoçar seu amargor? Vamos acariciar sua pele!

Chegamos a uma das barcaças de dois andares que transportam diariamente centenas de pedestres de um estado ao outro, de Pernambuco para a Bahia e vice-versa. Petrolina, de um lado, banca a moderna e ergue uma fileira de minitorres em sua margem. Juazeiro, do outro, não ergue nada, conserva um belo estilo português, arvora o sorriso de cais arborizados, apresenta uma fronte popular guarnecida de casas baixas, de monumentos antigos e barracos de pescadores.

Pode acreditar, Zayda, não esperávamos nada desse cruzeiro de quinze minutos além do prazer de cruzar o terceiro maior rio do Brasil, ou de alcançar o âmago do estado da Bahia, o mais longe de Salvador, ou ainda de fazer uma pausa em nossa investigação, por uma manhã, para melhor nos lançarmos, às 2 horas da tarde, sobre a pepita localizada em Petrolina: Ana das Carrancas. Mas a vida é assim mesmo: o objeto do desejo se revela no lugar e no momento em que menos se espera. Olha só o que aconteceu.

O barco atraca, a passarela morde a areia. Os passageiros seguem afoitos para os seus destinos, sem um olhar para as duas grandes estátuas vermelhas que, é verdade, dão-nos as costas, ocupadas demais em mirar os afrescos pintados no muro do cais. Trata-se de um casal improvável, formado por uma mulher abundante, carnalmente africana, de túnica aberta nas pernas, espada na cinta, e por São Francisco de Assis em pessoa, com sua tonsura, burel e passarinho no ombro. O monge italiano, santo padroeiro do rio, ergue uma mão para o afresco como que para abençoar a mensagem. A mulher forte, de bochechas tão inchadas quanto os seios, não acredita em seu único olho, o outro estando encoberto por uma venda de pirata. O mural celebra de maneira ingênua e colorida a adição "África + Brasil = mosaico inimitável". Um escravo de peitorais de lutador de UFC quebra suas correntes. Uma reflexão de Jean-Jacques Rousseau acompanha sua façanha: o filósofo passeador e solitário deplora que o Homem, apesar de nascido livre, veja-se tantas vezes acorrentado em tudo quanto é canto do mundo. Ai de nós! Essa imagem da liberdade reconquistada foi coberta por uma pichação escrota do tipo: "Deus criou o pé pra chutar a bunda!". Compreende-se que se trata da bunda do negro. Anoto a fórmula diante de um senhor que está ali passeando e parece constrangido por nossa atenção a semelhante expressão de racismo ordinário. Explico-lhe que também anotei outra reflexão, muito bonita, caligrafada na parede, inscrita na moldura pintada de um falso pergaminho: "Existe uma história do povo negro sem o Brasil. Mas não existe uma história do Brasil sem o povo negro".

— Essa é uma constatação cristalina. Sua inteligência compensa a estupidez ordinária do ódio.

O passeante precisa:

— A frase é assinada: Januário Garcia.

Leuk para de fotografar a mulherona bunduda sob todas as costuras.

— Januário Garcia! Isso não me surpreende. É um dos militantes mais importantes da causa negra.

Leuk joga sua bolsa na areia e vasculha febrilmente em seu Moleskine.

— Fiquei interessada por esse fotógrafo negro durante os preparativos de nossa viagem e pensei em tentar encontrá-lo, ou pelo menos suas obras, no Rio de Janeiro. Não rolou. Ele luta desde os anos 1970 usando sua câmera para fixar, expor, impor a visibilidade dos negros num país que, como ele próprio diz, nunca os coloca na luz, nem nas cidades, nem nas mídias. Já acumulou cerca de trinta mil fotos: suas armas para criar uma memória negra e restaurar a dignidade dos afro-brasileiros. Ah, sim, sublinhei uma frase dele: "A foto congela o instante" e pode ser um perfeito vetor de transmissão, pois o momento captado foi, é e será. Atenção! Esse elegante carioca de barba branca, sempre com sua toca rastafári, é uma assinatura e tanto. Criou capas de discos para Caetano Veloso, Chico Buarque, Maria Bethânia. E foi ele que ofereceu para Tom Jobim a imagem do urubu em pleno voo estampada em seu álbum homônimo de 1975. Só isso! Não esperava dar com ele aqui. Isso é que é resgate de pepita perdida!

O passeante se sentou aos pés da estátua da mulherona negra, um bocado intrigado com nosso papo. É um aposentado, tem tempo livre. Pergunto-lhe:

— E essa mulher maciça, o que representa com sua venda e seu facão? A justiça?

Leuk intervém:

— Não, a justiça é cega, todos sabem. Essa mulher é só caolha.

O aposentado sugere:

— Pode ser que se trate de uma ancestral da Ilha de Massangano, um lugar ainda hoje perdido no meio do rio, a quinze quilômetros de Petrolina. A ilha abrigou um quilombo povoado por africanos e índios. Os habitantes atuais são seus descendentes e continuam a viver lentamente, longe dos motores e dos rumores do consumo. Poucos turistas vão lá. E é por isso que suas tradições continuam vivas e vivazes, como o curioso samba do veio: um ritmo alimentado pela dupla origem da comunidade e uma dança que faz voar as saias das mulheres. Na verdade, não sei quem é essa pessoa colossal. Lamento... Mas se vocês se interessam pelas figuras negras, debrucem-se, olhem para a jusante do rio. Estão vendo a estátua daquele sujeito solitário em cima de uma pedra? É o Nego D'água, o espírito das águas de pele negra coberta de escamas. Ele vigia a corrente. Podem se aproximar dele passando pelo bairro dos pescadores. Mas, cuidado. O Nego D'água gosta mesmo é de pregar peças...

Os humores do gênio negro das águas

Percorremos o cais na mesma hora, o passeio é delicioso, o sol tolerante. Leuk apressa o passo, como se a estátua fosse fugir dela. O espírito está sentado num pedestal em forma de cabeça de polvo. Emerge do leito do rio, mas se percebe que está prestes a mergulhar em suas profundezas ao menor alerta. A escultura de bronze é obra de um artista de Juazeiro, Ledo Ivo Gomes de Oliveira, criador também das estátuas do cais; tem doze metros de altura, como nos contou, não sem orgulho, o aposentado passeante. O Nego D'água é o orgulho de Juazeiro como a Pequena Sereia é o de Copenhague. Leuk saca a Nikonzona sem medo nem censura. A imagem é atraente demais. O Nego, em posição de vigia, escruta os movimentos do Velho Chico, de que é uma emanação. De seu trono, desafia os prédios que barram seu horizonte na margem oposta, e parece escarnecer: o cimento nada poderá contra o bronze das sólidas lendas! Leuk e Leão se imiscuem nas vielas que descem até a riba, por entre as magras moradias de pescadores. Os barcos alinham seus flancos coloridos entre as plantas aquáticas. Leuk, sem parar de mexer no zoom, procede à identificação do personagem:

– Negro, pelado, palmípede, uma longa trança de escamas desce de seu crânio, percorre sua espinha e cai no rego da bunda. Parece a fusão de um homem negro e de uma criatura anfíbia.

Como saber mais?

Estamos conscientes de nossa precipitação, de nossa intrusão num canto discreto da cidade. Homens remendam suas redes, mal respondem a nossas saudações. Tentamos puxar conversa com a pergunta mais banal:

– O que se costuma dizer sobre o Nego D'água? É um espírito bom ou aterrorizante?

Milagre! Ganchos e fios ficam em suspenso. Temos direito a uma torrente de reações. A barragem da indiferença caiu. Os pescadores admitem: são raros os estrangeiros que vêm fuçar por ali para se informar, em português e com respeito, sobre o Nego!

Todos querem dar seu pitaco: ainda que nenhum dos presentes tenha visto o gênio das águas, todos presentes juram que um pai ou um tio já o viu, nitidamente, e que algum antepassado foi vítima dos seus caprichos. Tenho a impressão, Zayda, de reviver uma noite passada no Tibete, com xerpas contando histórias sobre o Ieti e suas incursões nos moinhos de cevada. Mesma fé, mesma linguagem. Ficamos sabendo que o Nego D'água é um espírito familiar dos rios do Centro-Oeste brasileiro, mas que Juazeiro da Bahia lhe dedica uma afeição particular. Sim, as testemunhas oculares do passado o descreveram como negro, careca, cheio de escamas, dotado de um único olho no meio da testa e, o que a estátua não mostra, dado a gargalhadas intempestivas.

– Um gênio que gostava de se divertir?

Decerto, pelo menos na época em que podia se esquentar tranquilamente ao sol sobre as pedras, antes de os humanos destruírem seu entorno e poluírem o Velho Chico. Parece que o Nego D'água faz os ribeirinhos pagarem por seus atos de barbárie; enquanto estes imputam ao gênio anfíbio a causa de seus medos e tormentos. Se um barco afunda ou uma rede rasga, é culpa dele. Se um barranco despenca, foi ele que cavou para fazer uma grota. Cabe aos pescadores caírem em sua graça e o transformarem num aliado. Na verdade, não têm outra escolha.

– De que jeito?

A melhor maneira de garantir uma boa pesca continua sendo a cachaça. Levar uma boa garrafa de aguardente e jogá-la no meio do rio assegura a paz com o guardião das águas. Oferecer-lhe um belo peixe evita virar o barco ou voltar de mãos abanando. Tem ainda outra estratégia: o tabaco. Como muitos seres sobrenaturais, o Nego adora tabaco sem moderação. Convém fazer um uso preventivo, jogando um pouco de tabaco na água. Em caso de omissão, o barco pode começar a tremer; é preciso então reagir rápido e lançar para o Nego D'água sua substância tóxica preferida.

– Os pescadores continuam tendo medo do rio e de suas manifestações insólitas?

Os machos evitam responder a semelhante questão. Esquivam-se dela rindo.

– Antigamente, para conjurar os humores do gênio e dissuadi-lo de enviar os barcos para o fundo do rio, os navegadores do São Francisco mandavam esculpir figuras horríveis na proa das embarcações, supostamente capazes de afastar o Nego. Monstro contra monstro. Eram as carrancas.

– Carrancas?

– Sim, Petrolina foi um centro famoso de fabricação desses repelentes de madeira.

– Foi ali que viveu Ana das Carrancas?

– Vocês conhecem a Ana das Carrancas?

– Claro! Foi por causa dela que viemos pra cá. Temos um encontro com ela hoje à tarde em sua fundação.

Os pescadores riem francamente.

– Essa é boa! Quer dizer que nossa glória local é conhecida até no estrangeiro, pra lá dos mares? Mas vocês sabem que a Ana morreu, não faz muito tempo, em 2008. Não poderão vê-la.

– Sabemos. Mas sua filha nos espera para nos mostrar as obras dela.

Uma história de amor e argila

Duas da tarde. O táxi nos deixa longe do centro, perto de um vasto mercado, na beira de uma avenida de várias pistas, num bairro sem gosto nem graça, mas que deve abrigar um oásis de fantasia, o Centro de Arte Ana das Carrancas. Ficamos aliviados, o centro realmente existe no local indicado: BR 407, nº 500 – Cohab Massangano. Mas o lugar parece minúsculo atrás de suas grades: um pátio e duas casinhas. Leuk faz uma expressão contrariada. Esperávamos nossos esforços recompensados por um museu de envergadura. Melhor não delirar: um governo federal que financia uma homenagem permanente a uma artista negra, mulher analfabeta de raízes deitadas no barro dos barrancos do Rio São Francisco, já é um belo esforço. A louvar mais do que a criticar! Louvemos portanto a iniciativa que nos permite bater à porta da minúscula fundação e saudar Maria da Cruz, filha de Ana, sexagenária corpulenta com rosto de máscara africana que passa, num relâmpago, da severidade à luminosidade hospitaleira. As figuras de proa de Ana guardam o pátio, sentinelas competentes de sonhos e crenças.

Maria da Cruz, antes de qualquer discurso, mostra-nos um pôster gigante de sua mãe, no limiar da morte, com os ombros ternamente abraçados por seu companheiro de existência, José, um homem de sorriso retorcido num rosto de cego. O pôster traz um imenso carimbo: Homenagem a Ana das Carrancas. O presidente Lula convidou a escultora de Pernambuco para vir até Brasília, no momento em que Ana atingia o oceano da grande idade, e, em presença do ministro da Cultura, o músico Gilberto Gil, presenteou-a com este elogio: "Seu lugar a senhora conquistou, ninguém poderá tirá-lo. Ele há de durar muito mais tempo que um mandato".

Mas quem é essa mulher que um presidente da República inscreveu ainda viva no patrimônio nacional?

Zayda, está preparada para ler uma formidável história de vida, amor e criação? Maria da Cruz já deve ter repetido cem vezes essa emocionante narrativa, mas não demonstra o menor cansaço. Sente-se na hora seu legítimo orgulho por sua mãe. Ela nos diz:

– Tornando-me professora, realizei o sonho de Ana, que acreditava que o futuro do povo repousa no estudo e na educação.

Ana não sabia ler nem escrever. Aprendeu apenas a gravar as três letras de seu nome quando seus trabalhos de oleira foram notados e considerados obras de arte. Mas sabia ser depositária de um grande saber, herdeira direta da África. Repetia que seus ancestrais escravos levavam em si a nostalgia do país original e cultivavam o sonho de voltar para lá um dia a fim de romper definitivamente com aquele "destino de bichos". Dizia-se descendente dos sobreviventes do Quilombo dos Palmares. Carregava a luta nela. Sua filha garante. Apesar de sua profunda fé católica e de uma educação rígida, Ana acreditava nas forças sobrenaturais e sabia que os bons espíritos orientavam as ações de cada um no sentido da justiça e da justeza.

Ana das Carrancas, nascida Ana Leopoldina Santos Lima, pertence a uma linhagem de mulheres que modelavam a terra em vez de maldizê-la por sua secura e esterilidade crônicas. Essas oleiras extraíam do solo avaro de Pernambuco moringas, pratos e jarros. Aos 7 anos, Ana já criava brinquedos, miniaturas de cavalos e bois, e ajudava sua mãe a vender seus potes nas feiras sertanejas. Foi só já em idade adulta que deixou sua cidadezinha natal, perdida no nada, e veio para Petrolina na esperança de uma vida melhor.

Ana perde seu marido, caído de um caminhão.

Ana, oleira, jovem viúva, rural, encontra-se sozinha, na cidade, com filhos para criar.

Cadê a tal da vida melhor?

Mas, ao que parece, sempre há um destino pior do que o nosso, na rua ao lado, a dois passos.

De fato.

José Vicente de Barros vegeta no bairro. Ele também vem de um recôndito do sertão esquecido por Deus. Nasceu sem olhos: uma deficiência que a superstição atribui a uma copulação incestuosa. Seu destino está selado: um menino sem olhos só pode sobreviver mendigando. A crença popular imputa esse rigor a uma vontade de Deus que, de fato, não esquece nenhum cantinho da caatinga, mesmo o mais remoto. Por sua vez, Zé, o cego, vem para a cidade estendendo a mão e balançando a cabeça, num esforço permanente de equilíbrio.

Fim do primeiro ato.

Ana conhece Zé. Ela o vê sacudindo guizos na frente da igreja e cantando cânticos. Ele é a diversão sádica da meninada, a que responde com xingamentos. Ana se compadece da sina de Zé e passa a dar de comer para aquele homem de pouco, para aquele zero à esquerda, que nunca na vida conhecerá a doçura das mulheres. Um ser privado de olhos não tem direito ao amor. Ana queria refutar essa lei ditada pelo desprezo geral. Aproveita a Semana Santa para incitar Zé a rezar para a Virgem Maria pedindo que o gratifique com uma esposa. Zé obedece para não contrariar aquela oleira tão boa com ele. Implora para a Virgem e, levado por uma louca esperança, vai pedir a mão da irmã de Ana. Esta, embora solteirona, manda pastar o mendigo de órbitas vazias e cabeça agitada. Zé não é apenas deficiente, a humanidade lhe é negada. Ana se desespera. Oferece a Zé partilhar seu teto e sua miséria. Ao menos não estarão mais sozinhos. Ela com as feiras, ele com a mendicância.

Fim do segundo ato.

"Por que eu deixaria meu filho sem açúcar pra dar um tostão pro Zé?" Uma manhã, uma vizinha agride Ana nesses termos. É a gota d'água, a humilhação que faz transbordar a jarra do orgulho. Essa provocação vai modificar o curso das existências de Ana e de Zé. Roída pela vergonha, a oleira convoca seu "velho" e anuncia que ele nunca mais vai mendigar. A partir desse dia, é ele que vai pisar a argila para ela modelar os potes. Irão juntos para as feiras. Serão felizes.

Essa é a virada da história.

Naquela manhã, Ana foi para a beira do São Francisco e invocou o espírito do rio. Maria da Cruz repete a prece que sua mãe fez no barranco: "Ó grande senhor São Francisco, pelo poder que demonstras, pelas águas de tua corrente, melhora nossa vida com tua argila!". Ana teria então apanhado uma bola de argila e, sem jamais ter podido explicar nem por que nem como, deu forma à sua primeira carranca.

Fim do terceiro ato.

Intermédio.

Carranca é sinônimo de "cara feia", "figura de proa", "leão de barco". A tradição remontaria aos anos 1880. Há duas teorias rivais para explicar a finalidade dessas esculturas de madeira colorida. A primeira afirma o objetivo publicitário: a carranca, naquela época de intenso tráfego fluvial, distinguia o barco de um proprietário dos de seus concorrentes; chamava a atenção, causava admiração, conquistava clientes. O museu de Petrolina, que evidentemente visitamos, expõe uma carranca datada de 1910, definida como "homem-cavalo". O modelo primitivo evoluiu a seguir para formas de "cara de cão", "carantonha de leão", até o estilo "vampiro", que invade hoje as lojas de artesanato turístico. A segunda hipótese defende a ideia de luta travada pelos marinheiros contra os monstros noturnos do rio. Maria da Cruz, sem escolher uma das duas, confirma que antes da construção de barragens o São Francisco vivia selvagemente. Abrigava jacarés e um estranho peixe, o surubim, tão grande quanto feio, de pele branca pintada de preto (ou vice-versa). A lente de aumento das lendas diz que alguns destes atingiam o tamanho de homens. Naquele tempo, dizem, não era raro que répteis e surubins atacassem os barcos para devorar os carregamentos de galinha e feijão, transportados de noite por almas temerárias. Viravam os barcos, quebravam as gaiolas. Os viajantes, aterrados, viam-se engolidos pelas águas escuras. As carrancas, como afirmam os pescadores de Juazeiro, teriam nascido da necessidade de exorcizar os demônios do rio, de afastar o grande surubim ou outro Nego D'água. Os jornalistas baianos, naturalmente inclinados para o sobrenatural, teriam amplificado essa versão fantástica.

Nota adicional:

Céus, como esse tal de surubim é feio! Leuk, depois dessa conversa, não sossegou enquanto não encontrou numa feira um exemplar desse aterrorizante pensionista das águas do São Francisco para aprisioná-lo na gaiola digital de sua câmera. O surubim é "objetivamente" repugnante: pele de cobra zebrada, enrugada, e focinho achatado. Pode-se ler ainda a avidez em seus olhos mortos. Vê-lo poderia até fazer perder a vontade de degustá-lo. Mas não tema, Zayda, como intrépidos exploradores de mesas estrangeiras, tentaremos a experiência gustativa, seja em filés, seja numa boa moqueca. Fim do intermédio.

Continuação da história de Ana e Zé.

Ana tem então a ideia de expor essa primeira carranca de cerâmica na feira, entre seus potes e panelas. Que ideia maluca! Recolhe insultos e risadas. "Que bicho feio é esse?!", zombam os fregueses. Ana persiste. Segue sua convicção íntima. Apesar dos chamados à razão de seus próximos, traz duas, depois três "horríveis figuras". O sucesso foge do seu estande. Mas ela defende sua intuição. O costume das carrancas de madeira periclita, ela quer salvar essa preciosa memória do rio. Mas tudo joga contra ela. As pessoas estão habituadas às carrancas de madeira. As de Ana, de barro, não têm razão de ser. E o que é pior: as esculturas da oleira têm os olhos furados. Sim, Ana fura os olhos de todas as suas criações por amor a seu "velho" Zé. Ela sofre quando o palito penetra a argila e opera a ablação da pupila, mas presta assim homenagem a seu querido cego e espera consolá-lo das zombarias cheias de fel que ele recebe como escarros. Zé, cheio de gratidão, declarará: "Eu era um bicho. Tornei-me alguém. Graças a esta mulher!".

Novo parêntese.

A enucleação confere às obras de Ana uma expressão de dor e de doçura quase feminina que anula qualquer aspecto ameaçador. Seus seres fantásticos, híbridos, melancólicos, parecem atônitos ao descobrir a normalidade do mundo humano, que lhes parece tão estranho, incrível. Parecem originados de um cruzamento entre dois universos míticos, o da floresta e o do rio, embaralhando os caracteres genéticos de faunos, manatins, siluros, lontras e outros sátiros... Um bestiário tranquilo e alegre para quem chora o esmagamento do patrimônio onírico sob a pressão egoísta do consumo exacerbado. Arte popular da boa. Leão não resiste e adquire na lojinha do museu a reprodução de uma cabecinha de lontra alucinada. Assim protegido por um gênio das águas do Velho Chico, o casal de bisbilhoteiros lioneses há de chegar a bom porto.

Continuação e fim do idílio entre Ana e Zé.
Um belo dia, o destino vai fazer suas comprinhas na feira. Dois jornalistas do Recife, realizando uma reportagem sobre os trunfos gastronômicos da região de Petrolina, dão de cara com o estande de Ana. Entusiasmados, atribuem-lhe o título de "artista popular de Pernambuco". Tiram fotos de suas carrancas, de suas mulheres-jarro de seios proeminentes, conversam com a oleira, não lhe prometem nada, mas estão decididos a publicar um artigo sobre ela na revista em que trabalham. Três semanas depois, um funcionário da prefeitura desembarca na feira com uma pilha de revistas debaixo do braço: Ana saiu na capa e ocupa várias páginas. Em alguns dias, torna-se um fenômeno. É fato sabido, a atenção local só desperta após o reconhecimento exterior. Chegam convites à prefeitura solicitando que Ana faça exposições em outros estados; surgem colecionadores. As obras da miserável mulher negra entram nas mansões dos ricos. Ana deixa de ser chamada de Ana do Cego e se torna Ana das Carrancas, e Zé, o mendigo, passa a ser Zé da Argila.
Hoje, Petrolina se beneficia da glória dos dois.
"Muitos empreendimentos falham por falta de persistência."
Foi essa a divisa de uma vida inteira, da vida de uma humilde oleira negra, inspirada e obstinada: Ana das Carrancas, falecida em outubro de 2008.

Vertigem na Pedra Furada

A rodoviária de Petrolina está quase vazia. Uma música alta atravessa feito borrasca os corredores desertos, levanta calças jeans e bolsas de viagem penduradas em cabides, esbofeteia os focinhos eriçados das carrancas para turistas, de caninos salientes, estilo vampiro de baile mascarado. Quando passou por ali o último otário capaz de comprar uma coisa dessas, feia e pesada de carregar? Uma cozinheira instalou um fogareiro numa caixa de cimento; ela serve porções de frango com macarrão caseiro a Leuk e Leão, que consumam corajosamente o ato de se alimentar numa paisagem de infinita tristeza, onde as vendedoras se entediam em tempo integral e varrem a ausência diante das lojinhas.

O expresso para São Raimundo Nonato combina com o estreitamento do traçado da estrada no mapa: passagem barata, sem climatização no ônibus, janelas abertas, poeira convidada. A temperatura da aventura sobe alguns graus. Pomares e vinhas bordejam a estrada enquanto o São Francisco está por perto. A seca reinventa a paisagem assim que nos afastamos do rio. Áreas de sem-terra ladeiam o asfalto, atiçam a indignação. Na parada em Casa Nova, cidade sem maior sedução, uma bela velhinha vende espigas de milho fumegantes, que debulhamos às dentadas como os rosários do tempo. Começamos a desfiar nosso terceiro mês de investigação e, à nossa frente, abre-se a perspectiva abissal dos milênios. Entenda, Zayda: contamos chegar esta noite a São Raimundo Nonato. Esse município ao sul do Piauí serve de porta de entrada para o Parque da Pedra Furada e da Serra da Capivara. O mundo inteiro da arqueologia concentra sua atenção nesse parque, pois, no estado atual dos conhecimentos, ele é o sítio da mais antiga ocupação humana das duas Américas e constitui o conjunto mais abundante de pinturas rupestres da pré-história. Evidentemente, já foi tombado como patrimônio mundial pela Unesco, e a incomparável personalidade que preside a seus destinos há trinta anos de inimagináveis esforços foi indicada para um Prêmio Nobel. Seu nome? Nièdé Guidon. Temos encontro marcado com ela amanhã. Desnecessário lhe dizer, Zayda: a Serra da Capivara representa para nós um dos pontos altos de nosso périplo.

Os vilarejos atravessados são um bocado isolados, por certo, mas os sermões evangélicos se esforçam para preencher o vazio cultural. Igreja Mundial do Poder de Deus. As letras capitais no alto de um galpão garantem que a mão de Deus combate o isolamento. Passageiros descem do ônibus em plena desolação. No máximo uma casa e alguns arbustos, por vezes uma estradinha de terra que aguarda os passos de um homem para justificar sua existência. Atravessamos os grandes prados da seca. Um cemitério cercado lembra um curral: as almas devem estar estacionadas ali. É mais fácil imaginar do que as pessoas morrem aqui do que com o que vivem. Outros viajantes esperam a passagem do ônibus, pregados no mesmo lugar pelo sol. Fazem sinal para o motorista. Um velho sertanejo sobe e senta ao nosso lado, cabelos brancos, bigodes brancos, floresta peitoral branca, barriga proeminente brotando de sua camisa aberta. A estrada vira ramal. O pesado veículo prossegue através de uma tela de fumaça. O velho é extrovertido, ri com o que lhe resta de dentes.

– Logo se vê que as eleições já passaram.

Diz, dirigindo-se a nós.

– Durante a campanha eleitoral, a gente vê trator, o pessoal consertando a estrada; assim que sai o resultado, os fantasmas tomam conta dos canteiros de obra.

E ri ainda mais.

– Em Pernambuco tem buraquinho que parece ninho de galinha. Mas chegando à Bahia, o que tem é buracão, ninho de urubu. É que os carcarás meteram o bico na grana que era pra melhorar as estradas. E você sabe como é que a gente chama esses predadores que desviam o dinheiro público pro próprio bolso? Colarinho branco? Não, isso é muito gentil. A gente diz (ele baixa a voz e encosta o bigode na minha orelha): pica grossa!

E brande seu antebraço com o punho fechado para ilustrar a lição, caso meu português não chegasse abaixo da cintura.

– Os pica grossa!

E lança perdigotos de bom humor. Depois, cruzando o olhar de Leuk, põe a mão no ombro dela:

– Isso fica entre nós, não vão sair dizendo por aí!

A estrada cada vez mais enfumaçada. As espeluncas de beira de estrada oferecem bode, bode e mais bode, "O melhor do bode"! A noite esmaga a risada do velho sertanejo, que pega no sono.

O município de São Raimundo Nonato faz parte do "polígono da seca"; o sol ali não perdoa. Um par de onças de concreto colorido guarda a entrada da cidade; um tatu gigante vigia outro cruzamento; uma seriema com uma enorme crista escruta um terceiro. Obras do mesmo Ledo Ivo Gomes de Oliveira, criador do Nego D'água de Juazeiro da Bahia. A mensagem é clara: nesta zona, a fauna tem direito de cidade e os caçadores devem segurar seu gatilho. Paira um ar de faroeste. O sol deve ser o xerife. São Raimundo cochila numa planície espinhenta enquanto ao longe, uns vinte quilômetros em voo de urubu-rei (*Sarcoranphus papa*), ergue-se o cenário ruiniforme de falésias atormentadas, propícias ao refúgio e à clandestinidade, linha de frente de um território de 130 mil hectares: o famoso Parque Nacional da Serra da Capivara.

É manhãzinha, mas o calor lembra o torpor de um início de tarde. Os grilos emitem uma estridulação tão forte e contínua que parece uma infernal maquinaria. No Piauí, os urubus voam com uma asa e se abanam com a outra. São 8 horas e esperamos na frente do Hotel Serra da Capivara um táxi enviado pela doutora Nième Guidon. É na periferia de São Raimundo, no final de uma estradinha de terra, que estão instalados o centro administrativo do parque, o laboratório, as reservas e o famoso Museu do Homem Americano. Zayda, a culpa é toda sua. Impossível recuar: estamos aos pés das paredes sobre as quais uma ala precoce da humanidade escreveu, literalmente, um capítulo eloquente de sua vitalidade. Essas mensagens gráficas e imagéticas iluminam a noite dos tempos. Reveladas graças à obstinação de Nième Guidon e de suas equipes, elas estão mexendo a fundo com o que os passageiros do século XXI estimavam saber de suas origens. Aqui devemos remontar muito longe o túnel da pré-história. Só não sei o que os autores dos afrescos da Serra da Capivara achariam desse prefixo colado à palavra "história": afinal, pintando as paredes de centenas de abrigos, iniciaram uma modernidade espetacular de que somos a atual culminância. Sim, repito, foi por causa dos seus votos provocativos, Zayda, seu envio do retrato de Luzia por e-mail, que tomamos a rota de São Raimundo. Primeiro fomos saudá-la de sua parte no Museu de História Natural do Rio de Janeiro. Tentamos entender melhor a identidade dela com o professor André Prous em Belo Horizonte. Este é o terceiro ato: Luzia, "primeira dama identificada do Brasil", e o povo "negroide" de caçadores-coletores da Lapa Vermelha de que ela fazia parte, têm alguma relação com os grupamentos humanos que deixaram tantos vestígios pintados nessa zona árida do Piauí? E, sobretudo, de onde eles vinham, uns e outros? Uma coisa é certa: como disse o professor Prous, "eles não caíram do céu".

Em compensação, Leuk e Leão logo cairiam das nuvens.

Só o tempo de lhe dizer com tristeza, Zayda, que a Serra da Capivara não abriga mais nenhuma capivara. Para os que não conhecem bem a fauna da América do Sul, esse grande mamífero roedor de aspecto bonachão pode atingir sessenta quilos ou até mais se comer suas plantas preferidas, nadar à vontade, não for vítima de onças ou jacarés, nem caçado por seu couro, seu óleo ou sua carne, muito apreciada (a degustar frita, cozida, seca ao sol, em linguiças ou como presunto). Decerto ele abundou outrora nessa região úmida antes da mudança climática ocorrida há cerca de nove mil anos. Ele foi apreciado, caçado, eliminado. Seu nome permanece ligado ao maciço; sua silhueta aparece em alguns dos antigos afrescos.

A joia do patrimônio brasileiro

Duas araras domesticadas, uma vermelha, outra azul, ostentam sua beleza na entrada do laboratório. Somos conduzidos até o escritório de Niède Guidon. Conhecemos a figura da diretora do Museu do Homem Americano e do Parque da Serra da Capivara graças aos documentários difundidos na França pelos canais culturais Arte e La 5 (louvados sejam!). Niède Guidon, cientista de grande envergadura, doutora pela USP e pela Sorbonne, vela sobre uma das maiores descobertas arqueológicas do século XX. Mas, pelas lutas que já travou, obteve também o diploma de guerreira. Esse título marcial, escolhido pelos comentadores, faz jus a seus combates incessantes pela defesa do parque contra os fazendeiros, caçadores, pirômanos, predadores e depredadores, as intrigas universitárias, a inércia administrativa, as carências culturais dos políticos, a tacanhez provincial, a lentidão nacional para reagir.

E a lista nada tem de exaustiva.

Zayda, nossos contemporâneos são por vezes consternadores. Pense só. O Brasil dispõe de um dos principais sítios arqueológicos do mundo, da importância de Lascaux, na França, que deveria logicamente ser uma prioridade nacional absoluta, um valor de exportação muito mais precioso que os rapazes de short do Maracanã e as garotas de biquíni de Ipanema. A realidade é completamente outra. Essa maravilha do mundo quase foi engolida por camadas de laxismo e incompetência, responsáveis por uma incerteza orçamentária constante, prejudicial à segurança e à perenidade desse atrativo fenomenal para o país.

Não é à toa que Niède vive em pé de guerra.

"O que é inacreditável é que ninguém tenha ainda se dado conta do quanto o turismo cultural poderia favorecer o desenvolvimento desta região. Parece que o Brasil só aposta mesmo nas praias e no Carnaval..."

Nièdé Guidon entra muitas vezes em erupção e nunca poupa a imprensa de suas iras.

Saudamos uma combatente octogenária de capacete de cabelos brancos, olhos incendiários, voz cheia de autoridade. Nièdé não tem mais tempo a perder, dado tudo o que resta a fazer antes que o cansaço se torne grande demais. Com ela, nada de lero-lero. Entramos de sola nos problemas do dia: uma universidade regional ameaçada de fechar, diplomados que cometem vinte erros numa página, estudantes que escrevem "Cerra" em vez de "Serra" em suas cartas de motivação. Mais grave ainda: o dinheiro dos ingressos para o parque que vai para Brasília e não volta. Sem subvenção há um ano. O parque quase fechando. E a internet que não funciona! E ela tem de ir no dia seguinte a Durban para a reunião dos responsáveis por sítios tombados pela Unesco. Bom, combinamos uma conversa às 4 da tarde para falarmos daquilo que nos traz a São Raimundo. Até então, o Museu do Homem Americano é todo nosso. É uma pena que sejamos os únicos a aproveitá-lo nesta manhã, mas que privilégio. Abrem a porta para nós.

Luz.

E vem o choque.

Leuk e Leão estão diante de um crânio. Não é de surpreender num lugar desses, mas a plaquinha revela a identidade incongruente de um cidadão americano que não tinha lugar em nenhum registro científico até então: "Zuzu, esqueleto de 9.920 anos. Crânio masculino, oval e alongado, semelhante ao tipo africano".

Nova presença do tipo negroide no Brasil de dez mil anos atrás! Luzia é mais velha, mas depois dela e do seu povo, aqui está Zuzu!

O dia começa bem. É a primeira vez que vemos uma "aproximação" com a África tão nitidamente exibida num lugar científico e público. É então que os dois investigadores levantam a cabeça e leem o que não imaginavam que leriam tão cedo desse jeito, preto no branco: "A rota atlântica do povoamento da América".

Os dois viajantes proferem exclamações onomatopaicas no silêncio do museu, sem risco de incomodar alguém. Desde suas investigações sobre a desconcertante expedição do rei maliano Abu Bakari II e de suas duas mil embarcações lançadas através do Atlântico no início do século XIV, Leuk e Leão não param de levantar o dedo para sugerir que travessias da África para a América podem ter ocorrido bem antes da intuição de Cristóvão Colombo (LOUDE, 1994). Voluntárias ou acidentais. Talvez numerosas. Os ventos, as correntes e a pequena distância eram favoráveis a isso. Essa hipótese contraria tanto o senso comum que sempre foi recebida com silêncio, risadinhas, indiferença. Vocês estão brincando? Até parece que povos não europeus teriam a audácia de se antecipar às conquistas ocidentais! Basta! O conhecimento do mundo, organizado a partir dos Grandes Descobrimentos ibéricos e da instauração do tráfico negreiro, não pode ser posto em causa!

Mas o que Leuk e Leão têm diante de seus olhos febris supera o entendimento. Não obstante, logo se recompõem. Leuk fotografa a plaquinha. Leão copia o texto. Prudência nunca é demais quando se está viajando. Dois registros valem mais do que um em caso de perda.

Zayda, não posso ser econômico na retranscrição de semelhante hipótese, ainda mais sabendo do calor dos debates atuais sobre o povoamento das Américas. Os especialistas (sobretudo os do Norte) estariam prontos para escavar com suas unhas, dos Apalaches às Rochosas, para pôr a mão no "esqueleto primordial" e provar que ele emerge de um solo compatível com seu orgulho nacional. Sim, logo você vai perceber, Zayda: não é a primazia de Colombo que está em causa, mas a inflexível teoria da penetração da América pelo Estreito de Bering que vacila. Mas e daí? Qual o problema se a História da humanidade sai ainda mais rica dessa polêmica? Mas leia primeiro.

A rota atlântica do povoamento da América

"O Homo sapiens tem, pelo menos, 195 mil anos. Originário da África, ele povoou todos os continentes. Sua expansão sobre a terra se deu em momentos sucessivos, em diferentes épocas, que coincidem na maioria das vezes com fases de enormes secas que desolaram vastas porções do continente africano, obrigando os grupos humanos a procurarem outras terras e novas fontes de alimentação.

Há cerca de 130 mil anos, um período de intensas secas acarretou o surgimento dos grandes desertos africanos, e, em razão dessas condições climáticas, o Homo sapiens *iniciou sua dispersão pelo planeta. Caminhando para o leste, chegou ao Oriente Médio atual e atingiu a Ásia. Outros grupos ocuparam a Europa e, rumo ao oeste, alguns chegaram ao Oceano Atlântico.*

A terra sofria os efeitos da glaciação. O mar se encontrava então 140 metros abaixo de seu nível atual. As plataformas continentais da África e da América do Sul eram mais extensas, e a distância entre os dois continentes, menor. Ilhas emergiam no meio do Atlântico; elas desapareceram depois do derretimento das geleiras e da elevação do nível do mar. Subsistiram alguns arquipélagos, como as Ilhas Canárias e o Cabo Verde. Existiam correntes marinhas que, a partir do Golfo de Guiné, tomavam a direção das costas do Brasil.

Esses fatos tornam realizável a chegada do homem na América do Sul pela via atlântica. Assim, entre os grupos que tocaram o litoral norte do Brasil, alguns teriam penetrado o interior das terras, subindo o curso dos grandes rios.

Tudo indica que a Serra da Capivara foi povoada a partir de tempos muito remotos, cerca de cem mil anos atrás. A região era completamente diferente, gozava de um clima úmido, era coberta por uma vegetação exuberante e povoada por uma fauna abundante e variada que evoluía numa paisagem complexa de serras, vales e planaltos. Esses primeiros povos encontraram um hábitat favorável ao seu desenvolvimento, ao aumento de sua população e à fixação de acampamentos sedentários estáveis. Sobreviveram na região por milênios, até os massacres perpetrados pelos colonizadores, no fim do século XVII."

Um mapa permite visualizar essa dispersão do *Homo sapiens*: Kibish (Etiópia) 195 mil anos. Zuttiyeh (Israel) 180 mil anos. Xichou (China) 100 mil anos. Boqueirão da Pedra Furada (Brasil) 100 mil anos.

Uma tempestade se forma sob os crânios dos investigadores lioneses, contemporâneos de Chernobyl e de Fukushima. Leuk, como sempre, classifica os dados. Dada a diversidade dos dossiês dessa enquete de longo curso e a polêmica que sacode esse tema, melhor permanecer organizados.

— Estamos a alguns quilômetros de Boqueirão da Pedra Furada, no olho do ciclone. Ao norte, treze mil anos atrás, populações mongoloides, aproveitando a última glaciação, migram pelo Estreito de Bering, transformado em providencial ponte terrestre emersa. O fato é datado, estabelecido. Ok. Em seguida, vem o caso Kennewick. No território estadunidense, no estado de Washington, o homem de Kennewick apresenta um esqueleto de dez mil anos e um crânio dolicocéfalo que o ligaria à família caucasiana. Portanto, outra via de acesso é exigida para explicar sua diferença. Perfeito. É preciso procurá-la. Finalmente, no hemisfério sul, os vestígios humanos mais antigos remontam a cem mil anos; as pinturas mais antigas encontradas no Piauí têm trinta mil anos. A chegada de seres humanos ao Brasil, *a priori* da África, só pode ter se dado por mar. Os mais antigos esqueletos exumados se aparentam ao tipo "negroide". Conclusão: três vias de penetração em vez de uma só, como se pensava antes.

— Saímos ganhando! O *Homo sapiens* tinha espírito empreendedor e um forte instinto de sobrevivência.

— Sim, mas os ponteiros do tempo ainda ferem certos amores-próprios. O quê? Os sítios arqueológicos mais antigos se encontram no sul? Esse insulto cronológico desperta no norte um levantamento de escudos e muitos tiros de fuzil ideológicos. Esse crime de lesa-majestade obrigou a doutora Niède Guidon a entrar em guerra, pois ela foi incessantemente atacada sobre a idoneidade de seus métodos de datação, sobre a credibilidade de seus resultados. Incessantemente posta em dúvida. Incessantemente obrigada a se justificar, a enumerar a pluralidade dos laboratórios internacionais de perícia. Ela, mais do que os outros, porque suas conclusões derrubam a ordem estabelecida. Mas, como ela gosta de repetir: "A gente não trabalha para agradar as pessoas!".

— Parece que a fenomenal presença de milhares de desenhos na Serra da Capivara não basta para alegrar a comunidade científica, convidada a contemplar diferentemente o milagre da humanidade.

— Artigos demais que tratam do povoamento primitivo das Américas têm o título "*First in America*", como se o debate fosse uma *hit-parade* em que, de qualquer jeito, os primeiros lugares estivessem reservados de antemão para o norte.

Leuk murmura entre os dentes:

— A ciência não é uma questão de pódio.

Contudo, Niède Guidon faz mais uma observação perspicaz: a de que nossa *démarche* pessoal também não deixa de ser parcial. Temos a África na cabeça. Uma obsessão pela África. Uma África que deve reencontrar sua voz no concerto das civilizações. Mas temos de reconhecer, essa África é uma construção ideológica, edificada sobre bases recentes. Ela teve um passado soberano, foi maltratada pela colonização e traumatizada pelo discurso nojento sobre a hierarquização dos povos. As consequências nefastas para ela das manipulações da História entram no campo de análise dos etnólogos; não no dos arqueólogos. A arqueóloga que é Niède Guidon trabalha para demonstrar a presença, há cem mil anos, de grupos de *Homo sapiens* dos dois lados dos continentes chamados hoje América e África, e explicar sua mobilidade.

É uma tarefa enorme. Niède insiste: "*Homo sapiens*", não "negros" ou "africanos". Que afrodescendentes brasileiros ou intelectuais africanos possam se orgulhar dessas travessias atlânticas primitivas ou da presença de povos negroides no Brasil dezenas de milhares de anos atrás não lhe diz respeito. Quanto a Luzia e Zuzu, nada permite provar que sejam descendentes diretos dos primeiros "pescadores à deriva" ou passageiros de travessias ulteriores. O importante, para ela, é saber que seres humanos pintavam sobre pedras, nos ocos dos abrigos naturais, numa época tão remota que a hipótese de Bering não dá conta de explicar sua presença no sul do Piauí. Como, na sequência, eles desapareceram? Pela violência ou pela mestiçagem? Difícil saber. As populações locais modernas que poderiam ter nos informado foram erradicadas pelos colonizadores europeus no século XVIII. É estranho constatar que dispomos de mais conhecimentos sobre humanos com mais de vinte mil anos, graças aos vestígios que deixaram, do que sobre os últimos ocupantes indígenas do maciço, de genes e costumes apagados.

– Vocês vão visitar o parque?
– Reservamos dois dias inteiros para isso.
– Vão precisar de um guia e de um motorista. Vamos arranjar para amanhã a melhor equipe disponível. Para ver o máximo num mínimo de tempo.

Niède Guidon também foi censurada por prejudicar os sertanejos pobres das redondezas. Más-línguas insinuaram que o parque os privava do livre acesso à terra, de suas atividades tradicionais de sobrevivência, da caça... A "guerreira" logo mostra seu arsenal de argumentos contra esses boatos. Aponta a que ponto a cachaça reduz o julgamento das facções a serviço dos potentados locais, refratários a tudo que atrapalha sua autoridade. Ela reagiu e mostrou que o parque criava alternativas de trabalho, empregos para guardas-florestais, recepcionistas, guias, permitia o desenvolvimento da apicultura, encorajava os transportes, reforçava as escolas e o sistema educativo. Uma de suas mais belas réplicas foi o desenvolvimento de um ateliê de cerâmica que oferece uma atividade regular para os moradores do vilarejo de Barreirinho, transformando-os em empreendedores locais. Com toda lógica, os oleiros ornam seus potes, pratos, vasos, copos e xícaras com os soberbos desenhos inventados há quinze ou vinte mil anos pelos primeiros artistas do Piauí. Não se pode imaginar mais belo link: os homens do passado tropical ajudam os vivos a construírem seu futuro no coração da seca.

Escrita em ocre vermelho

Esses dois dias passados no Parque da Serra da Capivara estão entre os mais belos de uma vida de viajantes e colecionadores de paisagens. Leuk e Leão, que sempre pediram à "estrada" que os alimentasse de emoções fortes e renovadas, veem-se realizados.

O calor seco sequestra a zona. Primeiro, o carro roda através de uma planície morna, um "pomar de espinhos": trinta quilômetros de platitude antes de bifurcar para as costas, mergulhar debaixo de um túnel de árvores, primeiro acesso iniciático à muralha de rochas sedimentares. De longe, a Serra da Capivara parece uma fortaleza. De perto, a cidadela, entalhada de cânions, perfurada de falhas e chanfraduras, corresponde mais à ideia que se costuma fazer de refúgios labirínticos de foras da lei. Um esconderijo de primeira para Lampião e Maria Bonita! Esses corredores de penetração levam a magníficas áreas verdes ou, dependendo da estação, a campos de concentração de árvores famélicas e sedentas. Escalamos então, como cornacas aguerridos, sobre o lombo das rochas desmesuradas, arredondadas como garupas de elefantes. E ali, atônitos com nossa própria audácia, surpreendemo-nos, tão pequenos, dominando uma ebulição de cabelos verdes, um fosso onde brigam os membros de uma confraria vegetal que esconde espinhos afiados debaixo de um manto enganador. O cenário ruiniforme reforça o sentimento de uma conspiração da natureza. Eliete, jovem, mas experiente guia, reitera a advertência.

– A chuva extemporânea criou uma ilusão. Nesta época, normalmente estaríamos assistindo a uma dança macabra de plantas pontudas debaixo de um véu de cinzas. Na estação seca, as folhas caem, os espinhos saem. Estratégia de sobrevivência contra a desidratação. Os pássaros suspendem seu canto. Os animais se escondem, esperando o armistício dos fins de tarde.

Então vamos lá, encaremos os quarenta graus, temperatura a partir da qual até os fantasmas começam a cozinhar! Infiltramo-nos nas trincheiras, disputamos passagem com troncos finos como vírgulas estendidas até a boca de poços de luz. Passamos dois dias penetrando em abrigos debaixo de rochas que se projetam para o céu. Outrora, riachos corriam nesses estreitamentos. Não é pouca coisa percorrer o território desses precursores da humanidade. Aqui, eles narraram sua coabitação com o reino animal. Aqui, partilharam pontos d'água com predadores e presas. Aqui, foram tomados pela necessidade de explicar o inexplicável. Aqui, grafaram nas paredes os resultados da organização imaginária de seu universo. Aqui, aplacaram sua ânsia traduzindo em imagens o fruto de suas observações. Aqui, começaram por traçar com os dedos reflexos de sua existência. Depois, com fibras, pelos, espinhos de cactos, expuseram em mensagens ocre, brancas, azuis, em linguagem codificada, sua experiência da vida social: o que era bom comunicar e servia para a aprendizagem, o que era importante transmitir aos descendentes, o que fundava os rituais, os gestos a repetir para assentar um poder, aquilo que estabelece uma cultura e se faz memória.

Levitamos, tornados leves pela felicidade.

A arte atiça e reflete o desenvolvimento das civilizações, hoje e ontem. Leuk e Leão frequentaram, ao longo de suas vidas, inúmeras galerias e museus, situando a arte contemporânea no topo da lista de suas prioridades em cada nova cidade abordada. Num mundo atormentado pelas intolerâncias religiosas, minado por um individualismo desprovido de espiritualidade, pode-se pensar que os artistas são os últimos xamãs capazes de sanar as desordens provocadas pela vacuidade, ou seja, os últimos intermediários dotados do poder de atravessar as fronteiras entre o visível e o invisível e de apresentar, diante das desorientadas sociedades contemporâneas, diagnósticos sensoriais do desregramento coletivo. Hoje, a arte se impõe como o último recurso de uma sociedade mundializada tentada pela autodestruição. Ontem, nos refúgios do Piauí, a arte se afirmava como o primeiro recurso de pequenos grupos de mulheres e homens em luta pela sobrevivência.

A arte, nas duas pontas do túnel da modernidade.

Entre as extremidades, vinte e poucos mil anos.

Estamos cientes de deambular na maior galeria do mundo, a mais velha a céu aberto, ainda que as obras parietais estejam protegidas por impressionantes viseiras rochosas. Aqui, as criações artísticas estão sempre sob pórticos naturais, ao ar livre, nunca debaixo da terra ou em grotas. Os afrescos foram pintados para serem vistos e edificarem as gerações durante milênios. E é preciso acrescentar uma qualidade a esses desenhos: eles são animados. A tradição local, nomeada "Nordeste", distingue-se, pelo movimento das figuras e pela dinâmica das cenas, das referências europeias fixas. Quer estejam caçando, dançando, perseguindo animais, prestando culto à Árvore, honrando as leis da sexualidade, os bípedes estilizados se agitam com uma energia vital que sugere a alegria coletiva de existir num mundo de abundância.

A leitura desse gigantesco livro ilustrado exige uma condição física de maratonista e a juvenilidade de um caçador de tesouros: meter-se nesses desfiladeiros, percorrer corredores de árvores mirradas, escalar plataformas, esticar o pescoço, escrutar, inventariar, ir adiante, balizar os diversos sítios, notar a incrível variedade das ações expostas, distinguir as superposições de períodos e de estilos na mesma superfície de rocha... A excitação cresce com o número de sítios percorridos. A sede de descobrir sempre mais um se torna inaplacável. Bebemos litros d'água para aguentar a maratona. Zayda, endereço-lhe algumas cenas fortes entre as duas mil que Leuk fotografou freneticamente: uma linha de dançarinos mascarados, cobertos com um manto vegetal, penas na cabeça, evoca instantaneamente o cortejo dos índios Pankararu que tanto nos intrigou em Juazeiro do Norte. Ficamos estupefatos imaginando que as duas cerimônias possam ter alguma ligação através do tempo. Outra: o ato de mergulhar a mão numa colmeia de abelhas, ritual iniciático pintado, é similar ao praticado ainda hoje em diversas tribos. Eliete, nossa guia, ajuda-nos a apreciar. Acrobatas pendurados pelos braços evoluem no espaço como virtuoses do trapézio. Uma escada humana, composta de corpos em equilíbrio, braços esticados, pernas afastadas, desafia as leis da gravidade. Surgem por vezes grandes silhuetas antropomorfas retangulares de cabeça cúbica e paramentos decorados com figuras geométricas: homens ou entidades? Não conte conosco para as interpretações. Mesmo os responsáveis pelo parque se recusam a fornecê-las. Ainda é muito cedo para decifrar as intenções. Como os executantes das obras não se importavam em desenhar sobre a mesma superfície que seus antecessores, o sentido das mensagens fica muitas vezes truncado. E os animais? Abundam. Os cervídeos, espécie mais representada, saltam, galopam, as patas lá na frente e lá atrás, barriga no chão, conforme os códigos de representação da velocidade. A fauna mural compreende tatus, emas, tamanduás, onças, macacos e, nadando nos pântanos das abóbadas, jacarés, serpentes, tartarugas, caranguejos, peixes... Afrescos avermelhados se espalham pelas paredes, tão cheias que parecem páginas de um caderno de esboços onde se misturam todos os paradigmas reunidos: acrobacias, caça com rede, veados empinados, passagem de pássaros, garças de longos pescoços, adoração da árvore, cópulas... O sexo, onipresente, alegre, participa do dispêndio de energia. A humanidade de então compunha um poema erótico sem fim dedicado à natureza. E, se devêssemos escolher uma imagem para fechar nossa breve excursão, elegeríamos um fascinante desenho de dois seres de corpos separados, mas cujas cabeças se unem no ponto preciso da boca. Esse "primeiro beijo" foi aplicado justamente na parede do Boqueirão (ou seja, da grande boca) da Pedra Furada.

Aliás, falemos da Pedra Furada.

Esta acrescenta sua incongruência geológica à extravagância geral do sítio. Por meses, sonhei enfiar meus pés no leito seco do riacho e erguer pudicamente os olhos para esse arco triunfal, esculpido pelos furores conjugados dos ventos e das chuvas. Pense só, Zayda, uma parede de arenito ocre, já afinada pelas intempéries e perfurada em seu centro. A imaginação tem um prato cheio: olho único numa testa de ciclope, alvo para insolentes arqueiros capazes de acertar as nuvens, anel perfeito para as núpcias entre a terra e o céu. Uma serpente mítica terá forçado a passagem por ali? Ou terá sido o pênis de um gigante, durante um coito furioso, que mutilou o hímen da serra, deixando, ao se retirar, uma abertura incurável e nuvens de esperma espalhadas pelo céu? Não se zangue com minha licença poética e erótica, Zayda, seria desrespeitoso para semelhante paisagem descrevê-la com simplicidade. E também não insista, não acrescentarei mais uma palavra sobre esse vasto canteiro de escavações em movimento e devir. Humildes passantes, sentimo-nos minúsculos, esmagados debaixo de toneladas de rochas, de milênios, de dados científicos inassimiláveis em algumas horas. Note apenas o nome, "Agreste", dado ao estilo dos desenhos mais estanques, superpostos aos de fatura "Nordeste". Eles se encontram disseminados em outros sítios do sertão. Homens e mulheres andavam a mil por esse grande Nordeste brasileiro quando a chuva fazia crescerem ali florestas dignas da etiqueta "amazônica".

Por certo, Leuk e Leão partem dali satisfeitos com a resposta a uma questão que os obseda há décadas: não apenas as travessias atlânticas da África para a América são "naturalmente" verossímeis antes da era colombiana, como também figuram entre as explicações mais plausíveis da presença humana na América (do Sul), há dez, cinquenta, talvez cem mil anos. Sim, estamos contentes: nosso moderno rei do Mali vai poder sair da prateleira das lendas onde os sabichões europeus o confinaram: as dúvidas sobre sua capacidade de realizar em 1310 uma travessia do Mar das Trevas se fazem ainda menos consistentes. Ainda que não tenha conseguido encontrar a via triunfal do retorno como seu sucessor genovês, Abu Bakari II pode legitimamente gozar do lugar que lhe atribuem hoje em dia nos manuais escolares africanos (nos europeus ainda não). Por enquanto, Luzia permanece a decana negroide das Américas, até a descoberta (aguardada) de esqueletos anteriores. Eis aí, Zayda, não podemos fazer mais do que isso para trazer água fresca à sua ardente espera.

Carrancas

X
SÃO LUÍS DO MARANHÃO

Em que Leuk e Leão escapam do caldeirão de Teresina para mergulhar no crisol da França Equinocial, seguem os passos de um turismólogo especialista em cemitérios, assistem ao triunfo do "Dragão dos Mares", à queda do "Imperador da Liberdade", ao retorno de Maria Firmina, escritora, mulata, bastarda, abolicionista, antes de operar a memória dos quilombos na Ilha do Cirurgião.

Uma audaciosa esperança em Teresina

Do caminho de São Raimundo Nonato a São Luís do Maranhão, pela BR-316, lembrarei sempre de uma infinita linha vermelha no mapa, conectando o canto sul do Piauí ao setentrião do Maranhão, perfurando de passagem uma bela coleção de paralelas. Vamos engolir a distância de um só trago ou inventar uma pausa? Nossa participação é "esperada" no Salão do Livro de São Luís em meados de novembro. Não podemos enrolar. Mas é sobretudo a perspectiva de revê-la, Zayda, que nos apressa. Não vejo a hora de colocar em suas boas mãos o relatório da investigação, nossa resposta ao seu desafio. Porém, a fadiga se insinua entre nossas vértebras; as costas protestam contra a acumulação de horas de ônibus. O contador das horas de descanso não saiu do zero desde que chegamos ao Rio. Então, resolvemos cortar em dois a serpente oroboro do trajeto e fazer uma pausa de 24 horas em Teresina. Teresina?! Vocês estão malucos? Essa cidade plana é considerada um dos pontos culminantes do termômetro no Brasil. Chamam a coitada de "prelúdio do inferno". Dizem que o calor piorou depois que asfaltaram tudo. O alcatrão ajuda o sol a cozinhar os habitantes. Mas agora *alea jacta est*! Passaremos um domingo em Teresina e rezaremos por aqueles que fervem o ano inteiro no caldeirão dessa ardente cidade, plantada na confluência dos rios Parnaíba e Poti. O destino recompensará nossa escolha: a igreja da cidade é dedicada a São Benedito de Palermo, um dos nossos santos negros prediletos. Ele abrirá os braços hospitaleiramente quando chegarmos, ocupando um lugar central (inusitado) abaixo do altar entre Nossa Senhora da Conceição e São José. Um brinde e tanto para Leuk e Leão, sempre contentes em colocar mais uma pepita em seu alforje. Conheço, Zayda, sua ternura por Benedito, esse filho de escravos, siciliano e canonizado: é ele que protege sua associação. Percebi sua estátua entre os tambores dos rituais quando da minha visita à sede do Tambor de Crioula Catarina Mina. Então sei que está tudo certo.

Alô, alô, Teresina!

A cidade responde com o silêncio de suas pálpebras metálicas baixadas. As lojas dormem, nada palpita. Cruzamos tão somente as sombras apressadas de uma leva de candidatos a funcionários públicos rumando em direção às salas onde se realizarão os exames. Que hora para uma prova! Emendamos uma noite passada em branco no ônibus com essa manhã pálida numa cidade fantasma. Mas teremos, em nossa vida, outra oportunidade de passear em Teresina? Não creio. Então, bora andar! Um cinema estiloso emerge dos anos 1930, ferido pelo abandono. Os candidatos penetram num centro de artesanato. Nós os seguimos. O vigia logo adivinha que não viemos prestar o concurso.

– Aposto que vieram ver a preguiça gigante, adivinhei? Ela está ali no pátio, comendo, pendurada em sua árvore, não tem como errar. Não tenham medo, ela está ocupada demais lambendo a casca. Além disso, esse espécime, eriçado de pelos metálicos, é, como seu vizinho mamute, todo feito de ferragens.

O vigia ri por ver visitantes caírem de paraquedas em seu zoológico de mentirinha. Mais uma coisa inesperada depois da chuva da noite anterior. Ficamos bastante contentes de assistir ao festim virtual do *Megatherium americanum*, colosso do tamanho de um elefante, extinto há cerca de doze mil anos. Aqui está ele, como outrora, levando grandes folhas à boca com a ajuda de suas garras curvas. A reconstituição dessa vedete pré-histórica, pendurada em sua árvore enferrujada, acende em nós um prazer de moleques perdidos numa galeria da Evolução. Em todo caso, essa réplica artística preenche o vazio sideral que reina na cidade de Teresina sob anestesia dominical.

O centro de artesanato se organiza em volta de um imenso pátio povoado de esculturas de animais e estátuas de heróis. Toda a história do Brasil colonial corre aqui em pinturas nas paredes, entre as diversas lojinhas. Negros acorrentados na savana africana, descoberta do Eldorado pelo filho do Deus único, implantação de missões jesuítas, escravos trabalhando,etc.: o incessante refrão da memória reinterpretado nesse recanto discreto. Com tudo isso, ó povo brasileiro, compõe teu canto para o futuro! O coro de heróis populares de cerâmica, em tamanho natural, enfrenta o sol e a chuva depois de ter sofrido golpes e tiros de fuzil. Seus trajes de argila racham e descamam. Lampião aperta seu facão e seus dentes; um chefe indígena massacrado se reergue feito estátua. Ficamos intrigados com uma jovem mulher, de vestido vermelho, que adivinhamos modesta, sentada num banco, com um lenço na cabeça. Leuk a fotografa de costas. Então a contornamos. De frente, ela estende timidamente à objetiva de Leuk o rolo de um pergaminho de argila, a carta que será seu passaporte para a posteridade. A partir de então, essa mulher anônima se tornará uma referência: Esperança Garcia. A personagem a que o puro acaso nos conduz esta manhã tem tudo para agradá-la, Zayda: essa escrava foi a primeira a ter a audácia de escrever (ela era alfabetizada) e endereçar uma queixa ao governador da capitania do Piauí, em 6 de setembro de 1770, a fim de dar parte de seus sofrimentos de cativa maltratada por seu senhor, devidamente denunciado, e dos golpes dados pelo mesmo indigno proprietário em seus filhos, "a ponto de o sangue jorrar de suas bocas". Graças a esse ato inédito de coragem, Esperança Garcia simboliza hoje o ideal de liberdade dos negros do Piauí. Um hospital leva seu nome e o coletivo das mulheres negras de Teresina a reivindica como antecessora. O dia 6 de setembro, data do envio de sua carta, foi decretado Dia da Consciência Negra no Piauí. Registraremos esta noite nossas bagagens aumentadas por uma pepita inesperada.

Os dois detetives, Leuk e Leão, perguntam-se onde pode estar escondido o povo de Teresina. Procurando bem, encontram uma parte da população na confluência dos rios. As famílias afluem para esse triângulo aprazível, teatro de verdor fora da cidade: o encontro dos dois gigantes na moldura vegetal das margens constitui um belo espetáculo. Um grupo de capoeira celebra as núpcias barrentas dos rios. Oferendas de cantos, tambores e berimbaus aos espíritos fecundos das águas. Um belo programa para a manhã de domingo. Os mais velhos iniciam os caçulas, cujos olhos brilham de vontade de ser mestres. Fervor e disciplina. Atrás da trupe, uma horrível estátua emerge de um tanque onde se lamentam náiades suplicantes. Um ser grotesco, com um capacete na enorme cabeça, brota entre seus braços estendidos, apoiando-se sobre um fêmur. Nunca vi algo mais *kitsch*. Passantes nos apresentam Crispim, jovem pescador parricida que, cometido o assassinato, afogou-se. Maldito pela mãe antes de morrer, transformou-se em monstro. Desde então, Crispim, o gênio mau, divide seu ano aquático entre o leito do Rio Parnaíba e o de seu parceiro Poti, tentando devorar sete virgens chamadas Maria para romper o encanto que o oprime. As garotas estão todas avisadas: melhor paquerar, lavar a roupa ou tomar banho alhures. Mas até hoje nenhum desaparecimento de Marias foi assinalado. A lenda do gênio canibal abre em nós uma fome carnívora. Mergulhamos nas profundezas de um caldeirão de surubim, esse peixe medonho de feio, mesmo temperado com leite de coco. Invadimos junto com a multidão a ponte de um barco-restaurante atracado na beira do rio. A cerveja corre tanto quanto o suor. Um céu de chumbo hesita entre esmagar a nuca dos mortais ou explodir em chuva. É assim que engolimos as horas de calor até a hora do ônibus para São Luís, sem esquecer a visita à Igreja de São Benedito. Está na hora de completarmos o circuito.

O turismólogo da França Equinocial

Saint-Louis de Maragnan, França Equinocial do Brasil, aqui estamos, ó cidade fundada em 1612 pelo corsário Daniel de la Touche, senhor de La Ravardière, que teve o tempo de plantar a bandeira do Rei Luís XIII antes de ser ejetado, em 1615, pelos ibéricos, que não queriam saber de concorrência. Sim, aqui estamos, respirando o ar lisboeta que emana desse centro histórico tombado, das ruas calçadas, dos telhados de telhas vermelhas, das paredes inteiras de azulejos, dos esvoaçares de pombos, dos eflúvios oceânicos, das fachadas recém-caiadas, de outras atingidas pela lepra do abandono, das lojinhas com pés-direitos altos, das sacadas em ferro fundido, dos postes semelhantes aos da Praça do Rossio, das ladeiras dignas da Alfama, das fontes com cabeças de leão do império colonial, das escolas de música com escadaria dupla, das igrejas copiosamente barrocas, do cinema Éden indefectivelmente rococó, do palácio do governador de empáfia monárquica... Mas, olhando bem, a Rua Portugal leva ao mangue, as moças são gloriosamente morenas, o reggae ressoa mais forte que o fado, as árvores têm copas tropicais, os artesãos vendem mais redes que xales, os estandes do mercado coberto estão cheios de camarões, os tambores invocam os deuses africanos e concorrem com os sinos. E a Rua do Passeio leva ao Cemitério do Gavião, não ao dos Prazeres... Estamos na Ilha de São Luís, próxima de uma imagem de Lisboa, mas longe, muito longe, de Portugal.

Num primeiro momento, aguardam-nos cursos e conferências, uma série de falas sérias que no Brasil se tornam mais leves com o nome de bate-papos, debates em liberdade durante os quais usamos a boca para mastigar ideias. Gosto também da palavra "palestra", sinônimo de conversação, enquanto em francês *palestre* designa apenas um lugar onde se treina luta. Mas não é esse o caso? Nossa maneira de puxar o velho tapete do discurso sobre a África para tentar redescobrir, debaixo dele, a poeira de uma memória voluntariamente apagada pode muito bem incomodar ou chocar. Mas também despertar aliados. Nunca me esquecerei de uma senhora negra, batista, prosélita, que aceitou vir ao Salão do Livro para nos escutar falar das consequências das expansões europeias na África e no Brasil. Essa mulher forte, empregada doméstica, levantou-se e interpelou toda a plateia: "Não é um absurdo que seja preciso esse casal de brancos para nos falar de nossa História como se fossem negros?!" – e atravessou a sala para nos abraçar. Como esquecer um abraço desses? Querida Zayda, desde nossa chegada a São Luís, estamos encarando o ar úmido da cidade equatorial, fazendo diversas intervenções em escolas, longas consultas aos arquivos, vagabundagens através das ladeiras dos bairros velhos e degustações de cachaças perfumadas na Casa do Batista, um bar que mais parece um laboratório de frutas e sabores. É de propósito que estamos adiando nosso reencontro com você, só para torná-lo ainda mais belo. Uma mensagem sua deixada na Aliança Francesa nos informou da data da festa de São Benedito na sede de sua associação Tambor de Crioula Catarina Mina, convidando-nos para a saída dos tambores e das dançarinas com suas saias de percal. Anunciou também o lançamento de seu primeiro livro, escrito para gritar, como você mesma diz. Estaremos lá sem falta, depois de mais algumas visitas na Ilha do Maranhão e no continente. É neste último que fazemos uma ao Cemitério do Gavião.

Uma da tarde. O fervente Antônio Noberto entra em cena diante do portão do cemitério. Noberto usa seu sobrenome como nome e o título de "turismólogo" para definir sua atividade: pesquisador em desenvolvimento econômico através da cultura, especialista em turismo de cemitérios, partidário de uma abordagem brasileira dos domínios de Thanatos. Gaba-se de ter visitado 250 cemitérios, selecionados por sua singularidade, através do território nacional. Prepara um guia de viagem sobre as residências *post mortem* mais atrativas e melhor frequentadas. Quando de minha primeira estadia em São Luís, Noberto tinha jurado que, se eu voltasse com Leuk, daria um jeito de tirar uns dias de licença para nos levar ao encontro das maiores figuras negras locais, a começar pelo Negro Cosme, o "Zumbi do Maranhão", valente chefe de quilombo que deixou o clã dos proprietários dos anos 1830 morrendo de medo; sem esquecer Maria Firmina dos Reis, que, no século XIX, superou os obstáculos de ser mulher, mulata e bastarda, e se tornou a primeira escritora da literatura brasileira a publicar um romance abolicionista: *Úrsula*. Previstos também alguns desvios pelo que persistiu dos quilombos que floresceram no Maranhão até a queda da escravidão...

Um ano depois, Noberto cumpre sua promessa.

A partir de amanhã, percorreremos com ele recantos perdidos do território, teatros de fatos históricos que esperam apenas a chance de sair da discrição imposta pelos redatores de manuais oficiais. Mas, antes, devemos pagar tributo aos mortos ilustres deste estado. Noberto os adora, cobre-os de louvor. Orgulha-se porque alguns deles fizeram ranger e mudar as mentalidades prisioneiras das estruturas escravagistas. De qualquer jeito, depois de nosso contato com a África "voduizante" em São Tomé e Príncipe, sabemos que é sempre recomendável buscar o apoio dos defuntos antes de empreender qualquer ação arriscada. Tomamos uma água de coco gelada antes de mergulhar na fornalha de uma tarde mortuária e curvar a cabeça diante da placa de boas-vindas: "Nós ossos que aqui estamos pelos vossos esperamos". "Nós fomos o que tu és e tu serás o que nós somos". Pedimos apenas mais um tempinho, o suficiente para terminar essa investigação e seu relatório. O bar situado na Praça da Saúde se chamava outrora O Último Adeus. O sol asperge com grandes jatos luminosos as superfícies austeras de pedras talhadas. Noberto está radiante. Anda, corre, voa entre as sepulturas, responde aos cumprimentos dos funcionários da manutenção. Todos conhecem esse erudito expansivo, orgulhoso por levar no rosto alusões diretas ao passado indígena deste país.

Mulato e dragão no Cemitério do Gavião

Gavião não tem a fantasia do Père-Lachaise. Os túmulos brancos e retangulares fazem pensar em contêineres alinhados no cais das grandes partidas. Até o mausoléu da superpoderosa família Sarney não aposta na ostentação: o clã que reina no Maranhão há várias gerações, como se o estado fosse seu domínio privado, prefere investir nas moradas do presente a gastar com imóveis eternos. Topamos mesmo assim com um lindo Cristo de bronze, em tamanho natural, de cabelos longos, debruçado sobre uma lápide como um parente em visita, espalhando crisântemos colhidos no Jardim do Éden. Noberto calcula:

— Vocês poderão dizer que percorreram cinco mil quilômetros através do Brasil para virem se recolher diante do túmulo de Aluísio Azevedo.

Concordo, enquanto me pergunto quem terá cortado o braço do anjinho que semeia pétalas de pedra sobre o nome gravado do grande homem. A lei intransigente do tempo ou um espírito vingativo, incapaz de suportar a homenagem póstuma prestada pelo estado do Maranhão ao célebre escritor? Em 1881, quando da publicação de seu romance *O mulato*, a "boa sociedade" de São Luís teria brandido de bom grado a faca fundamentalista e amputado o autor que denunciava o sistema escravagista, sobre o qual repousavam seus preconceitos e privilégios.

Noberto ousa nos perguntar se lemos essa obra pioneira que introduziu o realismo naturalista na literatura brasileira. Que dúvida! *O mulato* viaja em nossa bagagem desde o Rio de Janeiro. As peripécias dessa história de amor condenada à morte pelo tribunal da conveniência foram nossas parceiras em rodoviárias e salas de espera. Queríamos a todo custo chegar ao epílogo antes de saudar o magistral defunto. Aluísio Azevedo, jornalista, caricaturista, anticonformista e anticlerical, refugiou-se no Rio uma vez publicada a obra para escapar das cóleras de sua cidade natal, conformista e clerical. Será que ela se reconhecia bem demais nas críticas desse feroz observador? Só fornecerei do caso um resumo sucinto. O calor opressivo repercutido pelas lápides não nos permite maiores desenvolvimentos.

O herói do livro se chama Raimundo. Ele volta para sua cidade natal, São Luís, depois de brilhantes estudos em Coimbra, onde foi exposto às influências de uma Europa em movimento. Ele é advogado. Sabem-no ao abrigo da necessidade, beneficiário da herança de seu falecido pai, gerida por um tio comerciante, homem influente, cioso de sua classe. O retorno de Raimundo desperta boatos cheios de emoções contraditórias e de curiosidade. Não é todo dia que aparece na cidade obnubilada pelo calor e pelo imobilismo um homem letrado e rico, tão culto quanto distinto. Já disse que ele ainda por cima é bonito? Como bom herói, não podia deixar de ser. Seus grandes olhos azuis capturam a atenção e a admiração; suas pálpebras são malva e úmidas; suas narinas francas, sua testa ampla... A descrição elogiosa cobre uma página. Em suma, o jovem tem tudo de bom, salvo um importante detalhe: é mulato, seus cabelos são negros e crespos e sua epiderme é trigueira... Os sorrisos que o acolhem pela frente transformam-se em caretas assim que vira as costas. As amabilidades de fachada se tornam, por trás, mexericos com cheiro de dentes cariados. E nenhum dos poderosos locais ignora o segredo de seu nascimento. Que lhe será jogado na cara no dia em que o imprudente mulato ousará pedir a mão da doce, branca, romântica, palpitante Ana Rosa, desejosa e de acordo. Ele será repelido nestes termos: "O senhor é um moço muito digno, muito merecedor de consideração, mas... foi forro à pia, e aqui ninguém o ignora".

Mulato!

A intriga é ainda mais complexa, pois Azevedo acerta suas contas como um verdadeiro franco-atirador. Com sua pena, alveja a grosseria dos comerciantes, a crueldade das esposas brancas, ciumentas e insatisfeitas, a demência dos carolas, a velhacaria dos clérigos e, sobretudo, a razão bloqueada de uma sociedade incapaz de sair dos esquemas sádicos da dominação do homem sobre seu semelhante.

A narrativa termina tragicamente, como era de se esperar. O Romeu mulato nunca obterá a mão da Julieta branca. O mal triunfa sobre o amor e, com ele, o vício e a corrupção. Raimundo morre. Ana Rosa, feita em mil pedaços pela boa ordem de uma Igreja mutiladora e de uma moral decadente, casará com o assassino odiado de seu amado e fingirá a felicidade burguesa ao seu lado.

O mulato, vomitado em São Luís, é aplaudido no Rio. Aluísio Azevedo se torna um escritor célebre e depois um diplomata que para de escrever. Morre na Argentina em 1913. Suas cinzas gloriosas serão repatriadas seis anos mais tarde, levadas para São Luís e confiadas à proteção do mármore e de um anjinho, hoje em dia maneta.

A corrida através do cemitério ganha a dimensão de um ziguezague gigante. Noberto, mestre em entusiasmo e velocidade, não para. Leuk e Leão seguem-no ofegantes. O "turismólogo" compõe um parágrafo de afeição para cada jazente.

– Como não louvar José Nascimento Moraes? Esse escritor mulato publica em 1915 *Vencidos e degenerados*, na linhagem de *O mulato*, enfiando um segundo prego no caixão da arrogante sociedade dos degenerados, cujos costumes políticos depravados comprometem o futuro do Maranhão. A ação do livro começa em 13 de maio de 1883, Dia da Abolição. Os capítulos seguintes relatam as desilusões dos vencidos.

– Um dos personagens, negro e desencantado, declara: "nada somos e nada poderemos ser amanhã".

Noberto cita a passagem de memória. Leuk reage à solenidade do instante:

– A liberdade não se declara, é um campo que se cultiva.

– Mas é preciso primeiro extrair as pedras de sua superfície antes de traçar os sulcos da esperança.

Noberto se deixa levar pelo lirismo.

– Sem os escritores, a terra não é lavrada. Sem os intelectuais, nada de irrigação das ideias semeadas. Sem os artistas, nenhuma colheita possível para as gerações vindouras. José Nascimento Moraes morreu em 1958. Suas últimas palavras foram: "Sou um lutador". Estão gravadas em seu túmulo.

O lutador, um homem bonito e distinto de cabelos grisalhos, de pele escura, aparece num medalhão colado sobre a fachada de faiança branca de sua sepultura.

– Espero que vocês se deem conta da sorte que tiveram por se beneficiar dos avanços da Revolução e dos posicionamentos de pessoas como Victor Hugo, Zola, Jaurès... Nossos lutadores do Maranhão tiveram que dar a vida em combates de formigas, tentando roer as bases de uma autoridade arcaica disposta a usar da pior violência para sufocar qualquer contestação. E vocês sabem o risco que correm aqui as formigas mais ativas? Um processo! Isso mesmo. Escutem bem, esta é uma história tragicômica mas verdadeira: no início do século XVIII, os capuchinhos do Convento de Santo Antônio instruíram um processo na justiça contra as formigas de seus porões, acusando-as diante do juiz de roubo de farinha agravado e, para atingir sua meta, de escavação de galerias criminosas que ameaçavam a segurança do prédio.

– E os monges ganharam?

– Não, o processo foi indeferido.

– Então vamos continuar a escavar!

– Vou lhes contar mais uma história de formiga cortadeira cuja bravura atravessou o Atlântico, chegando a ser saudada pelo grande Victor Hugo.

Os investigadores buscam uma sombra atrás do mausoléu alto e escuro do clã Sarney. Leão adivinha que a narrativa que se seguirá poderia refrescar a memória dos ancestrais desses imensos proprietários, contemporâneos do acontecimento. Vamos supor que os mortos têm boa audição e que nunca é tarde demais para compreender o mundo em que se viveu. É a história edificante de Francisco José do Nascimento, conhecido como Chico da Matilde, filho de Matilde, a rendeira, e de um pai pescador que o impelirá para o mar.

Chico, descendente de escravos, passa uma infância precária, sai do analfabetismo aos vinte anos, navega entre os condutores de jangada que percorrem o litoral do Ceará. Engaja-se na linha marítima que liga Fortaleza ao Maranhão e acaba se elevando ao posto de "perito da capitania dos portos". Percurso mais do que excepcional para um negro tardiamente saído do analfabetismo. Ele se encontra nesse posto quando a seca devasta o Ceará, entre 1877 e 1879. A fome, a varíola e a cólera se instalam. Um quarto da população morre. Os fazendeiros, sempre generosos, livram-se de seus escravos para não ter de alimentá-los. Revendem-nos, nos mercados do sul, a outros solidários proprietários. Aquela é a gota d'água para o mulato Chico. Ele consegue reunir os marinheiros do Ceará contra esse tráfico iníquo. Juntos, eles bloqueiam o porto de Fortaleza. Mais nenhum escravo embarca ou desembarca ali. Os proprietários se veem forçados a libertar os cativos que julgam não poder mais manter. Chico, é claro, será demitido de suas funções por ter fomentado essa provocação. Ganha o título popular de Dragão dos Mares e ruge, em resposta a sua destituição, que nenhuma força no mundo permitirá a reabertura do tráfico de escravos no litoral do Ceará. E de fato é ele que ganha o combate. Aleluia! Forçado pelo bloqueio dos marinheiros, o estado do Ceará outorga a liberdade aos escravos de seu território em 1884, quatro anos antes do 13 de maio de 1888. A façanha de Francisco José do Nascimento estimula a luta dos abolicionistas brasileiros, que veem no Ceará uma terra de luz. O herói, Chico da Matilde, transporta para o Rio de Janeiro a jangada tornada célebre a partir da qual conduziu a greve. O símbolo é forte: a embarcação é levada a bordo de um navio negreiro e entregue ao Museu Nacional da capital. O imperador Dom Pedro II restitui o cargo de perito da capitania dos portos a Chico e Victor Hugo canta "sua bela atitude". Hoje, um centro cultural de Fortaleza porta o nome de Francisco José do Nascimento.

Leuk se rejubila:

– Enfim uma história que acaba bem!

Leão jubila:

– Mais uma pepita no bolso!

Noberto aproveita a deixa:

– Então, amanhã, partida ao amanhecer para uma nova caça ao tesouro. Deixaremos a ilha pelo continente em busca da praça pública onde foi executado o Negro Cosme. Código da operação: Balaiada!

O imperador da liberdade na Balaiada

Zayda, o retrato do Negro Cosme não é nada lisonjeiro no relato parcial dos vencedores da Balaiada, que ele perdeu nos anos 1840. Neste, ele aparece com o rosto deformado do condenado pendurado na ponta de uma corda, ou com a silhueta crivada pelo chumbo grosso de uma perversa zombaria, descarregada contra sua "excessiva pretensão". Mas é bom desconfiar: o terror que o sujeito suscitava pode ser a explicação para o encarniçamento dessas críticas.

Noberto promete a Leuk e Leão corrigir a descrição.

Algo me diz, Zayda, que você tem um fraco pelo Negro Cosme.

Encontramos na livraria *Poeme-se*, na cidade velha, uma HQ sobre a revolta que o levou à forca. O carro de Noberto sai a toda de São Luís, rumo ao Estreito dos Mosquitos, a ponte que liga, ao sul, a ilha ao continente. A aventura do dia promete. É como se deixássemos a realidade para atravessar a capa da HQ, mergulhar no cenário da Balaiada e reaparecer no primeiro quadrinho...

Ação. Um carro japonês roda sobre uma espécie de dique nas extensões pantanosas. O motorista, todo alegre, conta aos passageiros que certo governador do Maranhão, sobrevoando essa área de juncos num helicóptero, convenceu o ministro da Agricultura, a seu lado na cabine, de que se tratava de arrozais necessitados de uma ajuda do governo federal para seu desenvolvimento. A risada do condutor espanta o bando de aves pernaltas que vão pousar no próximo quadrinho. A região é conhecida por abrigar pássaros migradores. A voz do narrador sobrevoa a visão de um desfile de grous de altas cristas:

– Quando Deus criou o mundo, dotou os Estados Unidos de cânions profundos, o Chile de cordilheiras, a África de desertos, o Cabo Verde de vulcões. Aí os brasileiros reclamaram: e para nós? O que reservastes? Deus respondeu: estão reclamando? Pois vão ficar com a pior das pragas: políticos corruptos.

A gargalhada sarcástica acompanha desta vez a passagem excessivamente lenta de um trem por um dique paralelo. Duzentos vagões pelo menos. Noberto, o motorista, pragueja contra a perda da oportunidade de industrialização do Maranhão.

– No Dia da Abolição, este era o estado com maior concentração de escravos. A elite endinheirada, alimentada pelos lucros do algodão e pelo esgotamento dos corpos negros, não soube cruzar a fronteira da modernidade, pois era incapaz de trabalhar com homens livres.

Noberto estapeia o volante de revolta. Uma placa indica: "Santa Rita, capital mundial da farinha". Ele relaxa. O que seria o Brasil sem a farinha de mandioca? A equipe se dá ao luxo de um café da manhã em Bacabeira: vemos seus integrantes em volta de uma mesa num quiosque de beira de estrada. Duas jovens de saias jeans deliciosamente indecentes servem café com leite, bolo de tapioca e caldo de ovos, uma profusão de ovos e tomates sobre um leito de cebolas.

O carro ignora a direção de Barreirinhas e dos Lençóis Maranhenses, lugar turístico por excelência.

Noberto:

– Se Deus povoou o Brasil com uma fauna pletórica de políticos de rapina, dotou-o em compensação de uma joia que consta entre as maravilhas do mundo. O toque especial dos Lençóis vem da presença de camadas de água doce, de um azul inverossímil, em meio a um deserto de dunas suavemente loiras.

Leuk olha com tristeza a perspectiva de pisar a areia da sublime reserva natural ir ficando para trás. O dever da investigação impele a equipe alhures! O carro penetra em Itapecuru. Uma cidade comum. Em zona sujeita a inundações. É dia de feira do tipo "Bangladesh", reservada aos tecidos sintéticos, objetos de alumínio e de plástico. As ruas estão obstruídas. Alto-falantes escarram propagandas e melodias de sanfona. Camisetas estampadas e vestidinhos pendurados em toda parte. O carro da equipe estaciona nos arredores de uma praça deserta. Nada a assinalar: caminhos calçados serpenteiam entre gramados e árvores.

– Foi aqui que o enforcaram. E como podem notar, não há sequer um símbolo para evocá-lo.

Noberto aborda um velhinho, negro, gasto, para uma sondagem espontânea. Seu Betino (é o seu nome) tranquiliza o turismólogo: sim, ele sabe que o Negro Cosme foi executado ali mesmo, diante de suas janelas, bem antes de seu nascimento. A poucos passos dali, a prisão exibe sua longa fachada descamada. Os três aventureiros caminham diante do prédio solidamente gradeado. São atingidos em cheio por uma fuga de melodias que escapam das janelas. Ao que tudo indica, a prisão mudou de função. Instrumentos de música tomaram o lugar dos de tortura. Chocalhos em vez de chicotes. Há pouco tempo, o conservatório local pendurou em seu corredor uma placa comemorativa que estipula: "Aqui, na antiga prisão de Itapecuru, foi detido o chefe da Balaiada, Cosme Bento das Chagas, dito Negro Cosme, enforcado em praça pública em 1842".

A prova que tinham vindo procurar!

É então que irrompe a diretora do estabelecimento.

Noberto desfia títulos e qualidades e a causa da intrusão dos três.

A hospitaleira senhora, doutora Fátima, diz-se encantada em receber visitantes que se deram ao trabalho de vir de tão longe por interesse pelo "seu" Negro Cosme.

A cela em que Cosme ficou preso está cheia de livros, amarelados, cheirando a bolor. Doutora Fátima oferece a Leão os tomos I e II do *Panteão maranhense*. É óbvio que o chefe rebelde não está ali. Os imortais têm todos a pele branca.

Doutora Fátima enumera os fatos que são censurados àquele cuja memória ela protege. Fala rápido. O ritmo de seu verbo é regulado pela força de sua afeição pelo célebre prisioneiro. Ela vibra ao reviver o processo. Enquanto isso, Leão, que traduz e anota ao mesmo tempo, tem a impressão de estar dando um *sprint* de uma hora.

1830. Cosme tem 30 anos. Escapa da prisão de São Luís, onde estava preso por assassinato. Mete-se na clandestinidade dos quilombos, de que logo se torna chefe. Nada se sabe de sua vida oculta, mas supõe-se que, nos encraves dos fugitivos, rufam os tambores de Ogum, deus de ferro do nervo da guerra. Então, seus inimigos, que temem sua inteligência tática e sua ousadia, inventam o "boato do Negro Cosme". Pintam-no como um chefe excessivo, duro com os seus, orgulhoso até o ridículo; como um déspota louco do Maranhão, réplica do Rei Christophe haitiano. Tudo isso porque ele tem o topete de se autoproclamar "Dom Cosme Bento das Chagas, Tutor e Imperador da Liberdade Bem-Te-Vi".[8] Uma pérfida propaganda o descreve afundado numa poltrona, carregado nos ombros de quatro servos negros, debaixo de uma sombrinha, vestido à maneira de um sacerdote, vaidosamente enchapelado, distribuindo atos de capitania e títulos de nobreza aos seus amigos por feitos de bravura que, segundo seus detratores, resumem-se à pilhagem das propriedades dos brancos.

Caricatura!

Cosme, acorrentado durante seu processo, corrigirá:

"Objeção, Meritíssimo! Só fui carregado por causa de um ferimento, uma bala que atingiu minha perna em pleno combate!"

---

[8] Cosme se dizia fiel ao ideário do partido maranhense dos liberais, oposto ao dos proprietários ultraconservadores dos cabanos.

Decididamente, a calúnia é uma arma de guerra; perfura a reputação sem que a memória jamais possa curá-la totalmente. Mas o maior crime de Cosme, do ponto de vista de seus detratores, foi ter aberto uma escola na mata a fim de que todos aprendessem a ler e escrever. Provocação imperdoável. Naqueles tempos, só as classes superiores gozavam de instrução; e defendiam ferozmente esse privilégio. Consideravam intolerável que aquela negada, armada de lanças, facas, punhais e barras de ferro, pudesse também manejar a pena.

Sim, Cosme é perigoso. É uma reencarnação de Zumbi; é preciso abatê-lo antes que se torne um Toussaint Louverture. É em nome da liberdade dos negros e dos oprimidos que ele entra na Revolta Balaiada. Tardiamente. A insurreição dos maltrapilhos grassava havia já dois anos quando Cosme decidiu lhe dar seu apoio militar. 1840. Dizem-no no comando de três mil, senão cinco mil negros. A tropa cresce cada vez mais com escravos fugidos das plantações. A cidade de Caxias, no sul do Maranhão, cai nas mãos dos revoltosos. Qual será a próxima etapa dessa cruzada dos miseráveis? Os fazendeiros tremem. São Luís entra em pânico. O poder regional perde o controle da situação. O governo central deve reagir para erradicar essa epidemia de febre contestatária, taxada de "grande banditismo", e extirpar o vírus da liberdade antes que ele se propague por todo o país. Para semelhante tarefa, a corte dispõe de um especialista em "pacificação de massa", um agente repressor cinco estrelas, o coronel Luís Alves de Lima e Silva. Ele ganhou seus galões extinguindo as chamas de cóleras populares na Bahia e no Sul, nos pampas dos gaúchos. E recebe carta branca para abafar a fúria maranhense. Além de oito mil homens e um orçamento ilimitado. A potência do fogo imperial varre em pouco tempo os peões insubmissos, mal-armados, mal-organizados, mal-conduzidos por chefes sem visão. O coronel recupera Caxias, façanha que lhe valerá o título de Duque de Caxias. Só a tropa dos negros de Cosme não se rende. Então o "bom duque" opta pela tática da divisão: oferece anistia aos rebeldes da primeira hora se entregarem as armas ou, melhor ainda, juntarem-se ao exército imperial para combater o famigerado líder negro e seu bando. O método funciona. Os plantadores se sentem tranquilizados; insistem para que sejam capturados (e não executados) seus antigos escravos. Pretendem recuperar seus "bens", mandar de volta os vencidos para as plantações, acorrentar de novo a negada. A traição e o canhão formam um bom par; avançam juntos e levam à perda do "tutor e defensor da liberdade". O refúgio de Cosme, o Quilombo Lagoa Amarela, sofre o violento assalto das forças conjugadas do Exército dito regular e dos arrependidos, que renegam seu ódio pelos ricos para salvar a própria pele. Cosme consegue fugir, mas seus dias estão contados. A lei do mais forte prova mais uma vez sua superioridade. O Zumbi do Maranhão, rodeado de duzentos fiéis, é cercado, ferido e detido num derradeiro combate. Será o único líder da Balaiada a sofrer o castigo supremo. Mas a corda não estrangulará sua lenda, que, desde 10 de abril de 1842, não cessa de crescer.

– Pedi ao prefeito para erguer uma estátua do "meu" Negro Cosme bem aqui na frente da escola de música. Mas foi em vão.

Apesar da decepção, a doutora Fátima sorri. Um clarinete garante a trilha sonora da conversa. Leão massageia o punho. Leuk fotografa através das grades a vida que passa de bicicleta.

Esta foi a prisão mais segura do Maranhão. Metiam nela os criminosos mais "hediondos", à espera de seu julgamento. Cosme pagou com a vida por uma revolta de que sequer foi o instigador. Mas as autoridades não se enganaram: sufocando-o, asfixiaram o "mau exemplo" do Haiti e o risco de uma revolução profunda. Em compensação, agraciaram os pequenos líderes que protestavam "apenas" contra a dureza da vida à maneira desenfreada dos cangaceiros.

– E quem eram esses "delinquentes raivosos" que começaram o incêndio? – pergunta Leão. – E por que esse nome de Balaiada?

Noberto não responde, mas dá a partida no carro rumo à Vila da Manga, onde tudo começou.

Zayda, rodamos agora em direção ao dia 13 de dezembro de 1838. Mas atenção! Com Noberto, um *flashback* pode levar o dia inteiro. Acontece que estamos atravessando um município chamado Vargem Grande e, ao que parece, seu prefeito nos espera.

– Sim, vocês mesmos! – insiste Noberto.

O funcionário de plantão nos conduz ao escritório. É meio-dia. O prefeito, médico branco, está cercado dos representantes negros dos quilombos da região. Doze pares de olhos voltam-se para Leuk e Leão. Mais a lente de uma câmera. O encontro será filmado. Estava tudo combinado de antemão. Os descendentes dos escravos fugitivos dos séculos passados continuam sempre em busca de legitimidade.

As brigas jurídicas pela posse da terra dos ancestrais nunca acabam. Nada nunca é ganho definitivamente num combate que opõe os direitos dos pobres às pretensões dos fazendeiros. Quem, na Europa, conhece a realidade dos quilombos? Os representantes querem falar a esses estrangeiros de passagem para que nossa atenção colabore em sua causa.

– Falar da gente é reconhecer nosso direito de existir!

O momento tem uma emocionante solenidade.

– Eu sou negro, quilombola, e tenho uma história! Até recentemente, viam-nos, a nós, descendentes de fugitivos, a nós, fiéis do candomblé, como portadores de mau olhado ou propagadores de bruxarias. Hoje, percebo a importância do meu ser. Eu me reivindico negro. Quero transmitir ao meu filho a qualidade de sua identidade. Pela primeira vez, após uma longa travessia de séculos, os quilombos são aceitos como entidades reais que merecem, como qualquer município, a aplicação da política de desenvolvimento para todos, o plano Minha Casa, Minha Vida, o direito a moradia decente, o fornecimento de água e luz, a manutenção das estradas, o funcionamento normal das escolas, a transmissão da herança dos afrodescendentes.

E mais esta frase, pronunciada diante da câmera, que comove os visitantes:

– Faz pouco que o negro se tornou uma pessoa!

Zayda, você se dá conta do momento que vivemos?

O prefeito nos oferece um vale-gasolina como encorajamento a prosseguir nossa estrada e nossa investigação.

Noberto para num posto de gasolina daqueles de filme preto e branco, com antigas bombas de formas arredondadas e femininas. O proprietário era um gênio dos motores, o mago, o rei da mecânica. Mas um dia, no lugar errado e no momento errado, ou seja, num banco durante um assalto, uma bala perdida atravessou sua mão. O rei aleijado reina agora apenas sobre galões, carcaças e uma oficina povoada de fantasmas. Por que lhe falo dele, Zayda? Simplesmente porque a estrada passa por ali, a estrada que leva à Vila da Manga, onde a guerra do Maranhão começou. O município adormecido mudou de patronímico, chama-se agora Nina Rodrigues. Essa é boa! Nina Rodrigues, um velho conhecido nosso! O pai da antropologia racista brasileira seria então filho dessa região perdida: Nina

Rodrigues, o sábio que dissecava crânios de cangaceiros a fim de isolar o fator criminoso. Nina Rodrigues, o ideólogo que estava convencido de que os negros freavam o Brasil em sua corrida para a modernidade. Vê se pode?!

O rei da mecânica nos serve a gasolina e nos aconselha a procurar Zé Braga, o marido da ex-prefeita de Nina Rodrigues. Porque ele saberá nos mostrar os rastros do incêndio! Aos 93 anos, a grande diversão de Zé Braga é explicar aos curiosos como se tramou a guerra do Maranhão. Quantas vezes ele respondeu às perguntas dos jornalistas?

Desembarcamos na hora da sesta. A vila adormecida suspira através das vozes de suas árvores. É incrível como a imaginação trabalha! Acreditamos que um lugar que conheceu horas épicas deve guardar para sempre um rosto patético. Ledo engano. Nina Rodrigues estende longas ruas onde as casas baixas disputam espaço com a vegetação. Uma lânguida cidadezinha do interior. O velho Zé pula da cama ao ouvir o significante "Balaiada" e nos leva na mesma hora para a confluência de dois riachos de aspecto selvagem, onde os arbustos mergulham suas raízes na areia dourada das margens. Paisagem simples e bonita de natureza virgem à beira do vilarejo. Uma menininha temerária lança sua bicicleta nas ravinas com uma ousadia de acrobata. Fascinado com o jogo perigoso, Leão escuta distraidamente Zé Braga contar uma anedota de vau, de passagem de vacas, de briga que vai piorando, de acusação de assassinato, de punição mal aplicada por um patrão mal-informado. A guerra do Maranhão teria começado com o castigo excessivo de um vaqueiro. A gota d'água. No amanhecer do dia 13 de dezembro de 1838, o irmão do suposto assassino ataca as sentinelas da prisão, liberta o detento, trancafia o comandante da guarda em seu lugar, reúne a população, arenga a multidão dos desvalidos e promete acabar com a injustiça do partido conservador. Os manuais informam que esse orador incandescente se chamava Raimundo Gomes, dito Cara Preta. Era um caboclo, mestiço de pele escura. Rapidamente, sua torrente de ódio recebe as forças afluentes dos desfavorecidos, mais o apoio de marginais como Manuel Francisco dos Anjos Ferreira, dito Manuel Balaio, em referência a seu ofício de cesteiro, cujas filhas tinham sido estupradas por policiais. Ferreira lança sua raiva vingadora no balaio dessa guerra que entraria na história com o nome de Balaiada.

Zé Braga se esquenta. Sacode sua cabeça quadrada e seus cabelos grisalhos puxados para trás. Quer nos mostrar o tamarindeiro plantado na época dos conflitos, testemunha das batalhas. O que não faria para nos reter? Ele adora falar. Eis-nos debaixo de uma grande árvore, um trangalhadanças cujos galhos partem para o céu em todas as direções, símbolo dessa revolta que, ela também, partiu em todas as direções. Pilhagens demais (dirão, é claro, os detratores). Os jornalistas e políticos do Partido Liberal, bem protegidinhos em São Luís, naturalmente evitaram intervir, recusando-se a legitimar a violência dos miseráveis. Embora os rebeldes agitassem o estandarte dos Bem-te-Vi, os intelectuais progressistas preferiram lavar as mãos! Só o Negro Cosme trouxe seu apoio aos desvalidos. E se deu mal. Mas Cosme tinha a índole dos verdadeiros heróis.

Viva Maria Firmina, primeira romancista do Brasil!

Dia seguinte.

A noite ainda escorre nos tanques vazios da Fonte do Ribeirão. Esperamos Noberto na rua deserta de mesmo nome, espreitando os ruídos suspeitos da cidade e os sinais da aurora. As gárgulas leoninas têm a boca seca. A fachada azul do chafariz rococó, atravessada por vagas e volutas de estuque, é perfurada por janelas gradeadas. Leuk sonda as profundezas do edifício na esperança de cruzar o olhar brilhante de uma serpente trancafiada, cujo corpo ocuparia a totalidade dos subterrâneos da cidade e cuja cabeça emergiria aqui mesmo, na Fonte do Ribeirão. Essa lenda é famosa. Leuk leu que no dia em que o monstro morder a própria cauda, ele sairá de sua ganga e destruirá São Luís. A exemplo de sua irmã mais velha, Lisboa, vítima do terrível terremoto de 1755, a capital do Maranhão viveria no temor permanente de um sismo? Mas há outra explicação: esse boato da existência de uma hidra no subsolo teria sido semeado por padres contrabandistas a fim de encobrir seus tráficos ilícitos de mercadorias e escravos, que eram transportados por uma rede secreta de corredores escavados entre o porto e o monastério. Afinal, o pregador português padre Antônio Vieira clamava em alto e bom tom no século XVII que a verdadeira serpente de São Luís era a mentira, difundida demais na cidade, e que esse pitão (que sufocava o espírito) seria a causa rastejante de sua futura perda.

O céu clareia. A catástrofe há de esperar mais um dia.

Noberto nos tira da goela do mito e nos joga dentro do seu carro, que desce as ladeiras de paralelepípedos em direção ao porto. Não temos tempo nem de engolir um grão de farinha ou um dedinho de café. Temos que dar um jeito de ultrapassar todos os outros veículos no embarcadouro. A balsa para Alcântara e para o continente parte às 7h30. Não temos lugar reservado, mas sim a obrigação de obter um. O prefeito e o Conselho Municipal da cidade de Guimarães nos aguardam às 11 horas para uma cerimônia de recepção. O programa está amarrado. Nosso destino não nos pertence mais. Noberto faz as contas:

– Uma hora de travessia, mais uns bons cem quilômetros em estradas secundárias na zona do Maranhão pertencente à "Amazônia Legal". Com sorte, chegaremos bem na hora da homenagem...

– Que homenagem?

– Como assim? A homenagem a Maria Firmina dos Reis, nossa segunda pepita. Fizemos de modo que coincidisse com a chegada de vocês.

Dianho! Não imaginávamos que nossas peregrinações gerariam tantos eventos. Noberto dirige com maestria, como numa série policial. Não é à toa que, na vida corrente, quando tira seu capacete de "turismólogo", historiador e escritor, ele veste o de policial, responsável pela segurança nas estradas. Aproveita nossa irrupção no cais de embarque para revelar sua dupla função. Nossa surpresa o faz sorrir:

– A polícia alimenta o corpo do pesquisador.

Sua carteira abre para nós a estiva do *ferryboat*. Somos os primeiros a embarcar, com as honras devidas a seu posto e a nossa missão cultural, que Noberto apresenta a seus homólogos do porto como importante para o futuro turístico dessa isolada região do Brasil.

O *ferry* voga. Noberto está contente.

Atravessamos o largo estuário do Rio Mearim, que separa a ilha de São Luís das margens da Amazônia, mas, em vez de se dirigir à cidade semiabandonada de Alcântara, o *ferry* ruma ao sul, para um suposto terminal de onde voltaria a partir a estrada interrompida pela baía. Confiamos nas explicações de Noberto, mas não vemos nada. O litoral não oferece o menor indício do século atual. A barreira vegetal da paisagem parece não ter sofrido nenhuma brecha desde a irrupção dos primeiros europeus nessas paragens. A linha contínua do mangue inspira a Noberto um questionamento da versão oficial do descobrimento do Brasil. Apoiado na amurada, pensativo, conta-nos que, para ele, o português Pedro Álvares Cabral não foi o primeiro a chegar às costas de Vera Cruz, o futuro Brasil. O dia 21 de abril de 1500, segundo ele, já era tarde demais! Acredita que os marinheiros de Dieppe, especialmente o famoso Jean Cousin, precederam-no em pelo menos 12 anos, mas, como os arquivos de Dieppe foram destruídos durante um ataque inglês, a prova científica dessa anterioridade virou fumaça no ano funesto de 1694. Noberto faz malabares com as datas. Frequenta há décadas o histórico das relações abortadas entre a França e o Brasil. O prefaciador de um de seus livros chega a recorrer à hipótese da reencarnação para explicar a intimidade do turismólogo com a época do Maragnan francês. E se Noberto fosse um avatar de Daniel de la Touche, o fundador de São Luís, ou de Thomas de l'Astrée, seu companheiro cirurgião? Não me surpreenderia.

É preciso escutá-lo defendendo a atenção que os pioneiros franceses davam às populações indígenas, elogiar a lei que punia qualquer comportamento abusivo em relação aos "índios". Derrotado pelos portugueses, Daniel de la Touche foi exilado em Lisboa: os novos senhores locais consideravam um estorvo a amizade que os tupis dedicavam ao francês.

– Chegam a falar, referindo-se a esse demasiado breve período francês, de "tranquilidade pública"!

Noberto suspira. Faz tempo que essas duas palavras se desencontraram. Mas isso não o impede de sonhar, e ele aposta as fichas de sua esperança na História, para que ela se torne o motor de um turismo inteligente e exigente, fator de desenvolvimento sustentável.

– Isso vale para o mundo inteiro, e especialmente para o Maranhão, rico em patrimônios reconhecidos e em tesouros escondidos, ainda mal explorados. Maria Firmina dos Reis, por exemplo. Afinal, é para isso que estamos aqui...

Zayda, nosso amigo Noberto é mesmo um fenômeno. Conheço alguns colecionadores de pinturas, mas poucos funcionários, apaixonados como ele, capazes de investir uma parte substancial de seu salário na encomenda de retratos, em grande formato, a um dos artistas mais bem cotados de São Luís, para ter a satisfação de recriar em domicílio a grandeza da expansão francesa do século XVII. Na casa dele saudamos Charles de Montmorency-Damville (1537-1612), almirante e par da França, Nicolas de Harlay (1546-1629), diplomata e um dos pais da França Equinocial, François de Razilly, navegador e outro dos pais do Maragnan, François de Joyeuse (1562-1615), cardeal que batizou Luís XIII... Todos pintados por Rogério Martins. Noberto nos pergunta se essas personalidades ainda gozam da estima dos franceses. A sinceridade nos obriga a confessar que essas figuras, por certo notórias, não ocupam exatamente o proscênio da atualidade. Porém precisamos, com diplomacia, que o romance de Jean-Christophe Ruffin, *Rouge Brésil*, coroado com o Prêmio Goncourt em 2001, voltou a despertar no Hexágono o nome de Nicolas Durand de Villegagnon, fundador francês do Rio de Janeiro e da efêmera França Antártica, mas que, por enquanto, a epopeia francesa no Maranhão não tinha se beneficiado de uma ressurreição literária de prestígio. "Pena", diz Noberto, "mas há de acontecer."

A margem deserta que costeamos agora não é a do litoral, mas a orla impenetrável da Ilha do Cajual, que dissimula o continente. Para chegar ao pontão do terminal, o *ferry* se mete num canal entre essa longa faixa de terra e a orla oriental da Amazônia Legal. A ilha parece inviolada. As árvores montam umas nas outras. As raízes do mangue dissuadem qualquer tentativa de aportar. Nos primeiros mapas do século XVII, Cajual aparece como "a Ilha do Cirurgião", porque Daniel de la Touche, grande senhor generoso com o que não lhe pertencia, doara a ilha a Thomas de l'Astrée, cirurgião de sua comitiva. Noberto tem a imprudência de nos contar que essa prisão luxuriante encerra em seu coração selvagem um dos quilombos mais isolados da região. Para que ele foi dizer isso? Imediatamente, o Senhor Leão emite um suspiro de desejo:

– Seria possível fazer uma investigação aí? Imagino que não...

Saiba, Zayda, que a palavra "impossível" não existe no vocabulário francês equinocial!

Noberto localiza, entre os passageiros do *ferry*, o prefeito da cidade de Alcântara, da qual depende a Ilha do Cajual. Na mesma hora nosso mentor passa à abordagem do eleito. Seu entusiasmo por nossa expedição literária opera milagres.

– Sem problema – compromete-se o prefeito. – Sexta que vem, de manhãzinha, um barco, um piloto e um guia aguardarão vocês no porto de Alcântara.

Não consigo acreditar. Sinto-me realizado, confuso e ligeiramente preocupado: não estaria ficando um bocadinho caprichoso?

Para chegar a Guimarães, mais ao norte, os motoristas devem penetrar no interior das terras a fim de contornar os recortes e as chanfraduras da baía de São Marcos. O carro toma uma estrada sobrelevada como um dique, dominando áreas inundáveis salpicadas de bovinos. Leuk se diverte comparando essa zona de criação à flor do mar aos pôlderes holandeses. Faltam os moinhos, mas o céu atormentado, como nos quadros de Ruysdael, reforça a impressão.

Às 11 horas cravadas, o carro estaciona diante do Colégio de Guimarães. Nossa delegação avança a passos rápidos até o pátio onde estão alinhados os alunos de uniforme. Esperam-nos para começar um recital de poemas de Maria Firmina dos Reis. Ampliações de artigos de jornal, coladas nas paredes, anunciam a vinda do historiador Antônio Noberto, de um casal de etnólogos franceses "desejosos de descobrir a cidade onde viveu a primeira escritora da literatura brasileira" e de Nicolas Payelle Loridant, diretor da Aliança Francesa, que teve a gentileza de vir prestigiar essa manifestação. A câmara municipal em massa assiste a essa missa literária consagrada a Maria Firmina dos Reis. O objetivo é acabar com o ostracismo dessa corajosa abolicionista vítima do mais injusto esquecimento após sua morte, em 1917. A cidade de Guimarães, afastada dos circuitos turísticos e culturais, só tem a ganhar com isso. Sim, mas é preciso, para tanto, criar uma atração digna ao redor dessa pepita cuja vida exemplar deveria servir de referência num mundo onde a palavra "engajamento" acaba esmagada sob o dicionário das futilidades. O primeiro passo é restituir à romancista mestiça sua devida posição nas letras brasileiras. A seguir, o plano é transportar seus restos mortais do cemitério para a praça central da cidade, sob uma efígie erigida em sua honra. Então a abertura de um museu se imporia: afrescos, confiados a um muralista, retraçariam sua vida, sua obra e seus combates. Reformariam também sua casa. Conviria depois alardear as belezas naturais de Guimarães: cidade rica de um passado tupi e europeu, situada num platô no delta da baía de Cumã, dominando uma floresta de buritis e um mangue hospitaleiro, ligada a praias quase desertas por trilhas pitorescas... À tarde, na prefeitura, embarcamos numa sessão de marketing excepcional: como tirar a cidade do isolamento através da cultura? Noberto aproveita a ocasião para anunciar publicamente que encomendou ao pintor Rogério Martins um retrato em grande formato de Maria Firmina, e pretende doá-lo à prefeitura. Seria a primeira pedra do ambicioso projeto de turismo literário. Noberto, Leuk e Leão recebem um certificado de cidadãos honorários de Guimarães. Tornam-se embaixadores culturais da cidade. Todos se abraçam muito, mas o sol começa a declinar. Leão se preocupa. Ainda não saudamos Maria Firmina. A delegação se precipita em direção ao cemitério. Encontramos o túmulo, de exterior mais do que modesto. Mal dá para ler o nome da defunta. Nem dá para tirar fotos. Assistentes põem-se a limpar a lápide, enquanto vereadores desfiam a biografia da escritora como se endereçassem um elogio fúnebre à morta diante de sua sepultura. O repórter local filma o acontecimento.

Maria Firmina nasce em 11 de outubro de 1825 no hospital da Santa Casa da Misericórdia. Primeiro erro! Vir ao mundo na Misericórdia, santa ou não, deixa supor uma culpa dos genitores: estupro, amor bastardo... Em suma, uma nota discordante no concerto das conveniências. É o caso de Maria Firmina. Pior ainda, se ouso dizer: a mãe é branca e o pai negro. Miséria! Dele não se sabe muita coisa afora seu nome, João Esteves. É, portanto, sua mãe, Leonor Felipa, que cria sozinha a menina, estigmatizada como "bastarda" e "mulata". Bom começo! Será para fugir do opróbrio que a mãe vai morar em Guimarães, do outro lado do rio, longe da grande cidade e de suas censuras? Não temos a resposta. A menininha Maria Firmina, educada por sua mãe, aprende a ler e escrever. E mostra excelentes dons. Melhor: sozinha, a criança se inicia na língua francesa, que acaba falando fluentemente. Jovem, Maria Firmina tem tudo para espantar eventuais pretendentes: mulata, instruída e independente. Passa em primeiro lugar no concurso público para professores escolares e, na falta de um companheiro à sua altura, desposa a carreira docente, a que permanecerá fiel por trinta e cinco anos. Ela tinha um físico repelente? Nada disso, muito pelo contrário. O único testemunho pictórico conservado dela, que servirá de modelo ao retratista para executar a obra encomendada por Noberto, mostra-a jovem, coquete, decotada, com os cabelos montados num sofisticado coque. Uma polêmica cerca essa representação, que a "embranquece" em relação às lembranças das últimas testemunhas oculares. Seus admiradores a reivindicam mais negra. Ela gozava talvez de um caráter forte, daqueles que afugentam os "machos dominantes"? Com toda certeza. Maria Firmina inclusive parte à conquista de um espaço exclusivamente masculino até então: o mundo das Letras. O Maranhão vive a ebulição romântica. Os escritores formam ali um Parnaso. São Luís é a "Atenas brasileira". Penetrar nesse círculo burguês, urbano e masculino não é tarefa fácil para uma mulata da província. Mas Maria Firmina tem sua estratégia: conquista primeiro o direito de colaborar num jornal. É nas colunas da imprensa que se difunde a poesia, ainda que o suporte se chame *Jornal do Comércio*. A escrita de Maria Firmina segue o tom da época, alimentada de sentimentalismo, "nostalgismo", nacionalismo, indianismo, mas ela acrescenta a marca de sua epiderme: o abolicionismo. Suas origens lhe ditam o sentido de seu combate. A presença de escravos na casa de sua tia, onde ela vive, impele-a a escolher seu campo. Ela se obstinará em revelar através de sua pena o escândalo da condição das mulheres e dos empregados forçados. Dupla tarefa. Em 1859, publica seu primeiro romance, *Úrsula*, dissimulada sob o pseudônimo "Uma maranhense", que a deixa livre para defender suas ideias não conformistas. *Úrsula* conta as vicissitudes de uma heroína branca, mas, pela primeira vez na história da literatura brasileira, o narrador, ou melhor, a narradora, conduz o relato na perspectiva afrodescendente!

Repito para você, Zayda, para saborear a fulguração dessa mulher: a mestiça Maria Firmina dos Reis é a primeira ficcionista do Brasil, autora de *Úrsula*, o primeiro romance abolicionista e o quinto publicado na cronologia da história literária do país.

A teoria é bonita, mas como ter acesso a sua obra? Dizem-na pletórica, composta de poesias, contos, charadas, enigmas, um romance, composições musicais eruditas e populares. É ela a criadora do Hino da Abolição. Como uma mulher dotada de um ideal político e de uma personalidade dessas pode ter caído no esquecimento? *Úrsula* foi discretamente reeditado, em 1975 e 2004, mas desafiam-me a encontrar um exemplar. Os vereadores brandem em meu nariz a cópia de um estudo universitário consagrado a ela, trazendo de brinde uma novela da autora, *A escrava*. Os olhos de Leão expressam sua cobiça. Prometem-lhe um xerox do texto antes de sua partida, a fotocópia completa do documento. Será que realmente estou ficando caprichoso?

Epílogo.

Depois de ter aberto a primeira escola primária mista do Maranhão (mais um ato vanguardista), Maria Firmina dos Reis mergulhou no crepúsculo de uma longa aposentadoria. Morreu, cega e na indigência, em 11 de novembro de 1917, recolhida pelo filho de uma escrava que ela tinha criado como sua própria filha.

Ao cair da tarde, visitamos Guimarães a pé, acompanhados pela delegação de vereadores que querem se persuadir, através do nosso olhar, de que a cidadezinha possui atrativos suficientes para suscitar o encanto dos visitantes. Inventariamos os discretos charmes do vilarejo, conscientes da importância de nosso veredito: algumas fachadas enfeitadas com azulejos, um conjunto igreja-e-pelourinho abençoando do alto de um outeiro as cabeças crespas do mangue, um antigo poço "construído pelos escravos", quatro engenhos de cana restantes (dos 140 recenseados outrora), um aspecto de "velho Portugal" bastante comovente... As luzes de São Luís cintilam do outro lado da baía. A capital do Maranhão, a horas de carro dali, não fica tão longe a voo de gaivota. Quem, neste mundo neurótico, se embeiçaria por uma simplicidade como essa, por uma paz tão fora de moda? Em todo caso, Zayda, por nada neste mundo eu trocaria a fantasia deste fim de tarde pela agitação de Copacabana. O momento é um tanto dadaísta, já que o colóquio sobre Maria Firmina é seguido de um piquenique na praça central, sob uma amendoeira gigante, enquanto passam, a dois cascos de nossas cadeiras, cavalos e um touro soltos, de focinhos mergulhados na erva pública. Os raros carros parecem se desculpar pelo incômodo. As estrelas aprovam nosso deleite. O peixe assa. Uma salva de cervejas brinda o projeto de uma estátua da combatente mulata, no meio do vasto espaço quadrado. É ela o atrativo maior do futuro. E também a presença de vários quilombos nos arredores, como Damásio e Frechal. Os quilombos representam conservatórios de memórias crucificadas, que é apaixonante visitar, mas atenção, eles não devem ser sacrificados ao gosto perverso de turistas *voyeurs*, excitados pela ideia de ter contato com "povos em reservas" (para não dizer "em conserva"). Um assistente do prefeito lê, para instrução do Senhor Leão (que anota à luz de um poste), o que Maria Firmina publicava, antes da abolição, no conto intitulado *A escrava*: "Por qualquer modo que encaremos a escravidão, ela é, e sempre será um grande mal. Dela a decadência do comércio; porque o comércio e a lavoura caminham de mãos dadas, e o escravo não pode fazer florescer a lavoura; porque o seu trabalho é forçado".

– Viva Maria Firmina!

Anunciam entre risadas a iminência da hora azul, que deve sua cor a uma cachaça nomeada Azul, que graças a folhas de tangerina e goiaba acrescentadas no alambique manda os bebedores para os céus dos grandes gozos. O sétimo, no mínimo. Mas essa especialidade da região não é fácil de desentocar. Cai nos copos um revira-tripa que transpõe o limiar dos 45 graus de teor alcóolico e na certa as paredes do esôfago.

– Essa é a água que o passarinho não bebe.

Com certeza os pássaros evitam mergulhar o bico nela, senão perderiam as penas! É uma aguardente de fazer sair lágrimas dos olhos e histórias pra boi dormir, sobretudo quando já se está ficando com sono. As línguas estalam e se soltam.

– À noite, aqui mesmo, nesta praça, um homem de pernas muito compridas sentava no teto da casa mais alta. Seus pés tocavam o chão. Ele ficava lá, de sentinela, até os primeiros frêmitos da aurora. Os moradores, aterrorizados, não saíam mais de noite.

Talvez uma maneira de manter a ordem e a moral depois da meia-noite?

– Outrora, pessoas que estavam voltando para casa tarde da noite conheceram o pavor de serem acompanhadas insistentemente por uma enorme folha do mato, uma espécie que só se encontra na floresta e que seguia ao lado delas sem que nenhum vento a levasse.

– Mais uma!

Leuk e Leão adoram esses contos de antes da iluminação pública. Nada como a hora azul e os saberes que brotam do fundo dos copos de cachaça.

– Corpo Seco era o nome de um rapaz que batia em seus pais. Dizem que ele morreu sufocado pela própria maldade. Enterraram-no, mas ele escapou do túmulo. Os moradores o pegaram e o puseram no fogo, mas as chamas não quiseram saber dele. O espectro não queimou. Jogaram-no ao mar, que o vomitou. Então, em desespero de causa, amarram-no numa palmeira. Ali, colado na casca, ele virou cogumelo. Mas, mesmo hoje com a luz elétrica, a árvore é considerada assombrada. Melhor não se aproximar...

Os esquecidos da ilha misteriosa

O *ferry* direto para Alcântara parte de um cais no centro da cidade. Basta descer a Rua dos Afogados: itinerário tranquilizador antes de embarcar... Faça o sinal da cruz ao passar diante da imponente catedral; admire o tanque onde se espraia uma jovem índia, nua sobre uma folha de vitória-régia; percorra a fachada interminável do palácio branco do governador; saúde o busto de Daniel de la Touche, "Ao seu fundador, São Luís agradecida"; deslize para o terminal hidroviário, passe pela passarela e tome lugar entre os candidatos à travessia, que riem alto antes que o banzeiro do canal os faça ficar quietinhos. "Alcântara" em árabe quer dizer "as portas". As de nossa viagem se fecharão após essa última expedição, acrescentada ao programa *in extremis*. Leuk critica meu medo visceral de chegar a um ponto final. Mas como recusar semelhante oportunidade de conhecer uma comunidade negra tão discreta que mal sabem de sua existência em São Luís? Por nada neste mundo Noberto teria perdido o *ferry*. Ele não imaginava pisar um dia o solo de Cajual: essa ilha misteriosa teria permanecido para sempre a peça faltante do quebra-cabeça de seu território íntimo. Uma curiosidade insaciada. Contudo, resta a dúvida: será que o prefeito de Alcântara terá mantido sua promessa? O barco estará mesmo a nossa espera no cais? É o que vamos descobrir. Qualquer coisa, Alcântara, a bela adormecida, vale na certa uma missa, sobretudo na Igreja de Nossa Senhora do Rosário dos Pretos, onde residem não menos do que três estátuas de São Benedito, o franciscano negro. Alguém nos disse: "Não percam a visita guiada pelo sacristão da igreja! Ele transpõe os milagres do monge siciliano para uma fazenda do Maranhão no tempo da escravidão. É cativante!". Então, por todas essas boas razões, atravessemos o estuário do Rio Mearim, com o rosto varrido pelo vento, o crânio fustigado pelo sol que pila os passageiros no almofariz da barcaça. Os prédios da moderna São Luís arranham o céu. É o que os homens de negócios solicitam. Viramos-lhes as costas deliberadamente. Lá aonde vamos a eletricidade é aleatória; a energia se limita muitas vezes àquela que os corpos dos ilhéus dispendem para sobreviver.

O rio tem a cor "mar de palha", a mesma que as águas do Tejo: barrentas com reflexos dourados. O barco enfia o nariz nas ondas. Noberto fica em silêncio. Ele que navega numa boa nos oceanos de papel, íntimo dos grandes viajantes das enciclopédias, não gosta muito de ser submetido aos verdadeiros caprichos do rio. O barco balança e dança reggae. Um alto-falante espalha "Garota dreadlocks", da Tribo de Jah, um dos grupos míticos que fizeram do Maranhão a Jamaica brasileira. Depois "Morena raiz", da mesma tribo. Nada melhor para chegar a Alcântara do que a companhia de notas vermelhas, verdes e amarelas, e a cumplicidade de Jah, variante de Deus com tranças e touca redonda. A antiga cidade se aproxima. À primeira vista, Alcântara oferece ao olhar apenas uma linha ascensional de casas sobre a crista de uma falésia. Uma curiosa escadaria de moradas, umas mortas, outras ressuscitadas. Dá vontade de percorrer. Mais tarde. A lancha está mesmo ali, o guia também. O piloto, apressado, anuncia que nossa excursão depende dos imperativos da maré. Não temos tempo a perder.

– Embarcar!

O pontão não chega nem a se estabilizar debaixo de nossos pés. Já estamos no barco, rumo à ilha. Imaginamos que vamos chegar logo a ela e nos meter na floresta para caminhar até o quilombo. Nada disso. O barco penetra num canal e ali se eterniza. Cruzamos veleiros de pesca. Do lado do continente, distinguem-se barracos sobre pilotis para a pesca do camarão e postos de vigilância para a proteção do que resta das colônias de peixe-boi. Do lado da Ilha do Cirurgião, nem uma abertura na margem: a ponta fina do barco não tem como arriscar qualquer incisão. E assim vamos, à espreita de uma brecha. Sabemos que a defesa intratável do vegetal acabará cedendo em algum ponto. O piloto, de rosto abreviado pela barba que sobe e pelo boné que desce, aponta finalmente a ponta de uma "rua". O barco se mete numa viela ladeada por pensões para garças. As pernas magras e nodosas dos paletúvios calcam o lodo. Dança macabra. Esses esqueletos dissuasivos advertem os visitantes incongruentes que nós somos: "Atenção, mortais urbanoides! Para além desse limite entrarão no purgatório, um falso paraíso conquistado por desertores do inferno". Seguindo a tortuosa rua, chegamos a uma praia barrenta. O piloto anuncia:

– Porto Jacaré!

Cruzamos uma tripulação de homens e mulheres carregando um barco para ir à cidade comerciar; como outrora, quando os quilombos participavam, clandestina mas ativamente, da economia local. Noberto toma o cuidado de explicar nossa presença, nossa vontade de conhecer, se possível, a fonte das resistências de uma comunidade que ainda vive escondida na era dos satélites. Indicam-nos um caminho que começa entre uma fileira de palmeiras. Basta segui-lo, por cerca de meia hora, até o coração do quilombo, uma pequena concentração de casas. Lá devemos perguntar pelo Seu Benedito, o decano da comunidade. Se ele, aos 94 anos, não souber dizer nada sobre a origem do quilombo, então voltaremos com as redes vazias. O piloto fixa a hora da partida.

– Senão – diz ele –, a maré baixa nos deixará presos na ilha.

A vegetação logo perde sua agressividade defensiva. Esse asilo é um jardim bem-cuidado. Éden ou prisão? Melhor não julgar apressadamente. Por certo, a natureza permite a caça, a pesca e o cultivo. As casas são harmoniosas, construídas com a inteligência humana e a cumplicidade das árvores, a palha, os ramos, as fibras para as divisórias e o teto, a terra para as paredes. Um zebu acocorado sonda nossas intenções. Mas quantas dificuldades cotidianas se escondem atrás dessa bela imagem captada furtivamente pela retina dos que passeiam por ali.

Chegamos em plena reunião dos homens da sociedade, sob o teto do galpão que serve ao mesmo tempo de salão de beleza e de *saloon* onde a cachaça corre mais rápido que o tempo. Os olhares atiram em nossa direção salvas de desconfiança. De repente, lamento ter cedido à curiosidade, ter forçado a porta de uma comunidade, sem aviso prévio, impondo uma intrusão apressada e sem seguimento. Cumprimentamos, justificamo-nos, explicamos nossa vontade de testemunhar a vitalidade dos quilombos contemporâneos, de que o Brasil deve se orgulhar. Não somos nós que afirmamos isso, e sim Mundinha Araújo, uma das figuras maiores do movimento negro no Maranhão. Dizemos aos jovens que Mundinha Araújo nos recebeu em São Luís. A professora que lutou toda sua vida pela valorização da herança dos afrodescendentes; escreveu sobre o Negro Cosme; fundou o Centro da Cultura Negra do Maranhão. E nos encorajou a investigar as raízes do quilombo do Cajual, que ela não conhece: "É possível que essa comunidade tenha se formado depois da abolição, procurando uma terra abandonada para viver sem precisar prestar contas". Essa intelectual, bela e forte, coroada de cabelos crespos que a idade e a obstinação em lutar embranqueceram, avisou-nos: "Não se iludam. As pesquisas sobre a memória da escravidão são difíceis, pois avançamos num vazio da oralidade. Nos anos 1970, eu encontrava os últimos filhos e filhas de escravos que podiam ainda me transmitir elementos da vida de seus pais. Além disso, a luz chegou aos rincões mais afastados, e com ela os espetáculos debilitantes da televisão. A memória se diluiu no grande banho da mediocridade. Podemos, sem calúnia, acusar a televisão de assassinatos culturais".

O nome de Mundinha Araújo abre os rostos. Um copo de cachaça partilhado faz o resto. O velho Benedito mora logo ali, distância que agora nos convidam a transpor. Um dos jovens nos acompanha e bate palmas para nos anunciar: "Seu Benedito! Visita para o senhor!". O velho ergue a cabeça, inquieto, porque seus olhos não discernem mais do que linhas vagas de silhuetas estranhas. Está sem camisa. Sua pele é negra como o ébano. Seu rosto grave, seu olhar repleto de tristeza e espera. O título de um romance de Jean Giono me vem à mente: *Um rei sem diversão*. Vejo nesse solitário um homem de porte régio em seu palácio de adobe, tronando sobre seu banquinho, rodeado por uma cristaleira laqueada vermelha e por um fogão à lenha roído pela umidade. A gente se sente logo tomado de respeito, feliz por ter atravessado o Atlântico, percorrido milhares de quilômetros de ônibus, navegado em *ferry* e depois numa lancha, para, no fim do caminho, encontrar esse senhor que aperta agora nossas mãos sem as soltar. Andar até pessoas assim sempre será a meta do viajante. Noberto cumprimenta Benedito por sua valentia, depois o interroga. Nosso amigo historiador descobre os encantos da investigação etnológica. Entra no jogo, repete as perguntas. É preciso falar alto com Seu Benedito.

– Não, não faço ideia do começo de nossa história. Ela remonta provavelmente ao meu bisavô. Sim, um fugitivo. Minha mãe estava morta. Vim para a ilha com meu pai. Eu tinha cinco anos. Sim, aqui é um quilombo, a comunidade de Santana dos Pretos. Nossa capela é dedicada a Santa Ana, mãe da Virgem. Temos direito a essa terra. Mas não toda. Um dia, um homem, um policial, veio aqui mostrando um papel e dizendo que tinha comprado uma parte dessas terras. De quem? Não se sabe. Desde então, ele nos causa problemas. Não cultiva nada, mas faz cercas e complica nosso acesso a um poço.

O jovem que assiste à conversa sai de sua reserva:

– Se quiserem saber o nome desse policial que tem infernizado nossa vida é só dizer!

Noberto anota. Mas não adianta insistir: a fonte das lembranças secou. Mundinha Araújo tem razão. Leuk, fascinada, pergunta a Seu Benedito se pode fotografá-lo. Não só pode como deve, mas ele quer receber as fotos. Noberto promete que vai dar um jeito de mandá-las. Benedito procura a objetiva com o olhar; a tensão escava sua testa, acentua as rugas, franze seu pescoço. Retrato escultural. O guia nos recorda os imperativos da maré. Mas o velho se opõe à nossa partida. Retém-nos. Aprisiona nossas mãos e nos brinda com um discurso sobre os presentes que a vida reserva, mesmo quando não se espera mais nada dela. Ele se sente tão só. Acaricia o braço de Leuk com emoção e ternura:

– Minha branca!

Depois declara:

– Saibam que gostei muito da vinda de vocês, meus brancos. Vejo apenas o contorno de vocês, mas foi um prazer ter essa conversa.

– Nós lhe desejamos a paz, Seu Benedito, e tão somente a paz!

Foi a África que concebeu essa nobre fórmula de saudação. Nós a usamos com o velho quilombola, pois foi mesmo a África, e tão somente a África, que forjou vigias da existência tais como seu Benedito.

A lancha dispersa as colônias de guarás, flamingos rosa típicos do Maranhão. Corrida contra o relógio para chegar a Alcântara antes que a maré baixe e nos deixe atolados. O piloto se diverte nos assustando.

O fato é que a memória das comunidades quilombolas parece mesmo ter atolado. Acabamos de verificar isso. Não se dispõe de crônicas escritas da vida nos quilombos. Ou quase. A oralidade tem seus limites. Nenhuma epopeia escapou desses caldeirões sobre os quais pesavam as tampas da discrição. Nenhum poema pegou a estrada no bolso de músicos itinerantes. O que as pessoas dos quilombos desejavam, explicou-nos Mundinha Araújo, era viver livres, na dignidade reencontrada, por mais que o sistema de que tinham conseguido fugir continuasse a grassar não longe dali. Não havia como vencê-lo. Melhor ficar na sua por medo de represálias. Algumas revoltas eclodiram, mas não uma revolução. Ainda no tempo da escravidão, os quilombolas comerciavam com mercadores brancos oportunistas, traidores aos olhos de seus congêneres. As leis do lucro se sobrepondo a qualquer outra consideração, os negros conseguiam às vezes trocar produtos agrícolas por armas. Não para atacar, mas para se defender. Contudo, a vigilância permanente é prejudicial aos sonhos. Como exigir que saiam canções desse constante estar com o pé atrás? O horizonte se reduz a uma clareira quando não se pode circular livremente pelo mundo.

Porém, de tanto procurar, Zayda, acabamos encontrando, mais que uma canção, um livrinho de cordel inteiro, composto por Magno José Cruz, poeta rastafári de São Luís que consagrou estrofes a uma áspera resistência. A do Quilombo Frechal. O livrinho se intitula: *A resistência do Quilombo Frechal: a história da peleja dos negros e negras quilombolas contra um milionário opressor.*

Tomo a liberdade de lhe falar de Frechal, Zayda, enquanto a lancha avança e Leuk caça os guarás com a câmera, pois, como você pode imaginar, fomos lá também. Foi na volta de Guimarães. Em delegação municipal. Devo lhe confessar meu embaraço por chegarmos daquele jeito, em vários carros, com pouco tempo para conversar. Leuk e eu preferimos de longe as abordagens lentas, de longa duração. Mas não estou me queixando. Pelo contrário, deixo aqui registrada minha infinita gratidão àqueles que permitiram que chegássemos a esse lugar onde, justamente, os facões indignados se ergueram porque "demais é demais". Quero dizer apenas que, desembarcando desse jeito, o primeiro contato é mais complicado. Ainda mais quando se chega direto a um engenho de farinha onde cerca de vinte homens e mulheres estão ralando e olham para você meio desconfiados, meio zombeteiros. Então você pergunta meio sem jeito pela origem do Quilombo Frechal. Risada geral. Um riso nervoso. Porque a questão é incômoda. Porque a comunidade se esforça para garantir seu lugar na lista dos quilombos homologados (e portanto subvencionados) e acaba de sair de uma violenta contenda de várias décadas para defender sua integridade... Dá para entender a frieza da acolhida. Afinal, o que garante que não sou um agente a serviço de uma empresa sacana que gostaria de contestar o direito da comunidade de figurar nessa lista oficial? Mas logo em seguida, porque é mesmo verdade que no Brasil as relações humanas costumam ser mais fáceis, uma mulher de touca rastafári foi com a nossa cara. Ergueu sua faca, brandiu uma raiz no nosso nariz e proferiu: "Então, vocês querem saber o que se passou aqui? Pois vou lhes dar uma pista. Em São Luís, um poeta cantou nossa luta. Ela está impressa. Virem-se para encontrá-la. Mas, enquanto isso, escutem e tomem nota".

A mulher, com a autoridade da idade, começou a falar, enquanto suas companheiras continuavam a descascar e ralar a mandioca, sentadas no chão, com as saias levantadas até a coxa.

Frechal era uma fazenda nas mãos de uma família de proprietários, os Coelho Sousa, originários dos Açores. Havia a casa-grande, os hectares de cana, os engenhos e a senzala. Em 1919, os forros trabalhavam por um salário, mas viviam nas mesmas instalações que seus antepassados escravos. Naquele ano, Artur Coelho, proprietário de Frechal e prefeito de Guimarães, ficou doente, gravemente doente. Teve que ir para o Rio de Janeiro se tratar, o que custou tempo e dinheiro. O tratamento acabou com a fortuna do senhor, que voltou endividado até o pescoço, com os credores em seu encalço. A situação era crítica. O que fazer?

No cordel de Magno José Cruz, encontram-se estes versos:

> A negrada se reuniu
> E logo logo decidiu
> Com o "Velho" negociar
> – Trazemos tudo que sumiu
> E o "Velho" lhes garantiu:
> – Com terra vou lhes pagar

Os trabalhadores, estimulados, trabalharam aquele ano como condenados e rogaram à Virgem e a São Benedito. Pode-se ler ainda no mesmo cordel:

> "Quem luta sempre alcança".
> Assim nos conta a lembrança

> Que a Terra de Preto Frechal
> Não foi doação nem herança
> Foi produto de uma compra
> Com o tal Canavial.

Os negros de Frechal celebraram com muitos tambores e alegria o fato de serem finalmente os senhores legítimos daquela terra e de seu destino. A vida transcorreu tranquila por meio século. Mas aquilo era mais do que a casta dos fazendeiros podia suportar. Pense só! Uma comunidade camponesa negra e livre para cultivar suas próprias terras! Num dia sombrio de 1974, conforme um roteiro já clássico, um sujeito tão rico quanto arrogante desembarcou em Frechal com todos os meios que o poder confere, dizendo que a filha do velho Artur Coelho tinha lhe vendido a propriedade inteira, que ele era o novo senhor e todos deviam trabalhar para ele. Só isso! O mala se chamava Tomás. E era daqueles que achavam que os negros eram burros. Que bastava brandir falsos títulos e um fuzil para que tudo voltasse a ser como era antes. Mas encontrou uma muralha à sua frente. Uma recusa categórica. Empregou a força bruta, alimentada pela má-fé, para abater esse levante imprevisto de escudos. Mandou queimar a escola, roubar a efígie de São Benedito, cortar as mangueiras e as palmeiras, arrancar as plantas medicinais, destruir as hortas e, como se não bastasse, barrou os acessos aos riachos com cercas de arame farpado e milícias armadas, suprimiu a eletricidade, abateu o gado e derrubou os estábulos. Tomás prometeu dinheiro a quem resolvesse partir, usou a sempiterna política da divisão. Tentou todas as formas de pressão, mas...

> O povo além de rezar
> Resolveu radicalizar
> E pôr um plano em ação.

A luta durou vinte anos. Longos, intermináveis foram os cercos das administrações. Inúmeras as audiências, os processos, as reuniões. Mas a comunidade de Frechal, decidida, levou o conflito para a praça pública, dançou nas ruas da capital, atraiu a atenção geral, suscitou a solidariedade, entoou os tambores dos deuses africanos, alertou o arcebispo, obteve apoio de advogados...

A guerra durou vinte anos. Até a vitória.

Pelas ruas de São Luís
A negrada canta feliz
A terra é o nosso relicário
Mesmo sendo por um triz
Derrotamos neste país
Um racista milionário.

Desde então, Frechal se tornou o símbolo da vitória possível de uma comunidade negra contra a lei dos todo-poderosos na própria arena da justiça. A contadora de touca rastafári nos abraça e pega de volta a faca e uma raiz de mandioca. Para fabricar "sua" farinha.

Zayda, assim que chegarmos a Alcântara, prometo que iremos logo ter com Nossa Senhora do Rosário. Acenderemos três círios e sussurraremos felicitações nos seis ouvidos de São Benedito, já que o santo negro foi multiplicado por três nessa igreja e, decerto, teve um papel ativo na vitória jurídica de Frechal.

São Benedito

XI
ZAYDA

Em que Leuk e Leão, envolvidos numa cerimônia em que sensualidade e sagrado se unem por um futuro fecundo, mantêm sua promessa e pagam sua dívida a São Benedito.

Zayda, a viagem chega ao fim. Três meses se passaram, falta apenas a areiazinha de alguns dias. Temos encontro marcado com você. O primeiro *ferry* do dia nos traz de volta de Alcântara, a cidade irreal, espectral, teatral, onírica. A favorita de antes da abolição que caiu em desgraça desde então. Passamos uma noite no regaço da bela adormecida. Escutamos o silêncio atravessar as ruínas das igrejas, passar pelas janelas de casas inacabadas, envolver o pelourinho, acariciar a espinha de carneiros que pastam a erva das ruas. A vida perdeu brutalmente sua brusquidão em Alcântara. O *ferry* não apenas atravessa o estuário do Rio Mearim: ele remonta séculos. A maré deve nos permitir chegar à sede do Tambor de Crioula Catarina Mina a tempo para as primeiras preces a São Benedito, o glorioso. Por volta das 10 horas da manhã, conforme o convite que você gentilmente deixou para nós na Aliança Francesa da ladeira da Rua do Giz.

O porto fica pertinho da Rua Portugal, antiga Rua do Trapiche. As altas portas de madeira da velha loja que abriga suas atividades culturais estão abertas de par em par. As fumaças e as risadas de uma efervescência escapam dali. Uma enorme feijoada está sendo preparada.

Avistamos você de longe dirigindo um grande conjunto de mãos ativas, de saias rodadas. O balé preliminar da cozinha. A perspectiva de uma refeição atrai uma legião de silhuetas mirradas pela fome e pelo abuso do álcool. A miséria do bairro se convida para a festa. Ela é bem-vinda. Como se divertir de barriga vazia? Pode-se combater a pobreza cultural das crianças negras, privadas de suas raízes, se a sina de uma vizinhança indigente é ignorada? Você tinha me dito que a associação, fundada com seu marido, Ivan, a fim de preservar e transmitir a tradição do Tambor de Crioula, via como um dever oferecer assistência regular às sombras errantes do centro histórico.

Rua Portugal: de um lado o mercado coberto e as lojas de artesanato; do outro, as fachadas ornadas de azulejos de casas tipicamente lisboetas. A sede de sua associação, Tambor de Crioula Catarina Mina, dá para o beco de mesmo nome. Quem terá sido essa Catarina, importante a ponto de dar nome a um espaço referenciado do bairro tombado e, sobretudo, de merecer o reconhecimento de vocês? Sua ruela, íngreme que só, conduz ao palácio do governador por uma escada de 35 degraus. Não fui eu que contei, é o vendedor de água de coco que afirma.

– Tudo em pedra lioz importada de Portugal no século XVIII!

Ele murmura que até algum tempo atrás essa subida inspirava medo. Era evitada de noite. Havia rixas. Negros largados mortos ali. Então, o senhor entende, ninguém gosta muito de topar com fantasmas. O homem fala pelos cotovelos. Aproveitamos. Chegamos um pouco antes da hora e não queremos atrapalhar seus preparativos. Os cinco tambores dormem ainda, deitados no calçamento, peles voltadas para uma fogueirinha a fim de esticar o couro. Engolimos nosso segundo copo de água de coco gelada. Já ficamos fregueses. Portanto, podemos levar a conversa mais longe. O vendedor trouxe sua carriola ali justamente por causa do movimento. A dança há de dar sede, pertinho do beco Catarina Mina. E o que ele sabe dessa tal Catarina?

– Mina significa que ela deixou a África pelo forte de Mina, na atual Gana, e que, portanto, ela era escrava e negra. Estou enganada?

Leuk não se engana.

– Então me explique como é que uma escrava virou nome de rua!

O vendedor repete o que todo mundo sabe sobre Catarina: ela era o que se chamava no século XVIII de uma escrava de ganho.

Vendia produtos na feira para um proprietário a quem dava a maior parte dos ganhos, mas guardando uma parte para si. Diziam-na esperta que só nos negócios. Na certa, bonita. Um rico português caiu em sua rede. Ela foi sábia o bastante para nunca se amancebar com ele. Mas fez vibrar tão fundo as cordas sensíveis de seu amante branco que ele facilitou sua alforria e, com seus presentes e seu dinheiro, possibilitou sua ascensão social. Ela se elevou à categoria de senhora na "boa" sociedade. É claro que as más-línguas não a perdoavam: "Olhem só essa Catarina, passeando nas ruas de São Luís sua carcaça negra, toda cheia de tecidos finos, rendas caras e joias preciosas, mas andando descalça! Que desaforo!...". Sua história lembra a de Chica da Silva, a negra *parvenue* de Minas Gerais. Ambas, Chica e Catarina, conquistaram na marra e na graça o andar de cima do sobrado, proibido aos escravos. Amantes de um senhor branco, tornaram-se senhoras de seus destinos. Uma vez forra, Catarina fez valer seus talentos de negociante. Dizem que fez maravilhas no comércio de farinha de mandioca, empreendeu a construção de várias casas e lojas, entre as quais a que abriga seus tambores, Zayda. E foi ela que ordenou a confecção da escadaria do beco que hoje leva seu nome. Apesar das atenções de seu protetor branco, permitiu-se casar com um homem de sua condição e intrigou até ele obter o posto de porta-estandarte da Guarda Nacional. Evitou cometer desvios de conduta que teriam levado na hora à sua decadência, já que a sociedade branca estava toda à espreita de seu primeiro tropeço. Pelo contrário, deu mostras de alta moralidade, apadrinhando, ou antes amadrinhando, diversas crianças. É claro que, como pessoa de bens, "capitalista", como diz o vendedor de coco, Catarina possuiu escravos. A época admitia. Esperemos que ao menos os tratasse com humanidade. Também se sabe que os liberou, nominalmente a cada um, em seu testamento. No dia de sua morte, os executores testamentários anunciaram que distribuiriam cinco moedas de ouro para cada negro que seguisse seu enterro, pois, naqueles tempos, ninguém costumava acompanhar o funeral de uma pessoa negra, mesmo rica como Catarina. Tinha 87 anos quando fechou os olhos e entrou com tudo, e de pé descalço, na história e nas lendas de São Luís. Última pepita de nosso recenseamento.

O cozimento do feijão atrasa as preces. São Benedito há de esperar. Sabe que é por uma boa causa, a da generosidade que o levou a fazer milagres quando era um simples cozinheiro do mosteiro franciscano de Palermo. Os fatos maravilhosos que o santo realizou na Sicília atravessaram o Atlântico e chegaram ao Brasil, onde conheceram uma adaptação à realidade local. Você já ouviu falar, Zayda, que São Benedito, filho de escravo, analfabeto, compreendia o latim e explicava os textos sagrados aos noviços, quando não aos teólogos? Um dom notável. Mas sua principal preocupação era a paz das barrigas. Aflito com a sorte dos pobres e não suportando que uma só migalha de alimento se perdesse, ele raspava religiosamente os pratos e, juntando tudo, obtinha uma porção para os famintos, a que chamava "o sangue dos pobres". Um dia, lavando os pratos com uma esponja, ele a apertou e liberou um fio de sangue, mostrando assim o drama do desperdício. Outra feita, em tempos de penúria, multiplicou um pão. O que por sua vez multiplicou sua fama de taumaturgo. Outro gesto de Benedito marcou os espíritos: o "milagre das flores". O humilde franciscano varria os corredores, escondendo os detritos nas dobras de sua batina. De repente, deu de cara com o vice-rei, que estava em visita ao convento. Este, intrigado com seu comportamento, intimou o cozinheiro negro a mostrar o que estava dissimulando com tanto zelo. Obedecendo à injunção, Benedito esticou sua batina: caíram flores.

Estamos todos, você e nós, ligados a Benedito.

Você, Zayda, pela proteção que busca junto a ele. Pelo culto que lhe presta. "Minha filha, não vá criar Tambor de Crioula se não for com a benção de São Benedito!" Os velhos avisaram você: não é à toa que esse santo ocupa um lugar eminente nos terreiros de candomblé. É o santo padroeiro dos negros no Brasil. Na memória coletiva dos afrodescendentes, ele é o escravo que teve o mérito de se meter na floresta, cortar uma árvore, ensinar seus congêneres a fabricar e a tocar tambor, sem o que os deuses da África não teriam encontrado o caminho do Brasil. É, portanto, a entidade sagrada a quem se pede sucesso ou cura, e a quem o beneficiário da graça paga suas dívidas.

Leuk e eu gostamos muito dele desde que nosso amigo, o pesquisador Didier Lahon, apresentou-o para nós na Capela de Nossa Senhora do Rosário da Igreja da Graça em Lisboa. Foi Lahon que nos iniciou em todas as crenças nascidas de sua vida exemplar. Foi ele que nos inoculou a obsessão de procurá-lo por toda parte. Foi ele ainda quem nos admoestou a incomodar o sacristão da igreja dos negros de Alcântara para que nos explicasse ao seu modo, cheio de graça, os altos feitos de Benedito em *terra brasilis*. Transmito para você, Zayda, sua bela transposição do "milagre das flores". O sacristão de Alcântara se chama João, mas é conhecido como Seu Balão, o guardião das três estátuas de Benedito, duas que saem para as procissões, uma que sempre fica na igreja para receber as devoções. Seu Balão é um grande ator, inspirado pela fé e pela cachaça. A igreja é seu teatro. Ele nos ofereceu um texto burilado como uma joia: "Benedito era escravo cozinheiro numa fazenda, a serviço de um senhor impiedoso. Apesar da crueldade do patrão, ele costumava juntar os restos das refeições da casa-grande para distribuí-los aos escravos desgraçados da senzala. Um dia, o proprietário o surpreendeu carregando um saco sobre os ombros. Furioso e desconfiado, o senhor gritou: "O que que tu tá roubando, Benedito?". O acusado se defendeu: "São apenas flores!". Seu Balão, imitando os protagonistas, muda de voz. "O fazendeiro bateu com tudo no saco, que estourou no chão liberando... flores."

Obrigado, Seu Balão!

Voltemos à sua festa, Zayda.

A rezadeira chega. Só ela sabe cantar as estrofes em latim. Dão-lhe o microfone. Um coro se forma. Você acende um círio. O fervor se lê em seu rosto. Você salmodia de olhos fechados. Suas duas filhas olham com seriedade, Zaydinha I e Zaydinha II. Elas darão continuidade à tradição? Você sabe que estamos aqui, do seu lado. Já nos abraçamos longamente. O microfone amplifica as acrobacias vocais da prece que sobem para São Benedito e Nossa Senhora de Aparecida, a Virgem negra, bem instalados no mezanino (as lojas do século XVIII tinham um pé-direito tão alto). Um rojão explode. Os tambores penetram no local. Os percussionistas não fizeram esforços indumentários para dar a esse dia de festa um lustre especial. Benedito fechará os olhos para a cruel ingerência americana na moda mundial. O diabo de boné usa bermuda. Em compensação, as mulheres brilham. Todas usam camisas rendadas, saias de seda floridas, saiotes brancos, joias. A dança inaugural é oferecida a São Benedito. As mulheres viravolteiam diante dos tambores, com a estátua do santo na mão, apertada contra o peito. Quando chega sua vez, você coloca a estátua em cima da testa.

A festa evoca a religião cristã, ninguém pode negar. Mas os intercessores foram bem escolhidos: uma Virgem de rosto negro e um santo africano. Eles representam a religião oficial. Mas esses dois devem mesmo ser mais indulgentes que outros com o que vai se seguir. É inegável. O Tambor de Crioula, tal como nós, não iniciados, o percebemos, aparece como um "ofertório". "Este é meu corpo", declara a mulher ao tambor. Cada dançarina se expõe e comunga com o rufador, tambor de longo tronco, para que suas vibrações a penetrem. Perdoe-me, Zayda, se minhas comparações a chocarem, mas a deslumbrante demonstração das mulheres, com suas vulvas à altura da pele do tambor, de olhos fixos nos do batedor, celebra a vida sem esperar o dia anunciado, mas ainda incerto, da ressurreição dos corpos. Ritual erótico no último, de gratidão para com as forças invisíveis que asseguram aos humanos a vitória do coito sobre a morte.

A festa evoca a religião do desejo.

A dançarina se pavoneia diante do rufador, o "grande pulsional", volteja, roda, "até sete, dez vezes" (precisão contábil de Leuk), rebola ousadamente, gira segurando a barra da saia de seda vermelha. Uma morena de enlouquecer! Tem o sorriso e o busto incendiários de Maria Padilha, a cigana que desregra os sentidos, Carmem reencarnada. Invejo, antes de ter pena, o tambor, perdidamente apaixonado, paixão perdida de antemão, como Dom José, vítima da enganadora Carmem. A interminável verga do rufador está em ereção. A sedutora apresenta todas as partes de seu corpo ao falo sagrado; essas carícias simbólicas, vividas como uma prece, visam a uma feliz fecundação. A comunidade espera por isso.

Nesse momento, Zayda, é você quem canta e incita: "Balança! Balança!".

Uma nova candidata se prepara, gira sobre si mesma, depois interrompe a sedução em curso com um gesto de corte que lembra a alternância dos duelos da capoeira. Você diz que alguns observadores veem no Tambor de Crioula uma possível fonte da capoeira. Que, de qualquer modo, tudo vem do tempo em que os escravos deviam trabalhar sem descanso, sem o direito de se distrair. Os brancos pensavam (e com razão) que a sociabilidade era perigosa, pois suscitava a solidariedade que levava à emancipação. Quando o pulso do capataz relaxava, os homens se reuniam nos cemitérios para escapar das interdições. Cantavam e dançavam para as almas. Improvisavam justas, demonstrações de virilidade. As mulheres olhavam. E, às vezes, a coisa ficava feia, porque os atores amarravam bastões em suas panturrilhas, tentavam desequilibrar o adversário. As pernas se batiam.

Ossos se quebravam. Amizades também, que custavam mais que as tíbias para voltar a se colar. Essa prática violenta, a pernada, encontra-se nos inícios da capoeira. E nem a abolição garantirá a liberdade de diversão. Ainda era necessária a autorização da polícia. Para obtê-la mais facilmente, as mulheres negras entraram na dança e adoçaram os costumes. O jogo assumiu a forma de outro duelo, disfarçado sob uma forma simbólica que escapa aos censores: o pugilato amoroso. Você diz, Zayda, que nove meses depois das festas de São João ou do Carnaval, que incluíam o ritual do Tambor de Crioula, o número de nascimentos explodia. Acredito piamente na exatidão dessas estatísticas informais.

Agora é você que dança, e o tom sobe.

Os velhos mestres, que vieram de longe honrar a festa com sua presença, apoderam-se dos microfones e cantam. Eles, sim, vestem camisas floridas e chapéus. Você diz que as letras são ininteligíveis para os profanos. Acredito. Em compensação, entendo muito bem o que estou vendo agora. De tanto ser provocado, o rufador se levanta como um animal excitado. O percussionista que o cavalga, cilhando o corpo do "bicho", bate de pé. E começa a andar atrás dessa mulher que abusa de sua paciência, que brinca com fogo, que pega o chapéu dele e debocha, que aproxima o rosto à distância intolerável de um roçar, que fala alto com seus olhos. Tamanha audácia exige réplica. Quem dos dois, o homem ou a mulher, submeterá ou será submetido? O rufador tem o privilégio de escapar da linha dos tambores. Os outros percussionistas continuam a bater de joelhos no chão. O ritmo encoraja a folia da fertilidade. A mulher é você, Zayda, que conduz a dança pela ponta da vulva. Você desfila e o tambor a segue. Mas atenção! O rufador pode se impor. Dizem que às vezes ele obriga sua parceira a baixar a bola e abrir as pernas. Está se arriscando, Zayda. Essa figura galante, justamente nomeada galanteio, deve respeitar regras de decoro, convém aos solteiros, ou supõe que o marido esteja longe. Mas, aqui, o riso acaba com qualquer ambiguidade. Ivan, seu grande cúmplice, bate com tudo no socador, o segundo tambor, aprovando suas proezas. Você diz que é fundamental cumprir hoje toda a tradição para que ela seja transmitida e preservada. Então você se multiplica. Representa todos os papéis. Acontece-lhe até de desalojar um percussionista e batucar no lugar dele. Você é possuída pelo anseio dos amanhãs. Que eles nunca fiquem vazios de sentido, cortados, isolados dos dons da terra! Porque aí os pés perderiam o uso do transe, e mais nenhum saber ancestral subiria do chão à cabeça através do corpo arrepiado de desejo.

Você investe toda sua energia no combate, Zayda. Porque a guerra mudou de forma. Diz que hoje os poderes econômicos e midiáticos (e os políticos que lhes dão carta branca) arruínam a sensibilidade, a memória, o futuro dos povos que deviam garantir. Minam os caminhos que levam à inteligência. Você coloca todas as suas forças nessa batalha para contrariar a pérfida engrenagem. Diz: "Com o Tambor de Crioula, mostramos a luz que provém de um período tão escuro!". Hoje, Zayda, você canta, dança, distribui atenção aos outros, com Ivan ao seu lado, ao lado de Ivan. Arde de um fogo que crepita em seus olhos. Há tanto amor e furor em seus olhos! E também essa lágrimas tão pesadas que os adeuses e o cansaço fazem brotar no momento de nos deixarmos. Você chora e seus ombros tremem sob o peso excessivo das responsabilidades. Quase todos esses homens e essas mulheres que se alimentam de sua fé são desempregados, vítimas de uma lassidão moral que cresce a cada dia. Até quando será tão difícil ter orgulho do que se é, negros, descendentes de escravos resistentes e, ainda mais, herdeiros de uma África outrora grande e livre? Por que essa história dos afrodescendentes pena tanto para chegar aos ouvidos das crianças negras, nascidas nessa terra Brasil, persuadidas desde os primeiros passos de que têm pouco valor? Você diz que é preciso encorajar os fracos a se saberem fortes. Não pelas armas, mas pela segurança que a cultura confere.

Sabe que precisaremos de tempo, Zayda, para responder ao seu pranto. O tempo de escrever. Dois anos. Viemos à sua festa com "a alma repleta de chão", mas ainda de mãos vazias.

Afora isto:

– Uma figura negra para você!

Nós a adquirimos, pensando em você, em Juazeiro do Norte, durante a peregrinação do Dia de Todos os Santos. O vendedor ambulante carregava seu mostrador apoiado na barriga, pendurado na nuca por uma fita. O difícil era escolher. Todos os santos populares estavam reunidos numa bandeja: minúsculas efígies encerradas em cápsulas de plástico, com o pedestal enfiado numa nuvenzinha de algodão. Evidentemente, escolhemos a reprodução do monge africano levando o Menino Jesus no colo. Na rolha de poliestireno que fechava a cápsula estava escrito com pincel atômico: "Lembrança de São Benedito".

É para você. Enquanto espera. Seja paciente.

Lembre, Zayda, desde o primeiro dia de viagem, no Rio, na Igreja de Nossa Senhora do Rosário, eu tinha prometido que prestaria homenagem à sua figura negra preferida, Benedito, o iniciador de sua arte.

Aí está.

Que eu saiba, é mesmo nos dias de festa que devemos pagar nossas dívidas.

Seu e-mail, acompanhado do retrato de Luzia, enviado numa noite de Ano-Novo, estava carregado de uma hábil provocação da sua parte: "E esse livro sobre as pepitas brasileiras, você vai mesmo fazer?".

Percorremos cinco mil quilômetros em três meses para lhe assegurar que redigiremos o relatório de investigação que você, Zayda, nos pediu, e responder assim à sua incitação.

O pagador de promessas...

Aqui está, como prometido.

"A negra" de Tarsila do Amaral

SUMA DAS PEPITAS

Aleijadinho (Antônio Francisco Lisboa), escultor, *Minas Gerais*
Alves (Castro), poeta branco, militante da causa negra, *Brasil*
Amâncio (Iris), professora universitária e editora, *Belo Horizonte*
Anastácia (Santa), mártir, *Brasil*
Ana das Carrancas (Ana Leopoldina Santos Lima), escultora, *Petrolina*
Araújo (Mundinha), militante da causa negra, *São Luís do Maranhão*
Beata Maria de Araújo, *Juazeiro do Norte*
Beato José Lourenço, *Crato*
Bené da Flauta, artesão, músico e boêmio, *Ouro Preto*
Benedito (Santo), taumaturgo, intercessor mor, *Brasil*
Bispo do Rosário (Arthur), artista, *Rio de Janeiro*
Cândido Felisberto (João), Almirante Negro, *Rio de Janeiro*
Carybé, artista branco de alma negra, *Salvador*
Castro Lobo (João de Deus de), gênio musical do barroco, *Minas Gerais*
Catarina Mina, alforriada célebre, *São Luís do Maranhão*
Chica da Silva, alforriada célebre, *Minas Gerais*
Chico Rei (Galanga), rei dos dois lados do Atlântico, *Ouro Preto*
Chico Science & Nação Zumbi, criadores do *mangue beat*, *Recife*
Cruz e Sousa (João), poeta, *Rio de Janeiro*
Deus (João de), alfaiate e mártir, *Salvador*
Dias (Caetano), artista visual, *Salvador*
Dias de Oliveira (Manoel), compositor, gênio musical do barroco, *Tiradentes*
Dona Dourinha, costureira, "fazedora de anjos", *Juazeiro do Norte*
Gama (Luís), advogado, satirista, *Salvador, São Paulo*
Garcia (Esperança), reivindicadora, *Teresina*

Garcia (Januário), fotógrafo, *Rio de Janeiro*
Gonzaga (João) & Projeto PIM, compositor e diretor teatral, *Salvador*
Ifigênia (Santa), santa fujona e muito protetora, *Brasil*
Ilê Aiyê, bloco de Carnaval, pioneiro na luta pela dignidade negra, *Salvador*
Lobo de Mesquita (José Joaquim Emerico), gênio musical do barroco, *Ouro Preto*
Luís (Gregório), líder de rebelião, *Ilhéus*
Luzia, ancestral dos brasileiros, *Rio de Janeiro, Belo Horizonte*
Mahin (Luíza), resistente, *Salvador*
Carolina Maria de Jesus, favelada, escritora, *Minas Gerais, São Paulo*;
Namoradeiras, símbolos, *Minas Gerais*
Manoel Papai, pai de santo e universitário, *Recife*
Nascimento (Abdias), homem de teatro, militante da causa negra, *Brasil*;
Nascimento (Francisco José do), o "Dragão do Mar", marinheiro, chefe de rebelião, *Fortaleza*
Nega Vilma, favelada, curandeira e parteira, *Rio de Janeiro*
Negra (A), "Gioconda negra, nua e cubista", retrato de Tarsila do Amaral, *Brasil*
Negro Cosme, chefe de rebelião, *Maranhão*
Nhozinho, artista, *São Luís do Maranhão*
Patrocínio (José do), abolicionista, *Rio de Janeiro*
Obá (Dom Obá ou Cândido de Fonseca Galvão), rogador, *Rio de Janeiro*
Quilombo Conceição das Crioulas, comunidade resistente, *Pernambuco*
Quilombo Frechal, comunidade resistente, *Maranhão*
Reis (Maria Firmina dos), escritora, musicista, *Maranhão*
Rosa Egipcíaca, prostituta mística, *Mariana, Rio de Janeiro*
Santos (Jose Adário dos), forjador, *Salvador*
Tia Lúcia (Maria Lúcia dos Santos), favelada, artista, *Rio de Janeiro*
Trindade (Solano), poeta, *Recife*
Zezé Motta, atriz, *Brasil*
Zumbi dos Palmares, herói nacional, *Alagoas*
Zuzu, um dos mais antigos ancestrais do Brasil, *Piauí*

REFERÊNCIAS

Principais obras consultadas

AGUIAR, Cláudio. *Complainte Nocturne*. Préface de Sylvie Debs. Paris: L'Harmattan, 2005. [Original brasileiro: *Caldeirão*. Rio de Janeiro: José Olympio, 1982.]

AMADO, Jorge. *Le Bateau négrier, la vie d'un poète*. Paris: Messidor, 1988. [Original brasileiro: *ABC de Castro Alves*. São Paulo: Livraria Martins Editora, 1941.]

ARAÚJO, Mundinha. *Negro Cosme*. Imperatriz: Ética, 2008.

AZEVEDO, Aluísio. *O mulato*. São Paulo: Ciranda Cultural, 2007.

BIÃO, Armindo. *Teatro de cordel e formação para a cena: textos reunidos*. Salvador: P&A, 2009.

BOGNER, Patrick. *À la Quête de l'Ange: icônes du quotidien*. Grane: Creaphis, 2005.

BOGNER, Patrick. *Interiores*. São Paulo: Instituto Moreira Salles, 2007.

BUENO, Eduardo. *Brasil: uma História, a incrível saga de um país*. São Paulo: Ática, 2003.

BRAMLY, Serge. *Macumba, forces noires du Brésil – Entretiens avec une Mère des Dieux*. Paris: Albin Michel, 1981.

COSTA, Zayda Cristina Rocha. *Tambor de Crioula Catarina Mina e as novas gerações: conhecendo e refazendo sua história*. São Luís do Maranhão: Edição do Autor, 2010.

DEBS, Sylvie. *Brésil. L'Atelier des cinéastes*. Paris: L'Harmattan, 2004.

DEBS, Sylvie. *Cinéma et littérature au Brésil, les mythes du sertão: émergence d'une identité nationale*. Paris: L'Harmattan, 2002. [Edição brasileira: *Cinema e literatura no Brasil – os mitos do sertão: emergência de uma identidade nacional*. Belo Horizonte: C/Arte, 2010].

DEBS, Sylvie. *Patativa do Assaré, uma voz do Nordeste*. São Paulo: Hedra, 2000.

JESUS, Carolina Maria de. *Le Dépotoir*. Stock, Paris, 1962. [Original brasileiro: *Quarto de despejo*. São Paulo: Ática; Francisco Alves, 1960.]

JESUS, Maria Carolina de. *Journal de Bitita*. Paris: A. M. Metaillé, 1982. [Original brasileiro (publicado depois da tradução francesa): *Diário de Bitita*. Rio de Janeiro: Nova Fronteira, 1986.]

GOMES, Flávio dos Santos. *De olho em Zumbi dos Palmares*. São Paulo: Claro Enigma, 2011.

GOMES, Laurentino. *1808*. São Paulo: Planeta do Brasil, 2007.

GUIDON, Niéde. *Peintures préhistoriques du Brésil*. Paris: ERC, 1991.

GURAN, Milton. *Agudás, os "Brasileiros do Benim"*. Rio de Janeiro: Nova Fronteira, 1999.

HIDALGO, Luciana, *Arthur Bispo do Rosário*. Rio de Janeiro: Rocco, 1996.

LOUDE, Jean-Yves. *Le roi d'Afrique et la reine mer*. Arles: Actes Sud, 1994.

MOTT, Luiz. *Rosa Egipcíaca, uma santa Africana no Brasil*. Rio de Janeiro: Bertrand Brasil, 1993.

MOURÃO, Rui. *Boca de Chafariz*. Belo Horizonte: Villa Rica, 2007.

MORAIS FILHO, José Nascimento. *Maria Firmina, fragmentos de uma vida*. São Luís: Instituto Histórico e Geográfico do Maranhão,1975.

PÉRET, Benjamin. *La Commune des Palmares*. Paris: Syllepse, 1999. [Edição brasileira: *O quilombo dos Palmares*. Porto Alegre: UFRGS, 2002.]

PESSIS, Anne-Marie. *Imagens da pré-história, Parque Nacional Serra da Capivara*. São Paulo: Fundacão Museu do Homen Americano (Fundham); A&A Comunicação, 2003.

REIS, Joao José; GOMES, Flávio dos Santos. *Liberdade por um fio, História dos quilombos no Brasil*. São Paulo: Companhia das Letras, 1996.

SANTOS, Luiz Carlos. *Luiz Gama*. São Paulo: Selo Negro, 2010.

SANTOS NETO, Manoel. *O Negro no Maranhão*. São Luís: Clara, 2004.

SILVA, Nilze Costa e. *Maria de Araújo, a mulher sem túmulo*. Fortaleza: Editora Armazém da Cultura, 2010.

XAVIER, Angela Leite, *Tesouros, fantasmas e lendas de Ouro Preto*. 2. ed. Ouro Preto: Edição do autor, 2009.

Artigos de revista

DEBS, Sylvie. Entretien avec Rosemberg Caring. *Cinémas d'Amérique Latine*, v. 5, 1997, p. 45-51.

LAHON, Didier. Le Berger, le cuisinier, la princesse et l'empereur: noirs et africains sur les autels du Portugal et du Brésil esclavagistes. *Incontri Mediterranei*, p. 170-192.

LAHON, Didier. Saints noirs et iconographie durant l'époque de l'esclavage dans la péninsule Ibérique et au Brésil – XVII-XIXe siècle. *Cahiers des Anneaux de la Mémoire, Création Plastique, Traites et Esclavages*, Nantes, n. 12, 2009, p. 1-23.

NEVES, Paulo S. C. Ação política entre reconhecimento e redistribuição: Os dilemas da luta antirracista no Brasil. *Revista Brasileira de Ciências Sociais*, v. 20, n. 59, 2005, p. 81-96.

NEVES, Paulo S. C. Identité noire et identité nationale dans le Brésil contemporain. *Texture*, Lyon, vol. 1, n. 16, 2005, p. 103-110.

NEVES, Paulo S. C. Construção Identitária e luta antirracista no estado de Sergipe. *Estudos Afro-Asiáticos*, v. 1-3, 2006, p. 135-166.

NEVES, Paulo S .C. Les Discriminations positives dans une perspective comparée : les cas brésilien et français. *Hommes & Migrations*, n. 1281, 2009, p. 92-101.

REIS, João José, Différences et résistances: les Noirs à Bahia sous l'esclavage. *Cahiers d'Études africaines*, Paris, n. 125, XXXII-I,1992, p. 15-34.

RODRIGUES, Nina. A Troya negra: Erros e lacunas na história de Palmares. *Revista do Instituto Arqueológico e Geográfico Pernambucano*, v. 11, n. 61-64, 1904, p. 645-72.

AGRADECIMENTOS

O autor agradece especialmente aquelas e aqueles que tornaram possível a investigação de Leuk e do Senhor Leão no Brasil. Sem seu caloroso apoio ao projeto, esse maravilhoso périplo do Rio de Janeiro a São Luís do Maranhão não teria ocorrido:

Isabelle Chardonnier, Geneviève Villard e a Secretaria da Cultura da Região Rhône-Alpes;

Marion Loire, Alice Toulemonde, Jérémie Desjardins e o Escritório do Livro da Embaixada Francesa do Rio de Janeiro;

Maria Cristina Batalha, professora, e o departamento de Letras da UERJ;

Sylvie Debs, adida de Cooperação e Ação Cultural em Belo Horizonte;

Ângelo Oswaldo de Araújo Santos, prefeito de Ouro Preto;

Chiquinho de Assis, assistente do prefeito de Ouro Preto;

Raïssa Palma, professora e diretora da Aliança Francesa de Ouro Preto;

Irène Kirsch, adida cultural em Salvador;

Xavier Vatin, diretor do Centro de Artes, Humanidades e Letras da Universidade Federal do Recôncavo Baiano, assim como a professora *Georgina Gonçalves*.

Paulo Neves, professor da Universidade Federal do Sergipe e da Université Lyon II;

Denis Roy, responsável pelo programa de ensino do Francês Língua Estrangeira na região do Nordeste do Brasil, adido ao consulado da França no Recife;

Loïc Granger, assistente do cônsul-geral da França em Recife;
Éric Lahille, diretor da Aliança Francesa no Recife;
Elio Calou e a prefeitura de Crato;
Luís Celestino, professor do departamento de jornalismo da Universidade de Juazeiro do Norte;
Nicolas Payelle Loridant, diretor da Aliança Francesa de São Luís do Maranhão;
Antônio Noberto, escritor, pesquisador, turismólogo; assim como as prefeituras de Vargem Grande, Guimarães e Alcântara.

Nossa gratidão também a nossos cúmplices de longa data que, com sua ajuda, amizade e encorajamentos, participaram de maneira essencial da preparação e da execução dessa aventura literária de vários anos:

Patrick Bogner – Hugues Bouvy – Sylvie Debs – Didier Lahon – Pierre Molimard – Hervé Nègre – Henriette Palavioux – Anne-Marie Pascal.

Jean-Yves Loude e Viviane Lièvre agradecem aquelas e aqueles que, com seu saber e experiência, iluminaram seu caminho:

Marina Berthet (Rio)
Larissa Gabarra (Rio)
Milton Guran (Rio)
Rejane Granato (Rio)
Wilson Lazaro (Rio)
José Efigênio Pinto Coelho (Ouro Preto)
Angela Leite Xavier (Ouro Preto)
Vandico Alexandre da Silva (Ouro Preto)
Guiomar de Grammont (Ouro Preto)
Ronaldo Toffolo (Ouro Preto)
Felipe Passos (Ouro Preto)
Vicente Gomes (Ouro Preto)
André Prous (Belo Horizonte)
Dimitri Ganzelevitch (Salvador)
Carlos Alessandro Ujhama (Salvador)
Armindo Bião (Salvador)
Paulo Neves (Aracaju)

Bruna Dildeberg (Recife)
Renato Dantas (Juazeiro do Norte)
Fabiana e Andrelino Antônio Mendes (Conceição das Crioulas)
Generosa, Aparecida Mendes e toda a comunidade do quilombo de Conceição das Crioulas
Nièdé Guidon (São Raimundo Nonato)
Mundinha Araújo (São Luís do Maranhão)
Zayda Costa e *Ivan Madeira* (São Luís do Maranhão)
Émilie Jacament (São Luís do Maranhão)

E nossa gratidão também a Fernando Scheibe, autor de uma exímia tradução.

Este livro foi composto com tipografia Minion Pro
e impresso em papel Off-White 80 g/m² na Formato Artes Gráficas